# 이기적 문명 관찰기

## The Selfish Civilization

김영란

박영story

초등학교 3학년 시절, 사회를 연구하는 학문이 있음을 처음 가르쳐주신

부모님 故 김동근 · 이정숙님께 드립니다.

# 책머리에

아주 오래전부터 우리는 지구의 자전을 말하는 대신에 '해가 뜨고 진다'고 이야기해 왔다. 지구가 태양의 주위를 돈다는 사실이 과학적으로 분명히 입증되었음에도, 우리의 눈에는 그렇게 보이지 않는다. 우리의 생각은 여전히 천동설에 머물고 있다. 한번 익숙해진 사고방식은 어떤 증거에도 좀처럼 흔들리지 않으며, 당연하게 여겨지는 것들에 의문을 던지는 일은 언제나 쉽지 않다.

그러던 어느 날, 우주선이 보내온 몇 장의 사진이 우리의 사고를 뒤흔들었다. 달의 표면 위로 서서히 떠오르는 지구의 모습은 마치 우리가 익숙하게 보던 달의 모습과 흡사했다. 푸른 바다와 흰 구름으로 뒤덮인 이지러진 지구가 그곳에 있었다. 태양을 도는 행성들과 셀 수 없이 많은 행성 속에서, 지구는 누군가가 특별히 표시해 주지 않는다면 그 존재조차 무색할 만큼 작은 한 점에 불과했다.

우주가 우리를 중심으로 돌지 않는다는 사실은 자명하다. 그럼에도 우리의 언어와 사유 속에는 여전히 태양이 지구를 돈다. 이는 우리의 인식 변화가 얼마나 어려운 일인지, 익숙한 관점에서 벗어나 우주적 시각을 받아들이기가 얼마나 지난한지를 일깨워준다.

물론 해와 달, 지구를 바라보는 익숙한 사고방식은 일상의 삶에 큰 영향을 미치지 않을 수 있다. 그러나 '자연스러운' 이분법적 사고가 문명을 바라보는 관점에 적용될 때는 상황이 달라진다. 가령 '해가 동쪽에서 떠서 서쪽으로 진다'라는 표현에서 동서 어느 한쪽을 우월하게 여겨 떠오름을 번영과 융성으로 보고, 지는 것을 쇠퇴와 몰락으로 여길 경우는 문제가 된다. 문명을 바라보는 시각이 바로 그렇다. '진보'와 '발전'이라는 이름 아래, 어떤 지역은 문명의 중심이자 우월한 곳으로 간주되는 반면, 다른 지역은 뒤처지고 열등한 것으로 여겨진다.

21세기에 이르러 사람들은 끊임없이 이동하고 다양한 문명과 문화가 뒤섞이면서, 문명의 공존과 문화적 다양성이 중요한 화두가 되고 있다. 그럼에도 문명은 여전히 서구와 비서구 문명, 앞선 문명과 뒤처진 문명으로 나뉘며, 그 지역 사람들 또한 보이지 않는 문명의 위계질서 안에 있게 된다. 이러한 질서에 따라 사람들은 평가를 받고, 각 문명을 바라보는 시선 역시 결코 균등하지 않다. 문명은 지역과 인종에 따라 구분되고, 그 위에는 우열을 가르는 이분법적 시각이 자리 잡고 있다.

인류 사회는 공간적으로 다양함에도, 진정한 의미에서 공간적 차이는 없어지고 시간적 진보의 차이만이 강조된다. 문명은 경제와 기술의 발전, 제도의 근대성, 정신적 · 문화적 성숙도와 같은 요소를 기반으로 하며, 이러한 기준 아래 각 문명과 그 안에 속한 이들은 어김없이 등급과 위계의 틀 안에 놓이게 된다. 어떤 지역은 애초에 야만 상태에 머물러 있다고 여겨지며, 또 다른 지역은 야만을 벗어나 문명의 경지로 진입했다고 평가된다. 나아가, 일부 지역은 더 높은 문명단계로 사회를 발전시켰다고 여겨진다.

오랫동안 당연하게 받아들여졌던 이 기울어진 문명관에 의문을 품기 시작한 나는 2000년부터 소위 비문명의 땅을 여행하며, 달에서 지구를 보듯 비문명권에서 문명 세계를 관찰하기 시작했다. 여러 문명을 여행하며 나는 문명이 서로 만나는 방식이 강과 지류가 만나서 어우러지며 흘러가는 것이 아니라, 침략과 정복, 식민화 그리고 약탈을 통해 이루어졌다는 사실을 깨달았다. 어떤 문명은 승자가 되어 그 역사를 기록하고, 기록은 교과서가 되어 상식이자 당연한 것으로 자리를 잡았다. 패자가 된 문명은 기록을 상실하고 그들이 지녔던 문명의 아름다움과 섬세함, 과학적 위대함마저 상실했다.

그들은 열등하거나 미개하지 않았고 진보와 발전에서 뒤처진 문명도 아니었다. 그들이 남긴 유적과 유물은 '우월한 문명'에 의해 파괴되고 훼손되었으며, 약탈당했다. 수많은 유물과 유적은 그것을 창조한 이들의 손을 떠나 오늘날 서구 박물관에서 아무런 맥락도 없이 낯선 이들을 마주하고 있다. 그리고 그 문명에는 중심이 아니라 주변부라는 인식이 자리를 잡았다.

이것이 과거의 일에 그치는 것이 아님은 오늘날 사람들의 빈번한 이동 속에서도 문명에 대한 위계적 사고가 사라지기는커녕 오히려 사람들의 내면 깊숙이 공고하게 자리 잡고 있기 때문이다. 어느 한 문명이 존중받지 못할 때, 그 구성원들의 존엄성과 자존감 또한 위협받는다.

오늘날 미디어에서 비서구 문명은 어떻게 묘사되는가? 문명의 이분법은 여전히 여러 문명을 억누르고 있으며, 세계화의 흐름도 문명 간의 교류보다는 불평등을 심화시키고 그 결과 열등한 위치에 놓인 문명들은 스스로 '낙후됨'을 확인하게 된다.

우리는 '열등한 문명'으로 불려 온 문명들을 새롭게 바라볼 수 있을까? 진정한 공존이란 무엇인가? 문명 간의 균형을 맞추는 일이 가능하다면, 그 방법은 무엇일까? 각 문명의 위대함과 그 힘을 드러내고 이를 인정할 수 있다면, 기울어진 문명의 저울을 수평으로 맞출 수 있지 않을까?

이렇게 해서 나의 여정은 중국 둔황에서 시작하여 캄보디아의 앙코르 문명, 이집트 문명, 짐바브웨와 남아프리카의 소나족, 산족, 줄루족이 창조한 문명을 지나갔다. 또한 남아메리카의 나스카 문명과 잉카 문명, 라파누이 문명, 중동 요르단 페트라의 나바테아 문명, 시리아의 팔미라 문명을 거쳤다. 스페인과 튀르키예에서는 기독교 문명과 이슬람 문명이 맞닿은 흔적을 마주했다.

흔히 '비서구'로 불리는 아시아, 아프리카, 남아메리카의 다양한 문명을 두루 다니면서 본 것은 오랜 세월 고립된 채 존재해 온 듯 보였던 문명들도 결국 여러 경로를 통해 서로 만나고 있었다는 사실이었다.

실크로드의 교역로인 요르단의 페트라와 시리아의 팔미라는 서로 다른 문명이 교차하는 공간이었다. 이곳에서는 공동의 교역체계를 통해 다양한 문명권의 사람들이 오갔고, 여러 문명은 정복과 침략이 아닌 교류와 융합으로 함께 어우러졌다. 길을 따라 만난 여러 문명들은 어느 한 문명의 배타적 우월성이 아니라 공존을 이루고 있었다.

관찰이란 단순히 대상을 바라보는 것이 아니라 적극적으로 사고하고 개입하는 과정이다. 올바르게 관찰하기 위해서는 먼저 나 자신의 '맹점'을 알아야 했다. 나는 한때 서구를 부러워했다. 문화가 있고, 세계를 만든 사람들이 있으며, 모든 곳에 긴 역사와 전통이 있는 곳이었다. 그러나 내가 바라 본 세계는 사실이 아니라, 서구가 바라본 문명과 사고방식, 그리고 서구가 정의한 세계와 문화였다. 그 정의는 지나치게 협소하고 인위적인 것이 었으며, 이를 깨닫는 것이 중요했다.

서구 문명의 시선 아래 존재했던 아시아와 아프리카 그리고 남아메리카의 문명을 더 가까이에서 바라보고 싶었던 이유는 내가 살아가는 공간 속에 함께 있는 이주자들에게 시선을 돌리기 위해서였다. 우리 사회는 이주자를 어떻게 바라보는가? 서구인, 백인, 부유한 국가 출신의 사람과 비서구인, 유색인, 저개발 국가 출신의 사람으로 나누며, 그에 따라 이주자들을 보는 시선도 다르다. 전자는 동경의 대상이 되지만 후자는 만만히 여기며 낮춰 대한다. 이러한 시선 또한 학교에서 배운 상식, 미디어를 통한 단편적인 정보, 온라인과 오프라인을 넘나들며 형성된 이미지에서 비롯되었을지도 모른다.

과거를 다시 보면 현재가 새롭게 다가온다. 그래서 나는 과거를 찾아 나섰다. 다양한 문명이 남긴 위대한 과학과 아름다움을 보고 싶었다. 뛰어난 능력으로 우주를 읽고, 수학과 천문학, 공학과 건축을 발전시켰으며 풍요로운 예술과 문화를 창조한 그들의 빛나는 순간들을 남겨진 유적 속에서 발견하고 이를 알리고자 했다. 서구 문명과 비서구 문명이 우열로 나뉘고 그것이 상식으로 받아들여지는 현실에서, 천동설만큼이나 깊이 뿌리내린 이러한 사고에 의문을 던지고 싶었다.

문명에 관한 나의 생각과 관찰이 이미 여러 책과 매체에서 부분적으로 다뤄진 주제일 수도 있지만, 이를 새롭게 엮어 누군가에게 공감을 불러일으키고 문명에 대한 기존의 통념을 조금이나마 바꿀 수 있다면 그것만으로도 의미 있는 일일 것이다.

2024년 2월 말, 나는 정년을 맞이했다. 지난 35년간 나를 강단에 서게 한 사회학을 통해 인류가 만들어온 모든 것이 존재하는 지구가 단순히 지나간 과거가 아니라, 새롭게 해석되고 재구성될 수 있는 시공간임을 알게 되었다. 과거 문명을 바라보는 지금 우리의 새로운 시각은 곧 앞으로 펼쳐질 문명에 대한 전망으로 이어질 것이다.

문명의 흔적을 본다는 것은 단순한 과거 회상을 넘어 지구 곳곳의 무수한 공간에서 펼쳐진 다채로운 삶의 모습을 발견하는 여정이다. 이 여정에서 나는 서로 다른 문명과 삶의 형태를 우열이나 위계로 구분하지 않고, 서로 다른 존재로 인정하는 법을 알게 되었다.

익숙한 것을 낯설게, 낯선 것을 익숙하게 보며 균형과 공존이라는 렌즈로 문명을 바라볼 수 있게 될 때, 내가 마주했던 문명들이 새로운 모습으로 다시 떠오른다면, 그것은 얼마나 아름다울까? 언젠가 다시 만날 수 있다면 좋겠다.

이 책이 나오기까지 큰 도움을 주신 많은 분들께 감사하고 싶다. 방대한 양의 초고를 읽어준 제자 신아름누리, 관련 지역 자료를 번역하고 원고를 읽어 준 오경희 교수, 책의 기획단계부터 전문가로서 조언과 자료를 제공해 준 문지영 교수의 도움은 큰 힘이 되었다. 또한 이 책의 구성과 내용을 살피며 도서관을 오가고, 마치 자신의 책처럼 아낌없이 힘을 보태준 후배 김정겸에게 마음속 깊이 감사를 전한다. 마지막까지 원고 및 사진 작업을 함께하며 세심하게 검토해 준 김보미 박사의 노고에 깊은 고마운 마음을 표한다.

적합한 사진을 찾지 못해 어려움을 겪던 중 소장한 사진을 기꺼이 제공해 주시거나 직접 현지에서 촬영한 사진을 보내주신 정병삼, 문명대, 박아림, 이현규, 최지연 교수님, 부성자 선생님, 동국대학교 전자불전문화콘텐츠연구소, 그리고 Roger Atwood와 Werner Remero께 진심으로 감사드린다. 또한 중요한 자료를 찾아주고 구해주신 숙명여자대학교 도서관 학술정보운영팀 선생님들께 깊은 감사를 전한다. 이분들의 도움이 없었다면 이 책의 출간은 더 오랜 시간이 걸렸을 것이다.

아울러 책의 완성을 위해 노력을 기울여 주신 담당 편집자 김다혜 님, 그리고 디자인팀 권아린 님께 고마움을 전하며, 이 책의 출판을 결정해 주신 ㈜피와이메이트 노현 대표님께 감사드린다.

끝으로 이 책이 나오기까지 오랜 시간 동안 지지와 격려를 보내준 가족들에게 진심 어린 고마움을 전한다.

2025년 8월

김영란

# 차례

## 제2부

## 문명의 공존, 요르단과 시리아 · 272



## 제3부

## 이기적 문명, 역사와 전통 만들기 · 338

## 나가며 • 426

## 생각의 탄생은 여행에서 비롯된다

2014년 6월, 나는 발칸반도에 위치한 세르비아로 여행을 떠났다. 세르비아의 수도인 베오그라드를 지나 도시 북쪽에 위치한 노비사드로 향했다. 페트로바라딘 요새에 가기 위해서였다. 요새는 도나우강을 따라 자리 잡고 있었다. 요새에 도착한 때는 어스름이 깔리던 저녁 무렵이었다. 요새를 오르자 크고 근사한 시계탑이 눈에 들어왔다. 시계탑을 올려다보니 12시 30분을 가리키고 있었다. "고장 났나?" 생각하고 잠시 주변 경관을 둘러본 후 다시 시계를 보니 이번에는 시곗바늘이 1시 30분을 가리키고 있었다. 고장이 난 것이 분명해 보였다. 내가 시계를 자꾸 쳐다보고 서 있자 옆에 있던 한 노인이 말했다.

"그 시계는 고장 난 게 아니오. 단지 시침이 분침보다 더 길 뿐이지요. 강에서 물고기를 잡는 어부들이나 멀리서 강으로 들어오는 배의 선원들에게는 몇 분인가보다는 몇 시인지가 더 중요하다오. 그래서 이 시계탑의 시곗바늘은 시침이 분침보다 더 긴 거라오."

» 1 페트로바라딘 요새에 서 있는 시계탑

아, 그렇구나! 그곳의 방식으로 시계를 바라보니 비로소 시계탑이 뚜렷하게 보이기 시작했다. 익숙함에 길들여져 있던 인식의 비늘이 벗겨지는 듯한 느낌이었다. 그 노인의 설명은 일종의 인식의 충격이었던 셈인데, 기존과 다르게 사물을 바라보는 것은 종종 사고의 전환이라고 한다. 우리는 어떤 계기가 있지 않으면 익숙함을 당연한 것으로 여기고 그것을 고집한다. 익숙한 것 속에서는 질문이나 의문이 생기지 않고, 번뜩이는 생각의 편린들을 찾아볼 여지도 없다. 그저 '당연한 것'이라는 고정된 인식의 창문으로 세상을 바라보며 익숙함에 안주한다.

나에게 여행은 나도 모르는 사이에 익숙한 세계에서 걸어 나와, 다른 사람, 다른 세상, 다른 생각을 가까이에서 볼 수 있는 기회를 주었다. 페트로바라딘 요새 시계탑의 시침과 분침이 바뀌었던 것처럼, 여행은 내 안에 켜켜이 쌓여 있던 고정된 생각과 인식, 사고를 의심하고 질문하게 만드는 경험의 순간이었다. 오래전 누군가가 천동설에 대해 의문을 품고 지동설을 주장하며 우주의 중심을 바꿨던 것처럼, 생각의 탄생은 이렇듯 여행과 함께 찾아왔다.

처음부터 여행지의 낯선 문화에 의문을 갖고 질문하거나 탐색하려는 것은 아니었다. 어릴 적 보았던 만화나 흑백영화 〈80일간의 세계 일주〉 같은 모험 이야기는 살아오는 동안 다른 세계에 대한 호기심으로 나를 들뜨게 하곤 했다. 그러나 그런 궁금증과 의문은 해결할 기회나 계기가 없었다. 당시 해외여행은 어림도 없던 시기였다. 1989년 1월 1일, 대한민국 국민 누구나 해외여행을 할 수 있게 되었다. 그때부터 나는 생애 첫 해외여행을 준비했고 그곳은 일본이었다. 교과서나 드라마, 영화, 일본 식민지 시대를 경험했던 어른들의 생각을 통해 본 일본은 고정된 이미지로 자리 잡고 있었다. 일본은 늘 마음 한 구석에서 불편한 감정을 갖게 하는 곳이었다. 1992년 1월, 일본은 나의 첫 여행지가 되었다. 한국의 식민지 과거와 독립, 해방과 현재의 일본에 대한 복잡한 감정들로 인해 낯선 도시에서 여행의 즐거움을 찾기엔 너무 무거웠다.

두 번째 여행지는 중국이었다. 당시 중국은 사회주의 국가에서 시장경제로 막 전환하려고 몸을 틀던 시기였다. 젊은 시절 오랜 기간 동안 군사독재를 경험하면서 인간다운 삶이란 무엇일까를 꿈꾸게 했던 사회주의에 대한 동경이 있었다. 중국은 사회주의 체제를 유지하는 곳이었고, 나는 그곳을 둘러보며 내 생각을 조율하고 싶었다.

1992년 8월, 여러 우여곡절 끝에 방문 허가를 받아 드디어 중국으로 향했다. 이후로도 여러 차례 중국을 다녀왔다. 내가 중국 여러 지역을 여행하며 발견한 것은 전환기 중국의 현실보다 수천 년 동안 꽃 피워온 중국 문명 그 자체였다. 당시 나의 문명관은 서구 문명의 찬란함과 인류 문명에 기여한 업적들에 대한 기록, 배움이 지배적이었다. 하지만 북경과 서안의 유적과 유물에서 문명의 흔적과 그것이 인류 문명에 미친 거대한 힘을 보았다. 이 문명의 힘은 그간 당연하게 여겼던 문명관을 흔들었고, 나로 하여금 질문을 던지게 만들었다.

아시아, 아프리카, 아메리카 등 비서구 문명으로 분류되는 문명들은 어디로 갔을까? 내게 비서구 문명은 시간이 지나면서 유지되거나 보존되지 못하고 폐허로 변한 곳, 과거의 영광을 뒤로 하고 이제는 역사 속에 사라진 곳, 패배자의 이야기로 전해지거나 문명이 존재하지 않는 곳으로 여겨졌다. 이러한 이유로 잊힌 문명, 비서구 문명이라 불리는 곳들에 대한 호기심이 커졌다. 지금 남아 있는 문명의 흔적들을 찾아가 관찰하며, 왜 그것들이 과거의 시간과 공간에 머물러 있거나 아예 언급조차 되지 않는지 알아보고 싶었다. 또한, 그 지역에 남아 있는 문명의 흔적이 인류 문명에 어떤 의미와 영향을 주었는지 찾아보고 싶었다.

그 후 나의 여행 목적은 분명해졌다. 내게 여행은 문명에 대해 의문을 갖고, 질문하며 답을 찾기 위해 두 발로 걷는 것이었다. 물론 그것이 여행의 전부라고 말할 수는 없다. 여행의 속성이 그러하듯, 널리 알려진 지역을 직접 마주하는 즐거움, 행복한 문화적 충격, 새로운 만남에 대한 기대와 만족, 그리고 지적 만족감이 다양한 방식으로 나의 여행을 채웠다. 그럼에도 나는 거의 언제나 문명의 발상지로 알려진 지역이나 문명이 충돌했던 지역을 여행의 목표로 삼았다. 그 시작은 2000년 중국 둔황으로의 여행이었다.

## 이기적 문명의 행적을 관찰하기 시작하다

둔황 석굴은 '사막에 서 있는 거대한 미술관'으로 널리 알려져 있다. 4세기 중반부터 14세기까지 천 년이 넘는 기간 동안 형성된 중국 불교 예술과 문화의 아름다움과 숭고함을 뚜렷이 보여주는 보물창고로 불리기도 한다. 이곳에는 크고 작은 석굴 600여 개와 수많은 불상, 벽화가 웅장한 파노라마처럼 펼쳐져 있다.

그 화려하고 장엄한 광경을 마주한 순간, 나는 경외감에 압도되었다. 하지만 그것도 잠시, 벽화 중간중간에는 떼어간 자국과 불에 탄 흔적이 보였고, 제자리에 있어야 할 불상이 사라진 빈자리들이 여기저기 눈에 들어왔다.

'이 짓을 한 사람이 누구인가?'

마음 한구석에서 먹먹한 분노가 일었다. 익히 알고 있듯, 이 유적들을 이처럼 끔찍하게 만든 사람들은 문명인이라는 이름으로 둔황 석굴에 몰려온 소위 '탐험가'들이다. 그들은 자신들의 것이라면 절대 하지 않았을 일을 서슴지 않고 행했다. 그들은 다른 문명이 남긴 유적과 유물을 파괴하고 훼손하며 약탈하는 행위를 저질렀다. 문명인의 얼굴을 하고 그럴듯한 이유와 명분을 내세웠지만, 이는 분명 야만적인 행위였다.

그 후 나는 아프리카, 아시아, 남아메리카 등에서 인류 문명이 시작된 지역을 하나하나 마음에 담아두고, 그곳을 다음 여행지로 삼았다. 앙코르, 이집트, 짐바브웨, 남아프리카공화국, 잉카와 나스카, 이스터 섬, 팔미라와 페트라 등 발길 닿는 유적지마다, 눈길 가는 유물마다 수많은 상흔들을 목격했다. 거의 모든 유적들이 파괴되거나 훼손되었고, 수많은 유물들이 도굴되었다. 뒤늦게 깨달은 사실에 마음이 착잡했다.

여행 초기에는 주로 훼손된 문명의 흔적을 따라갔지만, 여행 경험이 점차 쌓이면서 다양한 시각으로 관찰하기 시작했다. 더 많은 것을 볼 수 있었다. 예를 들어, 지명이 바뀌고, 신화가 도용되며, 역사가 왜곡되고 다시 쓰이는 경우도 있었다. 그들의 종족은 말살되었고, 미개인 또는 야만인으로 멸시와 비난을 받았으며, 서구 문화와 종교가 이식되었다. 문명의 파괴 현장과 유적을 확인할 때마다 결론은 항상 같았다. 문명이 충돌할 때 다른 문명을 파괴한 사람들은 스스로를 문명인이라 자처한 사람들이었고, 그들이 속한 나라였다.

문명이란 무엇이며 문명인이란 누구인가? 문명을 간단히 정의하자면, 문명이란 인간이 만들어 낸 모든 것을 의미한다. 문명화된 사회란 인간이 창조한 물질적, 기술적 발전과 사회구조적 발전뿐 아니라, 정신적 고양과 지적 발전도 이룬 사회를 말한다. 다시 말해, 자연 상태에서의 삶에 머물지 않고 인간의 삶에 맞게 조율하고 발전시켜 세련된 삶의 방식을 만들어내는 것이 문명이다. 모든 문명은 윤리, 종교와 철학, 학문, 독창적 예술과 음악, 기술, 물질적 생활, 그리고 지역적으로 창조된 신화와 전설을 가지고 있다. 따라서 문명인이란 이러한 문명사회를 구성하고 그 안에서 살아가는 모든 인간을 뜻한다.

중국 문명, 유교 문명, 불교 문명, 힌두 문명, 이슬람 문명, 페르시아 문명, 기독교 문명, 슬라브 문명, 이집트 문명, 인도 문명, 크메르 문명, 메소포타미아 문명, 그리스 문명, 미케네 문명, 미노아 문명, 아프리카 문명, 잉카 문명, 마야 문명, 모체 문명, 나스카 문명, 티아우아나코 문명, 테오티우아칸 문명, 노르테치코 문명, 폴리네시아 문명 등 인류가 출현한 이후로 수많은 문명이 탄생했다. 이 중 우리가 배우고 기억하는 문명은 과연 어떤 것들일까? 손에 꼽아 본다면, 놀랍게도 우리가 아는 문명의 수가 매우 적다는 사실을 알게 될 것이다.

사무엘 헌팅턴의 '문명의 충돌'에서 문명을 서구 문명, 라틴 아메리카 문명, 아프리카 문명, 이슬람 문명, 중국 문명, 힌두 문명, 정교 문명, 불교 문명, 일본 문명으로 표기한다. 그러나 많은 문명이 사라졌고, 오늘날 문명은 네 가지, 다섯 가지 주요 문명으로 나누거나 서구 문명과 비서구 문명으로 이분법적으로 나누기도 한다.

독일의 정치철학자이자 법학자인 칼 슈미트는 '대지의 노모스'에서 "16세기부터 20세기까지 '유럽'은 비유럽 지역에도 규준을 부여할 것을 요구하는 것이다. 문명이라는 말은 유럽 문명과 같은 의미를 가진다. 이러한 의미에서 유럽은 언제나 세계의 중심이었다"[1]라고 했다.

문명은 오랜 시간 서로 만나 왔다. 이 과정에서 교류와 갈등은 빈번하게 일어났으며, 현재까지도 계속되고 있다. 문명은 하나의 지역에서만 만들어질 수 없다. 다양한 문명과의 교류를 통해서 새로운 문명이 탄생할 수 있다. 많은 역사가들이 문명의 교류를 통해 종교, 이념, 문화가 확산된 점을 강조하는 이유는 문명이 본질적으로 서로 영향을 주고받을 수밖에 없는 속성을 가지고 있기 때문일 것이다.

사람들 간의 만남에서 흔적이 남듯이 문명 간의 만남에서도 항상 흔적이 남는다. 인류 문명의 역사를 살펴보면, 종교, 철학, 과학, 예술, 음악, 문화, 신화와 전설 등 문명의 각 요소에서 다양한 다층적 교류와 갈등이 발생했다. 주목할 점은 문명 간 충돌 과정에서 한 문명이 거의 항상 자신의 문명이 우월하다는 논리를 바탕으로 다른 문명을 침략하거나 정복했다는 사실이다.

정복된 문명을 파괴하는 행위는 매우 다양했다. 그들은 책과 유물을 훼손하거나 약탈하고, 불태우고, 자신의 나라로 가져가는 것을 서슴지 않았다. 무엇보다 패배한 문명을 세계의 변방으로 간주하며 미개하고 문명화되지 못한 열등한 정체성을 주입함으로써 이들의 힘을 발휘하지 못하도록 만들었다.

패배한 문명이 물질적·정신적 문화도 없는 야만인에 불과하다고 간주되었기에, 이들을 문명화하거나 계몽해야 할 대상으로 여겼고, 승자들은 언어, 종교, 교육을 통해 자신들의 문명을 이식하며 정복한 문명의 모든 흔적을 완전히 제거하려 했다. 우리가 아는 역사는 승자가 기록한 역사이다. 패배자가 기록한 역사가 존재했을까? 아무도 패배자의 역사를 알려고 하지 않았다. 그렇다면 총, 대포, 칼에 의해 사라진 문명의 위대함과 아름다움을 누가 우리에게 알려줄 수 있을까?

결국 문명 간 교류의 흔적은 뒷전으로 밀려났고, 문명은 승자와 패자로 나뉘었다. 승자 문명만이 모든 것을 차지하고 살아남았다. 나는 이렇게 정복한 문명의 모든 것을 삼키고 자신의 문명을 가장 우월하다고 여기는 문명을 ‘이기적인 문명'이라 부르고자 한다.

패배한 문명 지역의 역사는 승자 우월주의의 관점에서 재구성되거나 말살되는 방식으로 지워졌다. 이렇게 패배한 문명은 이기적인 문명의 힘에 의해 파괴되거나 흡수되었으며, 이들의 역사는 침묵과 망각 속으로 사라졌다. 폐허 속에서 간신히 남은 유적만이 그 문명의 한때 위대했던 흔적을 세상에 알리고 다시 이야기되기를 기다리고 있다.

## 이기적 문명 속에 가려진<br>다양한 문명의 위대함을 관찰하기로 했다

문명이 충돌했던 지역에 남겨진 유적들을 자세히 살피고, 관련 자료들을 읽어보면 그 안에 얼마나 많은 메시지가 담겨 있는지를 알 수 있다. 과거 그 지역이 얼마나 우수한 문명을 만들어냈는지를 보여주고, 그들에게 덧씌워진 역사를 통해 오늘날까지 이어지는 우열의 논리가 이기적 문명에 의해 '만들어진 것'임을 알려준다.

이기적 문명은 자신의 유적들을 다양한 방식으로 예찬하고, 자신의 문명만이 보편적이고 상식적이며 위대한 것으로 만들었다. 위대한 작품과 진보는 언제나 그들의 몫이었다. 자신들이 모르는 것에 대해서는 '신비롭거나 불가사의'한 것으로 만들어 자신들의 무지함을 감추었다. 이기적 문명이 지어낸 이야기는 그대로 받아들여져 지식과 교양으로 흡수되었으며 이기적 문명의 우월감 앞에 다른 문명 지역의 사람들은 자신의 야만과 낙후를 확인해야만 했다.

이기적인 문명에 대한 찬사와 존경은 그 문명의 힘을 지속시키는 원동력이 되었다. 이기적인 문명 국가의 다른 미개하거나 야만적인 측면은 문명이라는 이름으로 위장된 우월감 속에서 간과되거나 은폐되었다. 패배한 문명의 이야기는 이기적인 문명이 기록한 역사에서 사라졌다. 나 역시 '이기적인 문명이 만들어낸 지식'이라는 창을 통해 세상을 바라보고 있었다.

1992년 일본과 중국으로의 여행에서부터 2014년 발칸반도에 이르기까지, 나는 문명이 발생한 곳과 문명이 충돌하거나 만난 곳을 다녀왔다. 다양한 문명을 돌아보며 감춰진 흔적들과 각 시대를 접할 때마다, 나는 두 가지 슬픔이 교차했다. 하나는 이기적인 문명에 의해 파괴되고 훼손된 유적에서, 다른 하나는 그곳이 결코 원래의 모습으로 돌아갈 수 없을 것이라는 사실에서 오는 슬픔이었다.

우리가 알고 있는 문명의 역사는 '총과 칼'로 무장한 한 정복자들의 이야기이다. 패배한 문명 지역의 사람들을 야만인이나 원시인으로 간단히 정의할 수는 없다. 그들은 도시를 건설하고 정치 체계, 법률 체계, 종교를 갖추고 있었다. 수학, 기하학, 천문학, 철학, 과학에 기반한 건축물과 함께 문명에 따라서 기록물도 가지고 있었다. 이 사회들은 분명히 문명화된 사회였다.

그들은 인류 문명사에서 가장 개화되고 진보된 문명을 이룬 최초의 문명인이었을 것이다. 그들이 남긴 유적을 보면 오늘날 기술적으로 어렵거나 불가능하다고 여겨지는 것들도 그들에게는 자명하고 용이한 일이었을지 모른다. 당시의 기록이 거의 전해지지 않아 우리의 해석을 확정 짓기는 어렵지만, 유적이 보여주는 시각적 증거는 그들의 정교한 사고, 창조, 실행을 고스란히 보여준다.

이제 '패배자의 이야기'와 '패배자의 진실'을 들을 차례이다. 정복자들에 의해 파괴된 패배 문명의 역사와 유물, 그리고 그 문명이 이룩한 놀라운 위대함, 과학적 정교함, 섬세한 아름다움에 대해 이야기하고 싶다. 고대 문명의 유적을 찾아가서 이 지역이 인류 문명에 얼마나 중요한 의미를 지니고 있는지 보여주고자 한다.

또한 이기적인 문명에 의해 가려진 문명의 중계점이자 동서양을 연결하는 실크로드 중계지였던 중동 지역의 요르단 페트라와 시리아 고대 도시 팔미라를 통해 문명 간 교류와 공존에 대해서도 말하고자 한다. 오늘날 발칸반도에서는 그리스와 마케도니아 간에 알렉산더를 둘러싼 '역사 만들기' 논쟁과 19세기부터 유럽, 북미에서 일어난 '만들어진 전통'에 대한 이야기, 그리고 아시아, 아프리카, 아메리카 문명에서 가져온 유물과 유적으로 만들어진 박물관을 '인류 보편적 박물관'으로 만들어가는 이기적인 문명의 행위에 대해 말하고 싶다.

물론, 이미 많은 사람들이 이기적인 문명에 의해 무너진 다양한 문명에 대해 이야기해 왔다. 이전 작업을 통해 나는 이기적인 문명에 의해 폄하된 문명을 다른 시각에서 볼 수 있는 길을 안내받곤 했다. 하지만 문명에 대해 편향된 나의 시각을 바로잡아 준 것은 수많은 시간과 고민을 거친 여행이었다. 이기적 문명이 지나간 자리에서, 시간의 풍상 속에서 희미해져 버렸지만 아시아, 아프리카, 남아메리카 지역에서 꽃피웠던 문명들의 위대함을 보았다.

내 이야기는 여행과 관련되어 있지만, 주관적이고 개인적인 경험에만 바탕을 둔 여행기가 아니라, 그곳에서 직접 본 것, 조사하고 읽은 것, 그리고 다양한 문명을 창조한 지역을 여행하며 그들로부터 들은 이야기를 바탕으로 한 것이다.

이제 나는 더 이상 이기적인 문명의 그림자 속에 머물러 있을 수 없다. 과거 이기적인 문명에 의해 패배한 여러 문명들이 나에게 말을 걸어왔기 때문이다.

# 제 1 부 문명 다시 보기, 이기적 문명을 마주하다

## 이기적 문명의 일곱 가지 행위

“역사란 과거와 현재의 끊임없는 대화”라고 말한다. 만약 이것이 사실이라면, 우리는 두 가지 의미 있는 질문을 해봐야 한다. 누가 그 대화는 주도하는가? 사실을 있는 그대로 이야기하는가? 역사에 조금만 관심을 기울여 본다면, 그 답을 알 수 있다. 우리가 알고 있는 역사는 거의 언제나 이기적 문명이 주도해 왔으며, 사실을 그대로 기록한 것이 아니라, 대개는 이기적 문명의 자기중심적 편견과 우월하다는 자부심으로 이뤄진 ‘대화’인 경우가 많다.

사람들 간의 만남처럼, 문명 간의 만남도 흔적을 남긴다. 특히 문명이 충돌할 때에는 승자와 패자가 생기며, 승리한 문명화된 사회는 자신들의 우월성을 입증하기 위해 패배한 문명화된 사회에 대해 이기적인 행동을 한다. 이때 남겨진 흔적은 패배한 문명사회에 냉혹하고 파괴적이며 비극적인 상흔으로 각인된다. 이기적인 문명은 인종적, 언어적, 종교적, 민족적 정체성을 통해 표현된 일체의 활동을 금지하고, 역사적 유물을 약탈하며, 심지어는 종족을 말살하기까지 한다. 그 결과, 그 지역에서 독자적으로 발전해 온 고유한 역사와 평화로운 삶은 더 이상 유지될 수 없으며, 본래의 모습으로 돌아갈 수 없는 폐허가 된다. 이렇게 과거와 현재가 무너진 폐허 위에서 이기적인 문명에 의한 역사가 시작된다.

패배한 문명은 파괴된 유적과 잔해를 통해서만 과거의 삶을 증언하고 현재의 상황에 대한 단서를 제공한다. 그러나 그들의 역사는 이미 이기적인 문명에 의해 왜곡되고 조작되어, 편견을 깨지 않으면 올바르게 이해하기 어렵다. 따라서 아시아, 아프리카, 아메리카 문명 등 비서구 문명의 역사를 알고 싶다면, 이기적인 문명과의 충돌 이전으로 돌아가야 한다. 이를 위해서는 그 지역에 남아 있는 과거의 흔적을 세심히 조사하고, 그들과 진정한 대화를 시도해야 한다.

아시아, 아프리카, 남아메리카의 문명 지역을 여행하며 나는 이기적인 문명이 저지른 수많은 상처를 목격했다. 또한 이기적인 문명이 남긴 역사 자료, 즉 그들이 주도한 '과거와 현재의 대화'를 읽었다. 이러한 꾸준한 과정을 통해 나는 이기적인 문명의 잔혹함, 우월감으로 가득 찬 자기중심적 자부심, 그리고 광기 어린 과오를 더 체계적으로 탐구하고 정리할 방법을 찾게 되었다.

우선, 이기적인 문명이 다른 문명에 가한 행위를 7가지 유형으로 분류했다. 물론, 단일한 이기적인 행동이 독립적으로 이루어진 경우는 거의 없었으며, 여러 이기적인 행위가 동시에 중첩되며 발생한 경우가 많아 명확히 구분하기는 어려웠다. 그럼에도 유형을 나누고 면밀히 분석함으로써, 이기적인 문명의 행위를 구체적으로 드러내고자 했다.

## 이름 바꾸기

어느 나라나 지역을 여행하든 마을, 강, 산, 거리 등에 붙여진 고유한 이름을 알게 되면 그 지역의 특징을 어느 정도 미루어 짐작할 수 있다. 지명은 처음 그곳에 정주한 사람들이 정하고 불렀으며, 그들만의 이야기로 독특한 역사와 문화를 간직하고 있다. 따라서 지명은 지역적 특성을 잘 드러내며, 많은 정보를 담고 있는 보고인 셈이다. 정복한 문명의 지명을 바꾸는 것은 이기적 문명이 시도한 폭력적 행위 중 하나이다.

1492년 10월 12일, 콜럼버스는 대서양을 건너 아메리카에 도착했다. 그는 그날 왕실 깃발, 칼, 십자가를 앞세우고 이 땅이 스페인 왕실에 속한다고 선언했다. 이후 그는 자신이 발견했다고 주장하는 것들에 새로운 이름을 붙였다.[1]

> "나는 모든 것에 새 이름을 붙였다. 나는 헤아릴 수 없이 많은 사람들과 수많은 섬을 발견했다. 이 섬들에 대한 소유권을 폐하의 이름으로 확보했다."

1855년, 스코틀랜드 선교사 리빙스턴은 아프리카 내륙을 탐험하며 잠베지강을 따라 내려갔다. 그는 소문으로만 들었던 유명한 폭포를 찾기 위해 나섰다. 얼마 지나지 않아 그는 물보라로 덮인 거대한 물기둥을 발견했다. 폭 1km의 강물이 폭 20m의 웅덩이로 쏟아져 내려가고 있었다.

> "일찍이 내가 본 적이 없는 이루 형용할 수 없을 만큼 아름다운 광경이었다. 나는 그것을 빅토리아 폭포라고 이름을 붙였다. 나는 원주민들에게 둘레에 울타리를 치고 돌보도록 한 후 바로 옆에 서 있는 나무의 그루터기에 내 이름의 약자를 새기고 그 아래에 1885년이라는 연도를 새겼다."[2]

그 지역의 원주민들은 대대로 이 폭포를 '모시오아툰야(Mosi-oa-Tounya)'라고 불러왔다. 이는 '천둥의 소리가 나는 연기'라는 뜻이다. 리빙스턴은 잠베지강 가운데 있는 섬의 이름에 자신의 이름을 붙여 '리빙스턴'이라 부르고, 폭포에는 영국의 '빅토리아' 여왕의 이름을 붙였다.

영국의 탐험가 제임스 쿡은 1770년 4월 29일 오스트레일리아 동부 해안에 도착했다. 그는 오스트레일리아 최북단에 이르러 동부 해안 전체를 '뉴사우스웨일스'라고 부르며 영국령임을 선언했다.[3]

"나는 영국 국기를 게양하고 영국 왕 조지 3세를 대신해 동부 해안 전체에 뉴사우스웨일스라는 이름을 붙여 그 땅의 소유권을 주장했다."

콜럼버스와 리빙스턴, 제임스 쿡을 비롯한 대부분의 탐험가는 다른 문명을 침략한 정복자들이었다. 그들은 다른 문명의 땅에 발을 디디는 순간, 마치 자신들이 최초로 발견한 것처럼 그곳을 '신대륙'이라고 선언하고 자신들이 원하는 이름을 붙였다. 새로 붙여진 이름은 그 지역의 고유한 특성이나 기존 이름을 무시하고 침략 국가에 대한 예속관계 혹은 정복을 상징적으로 담은 이름이었다.

'발견'이라는 단어는 아무도 살지 않았던 곳을 찾아냈을 때 사용할 수 있는 말이다. 그러나 이기적인 문명이 '발견'했다고 주장한 대륙은 이미 문명인들이 대대로 살아온 땅이었다. 따라서 '발견'이나 '신대륙'이라는 표현은 자기중심적인 행위라 할 수 있다.

각 부족의 인디언들은 스스로를 '사람, 우리, 인간'을 뜻하는 이름으로 불렀다. 그러나 서구 이기적인 문명의 침략 이후, 그들이 제멋대로 지어 붙인 이름이 공식 부족명으로 사용되었다. 예를 들어, '우리 사람들'을 뜻하는 이누나이나족은 '개를 잡아먹는 사람들'을 뜻하는 아라파호족으로 불렸다.[4]

남아메리카에는 '대지의 사람들'을 뜻하는 마푸체족이 살았는데, 서구인의 침입으로 강제로 땅을 빼앗기고 쫓겨났다. 칠레 소설가 루이스 세풀베다는 '자신의 이름을 지킨 개의 이야기'에서 "마푸체족의 마을에서 끌려온 바로 그 순간부터… 그들은 내게 '카피탄'이나 '보비' 같은 이상한 이름을 붙이려고 했다. 하지만 그런 이름으로 부르면 나는 대꾸조차 하지 않았다… 내 이름은 오직 아프마우뿐이다. 대지의 사람들이 나를 그렇게 불렀으니까"[5]라며 사람 이름만이 아니라 개의 이름도 바꿔 부르는 상황을 그려냈다.

이름은 한 사람을 그 사람답게 만드는 중요한 일이다. 아기가 태어나고 이름을 지을 때 허투루 하는 것이 아니라 공들여서 의미 있는 이름을 지어 부른다. 정복한 땅의 모든 것에 제멋대로 이름을 붙인 이기적 문명은 그곳의 독특하고 아름다운 이름을 서구식 이름으로 바꾸었다. 그것이 문명인으로 간주되는 방식이었다.

산(Saan)족은 남아프리카의 보츠와나, 나미비아, 잠비아, 짐바브웨, 남아프리카공화국 등지에 흩어져 살아왔다. 이들은 인류의 시작부터 이곳에서 대대로 살아온 세계에서 가장 오래된 종족으로, 인류의 고향이자 어머니라 할 수 있다. 그러나 네덜란드계 정복자였던 보어인들은 이들을 정복하고, '덤불 속에 사는 사람'을 뜻하는 경멸적인 이름인 '부시맨'이라 불렀다. 산족은 영화 〈부시맨〉을 통해 우스꽝스럽게 묘사되기도 했다.

페루 티티카카 호수 근처의 아만타니 섬을 방문했을 때, 나는 아이들을 만나면 먼저 이름을 묻곤 했다. 사람을 처음 만날 때 이름을 묻는 이유는 아마도 이름이 그 사람의 정체성을 드러내는 문을 여는 손잡이와 같은 역할을 하기 때문일 것이다. 내가 만난 섬의 아이들은 주로 '마리아'나 '매기'와 같은 서구식 이름으로 불리고 있었다. '좋은 길의 여인', '빗속을 걷는 사람', '노래하는 물'처럼 그들만의 영혼이 담긴 이름들은 사라져버린 듯했다.

## 신화와 역사 만들기

신화는 단순히 역사적으로 발생한 사건이 아니라, 한 지역 사람들의 삶과 의식의 토대라고 할 수 있다. 오랜 시간 동안 신화는 주로 신과 인간을 둘러싼 이야기로 전해지며, 각 지역의 독특한 삶과 믿음을 형성하고 우주를 이해하는 세계관으로 기능했다. 이러한 신화의 기능 때문에 정복자들은 정복한 지역의 신화를 주목하고 이를 교묘히 이용했다.

스페인의 피사로는 신화를 대담하게 이용한 정복자 중 한 사람으로 알려져 있다. 잉카의 건국 신화에서 창조신이자 태양신인 비라코차는 티티카카호 중심에서 등장하며, 키가 크고 푸른 눈, 하얀 피부, 수염을 가진 모습으로 묘사된다. 피사로는 자신을 비라코차의 화신처럼 행동했다. 정복한 잉카 제국에 들어설 때, 그는 잉카인들이 자신을 비라코차로 맞이하도록 했다. 세계를 창조한 신 비라코차의 모습으로 잉카인들 앞에 나타남으로써, 그는 신화적 믿음을 통해 잉카인들을 정신적으로 무장 해제시켰고, 제국의 파괴를 가속화시킬 수 있었다.

잉카 제국의 붕괴에는 수많은 이기적인 행위들이 있었지만, 피사로와 같은 정복자들에게 신화는 정복을 위한 교묘하고 효과적인 도구가 되었다.

신화와 마찬가지로 역사는 정복의 수단으로 사용되었다. 특히 역사는 과거의 사실을 기록한 것이기 때문에, 한 지역의 역사는 그 땅에 대한 권위의 정당성을 입증하고 권한의 방향을 알려주는 역할을 한다. 이기적인 문명은 유물을 약탈하듯 역사적 사실을 약탈하는 데 집착했다. 역사를 약탈하고 소유권을 확보하는 가장 좋은 방법은 그 지역의 역사를 지우고 다시 쓰는 것이었다.

남아프리카공화국의 이민사 박물관에는 나라의 설립과정을 보여주는 벽화가 있다. 이 벽화는 부조형태로, 네덜란드인이 남아프리카 대륙으로 이주하는 과정에서 줄루족과 전투에서 승리하는 장면으로 시작된다. 이것이 남아프리카공화국이 시작되는 역사의 첫 장면이다. 이 전쟁에서 12,000명의 줄루족 원주민이 목숨을 잃었다. 줄루족은 반투족과 함께 15세기까지 수천년 동안 남아프리카에 거주하며 짐바브웨, 콩고왕국 같은 찬란한 문명을 건설했다. 특히 19세기 초에는 인도양 연안에 아프리카 최초의 통일국가인 줄루 왕국을 이루고 번영을 누렸다. 그러나 네덜란드 이주민과의 전쟁에서 패배하면서 그들의 역사는 지워졌다. 이민사 박물관은 이기적 문명에게는 개척과 건국을 보여주는 역사책이지만, 원주민에게는 왜곡되고 지워진 역사를 교육하는 장소였다.

이기적 문명은 침략과정에서 살아남은 원주민들을 흡수하거나 쫓아내고,

몰살시키거나 굴복시켜야 했다. 이를 위해 가장 먼저 필요한 것은 정복자가 해당 영토에 대한 소유권을 깊고 확고하게 가지고 있다는 인식을 원주민들에게 심어주는 일이었다.[6] 이를 실현한 수단이 신화와 역사의 도용이었다. 즉 정복자들은 원주민을 해방시키는 존재로서 신화를 이용하고, 그 지역의 역사를 다시 써서 효과적으로 점령지를 실질적으로 지배할 수 있었다.

다시 쓰인 역사와 신화는 교과서에서 배워지고, 다양한 매체를 통해 지속적으로 전달되면서 객관적인 역사로 자리 잡아 상식이 되었다.

## 종족 말살하기

이기적인 문명에 의해 침략당한 사회가 감당해야 할 손실은 상상조차 어렵다. 인류 전체에게 가장 끔찍한 상실은, 침략과 약탈 과정에서 종족이 말살되는 위기에 처하거나 실제로 사라졌다는 사실이다.[7] 이러한 참혹한 일이 가능했던 이유를 추적하면, 이기적인 문명이 침략당한 지역 주민들이 갖지 못한 비밀 무기를 가지고 있었음을 알 수 있다.

콜럼버스는 여왕에게 보낸 첫 번째 편지에서 이 무기를 언급했다.

> "우리는 이 사람들을 노예로 삼을 수 있습니다. 그들을 정복하는 것은 매우 쉬워 보입니다. 그들은 싸우는 방법조차 모르는 것 같습니다. 우리가 가져온 무기와 기술만으로도 이 대륙 전체를 빼앗을 수 있습니다. 내 부하 10명이면 충분합니다."[8]

콜럼버스가 탐험과 정복에 집중하던 시기에 대포와 화승총이 널리 사용되고 있었다. 대포는 대량 살상을 가능하게 했으며, 그 위력은 항해, 탐험과 정복을 더욱 촉진했다. 이기적인 문명이 다른 문명을 정복한 무기에 대해 영국 시인 겸 정치가 힐레어 벨럭(1898)은 한 문장으로 명확히 표현했다.

"우리에겐 맥심 기관총이 있지만, 그들에겐 없다네."[9]

스페인 정복자들이 침략하기 전 멕시코에는 1,500만 명의 아즈텍 사람들이 살고 있었다. 고대부터 진정한 문명인으로 살아온 아즈텍인은 황금에 눈이 먼 코르테스의 탐욕을 충족시키기 위해 세계에서 사라졌다. 단 이틀 만에 1만 5,000명 이상이 목숨을 잃었고, 수도 테노치티틀란은 폐허로 변했다. 50년도 채 지나지 않아 노예가 된 300만 명만이 살아남았다.[10]

도미니카 수도사 라스 카사스가 1567년에 작성한 '인디언 파괴에 대한 간략 보고서'에 따르면, 스페인이 처음으로 식민지화한 에스파뇰라섬(현재의 아이티와 도미니카)에 약 300만 명의 인디언이 살고 있었으나, 단 300명만이 살아남았다. 바하마제도에 살던 50만여 명 중 생존자는 11명, 니카라과에 살던 100만 명 이상 중 생존자는 5,000명이었다. 과테말라를 포함한 중남미 전역에서 40년 동안 약 1,200만에서 1,500만 명이 살해된 것으로 추정된다.[11]

침략자들이 사용한 무기는 총과 대포만이 아니었다. 의도치 않았더라도, 질병은 총보다 더 치명적이고 강력한 무기였다. 이기적인 문명은 천연두, 결핵, 성병, 독감 등의 질병을 옮겼고, 면역이 없던 정복 지역 주민들은 질병이 퍼지면서 급속히 목숨을 잃었다. 중남미 문명은 총으로 인한 학살과 질병으로 인해 황폐화되었다.

하지만 이 지역이 어떤 곳인가? 1519년 코르테스가 아즈텍 수도 테노치티틀란에 도착했을 때 병사들은 꿈을 꾸는 듯했다고 기록했다. 유럽의 어느 도시도 이 화려한 도시에 견줄 바가 못 되었다. 인구도 기하급수적으로 증가해 만 명이 넘는 주민이 사는 도시국가만도 약 12개에 이르렀다. 도시 곳곳에는 정원으로 이루어진 섬들이 있고 그 섬들 사이에 카누들이 오가고 있었다. 인구는 30만 명에 달하고 6만여 채가 넘는 집들이 있었다. 도시 안에는 거대한 피라미드 사원과 웅장한 궁전이 서 있었다.[12] 또한 그들은 달의 주기와 금성의 주기를 정확히 이해하였고 별들의 운행을 세밀히 관측했다. 이 찬란한 문명을 이룩한 아즈텍인은 황금에 눈이 먼 이기적 문명에 의해 사라졌다.

## 야만인 만들기

이기적 문명이 밟아온 역사를 보면, 문명의 이름으로 벌어진 엄청난 폭력적 행위에 관한 이야기라는 것을 쉽게 알 수 있다. 먼저, 힘을 가진 이기적 문명은 다른 문명의 사람들을 원시인, 미개인, 야만인으로 규정했다. 그 규정에 따르면, 야만인은 문화적으로 혹은 정신적으로 열등하며 식인이나 인신공양 같은 야만적인 행위를 하는 존재로 간주되었다. 이러한 규정은 곧바로 문명인이 야만인의 땅을 소유하고 그들을 문명화해야 한다는 정당성을 부여했다.

아프리카로 선교를 떠난 영국인 리빙스턴은 자신이 이곳에 온 목적을 "아프리카의 야만족이 문명국가의 대열에 설 수 있도록 돕기 위해서"라고 당당히 말했다.[13]

케임브리지 역사학자 찰스 킹슬리와 영국 역사학자 리처드 해클루트는 야만인의 땅을 정복하는 것이 왜 타당한지 설명하며 다음과 같이 말했다.

> "원주민은 숲에서 살고 동물처럼 행동하고, 인간이 갖추어야 할 중요한 덕목을 결여하고 있다. 야만인 땅을 정복해 그들을 문명의 길로 이끌고, 무지한 사람들을 이성의 궤도에 올려놓는 것보다 더 영광스러운 일이 어디 있겠습니까?"[14]

이기적인 문명은 정복한 지역 사람들을 야수로 묘사하거나 심지어 괴물로 그려내 그들을 야만인으로 만들어 갔다.

유럽인들은 비서구 지역을 머리가 개인인 반인반수, 양의 머리와 발을 가진 괴물 같은 사람들이 사는 곳으로 환상적으로 채색시켜, 다른 문명에 대해 기괴하고 야만적인 이미지를 만들어 퍼뜨렸다. 또한 아메리카에는 괴물들이 살고 있다고 믿었다. 쿠바에 상륙한 콜럼버스는 "사람을 잡아먹는 외눈박이 사람들과 개의 주둥이를 가진 사람들"을 보았다고 묘사했다.[15]

» 1493년 '뉘른베르크 연대기'의 목판화에 나오는 유럽인들이 묘사한 괴물들의 이미지

무엇보다 이기적 문명이 다른 문명의 야만성을 각인시키려고 내세웠던 것은 인신공양과 식인풍습이었다.* 스페인 정복자들은 아즈텍 문명을 비난하며 도시 테노치티틀란 건설 당시 포로의 심장을 도려내어 신에게 바치는 인신공양을 하고, 포로의 인육을 먹었다고 주장했다. 또 잉카 문명의 켄코 제단을 살아 있는 사람의 심장을 꺼내고 희생자의 피로 물들인 장소로 만들었다.

그러나 잉카 문명 연구자 후안 세리타에 따르면, 산 사람을 희생하는 의식에 대한 기록은 있지만, 그러한 의식은 특별한 경우로 극히 드물고, 대개 라마를 희생물로 바쳤다고 한다. 그의 해석에 따르면, 인신공양은 스페인의 정복정책에 의해 왜곡되고 과장된 악의적인 것이었다.[16] 특히 스페인 정복자들은 잉카의 입문 의례를 상징적으로 해석하지 않고 문자 그대로 받아들여 이를 인신공양으로 왜곡하는 치명적인 오류를 범했다. 이러한 의도적인 왜곡 과정을 통

---

* 16세기 아메리카 대륙에서 유럽인들이 맞닥뜨린 이전에 알려지지 않았던 사람들에 대한 여러 보고 중 하나로 식인풍습과 희생제의에 대한 묘사는 셰익스피어의 〈폭풍우〉를 비롯해 당시 연극과 시에 등장했던 신대륙 주민의 야만적이고 원시적인 모습에 영향을 주어 대중의 상상력에 불을 지폈다.

해 인신공양은 잉카인들을 검은 마법과 인간제물의 어두운 지옥 속으로 끌고 갔다.

이기적 문명은 식인풍습 역시 미개사회의 야만성을 드러내는 증거로 단죄했다. 그러나 인류학자 클로드 레비-스트로스는 '슬픈 열대'에서 "식인풍습은 원주민에게 영혼과 육신의 일체화 또는 종교적 의식으로 행했던 풍습에 불과하다"고 설명했다.

정복된 지역의 주민들을 야만인으로 규정한 것은 이기적 문명이 만들어낸 개념에 불과하다. 그들의 정복은 야만인 지역을 문명화하거나 계몽하기 위한 것이라는 논리로 이를 정당화하려는 시도에 지나지 않았다. 그럼에도 이러한 사고방식은 20세기 초까지 유럽을 지배했다.

1920년 벨기에령 콩고에 도착한 선교사들을 환영하는 연설에서 장관 랑캥은 이렇게 말했다.

> "여러분은 그들이 이미 알고 있는 것을 가르치러 온 것이 아닙니다… 복음을 해석할 때 우리의 이익을 최대화할 수 있도록 해야 합니다… 이곳 미개인들이 그들의 대지와 지하에 넘쳐나는 물질적 풍요에 무관심하도록 애써 주십시오. 그들이 관심을 가지게 되면 우리와 위협적인 경쟁을 벌이고 언젠가 우리를 이곳에서 쫓아내고자 하는 마음을 갖지 않도록 하기 위함입니다… 반항하지 않도록 그들을 억누르십시오. 그들이 두려움에 떨게 폭력을 사용해야 합니다. 흑인들이 말대꾸를 하거나 복수심을 갖도록 해서는 안 됩니다… 모든 흑인을 어린아이라고 생각하십시오. 여러분을 나의 아버지라고 부르도록 요구하십시오."[17]

이처럼 문명과 야만이라는 이분법적 사고를 바탕으로 정복자들은 선교사와 인류학자를 앞세워 정복 지역을 노골적이고 교묘하게 집어삼켰다.

다른 문명을 파괴하고 정복하기 위한 이유로 삼았던 인신공양과 식인풍습에 비해, 이기적 문명은 과연 문명인다운 자역이 있었을까? 레비-스트로스가 지적했듯, 이기적 문명사회에서 역사적으로 존재했던 유대인 학살이나 고문, 화형 같은 관습이 훨씬 더 비인간적이었다. 그것이야말로 진정한 야만이었다. 초기 인류학자들이 미개한 민족의 후진성에서 이기적 문명의 '문명의 영광'을 증명하려 했던 것처럼,[18] 이기적 문명은 자신들의 문명의 우월성을 드러내고 타 문명을 정복하기 위한 논리적 필요에 따라 타 문명의 야만성을 의도적으로 만들어냈다. 이는 이기적 문명을 예찬하는 교육과 함께 지속적으로 학습되며 고정관념으로 자리 잡았다.

유럽 중심의 우월하고 강력한 문명에 대한 맹목적 믿음의 위험성에 대해, 빅토르 베라가는 1894년 '아르카디아 제식의 지원'에서 다음과 같이 썼다.

> "모든 지리학자는 유럽을 그 어떤 땅보다 축복받은 땅이며 독특하고 우월한 아름다움과 고상한 외양과 강력한 문명을 지닌 땅으로 생각하도록 가르쳤다." 그리고 "유럽을 한쪽에 두고 아시아나 아프리카를 다른 쪽에 두며 그 사이에 심연을 두었다. 그래서 아시아가 유럽지역에 영향을 미쳤다는 이야기를 할 경우, 야만인이 우리에게 영향을 미쳤을 것이라는 상상조차 하지 못하게 되었다. 유럽의 쇼비니즘으로 그러했다."는 것이다.[19]

타 문명을 야만화하는 행위는 이기적 문명의 우월성을 비추는 거울이 될 수 없다. 오히려 배타적인 세계관으로 작용하며, 이기적 문명이 만들어 낸 우월과 열등의 이분법적 세계관은 오늘날까지도 아프리카, 아시아, 남아메리카에서 폭력과 전쟁, 갈등을 초래하는 악순환을 지속시키고 있다.

## 문명 파괴하기

이기적 문명은 자신의 이기적 행위로 인해 다른 문명이 무너지는 모습을 지켜본다. 수백 년 혹은 수천 년 동안 발전해 온 문명이 이기적인 문명의 행동에 의해 순식간에 무참히 붕괴된다.

스페인 정복자 코르테스는 아즈텍 수도 테노치티틀란에 들어갔다. 1325년에 건설된 이 도시는 아즈텍의 과학과 기술을 보여주는 공학적인 경이로움이었다. 그러나 코르테스는 황제를 살해하고 대신전을 파괴했으며 직접 불을 질렀다. 테노치티틀란은 전부 불타버렸다. 코르테스 부하였던 베르날 디아스 델 카스티요는 1576년 책 '누에바에스파냐 정복의 진정한 역사'에서 "그때 내가 보았던 모든 경이로운 것들이 무너지고 사라졌으며, 아무것도 남지 않았다"고 기록했다.[20]

이기적 문명이 정복한 문명의 땅에서 가장 먼저 하는 일은 유적과 유물을 훔쳐 자기들의 것으로 만드는 것이다. 탐험가로 위장하고 국가의 비호를 받아 귀중한 유물을 본국으로 가져갔다. 영국의 유물 사냥꾼 오렐 스타인은 둔황에서 필사본 24상자, 회화와 자수품 등 미술품 5상자를 런던의 대영박물관에 보냈다. 미국의 랭던 워너는 둔황의 막고굴에서 벽화 20여 장을 뜯어내고 불상도 훔쳤다. 프랑스의 펠리오도 둔황의 장경동에서 고대 필사본을 훔치며, "큰 외투 속에 가장 흥미 있는 두루마리들로 가득 채워 가지고 왔는데 너무나 기뻤다."고 했다.

1872년, 프랑스 함대 라플로르의 선원들은 이스터 섬의 거대한 석상 모아이를 배에 실을 수 없자 몸체에서 떼어낸 머리만 가져갔다. 이 모아이 두상은 현재 파리 인류박물관에 있으며, 또 다른 모아이 석상은 영국 박물관에 있다. 물론 훔친 유물 중에는 운송 중 손실되거나, 박물관에서 파괴되어 역사에서 자취를 감춘 유물도 많았다.

가치 있는 유적유물을 본국으로 가져갈 수 없다면 가차 없이 부숴버리고, 그 위에 덧칠해 훼손하는 등 이기적 문명의 상징물을 세웠다. 이집트의 카르낙과 이시스 신전 기둥에 그려진 그림은 이기적 문명의 종교적 상징들로 덧칠되었고, 신전 벽에 새겨진 부조의 얼굴과 몸은 형체를 알아볼 수 없게 뭉개졌다. 잉카 제국의 태양 신전인 쿠라칸차는 헐리고 그 위에 산토도밍고 교회가 세워졌고, 마지막 왕 투팍 아마루가 처형된 아르마스 광장에는 대성당이 건설되었다. 정복자들은 파괴된 건물의 잔해를 사용해 그 토대 위에 자신들의 스타일로 건물을 지었다. 이렇게 정복지에 정복자의 새로운 도시가 세워졌다.

온갖 용의주도하고 무차별적인 파괴행위로 무너진 문명은 무엇을 말할 수 있을까. 정말 비참한 것은 그 문명의 문자로 쓰인 모든 책과 기록이 모조리 불타 사라졌다는 사실이다. 기록말살*은 문명과 역사를 흔적도 없이 침묵 속에 묻어버리는 방식이기도 하다.

마야 문명은 기록에 남달리 집착했던 문명이었다. 그들은 시간과 달력의 개념을 만들고 돌, 비석, 나뭇잎 등에 수많은 기록을 남겼다. 그림문자로 쓰인 코덱스**가 수천 권에 이르렀으며, 박물관 서고에 보관되어 있었다. 서고에는 송아지 가죽으로 제본된 고서적과 고판본이 천장까지 쌓여 있을 정도였다. 그러나 이곳에 온 스페인 정복자들은 모든 흔적을 지우기 위해 온갖 노력을 기울였다. 1562년, 가톨릭 신부인 디에고 데 란다는 악마의 작품이라며 마야인의 책과 기록을 피라미드처럼 쌓아 올린 뒤 불태웠다.[21] 마야인이 이룩한 의학, 천문, 신앙, 문학 등 고대세계의 방대한 지식은 순식간에 잿더미로 변했다.

칠레의 시인 파블로 네루다는 그의 시 '어느 주교'에서 이렇게 말했다.[22]

"주교는 팔을 들었다. 그리고
속 좁은 자신의 신의 이름으로
광장에서 모든 책을 태웠다.

---

* 기록말살(Damnatio memoriae)은 특정한 사람이 기억해서는 안 된다는 형벌을 의미한다.

** 코덱스(codex)는 낱장을 묶어서 표지로 싼 것을 말한다.

아득한 시절부터 전해오던
그 옛날의 종이를 연기로 만들었다.
연기는 하늘에서 돌아오지 않았다."

정복지에서 이기적 문명이 저지른 범죄의 규모나 잔혹함은 놀라움을 금치 못하게 한다. 특히 다른 문명의 책을 불태우는 행위에는 집단적 두려움이 내재된 듯 보인다. 이는 다른 문명이 이룩한 지혜에 대한 무지함에 대한 회피나 두려움일 수 있다. 혹은 이러한 문명들이 이기적 문명을 약화시키거나 지배할 위험을 제거하고자 한 의도였을지도 모른다. 그렇지 않고서는 수 세기에 걸친 인류의 지혜가 담긴 기록을 한순간 연기로 사라져버리게 하는 야만적인 행위를 납득하기 어렵다.[23]

## 문명 폄하하기

이기적 문명사회는 다른 문명을 야만적이라고 모욕하고, 독자적이고 조화로운 사회를 만들 수 없다고 경멸했다. 이렇게 규정의 일차적 목적은 다른 문명을 정복하기 위한 정당성을 체계적으로 마련하는 데 있었다. 이기적 문명이 식인풍습이나 인신공양과 같은 이유로 다른 문명을 야만적이라고 규정하며 열을 올렸던 이유는 자신들의 문명으로는 이해할 수 없는 다른 문명을 무너뜨리려는 의도 때문이었다.

이기적인 문명은 다른 문명에서 발견된 고도로 과학적이고 섬세한 유물과 유적에 대해서 어떻게 반응했을까? 자신들이 알지 못하거나 익숙하지 않은 문명의 유산을 두고 '신비, 환상, 이국적'이라는 단어를 사용해 설명했다. 그들의 사고로 이해할 수 없는 유물은 과학, 이성, 합리성과는 거리가 먼 '불가사의'한 것으로 분류되었다. 심지어 '외계인'의 존재를 가정하고 그것들이 외계인에 의해 만들어졌다고 설명하려 했다. 예를 들어, 나스카의 지상화나 고대 도시 마추픽추를 언급할 때, 이 작품이 다른 문명인들에 의해 창조되었다는 사실은 고려조차 하지 않았다. 이는 다른 문명의 위대함을 인정할 수도 없고, 그 문명을 야만적이라고 주장해 온 자신들의 논리에 반하는 설명을 할 수 없었기 때문이다.

이기적 문명은 다른 문명의 위대한 유산을 받아들이지 않을 뿐만 아니라, 서구 문명의 기준에서 벗어난 것들은 지속적으로 야만적이라고 폄하했다. 특히 다른 문명들이 예술, 과학 및 문화 등에서 보여준 창의성을 인정하지 않았다. 예를 들어 문학작품의 가치를 평가하는 기준은 서구의 작가와 작품이었다. 시인이자 작가인 솔 벨로우는 "줄루족의 톨스토이는 누구인가? 파푸아뉴기니아인의 프루스트는 누구인가? 있다면, 나는 그를 기꺼이 읽을 것이다"라고 말했다. 이는 줄루족이나 파푸아뉴기니아인 중에 작가나 사상가가 있다고는 추호도 생각지 않았기 때문이다.

1841년 영국의 역사학자이자 작가인 토마스 칼라일이 쓴 '영웅숭배론'에서는 "셰익스피어를 인도와 바꾸지 않는다"는 유명한 말이 있다. 그는 이렇게 말했다. "만일 다른 나라 사람들이 우리 영국인을 보고 인도와 셰익스피어 둘 중 어느 것을 포기하겠느냐고 묻는다면 어떻게 하겠습니까?"라고 스스로 묻고, 이에 대답을 한다. "우리는 이렇게 말해야 하지 않겠습니까? 인도야 있든 없든 상관없으나, 셰익스피어가 없이는 살 수 없다고 말입니다!"[24]

그는 영국이 영국의 정신적 가치를 얼마나 중요시하는지 강조하며, 인도를 잃더라도 셰익스피어를 포기할 수 없다고 단호히 말한다. 한 민족이 자신을 표현할 목소리를 가지고, 가슴속 이야기를 아름다운 언어로 표현할 수 있는 인물을 가진다는 것이 얼마나 위대한 일인지, 셰익스피어를 영국의 소중한 상징으로 여긴다. 그러나 인도와 셰익스피어를 비교하며 저울질하는 이 표현은 인도나 인도인을 폄하하려는 의도를 더 분명하게 드러낸다.

이기적 문명에 의해 세계의 주변부라고 세뇌당한 다른 문명은 자신을 어떻게 바라볼까? 다른 문명의 사람들은 역사란 여기서가 아니라 다른 곳에서, 우리가 아니라 다른 사람들에게 일어나는 일이라는 생각에 길들여진다.[25] 그 과정은 간단하다. 이기적 문명의 우월감과 타자 문명의 열등성은 교과서, 문학작품, 미디어, 다양한 메시지를 통해 끊임없이 확산한다. 상대 문명은 이기적 문명의 사고체계를 그대로 답습하고, 정신적 문명에서 일상생활에 이르기까지 자신의 것을 무가치하고 의미 없는 것으로 여긴다. 결국 이러한 열등감은 한 세대로 끝나는 것이 아니라 다음 세대로 이어지며 더욱 굳어지고 내면화되어 의식과 행동에 부정적인 영향을 미친다.

만약 이기적 문명이 심어놓은 열등감과 가치폄하의 세뇌에 맞서지 않는다면, 패배한 문명들은 결국에는 주체성과 정체성을 잃게 된다. 이를 극복하기 위해서는 자신의 문명이 가진 가치와 위대함을 기억하고 학습을 통해 후세대에 전달하며 잊지 않는 것이 중요하다. "과거가 현재를 새롭게 한다"는 말에 깊이 공감한다. 톨스토이나 프루스트에 필적하는 작가가 없다고 솔 벨로가 주장했던 줄루족에게는 숫자의 기원을 설명하는 '영원한 없음(無)'이란 구전신화가 전해져 내려온다. 신화는 이렇게 시작한다. "없음이 흘러갔다. 얼마나 오래 흘렀는지 아무도 모른다. 시간의 물길을 타고 저 강력한 강물이 흘러갔다. … 시간의 강과 영원한 없음의 만남에서… 아주 작은 생명의 불꽃이 태어났다." 여기서 불꽃은 숫자를 의미한다. 줄루족은 과학적인 언어와 공식이 아니라 기억을 통해 숫자와 시간의 개념을 후대에 전승한 문명사회였다.[26]

## 문명 이식하기

정복한 땅을 자신들의 것으로 만들기 위해, 이기적 문명은 서구식 이름을 붙이고 그곳에 자신의 문명을 상징하는 건축물을 세웠다. 건축물은 무엇보다도 이기적 문명의 우월성과 힘을 보여주는 수단이었다. 로마는 정복지에 도시를 건설하며 로마양식을 재현했고, 영국은 인도를 식민지화한 뒤 봄베이에 튜더 양식의 건물을 세웠다. 스페인은 멕시코에서 아르헨티나까지 스페인식 성당과 광장을 건설했다. 이들은 정복지의 가장 높은 산꼭대기나 광장에 자신들의 문명을 상징하는 건축물을 세워 문화를 이식했다.

종교는 문명의 중요한 기반이었다. 특히 이기적인 서구 문명은 기독교를 바탕으로 야만을 정의하며 정복한 땅을 문명화하고자 했다. 기독교의 전파와 개종이라는 명목 아래, 총과 십자가로 무장한 선교사들이 정복의 선봉에 섰고, 교황과 국가가 이를 후원했다. 정복지의 종교 건축물과 유물은 파괴되고, 그 위에는 십자가와 성당이 세워졌다. 원주민의 개종도 본격적으로 진행되었다. 기독교로의 개종 과정은 잔혹할 수밖에 없었다. 정신적 전환인 개종은 육체적 노예화와는 달랐으며, 한 개인의 존재 전체를 다른 것으로 바꾸는 행위로, 문명 이식의 궁극적 목표이기도 했다.

피사로 군대가 잉카 제국을 침략했을 때 가장 먼저 한 일은 성경을 잉카 왕 아타우알파에게 내밀며 기독교 율법에 따를 것을 요구한 것이었다. 살아 있는 신으로 절대적 권력을 행사하던 아타우알파 왕은 이러한 모욕적인 행동에 분노하며 성경을 내던졌다. 그는 결국 포로로 잡혀 막대한 양의 황금을 정복자들에게 바쳤지만, 처형되었고 제국은 멸망했다. 살아남은 잉카인들은 고통스럽고 잔혹한 과정을 거쳐 태양신에 대한 믿음을 포기하고 기독교로 개종했다.

문명 이식은 개종뿐만 아니라 교육 과정을 통해 구체적이고 체계적으로 이루어졌다. 이기적인 문명은 다른 문명의 언어 사용을 금지하고 자신의 언어를 도입했다. 언어는 정체성을 강화하고 지배력을 드러내는 중요한 도구였기 때문이다. 따라서 이기적인 문명은 자국의 언어 사용을 강요하며 다른 문명의 언어와 방언을 억압하거나 말살했다. 이러한 과정은 주로 학교에서 언어와 방언 사용을 금지하는 정책을 통해 이루어졌다.[27] 20세기 초반 스페인은 멕시코 원주민에게 스페인어를 강제로 가르쳤으며, 19세기 중반 영국도 아일랜드에서 영어 교육을 강제했다. 일본의 식민 지배 시기 한국에서도 성과 이름을 일본식으로 바꾸고 일본어 사용을 강요당한 상황과 유사했다.

문명 이식에서 학교 시스템은 중요한 역할을 했으며, 특히 기숙학교 제도는 이기적인 문명국가들이 사용한 가장 효율적이고 강력한 무기였다. 정복자들은 원주민을 '야만인에서 문명인으로' 바꾸고, 그들의 야만성을 제거해야 구제할 수 있다고 믿었다. 기숙학교에서 정복자의 교육을 주입받은 아이들은 스스로를 부정하게 되었고, 정복자의 사고방식이 깊이 뿌리내렸다. 아이들이 배운 역사 등 모든 지식은 자신의 문명과는 상반된 것이었다. 오지브웨 인디언 출신 로즈메리 바스토우는 자신의 학교 경험을 회상하며 이렇게 말했다. "4학년 때 교과서를 통해 식민지 역사에 대해 배웠다. 그 책에는 인디언 전사가 야만인으로 묘사되어 있었다. 수녀가 와서 말했다. '너도 이 야만인들 사이에서 태어났어. 우리가 너를 문명인으로 만들기 위해 데려온 거야.'"[28] 광범위하고 체계적인 학교 교육을 통해 문명을 이식하는 과정에서, 원주민 아이들은 자신들의 문명이 크게 뒤처져 있다는 것을 받아들여야만 했다.

오늘날의 이기적인 문명은 아시아, 아프리카, 아메리카의 수많은 문명을 붕괴시키고, 금과 다이아몬드 등 천연자원을 약탈했으며, 그곳 사람들을 노예로 부리면서 막대한 부를 축적했다. 이러한 부를 바탕으로 강대국이 된 서구 문명국은 세계에서 가장 발달된 문화와 문명으로 여겨진다. 그러나 서구는 진보라는 개념을 내세워 아시아, 아프리카, 아메리카 국가들을 무시하며 여전히 '저개발' 국가로 간주한다.

하지만 지도를 펼쳐 각 지역 문명의 역사를 따라가 보면, 어느 대륙에서든 이기적인 문명보다 훨씬 더 개화된 문명이 존재했음을 알 수 있다. 현재의 이기적인 문명은 역사적으로 많은 발명과 발견을 통해 인류 문명을 크게 발전시켰다. 그러나 아시아, 아프리카, 아메리카 또한 인류 문명에 여러 방식으로 기여했다. 단지 우리가 그것을 인정하지 않았을 뿐이다.

이기적인 문명이 보여준 우월함에 눈이 멀어, 나는 종종 다른 문명의 과거를 잊곤 했다. 패배자의 역사는 기록되지 않았거나 세상에 알려지지 않은 이야기라고 한다. 나는 패배자로 불리는 문명의 남겨진 흔적을 통해 그들의 이야기를 쓰고자 한다. 이기적인 문명이 휩쓸고 지나간 뒤 남은 것은 세월의 풍상으로 부서지고 쇠락했지만, 그 문명이 남긴 유적은 때로는 문자로 기록되지 않았더라도 그들의 문명을 시각적으로 보여준다. 그들의 이야기는 우리의 인식을 변화시킬 수 있다.

이기적인 문명이 아시아, 아프리카, 아메리카의 문명 지역에 도착했을 때, 그들은 그곳의 문명에 무엇을 했는가? 이기적인 문명이 도래하기 전, 그 문명은 어떤 모습이었는가? 이제부터 중국 둔황, 캄보디아 앙코르, 이집트, 남아프리카 짐바브웨와 남아프리카공화국, 페루의 잉카와 나스카, 칠레 이스터 섬, 시리아, 요르단, 스페인, 튀르키예, 발칸반도, 유럽과 북미를 여행하며 이기적인 문명이 남긴 흔적을 통해 그들의 행위를 관찰하려 한다. 그리고 남겨진 문명의 유적과 유물에게 말을 걸고, 이야기에 귀 기울이며 그들의 찬란함을 기록함으로써, 과거와 현재가 새로운 방식으로 맞닿기를 희망한다.

## 1. 중국 석굴답사 기행에서 둔황을 만나다

여행의 가장 큰 이점은 새로운 문화를 경험하고 시야를 넓히며 때로는 삶의 의미를 찾게 해준다는 점이라고 생각한다. 나에게 여행은 무엇보다 '직접적인 경험'에 초점이 맞춰져 있다. 흔히 '책 속에 길이 있다'는 말처럼, 학자로서 나의 지식 대부분은 책에서 얻었고, 이를 현장에서나 여행을 통해 체험했다.

예를 들어, 여행지를 정하면 그곳에 대해 본격적으로 공부하기 시작한다. 물론 아무런 사전 지식 없이 새로운 장소와 문화를 접할 때 느끼는 놀라움도 있다. 하지만 제한된 일정에 쫓기듯 지나치는 대신, 가능한 많은 의미를 읽어내고, 지적 깊이를 더하며, 나만의 시각적 틀을 만들기 위해서는 사전 지식이 필요하다고 믿는다.

여행과 관련된 사전 학습은 기존 자료를 수집해 지식을 쌓는 데서 시작된다. 보통 다양한 방법과 경험을 통해 사람들이 남긴 글과 사진을 살펴보며, 여행지에 대한 큰 그림을 그리고 가고 싶은 곳과 꼭 들러야 할 장소를 하나씩 기록한다. 즉, 여행지의 역사, 문명, 문화를 조사하고 구체적인 볼거리를 염두에

두며 여행의 목적을 설정한다. 이 과정에서 다른 사람들이 보지 못한 것을 보거나 새로운 시각으로 접근하게 되고, 새로운 사실을 배우는 기쁨을 느낀다.

여행지와 목적을 정하면서 여행 노트를 작성하는 오래된 습관도 여행을 산만하거나 방만하지 않도록 하기 위해 시작되었다. 이 여행 노트들은 모여서 이 책을 쓰게 된 바탕이 되었다. 나의 첫 번째 여행 노트는 여행의 전환점이 된 '둔황 석굴' 탐방의 기록이었다.

내가 처음 중국을 만난 것은 1992년이었다. 북경과 서안 같은 중국의 고도(古都)와 수려한 경관으로 유명한 소주와 항주를 여행했다. 처음 만나는 것에 대한 설렘과 호기심은 컸고, 당시 중국은 나에게 인간다운 삶을 꿈꾸게 한 사회주의가 구현된 곳으로 읽혔다. 그러나 중국 문명에 대한 지식은 단편적이고 피상적인 교과서 수준에 머물러 있었다.

현장에서 본 중국 문명의 흔적들과 박물관에 전시된 유물을 통해, 나는 비로소 과학기술, 철학, 문화, 예술 등 인류 문명에 대한 중국 문명의 역사적 기여를 깨닫게 되었다. 방문하는 곳마다 중국 문명이 역사적으로 찬란했던 시기를 지나왔음을 보여주었다. 첫 여행 이후 중국 사회주의에 대한 환상은 교정되었고, 중국 문명 자체에 대한 지적 관심은 꾸준히 깊어졌다.

2000년 7월 11일부터 7월 20일까지 한국의 역사학자와 전공자들이 모여 중국 석굴 탐방단을 결성했다. 비록 짧은 기간이었지만, 중국의 중요한 석굴들을 한눈에 볼 수 있는 의미 있는 일정으로 기획되었다. 둔황 석굴을 시작으로 산서성의 운강 석굴, 난주의 병령사 석굴, 천수의 맥적산 석굴, 낙양의 용문 석굴, 그리고 낙양과 정주 사이의 공현 석굴을 둘러보는 여정이었다. 석굴 답사 기행 제안을 받았을 때 나는 망설임 없이 응했다. 특히 실크로드의 관문이라 불리는 둔황 여행이라니! 오랫동안 간직해온 꿈이 실현될 것을 앞두고 기대감으로 가득 찼다.

중국을 두 번째로 방문했을 때, 전혀 낯선 곳에 온 느낌이 들지 않았다. 만나는 모든 풍경과 사람들의 얼굴이 익숙하고 반가웠다. 7월 11일, 우리는 둔황에 도착해 곧바로 막고굴로 향했다. 둔황은 명사산에 위치해 있으며, 사막으로 둘러싸인 곳이다. 이곳에서 가장 먼저 마주한 것은 막고굴, 즉 천불동(千佛洞)이라 불리는 둔황 석굴이었다.

둔황 석굴은 막고굴, 서천 불동, 안서 유림 석굴을 포함해 총 522개의 석굴로 이루어져 있다. 이곳에는 약 2,000개의 채색소상*이 있다. 또한 전 세계적으로 5만 평방미터가 넘는 벽화가 보존되어 있어, 둔황 석굴은 세계 최대 규모의 석굴군일 뿐만 아니라 그 내용 또한 풍부하다. 특히 4세기부터 14세기에 이르는 불교 예술의 보고(寶庫)로 평가받는다.[1]

하지만 숫자로는 이곳의 규모와 모습을 상상하기 어렵다. 끝없이 이어진 석굴들, 그 안에 모셔진 수많은 불상들, 그리고 벽과 천장을 가득 채운 벽화들은 보는 이를 압도하며 경외감을 불러일으킨다. 이런 석굴 사원 도시를 창조한 인간의 힘은 어디에서 나온 것일까? 사람들이 수천 년에 걸쳐 서로 경쟁하듯 이곳에 모여 예술을 창조한 것일까? 아니면 심오한 불국토를 구현하려는 신심과 염원으로 불상과 불화를 제작한 것일까?

막고굴이 정확히 언제부터 불사가 이루어졌는지 알 수 없다. 그러나 4세기 중반, 승려 낙준이 첫 석굴을 열고 수행을 시작한 진원 2년(366년)부터 14세기 원나라까지 약 1,000년에 걸쳐 건설된 것으로 알려져 있다. 그 긴 시간 동안 수많은 사람들이 이곳에 머물며 석굴을 만들고 장엄하게 장식하며 부처의 공덕을 기렸을 것이다. 그들의 신심을 감히 헤아리는 것은 불가능해 보였다. 막고굴 외부에는 절벽을 따라 삼층으로 이어진 석굴들이 끝없이 늘어서 있다.

---

* 둔황 석굴의 암석 구조는 모래와 자갈이 퇴적되어 결합된 형태로 조각하기가 어려워, 점토와 채색을 이용해 만든 조각들이 주를 이루는데, 이를 채색소상이라 부른다.

» 1 둔황 막고굴 전경과 석굴 입구

원래 석굴은 큰 산의 절벽을 깎아 만든 곳으로, 석가모니와 제자들이 좌선을 수행하고 모임을 가지던 장소였다. 이후 석굴은 불상을 모시고 불교를 수행하며 설법을 하던 사원으로 변모했다. 탑과 불상이 세워지고 공양이 이루어진 석굴은 강당, 법당, 식당 등을 갖추며 사원의 모습을 갖추게 되었다.

석굴 사원은 점차 건축, 조각, 벽화 예술이 결합된 종합적인 구조물로 발전했다. 따라서 석굴 사원은 건축 당시의 불교 역사, 회화, 건축, 조각, 장식 예술, 음악, 복식, 서예 등 사회상을 파노라마처럼 읽을 수 있다. 불교 예술사에서 인도의 간다라 양식과 굽타 양식 불교 예술은 중앙아시아를 거쳐 한족문화권과 융합되며 새로운 불교 예술을 형성했다. 둔황의 막고굴은 이러한 융합을 대표적으로 보여주는 곳이다.

2000년 우리가 방문했을 때, 막고굴은 일부만 공개되어 있어 몇몇 곳만 둘러볼 수 있었다. 석굴에 들어갈 때마다 방문자들의 탄성이 이어졌다. 석굴의 규모, 사방 벽과 천장을 가득 채운 벽화와 불상들, 특히 내부에 모셔진 불상의 웅장함은 끝없는 감탄을 자아냈다.

막고굴 안의 불상, 채색조형, 벽화는 시기에 따라 매우 다양한 모습을 보여준다. 전체적으로 근엄하고 장엄한 분위기다. 막고굴 329굴 천정에는 수많은 부처가 빈틈없이 그려져 있다. 이 벽화를 그린 사람들은 어떤 마음이었을까, 생각하며 살펴보았다. 고개를 있는 대로 젖히고 천정의 불상을 죽 훑어보다가 고개를 갸우뚱한 부처에 눈길이 꽂혔다. 순간 웃음이 나왔다. 고개를 젖힌 채 벽화를 그리고 있는 사람이 삼각의 여백을 두고 고민하는 모습이 떠올랐다. 어떻게 할까? 비워두자니 휑하고 바른 자세로 그리자니 걸린다. 그래서 선택한다. 다른 부처의 자세와는 달리 고개를 옆으로 삐딱하게 기울인 부처를 그 공간에 앉힌다. 그린 이의 재치는, 벽화에서 뿜어 나오는 경건함 속에서도 보는 이로 하여금 미소 짓게 하는 여유와 친근함을 느끼게 한다.

» 2 둔황 329굴 천정 '고개를 갸우뚱한 천불'

막고굴의 불상, 채소, 벽화의 면면을 하나하나 살펴볼 때마다, 우리 일행은 너나없이 터지는 탄성을 멈추지 못했다. 막고굴 안은 빼곡히 채워진 벽화와 조각들이 장엄하게 어우러진 하나의 세계, 즉 부처의 세상이 펼쳐져 있었다. 그것은 종교의 유무를 떠나 신심과 상상력이 만들어낸 아름다운 예술세계였다. 이곳이 '사막의 대화랑'이라고 불리는 이유가 바로 여기에 있었다.

그런데 어느 순간 벽화 가운데 군데군데 떼어지고 훼손된 흔적들이 보이기 시작했다. 불에 타서 그을린 자국도 있었다. 이것은 세월의 흔적이 아니었다. 누군가에 의해 인위적으로 행해진 것이 분명했다. 탐험가라 불리는 사람들이 저지른 일이었다. 흔히 유물 사냥꾼이라 불리는 이들은 중국이 유물반출에 대한 금지령을 내리기 전까지 둔황에서 벽화, 필사본, 조상을 비롯한 수많은 유물들을 경쟁하듯이 가져갔다. 이들은 과연 둔황의 유물에 어떤 행위를 한 것일까?

## 2. 이기적 문명의 현장

### 유물 훼손과 훔쳐 가기: 랭던 워너

막고굴 제323굴 남쪽벽에는 세 가지 주제에 대한 고사를 바탕으로 그려진 벽화가 있다. 그중 하나가 '아쇼카 왕의 금상출현전설도'이다. 그러나 이 전설도에서 가장 중요한 장면인 아쇼카 왕의 금상이 배로 옮겨지는 장면은 허옇게 비어있고 흉하게 훼손된 모습이었다. 아쇼카 왕의 금상출현전설도는 불교의 역사에서 중요한 이야기로 전해진다.

아쇼카 왕(기원전 304년-기원전 232년)은 고대 인도의 왕으로, 인도 역사상 가장 위대한 군주이자 불교 사회에서 이상적인 통치자를 의미하는 전륜성왕(轉輪聖王)의 모델이기도 하다. 초기에는 제국을 확장하는 강력한 군주였으나, 정복과 전쟁으로 인해 수많은 생명이 희생되는 것을 목격한 후 깊은 회의에 빠져 불교에 귀의했다. 그는 북서부 인도를 중심으로 불교가 세계적인 종교로 도약할 기틀을 마련했으며, 불교의 가르침을 아시아, 페르시아, 그리스, 이집트 등으로 전파했다.

'아쇼카 왕의 금상출현전설도'는 중생을 구제하기 위해 물 위로 나타난 아쇼카 왕의 금상을 배로 옮기는 장면을 표현한 것이다. 이 벽화는 불교의 역사적인 인물과 사건을 그려놓은 불교사적화로 '동진(東晋) 양도(揚都)에서 금상이 물가에 나타났다'를 근거하여 그렸다. 이 벽화는 역사적 지점을 담고 있는 그림으로 예술적 가치, 역사적 가치를 모두 지닌다.[2]

이 벽화를 훼손하고 떼어간 사람은 하버드대 부속 포그 미술관의 고고학자이자 미술사학자이던 랭던 워너(1881-1995)이다. 워너는 1924년 미국 하버드 대학 고고학조사단으로 처음 둔황을 찾았다. 워너는 상상하기 어려운 일을 시도했는데, 그것은 귀중한 벽화 일부를 떼어내는 것이었다. 워너는 접착제가 발린 천을 벽화의 중요한 부분과 아름다운 부분에 눌러 붙인 뒤, 해당 부분을 떼어내어 석고판에 옮기고 고정시키는 방식으로 많은 벽화를 뜯어갔다.

둔황 전시관에는 각 석굴의 벽화에서 중요한 부분이 허옇게 빈 벽화들을 전시하고 랭더 워너에 의해 절취되었음을 설명하고 있다. 제323굴 남쪽벽 중앙 벽면에 있는 벽화 '아쇼카 왕의 금상출현전설도'에서 중앙 부분이 랭던 워너에 의해 떼어져 비어있다. 제329굴 북쪽벽 서측에 있는 벽화의 중앙 부분이 훼손되었고 그 외에도 320굴 남벽 중앙벽면에 있는 벽화 '수하설법도'의 중앙이 허옇게 비어 있다.

» 3 둔황전시관에 전시된 각 석굴에서 랭던에 의해 제거된 벽화들 중 일부이다
: 위로부터 제323굴, 제329굴, 제320굴

이렇듯 랭던 워너가 각 석굴에서 떼어간 벽화들은 현재 미국 하버드미술관에 전시되어 있다. 여기에는 제323굴의 '아쇼카 왕의 금상출현전설도'의 중앙 부분과 제320굴에 있는 아미타경변 '수하설법도'의 일부로, 부처와 제자들, 수행보살이 함께 묘사되어 있다. 이 벽화에는 부처의 가르침이 담긴 경전 두루마리를 든 제자가 보인다. 부처를 중심으로 가까운 제자들과 주요 보살들이 배치되어 있다. 그리고 제329굴의 북면에 있는 벽화는 '관경변'의 일부인 '무릎을 꿇고 있는 공양보살'이 공물을 바치는 장면이 그려져 있다.

그런데 랭던 워너는 벽화뿐만 아니라 보살상도 떼어갔다. 제328굴은 대표적인 석굴 중 하나로, 완전히 보존된 '채소구존상'으로 이루어진 부처상, 각각 두 명의 제자와 보살, 그리고 네 명의 공양 보살을 포함하고 있다. 설법 중인 부처를 둘러싼 제자와 보살 소상 뒤편에는 8명의 제자가 벽화에 그려져 있는데 이는 석가모니의 10대 제자를 표현하는 것으로 막고굴에서 소상과 벽화가 어우러진 걸작으로 꼽힌다. 이 석굴의 감실 내부 좌우에는 아난다와 가섭 두 제자의 상, 두 개의 보살상, 그리고 한쪽 무릎을 꿇고 두 손을 얼굴 앞에 모은 '공양 보살상'이 각각 배치되어 있었다. 그러나 감실내부 남쪽에 있던 공양보살은 더 이상 막고굴에 남아 있지 않다. 그 '공양보살'은 1924년 랭던 워너에 의해 절취되어 미국으로 보내졌다.

제328굴 '채소구존상'에서 가져온 공양 보살상은 현재 하버드미술관에 있다. 이 보살상은 당나라 전성기의 채색조각 중에서도 희귀한 보물로 손꼽히는 것으로, 지금은 유리벽으로 둘러싸인 이국의 박물관에 전시되어 있다. 그리고 막고굴에 있는 '채소구존상'에서 왼쪽 공양보살상이 절취된 채 비어있는 모습이 안타깝기만 하다.

'공양보살상'은 워너에게 일약 동양미술의 권위자로서의 명성을 안겨주었다. 그가 둔황 석굴에서 가져간 대량의 예술품은 당시 어느 박물관에서도 소장

» **4** 하버드미술관에 전시 중인 랭던 워너가 떼어간 벽화들로 제323굴의 '아쇼카 왕의 금상출현전설도'의 중앙 부분과 제320굴에 있는 아미타경변 '수하설법도 일부인 두 보살의 흉상', 제329굴의 북면에 위치한 '관경변'의 일부인 '무릎을 꿇고 있는 공양보살'이다

하지 못한 것이었다. 이로써 당시 하버드 대학의 소규모 포그 미술관은 엄선된 중앙아시아 보물을 소장함으로써 동양학 연구분야에서 영구적으로 중요한 위치를 차지할 수 있었다.[3]

» 5·6 랭던 워너가 둔황 천불동 제329굴에서 가져간 공양보살좌상과 그 불상이 원래 있던 자리(점선)

워너는 1925년 다시 둔황에 왔으나, 지역민중의 반발과 관청의 저지로 둔황벽화를 대량 탈취하려는 시도는 이루어지지 않았다. 사실 랭던 워너는 막고굴을 조사한다는 명목으로 둔황의 천불동을 찾았지만, 그의 실제 목표는 둔황 석굴의 벽화와 그림이었다. 그는 처음 석굴에 들어가 벽화를 보는 순간, 그 아름다움에 숨이 멎는 것 같은 충격을 받았다. 그는 이 벽화들이 모든 유럽의 풍경화를 뛰어넘으며, 중국 화풍의 기원을 이곳에서 찾아야 한다고 생각했다.

벽화의 가치를 한눈에 알아본 그는 잠시도 석굴을 떠나지 않고 통째로 뜯어 미국으로 가져가는 작업에 착수했다.

워너는 톱과 삽 같은 날카로운 도구를 사용해 벽화를 떼어내려 했으나, 석굴 벽이 사암으로 되어 있어 실패했다. 대신 특수 화학 용액과 접착제를 사용했지만, 이 과정에서 기술적 실패로 인해 둔황 벽화는 인위적으로 훼손되었고, 온전했던 벽화는 여러 조각으로 흩어졌다. 일부 가져간 잔해들도 이후 사라졌다. 워너가 막고굴에서 떼어낸 벽화는 총 26점이었으나, 그중 11점만 성공적으로 보존되어 현재 하버드미술관에 소장되어 있다.

랭던 워너가 절취한 벽화와 채소상은 제323굴 〈아쇼카 왕 금상출현전설도〉를 시작으로 제320굴의 남쪽벽에 있는 〈수하설법도〉의 좌협시보살·천왕·비구, 335굴의 남쪽벽에 있는 〈아미타정토변〉의 보살과 공양자, 제329굴의 북쪽벽에 있는 〈관경변(觀經變)〉의 무릎 꿇은 공양 여인, 제321굴의 복쪽벽에 있는 〈영취산설법도〉의 보살칠존 그리고 제328굴의 〈공양보살상〉 등이 있다.[4] 랭던 워너는 이 벽화들이 미국에서 본 적이 없는 걸작이며, 다른 나라에 소장되어 있는 것들도 이것에는 미치지 못할 정도의 것이라고 했다.

이 모든 것은 그 자리에 있었으면 좋았을 것이다. 벽화의 아름다움에 압도된 워너는 결국 벽화와 보살상을 반출하고 빈자리만 남겼으며, 원형 그대로의 모습을 본 마지막 사람이 되었다. 이후 방문하는 사람들은 더 이상 온전한 벽화와 공양 보살상의 아름다움을 볼 수 없게 되었다.

그는 자신의 행동을 미화하며 '중국의 오래된 길'이라는 책을 통해 모험과 선의로 가득한 이야기로 포장했다. 그의 이야기는 고국에서 과장된 모험담으로 전해졌고, 그는 영웅으로 칭송을 받았다. 그는 과연 영웅일까? 그에게서 우리는 이기적인 문명사회에서 영웅으로 만들어지는 이기적인 행동의 전형을 볼 뿐이다. 둔황에서 이루어졌던 이기적 문명의 행위는 계획적이고 의도적인 파괴와 약탈이었다.

막고굴 제156굴로 들어갔을 때, 여기저기 검게 그을린 벽화를 마주하고 그 장엄함에 감탄하기보다 흉하게 변한 모습에 자연스레 한숨이 나왔다.

이 그을음은 러시아 백군의 소행이었다. 1917년 러시아 혁명이 일어나자 약 400명의 백군 병사들이 볼셰비키를 피해 중국 국경으로 도망쳤다. 이들은 중국 당국에 의해 둔황에 6개월 동안 억류되었다. 이 기간 동안 그들은 석굴 안에서 자신의 미래에 좌절하며 무료함과 답답함을 이기지 못하고, 벽화와 불상 등 눈에 보이는 모든 것에 온갖 야만적인 행위를 저질렀다.

» 7 러시아 백군에 의해 불에 타 훼손된 제156굴의 모습

이처럼 벽화를 절취하고 공양보살상을 가져간 워너는, 자신이 도착하기 2년 전 러시아 백군이 막고굴 벽화를 불태우고 모욕적인 낙서를 한 모습을 목격했다. 그는 분노하며 아내에게 편지를 썼다. "내가 할 일은 빠르게 파괴되고 있는 모든 것을 구하고 보존하기 위해 목숨을 거는 것입니다. 이곳은 수 세기 동안 안정적이었지만, 이제 끝이 보입니다."라고 적었다.[5]

그러나 그는 자신의 절취 행위를 '벽화 보존'이라는 용어로 미화하는 데 주저하지 않았다. 이러한 태도는 스스로를 탐험가라고 칭하는 이들이 다른 문명에 저지른 범죄행위를 '문화유산 보존'과 '학문 발전에 대한 기여'로 정당화하는 근거가 되기도 했다.

## 유물 약탈: 오렐 스타인, 폴 펠리오

1924년 둔황에 온 랭던 워너는 늦게 온 사람에 불과했다. 워너 이전에 둔황은 이미 대대적이고 경쟁적으로 유물 탈취가 벌어지던 각축장이었다. 당시 영

국, 프랑스, 독일, 러시아 등 서구 제국주의의 탐험가들은 대규모 탐사를 통해 수많은 유물을 휩쓸었다.

'타오르는 횃불'을 의미하는 둔황은 문자 그대로 '백 년의 발견과 백 년의 약탈'로 인해 횃불처럼 뜨겁게 타올랐다. 사막 한가운데 천 년 동안 고요와 경건 속에 있던 둔황 석굴사원은 이기적인 문명사회의 탐험가들에 의해 불타오르기 시작했다. 특히 막고굴 가운데 가장 유명한 장경동은 막고굴 제17굴의 별칭으로, 이곳에서 발견된 고문서, 필사본은 '둔황문서'로 불릴 정도로 둔황의 도서관이자 보물창고였다. 장경동에 얽힌 '둔황문서의 발견과 유실'은 한편으로는 극적이었고, 다른 한편으로는 비극적이었다.

장경동은 제16굴로 들어가는 통로 뒤쪽에 있는 작은 방처럼 만들어졌다. 벽 뒤에 방이 있다는 것을 상상할 수 없을 만큼 은밀하게 숨겨진 공간이다. 한 설에 따르면, 둔황 천불동을 관리하던 도사 왕언록이 1900년 6월에 우연히 이 비밀 공간을 발견했다고 한다. 또 다른 설에 따르면, 왕 도사가 이상한 공명의 소리를 듣고 막혀 있던 공간을 발견했다는 이야기도 전해진다.

석굴 내부에는 아름다운 벽화가 그려져 있다. 물병이 걸린 보리수 나무 옆에 부채를 든 승려와 가방이 걸린 보리수 나무 곁에는 지팡이와 수건을 들고 있는 우바이*가 있는데, 이 두 사람은 누군가를 좌우 가까이에서 모시는 듯하다. 이 벽화 앞에는 한 가사를 입은 고승상이 반듯한 가부좌로 앉아 있다. 이 굴의 주인공이기도 한 그는 9세기 하서지역 불교지도자였던 홍변이라 불리는 고승이다. 홍변스님의 사망 후 제자들은 이 굴 안에 실제 모습을 사실적으로 표현한 진용상을 안치하면서 스승을 기리는 영적인 공간인 석굴이 되었다. 홍변상은 초상조각의 걸작으로 손꼽힌다. 이 굴은 11세기 초에 봉인되었으나 정확

---

* 불교를 믿고 삼귀, 오계를 받은 세속의 여성을 말한다.

한 시기와 이유는 알려져 있지 않다.

» 8 장경동 입구와 그 안의 벽화 앞에 앉아 있는 홍변상의 모습

발견 당시 장경동 내부에는 4세기에서 11세기까지 만들어져 보관되어온 5만여 점의 불경, 고문서, 불화, 자수 및 견화, 법기 등의 유물이 천장까지 가득 차 있었다. 이 굴의 문이 열리고 천 년 동안 잠들어 있던 이 공간의 존재가 알려지자, 이기적 문명사회의 탐험대가 빠르게 몰려들었다. 영국, 프랑스, 일본, 러시아 등 각국의 탐험가들이 둔황에 차례로 도착해 장경동의 문을 열어젖혔다. 그 후 둔황문서는 전 세계 산지사방으로 흩어지고 사라졌다. 현재 그곳은 과거의 기억만을 반추할 수 있을 뿐 문서가 있어야 할 자리는 비어 있다. 그 수많은 고문서들은 과연 어떻게 되었을까?

알려진 바와 같이, 20세기 초는 이기적 문명들이 물리적 힘과 과학적 기술로 다른 문명을 짓밟던 '폭력과 파괴의 시대'였다. 20세기에 들어 중앙아시아와 투르키스탄에 세계 이목이 집중되면서 이 지역에 대한 주도권을 장악하기 위해 러시아, 영국, 독일, 프랑스, 미국 등 제국주의자들이 탐험가와 학자들을 앞세우고 경쟁에 돌입했다.

이들 국가들은 정치적·군사적 목적을 위해 중앙아시아에 탐사대를 파견했고, 정보 수집 과정에서 고문서와 유물들이 발견되었다. 이러한 유물들의 학문적 가치가 드러나면서 탐사의 성격은 점차 지리적·역사적 조사를 목적으로 한 학술 탐사로 변화했다. 그러나 정보 수집, 외교전, 학술 탐사는 완전히 분리되지 않았다. 학술 탐사가 고급 정보 수집 작업의 일환으로 진행되었기 때문에 조사 지역에 대한 상세 지도 제작이 병행되었으며, 각국은 탐사에 막대한 자금을 투자했다.[6]

피터 홉커크는 둔황에 온 탐험가들을 "실크로드의 외국 악마들"이라고 부르며 유물 사냥꾼들의 활동을 세상에 알렸다.* 둔황 막고굴의 유물을 약탈한 인물로는 영국의 오렐 스타인, 프랑스의 폴 펠리오 그리고 나중에 미국의 랭던 워너가 있었다. 이들의 약탈은 도착과 동시에 시작되었다.

영국의 시인 키플링은 '탐험가'** 라는 시를 썼다. 이 시는 탐험가들이 들었다고 말하는 사악한 목소리를 묘사하며, 끝없이 반복되는 속삭임이 탐험가들을 유혹한다고 전한다.

> "양심만큼이나 사악한 목소리가 끝없이 변화하며 울려 퍼진다.
> 밤낮으로 끊임없는 속삭임이 반복된다.
> 그곳에 무언가 숨겨져 있다. 가서 그것을 찾아라.

---

* 피터 홉커크(Peter Hopkirk)는 1980년 'Foreign Devils on the Silk Road'이라는 제목으로 책을 출간했다.

** 키플링의 시 탐험가(The explorer)는 'Collected Verse of Rudyard Kipling'에 실려있다(Kipling, 1923: 19-23).

그곳 뒤편에 가서 보라. 그 뒤편에 잃어버린 무엇인가 있다.
잃어버린 것, 그것이 너를 기다리고 있다. 가라!"

장경동 유물을 처음 약탈한 사람은 헝가리 태생의 영국인 오렐 스타인이었다. 그는 1887년부터 영국 박물관과 인도 정부의 지원을 받아 중앙아시아를 세 차례 탐사했다. 1907년, 둔황 근처에서 탐험대를 이끌던 스타인은 둔황 천불동에서 대량의 고문서가 발견되었다는 소식을 들었다. 막고굴에 도착한 그는 수백 년간 비밀로 보관되어 온 희귀 유물, 수많은 필사본, 벽화들과 마주했다.

장경동에 쌓여 있던 두루마리 문서들이 3미터 높이로 쌓여 있는 것을 본 스타인은 놀라움을 감추지 못했다. 그는 도사 왕도사의 무지를 이용해 7일간 작업을 진행하며, 장경동에서 나온 둔황 문헌 24상자와 비단화 및 직물 5상자 등 총 29상자를 선별해 가져갔다. 왕 도사에게는 당시 중국에서 사용되던 은괴 화폐인 마전 40개를 건네주고, 이 유물들을 런던 박물관으로 보냈다. 천 년 가까이 온전하게 보존되었던 희귀 보물들은 터무니없이 낮은 가격에 둔황을 떠나게 되었다.

오렐 스타인은 둔황에서 유물을 반출하는 과정에서 귀중한 보물이 중국 땅에 있는 동안 마음을 놓을 수 없었다. 그는 "필사본 24상자, 회화와 자수품, 예술 유물 등으로 가득 찬 미술품 5상자가 런던의 영국 박물관에 무사히 들어갔을 때 진정한 안도의 순간이 내게 찾아왔다"고 말했다. 그는 친구에게 보낸 편지에 이 모든 것을 사들이는 데 단지 130파운드가 들었다고 만족스럽게 말했다.[7]

스타인은 막고굴 제16굴에 선별한 대량의 문서를 장경동 밖으로 꺼내 놓고 촬영하여 기록으로 남기기도 했다.

» 9 오렐 스타인이 장경동에서 제16굴로 꺼내 놓은 고문서들을 촬영한 것으로 바닥에 고문서들이 묶여 있는 모습이 보인다

스타인이 둔황에서 반출한 유물은 약 7,000점의 완전한 문서, 6,000점의 부분적으로 보존된 문서, 그리고 수백 점의 회화를 포함하고 있었다. 그중 868년에 인쇄된 '금강경'과 당나라 8세기 불화인 '수하설법도'가 포함되어 있다. '수하설법도'는 비단과 붉은 옷을 입은 석가모니를 중심으로 네 명의 보살과 여섯 명의 제자들이 설법을 듣고 있는 장면을 묘사한 화려하고 아름다운 벽화로, 현재 영국 박물관에 소장되어 있다.

스타인이 무더기로 가져간 장경동의 문서는 중국 및 중앙아시아뿐만 아니라 실크로드의 역사 및 문화, 종교, 예술의 연구에서 매우 중요한 자료로 평가된다. 스타인은 여행기 '캐세이 사막의 유적(1912)'에서 둔황의 보물을 편취한 과정을 상세히 기록하고 있다. 중앙아시아 탐험을 끝낸 후 1921년 '세린디아'라는 제목으로 총 5권으로 된 방대한 탐험보고서를 출판했는데 그 당시 유물 지도, 사진들과 함께 3,000여 점의 장물 목록이 빽빽하게 실려 있다. 이 장물들을 보면 누구나 탐을 낼 정도이다.

둔황에서 오랜 세월 손대지 않은 채 보존되어 온 놀라운 유물들은 영국 박물관에서 '스타인 컬렉션'이라는 이름으로 전시되었다. 이후 스타인은 왕으로부터 기사 작위를 받았고, 옥스퍼드 대학교에서 명예 박사 학위를 받으며 탐험가이자 고고학자로서 명성을 널리 알렸다. 그러나 영국의 동양학자 아서 웨일리는 둔황문서의 3분의 1에 해당하는 1만여 점을 영국 박물관으로 빼돌린 일을 '둔황서가 약탈사건'이라고 비판했다.[8]

오렐 스타인의 뒤를 이어 프랑스인 폴 펠리오가 둔황을 찾았다. 스타인이 둔황 문헌을 헐값에 빼돌린 후, 1908년 2월 폴 펠리오는 중앙아시아 곳곳에서 유물을 수집하며 탐험대를 이끌던 중 둔황 문헌에 대한 소문을 듣고 급히 막고굴로 향했다. 그는 유창한 중국어 실력과 중국 문화에 대한 깊은 지식을 바탕으로 왕원록의 마음을 사로잡았다.

스타인이 이미 장경동의 많은 고문서, 판본, 예술품을 가져간 상태라 남은 문서는 약 2만 점에 불과했다. 스타인이 이미 다녀갔다는 사실에 실망한 펠리오는 그가 며칠밖에 머물지 않았다는 이야기를 듣고 안도했다.

고전 중국 문헌에도 해박했던 펠리오는 장경동에 3주간 머물며 남은 문헌들을 하나하나 검토했다. 그는 손에 촛불 하나를 들고 둔황 석굴에 들어가 산더미처럼 쌓인 고대 경전을 마주했다. 장경동의 비밀 공간에 들어간 순간, 동굴 안에 쌓인 고문서, 유물, 두루마리, 필사본을 보고 펠리오는 완전히 압도당했다. 동굴에는 약 1만 5천에서 2만 권에 이르는 고문서가 보관되어 있었고, 그것을 모두 보려면 최소 6개월이 걸릴 양이었다. 펠리오는 어두운 석실에서 촛불 하나를 의지하며 작업을 시작했다.

펠리오는 석굴 안에서 촛불을 켜고 하루 대부분을 쪼그려 앉아 문서를 하나씩 열고 선별하며 보냈다. 그의 뒤로는 길이가 2미터에 이르는 수백 개의 두루마리가 쌓여 있었다. 그는 20일 동안 약 1만 5천 권의 중국 두루마리를 훑어보았다.

문서에는 마니교나 경교, 현교 등의 한역경전, 도교 경전이 포함되어 있었다. 또한 사서오경이나 제자백가의 진본을 비롯해서 역사나 지리, 희곡, 소설류 당대의 속문학(俗文學), 본초(本草), 성점(星占), 인상(人相), 점서(占書), 산경(算經), 장택(葬宅), 몽판단(夢判斷) 등 그리고 돈황 경계의 호적(戶籍), 지권(地券, 허가권) 등까지 다양한 자료들이 포함된 방대한 양의 문서였다. 이 가운데 위경(僞經)이나 민간신앙서 등도 눈에 띄었다. 사실 여기에 있는 모든 것들은 어느 하나도 진귀하지 않은 것이 없었다. 펠리오의 감격과 감탄은 걷잡을 수 없이 커져갔다.[9] 펠리오는 그중에서 5천여 점의 중요 문서를 선별했다.

» 10 장경동 제17굴에서 고문서를 읽고 있는 폴 펠리오와 그 뒤에 수백 개의 두루마리 고문서가 쌓여 있다
» 11 천불동에서 발견된 고문서들

펠리오는 사경류 1,500여권의 고문서 24상자, 완본 2,000권, 단본과 낙질본 5,000권 등 7,000여 권, 회화 및 비단이나 마포에 그려진 그림, 수놓은 부처님 등 약 500점과 공예품 150점 5상자를 둔황에서 반출했다. 이 중 문서는 프랑스 국립도서관 동방사본부로 옮겨졌으며, 비단그림, 견직물 등은 파리 루브르미술관 기메박물관으로 보내졌다. 또한 현재 프랑스 국립도서관에 소장되어 있는 신라 승려 혜초의 〈왕오천축국전〉 사본도 포함되어 있었다.

펠리오가 왕원록에게 지불한 돈은 마제은 10개 500냥 정도(약 90파운드)였다. 그는 파리 기메박물관의 '펠리오 갤러리'에 자신의 이름을 남겼다. 프랑스로 돌아간 펠리오는 국민 영웅으로 대접받았으며, 중국학의 위대한 학자로 평가받았다. 펠리오가 가져간 유물들과 그의 강연은 유럽 전역에 케이블로 전송되어 널리 알려졌으며, 스타인의 큰 궤짝들이 영국 박물관에 도착했다는 소문도 퍼졌다.

둔황의 문서와 유물 약탈은 랭던 워너와 오렐 스타인, 폴 펠리오를 비롯해 러시아의 올덴부르크, 일본의 오타니 탐험대* 등 수많은 이기적 문명국가에서 온 탐험가들이 둔황의 약탈에 가담했다. 오랜 세월 동안 둔황을 지켜왔던 귀중한 유물들은 불과 몇 년 사이에 손가락 사이로 빠져나가는 모래처럼 덧없이 유실되고 훼손되었고, 단 몇 년 만에 본래의 모습을 잃고 말았다.

## 3. 둔황, 인류 문명의 보고

둔황시 남쪽 5km 지점에는 거대한 모래산이 있다. 이 모래언덕은 아래에서 위까지 모래로 이루어져 있으며 높이가 약 1,700m에 달한다. 사막의 바람

---

* 영국, 프랑스, 미국 나라들이 모두 국가의 지원 내지는 박물관 등의 후원을 입어 실행에 옮겨진 조직적인 탐험이었던 것에 비하여 오타니 탐험대는 개인의 의지에 의해 행해진 것이었다. 당시 런던에 체재하고 있었던 오타니 코즈이(1876-1948)는 몸소 불교전래의 중요한 경로였던 서역지방을 답사하고자 하는 웅대한 계획을 세우고 독자적으로 이 지방에 대한 탐험조사를 행하게 되었다. 오타니 탐험대가 서구열강의 그것과는 전혀 사정을 달리 한 개인적이며 불교도에 의한 탐험이었다. 개인사업으로 전개된 탐험으로 재정적인 문제가 따랐다. 탐험의 성과에 대한 연구가 일찍 중단되고 또한 수집유물이 사방으로 흩어진 결과 오타니 탐험대의 업적은 아직 전체적으로 명확하게 정리되어 있지 않은 상황이다. 오타니 탐험대가 수집한 유물은 현재 한국, 일본, 중국의 3개국에 분산되어 있다(민병훈, 2003: 251).

이 강해지면 산 위의 모래가 바람에 쓸리며 소리를 내는데, 그 소리가 마치 모래가 우는 소리와 비슷하다고 하여 명사산(鳴沙山)이라는 이름이 붙었다. 명사산 동쪽 끝에 둔황이 있다.

옛날 둔황은 고비 사막과 타클라마칸 사막 사이의 오아시스였다. 실크로드를 지나는 사람들은 반드시 이곳을 거쳐야 했다. 한나라 시절부터 둔황은 실크로드 여행자들이 지나가는 첫 관문이자 중국에서의 마지막 정착지였다. 또한, 천산산맥을 넘어 낙타를 몰고 온 중앙아시아 상인과 여행자들의 최종 목적지이기도 했다. 둔황은 비단을 포함한 다양한 상품들이 활발히 거래되는 상업 도시로 번성했다.

사람들이 모이고 문물이 교류하며 돈이 흐르던 둔황은 동서양의 사람들, 종교, 철학, 과학기술 등이 융합된 독창적이고 찬란한 문화를 꽃피웠다. 특히 불교는 둔황 문화의 뿌리로, 단순히 하나의 종교적 사상이 아니라 당대의 보편적 사상으로 자리 잡아 삶의 모든 면에 스며들었다. 둔황의 찬란한 과거는 불교를 통해 엿볼 수 있으며, 둔황의 대표적인 문화유산 대부분이 불교와 관련된 것이 자연스럽다.

그중에서도 427개의 석굴 사원으로 이루어진 막고굴은 불교 문화가 예술로 승화된 '세계 최대의 미술관'으로 꼽힌다. 막고굴은 4세기부터 14세기까지의 미술사뿐만 아니라 고대 사회의 정치, 경제, 문화, 민족 관계, 동서양의 문화 교류에 대한 자료를 담고 있다. 특히 그 가운데서도 900여 년 동안 밀폐되어 있다가 극적으로 열리게 된 제17굴 장경동의 발견은 사해문서*에 비견되는 세기의 역사적 사건이었다.

장경동은 '둔황서고'라고 불린다. 이는 이곳에서 발견된 수많은 불교 경전,

---

* 사해문서는 1946년 사해 인근 쿰란지역 동굴에서 발견된 기원전 2세기에서 서기 1세기 사이에 히브리어로 쓰인 구약성서이다.

문서, 예술품들에서 비롯된 이름이다. 특히 장경동에서 출토된 문화유산 중에는 은허의 갑골문, 죽간(한대의 대나무로 만든 판에 쓴 글씨), 명·청 시대의 공문서 등이 포함되어 있으며, 이는 근대에 발견된 대표적인 4대 고대 문헌으로 불린다.[10]

둔황 장경동에서는 주로 불교 경전과 관련된 고문서를 비롯해 약 5만 점에 달하는 유물이 쏟아져 나왔다. 불교 외에도 그리스도교 일파인 네스토리우스교, 도교, 마니교와 같은 종교의 문헌과 정치, 군사, 사회경제, 역사지리 자료, 천문학, 인쇄, 의학 등 과학기술 관련 자료가 포함되어 있었다. 또한 다양한 필사본, 불화, 판화, 탁본, 자수, 염직물 등이 발견되었다.

고문서는 한자 외에도 티베트어, 산스크리트어, 룬-튀르크어, 소그드어, 위구르어 등 중앙아시아 언어로 쓰여 있어, 둔황이 실크로드에서 얼마나 중요한 위치를 차지했는지를 보여준다. 이 문서들은 당시의 예술과 문화를 생생히 전하며, 기존 역사서에서 확인할 수 없던 시대의 모습도 엿볼 수 있게 한다.

이처럼 장경동의 발견은 세계를 놀라게 했으며, 방대한 양과 풍부한 내용을 가진 귀중한 자료로 '중고시대의 백과사전'이자 '고대 학술의 바다'라고 불린다.

또한 둔황은 나라 간 교류가 이루어지던 장소로, 이를 막고굴의 벽화, 불상, 문서 등 다양한 유물에서 확인할 수 있다. 이 유물들은 당시의 건축, 의복, 음악, 민속, 경제 등 과거 사회상과 교류상황의 모습을 생생한 파노라마처럼 보여준다.

제255굴 북쪽에는 '석가모니 열반상'이 있다. 여기에는 열반에 든 석가모니와 이를 슬퍼하는 중생들의 모습이 보인다. 벽에는 석가모니가 나무 아래에서 열반에 든 것을 나타내는 나무가 그려져 있다. 석가의 입멸 즈음에서 10대 제자는 물론 여러 나라의 왕자들도 그 머리맡에 모여 비탄하며 슬퍼했다. 석가모니 위쪽에는 제자와 보살들이 통곡하는 모습이 있으며, 주변에는 각국의 왕과 왕자들이 깊은 애도를 표하는 모습이 묘사되어 있다. 특히 각 민족의 왕자들이 슬퍼하는 표정이나 복장, 피부색, 의복의 형태가 모두 다양하게 표현되어 있다. 당시 각 민족 간의 교류상황을 잘 보여준다. 채소상과 벽화를 결합한 이 열반상은 오늘날까지 남아있는 귀중한 작품이다.

» 12 제225굴에 있는 열반에 든 석가모니와 그를 애도하는 중생들의 모습

둔황은 교류를 통해 풍성해지는 예술적 가치와 문명의 위대함을 성취한 인류 문명의 보고이다. 실크로드의 중국 측 첫 관문인 둔황의 석굴에서 발견된 문물들은 학계에 크게 반향을 일으켰다. 특히 장경동의 유물연구는 문화침탈의 각축장이었던 둔황에서 주도권을 다투었던 국가의 학자들이 중심이 되었다. 현재 둔황의 문화유산은 '둔황학'이라는 학문으로 자리를 잡아가고 있다. 그러나 이 과정에서 남긴 흔적과 오점을 감출 수는 없을 것이다.

## 4. 둔황에서 시작된 이기적 문명 관찰기

둔황의 막고굴이 발견되면서 이곳은 세계 각국의 표적이 되었고, 이기적인 문명 속 약탈자들은 고고학자, 인류학자, 미술사가 등의 이름으로 불렸다. 그들의 비도덕적이고 범죄적인 행위를 기반으로 고고학과 인류학 같은 학문이 발전하며 이기적 문명사회가 우위를 점할 수 있었다. 서구의 비약적인 경제적, 학문적 발전은 다른 문명에 대한 대대적인 약탈과 희생을 통해 이루어진 면이 있다.

둔황은 무참히 약탈을 당하며 유물이 흩어졌고, 중국 문화사에 전례 없는 재앙을 가져왔다. 유물 대부분이 세계 곳곳으로 흩어지고, 국내에는 소수만 남아 중국 문화사에 큰 상처를 남겼다. 중국 역사학자 천인거(深演格)는 자국의 보물이 눈앞에서 유출되는 것을 보고 개탄했다.[11]

"둔황이여, 우리나라 학술의 상실의 역사여!"

'둔황서가 약탈사건'과 비슷한 시기에 일본, 프랑스, 미국 등 제국주의 침략으로 새겨진 역사의 상흔과 문화재 유실을 뼈아프게 겪었던 우리로서는 천인거선생의 상심과 그리 다르지 않다.

이기적 문명의 탐험가들은 둔황에서의 행위를 '문화재의 구출과 보존'이라는 논리로 포장했다. 랭던 워너는 둔황 벽화가 손상되는 것을 보고 이를 구조하고 보존한다는 명목으로 막고굴의 벽화를 떼어냈다. 1928년 영국 여행가 레지널드 솜버그는 중국 투르키스탄을 지나던 중 독일의 폰 레코크가 한 동굴에서 많은 벽화를 떼어간 기록을 보았다. 그는 이후 현지 무슬림들이 남은 벽화를 파괴했으며, 유럽 고고학자들 덕분에 불교 유적이 광신주의와 반달리즘으로부터 구조되었다고 말했다. 폰 레코크가 '구조'했다고 주장한 중앙아시아 지역의 벽화와 유물 약 200상자는 페르가몬 박물관으로 보내졌으나, 제2차 세계대전 중 폭격으로 완전히 소실되었다.[12]

이와 같이 이기적 문명의 탐험가들은 자국의 전폭적인 지원을 받아 둔황 유물의 반출에 열을 올렸다. 그 결과, 개인적으로는 지위를 높이고 세계적으로 탐험가나 영웅으로 이름을 알렸으며, 서구 학계에서는 동양학 권위자로 인정받았다. 국가 침략의 발판으로 시작된 탐험을 통해 방대한 둔황 유물이 해외로 반출되어 현재 전 세계 30여 개의 박물관, 미술관, 연구소 등에 보관되어 있다.

2000년 둔황 석굴을 답사하던 때를 돌아보면, 벽화가 뜯겨나간 자리, 강제로 떼어내 벗겨진 곳, 태워진 것, 불상들이 있던 빈자리 등이 눈앞에 떠오른다. 이제는 유물 훼손이 누구에 의해 행해지고 반출된 유물들은 어디로 갔으며 어디에 있는지 알 수도 있다. 현재 정보와 지식이라면 사라진 유물들을 하나하나 추적하고, 퍼즐을 맞추듯 복원하여 벽화와 불상의 빈자리를 다시 채워 눈앞에 되살릴 수 있을 것이다. 그러나 지금도 타국의 박물관 수장고에 묻혀 돌아오지 못하는 유물들의 운명은 매우 안타깝다. 이는 이기적 문명이 여전히 지속되고 있음을 보여주는 것이기에 가슴이 아픈 것이다.

둔황 연구는 오렐 스타인과 폴 펠리오, 랭던 워너 등이 무더기로 빼돌린 둔황의 문서와 유물을 정리하며, 학문적 증거로 삼은 데서 시작되었다. 이것만큼 아이러니한 일도 없다. 20세기 들어와서 둔황학은 새로운 학문 분야로 자리를 잡았다. 이제 중국학자뿐만 아니라 여러 나라의 학자들이 둔황 유물이 가진 풍부한 함의와 가치에 대해 연구에 매진하고 있다. 중국학자 지셴린은 "둔황은 중국에 있고, 둔황학은 세계에 있다"고 말했다. 앞으로 둔황의 진정한 면모는 인류 문명사에서 더욱 뚜렷이 밝혀질 것이다.

중국의 역사가 사마천은 사기(史記)에서 이렇게 말했다.

> "햇빛에 물들면 역사가 되고, 달빛에 물들면 신화가 된다(褪於日光則爲歷史, 染於月色則爲神話)."

둔황 석굴은 햇빛 아래 드러나 역사가 되었다.

# 2장
# 캄보디아

## 1. 앙코르 문명을 찾아가다

유독 앙코르 유적에는 많은 수식어가 붙어 있다. '세계 7대 불가사의', '동양의 기적', '신비의 유적', '죽기 전에 꼭 가봐야 할 역사적 장소', '신비로운 에너지가 숨어 있는 정글 속 문화 관광지' 등이 그것이다. '이국적', '신비', '불가사의'와 같은 단어는 특히 스스로 문명인이라고 생각하는 사람들에게 매력적으로 다가온다. 미지와 낯선 것에 대한 호기심이 자극되는 것은 인간의 본능일지도 모른다. 하지만 이기적 문명이 사용한 '신비'나 '기적' 같은 수식어는 앙코르 문명이 이룩한 높은 수준의 문화와 예술, 진보된 과학기술과 건축을 인정하고 싶지 않은 우월감에서 비롯된 것일 수 있다.

현재 캄보디아 원주민인 크메르족은 힌두교를 중심으로 한 인도 문명을 바탕으로 캄보디아 고유의 앙코르 문명을 만들었다. 앙코르는 802년부터 1431년까지 이어진 캄보디아의 왕국으로, 동남아시아 문화의 중심지였다. 앙코르 문명이 이룩한 독창적인 예술성에 압도되지 않을 사람이 있을까? 아널드 토인비는 "평생 이곳에 머물며 앙코르 유적의 아름다움에 취하고 싶다"고 말했다.

나 역시 처음부터 앙코르 문명에 매료되어, 종교와 신화로 가득 찬 앙코르 문명을 알고 싶어졌다. 손에 닿는 모든 앙코르 관련 책, 사진, 영상 등을 찾아보았다.

사진 한 장을 보더라도 앙코르가 거대한 성곽 도시라는 상상을 하게 되었다. 각 사원 건물의 벽에는 신상과 인물, 문명 이야기를 담은 다양한 조각상이 풍부하게 장식되어 있었다. 복잡한 기호와 상징, 정교하고 아름다운 부조가 말하고자 하는 바를 볼 때마다 놀라움과 호기심이 일었다.

그러나 어느 순간, 사진 곳곳에 머리가 없는 석상들이 눈에 띄었다. 온전치 못한 조각상을 발견하고, 자연스레 앙코르 문명의 훼손에 대해 마음이 쓰였다. 다리 입구에 줄지어 선 신의 조각상 대부분은 몸통만 남고 머리가 없었다. 벽에 조각된 여신상의 얼굴은 움푹 패어 있었다. 의심의 여지가 없었다. 이는 분명 이기적 문명의 소행이었다. 그 순간, 앙코르 문명의 유적 속에서 이기적 행위를 드러내고 싶은 욕구가 일어났다.

앙코르 유적에 가해진 이기적 문명의 행위 중 하나로, 소설가 앙드레 말로의 '앙코르 유적 밀반출 사건'을 언급하지 않을 수 없다. 그는 1923년 프랑스 고고학 조사에 참여해 앙코르 사원에서 여신상을 포함한 수많은 조각상을 훔쳤다. 이는 명백한 도굴 행위였다. 말로는 앙코르 유적에서 여신상을 떼어내고 빈출한 경험을 바탕으로 1930년에 '왕도로의 길'이라는 소설을 발표했으며, 1931년에는 프랑스 문화부 장관이 되었다. '인간의 조건'을 비롯한 여러 작품을 통해 인간의 가치, 죽음, 인간주의의 한계와 고뇌를 성찰하는 대문호로 평가받았지만, 그 이면에는 '도굴꾼'이라는 가면이 있었다.

나는 앙코르 와트와 앙코르 톰의 장엄함과 아름다움에 온전히 취하기도 전에 훼손되거나 도굴된 유적의 흔적을 맞닥뜨린 것이다. 좀 더 알아보고 싶었다. 그간 책과 사진, 영상 등을 통해 알게 된 앙코르 문명을 직접 보아야겠다는 생각이 깊어졌다. 무엇보다 '신비하고 이국적인'이라는 수식어를 벗겨낸 앙코르의 진면목을 알고 싶었다. 그러려면 먼저 이기적 문명의 약탈과 위선이 앙코르를 어떤 식으로 망가뜨렸는지 알아야 했다.

2001년 1월 23일, 나는 캄보디아 시엠레아프 공항에 도착했고 다음 날 정글을 가로질렀다. 얼마나 달렸는지는 모르지만, 어느 순간 앙코르 와트의 웅장한 모습이 홀연히 나타났다. 곧 앙코르 와트에서 멀지 않은 앙코르 톰의 장엄함이 마치 살아 움직이는 듯 나를 압도하며 다가왔다. 사진과 영상으로 이미 잘 알고 있었지만, 눈앞에 실제로 나타난 앙코르는 그야말로 놀라웠다. 떠오르는 단어는 '경이'였지만, 말로 표현할 수 없는 감정이 가슴 깊이 요동쳤다.

무엇보다 앙코르는 천 년의 시간을 정글 한가운데에서 견뎌낸 당당함을 느끼게 했다. 앙코르 문명의 영광스러운 시대를 분명히 보여주고 있었다. 하지만 가까이 다가갈수록, 더 깊이 발을 디딜수록, 이기적 문명에 의해 가려졌던 앙코르 문명의 진실이 나의 심안을 뜨게 만들었다. 이제 그 이야기를 하고자 한다.

## 2. 이기적 문명의 현장

### 유적 파괴와 유물 훔쳐 가기

앙코르 톰을 마주했을 때, 나도 모르게 손이 모아졌다. 그 위대한 유적 앞에서 경의를 표하지 않을 수 없었다. 이제껏 경험하지 못한 고도 문명의 충격이었으며, 화려하고 정교한 문명이 주는 황홀감에서 벗어나기 어려웠다.

'거대한 도시'라는 뜻의 앙코르 톰은 성벽 바깥에 물이 가득 찬 넓은 해자로 둘러싸여 있었다. 해자에는 북쪽, 남쪽, 동쪽, 서쪽으로 이어지는 다리가 있었으며, 남문으로 이어지는 해자 다리 위에는 거대한 석상이 양쪽에 54개씩, 총 108개가 두 줄로 늘어서 있었다. 이 석상들은 줄다리기하는 자세로 일곱 머리를 가진 코브라 형상의 나가(Naga) 몸통을 붙잡고 있었다. 이 다리 난간은 크메르 사람들이 믿는 힌두교 신화인 '우유 바다 휘젓기'를 형상화한 것이다. 이를 '사무드라 만타나' 혹은 유해교반(乳海攪拌)* 이라고도 하는데, 힌두교의 세 주요 신 중의 하나로 세계의 질서를 유지하는 신인 비슈누에게 헌정된 위대한 천지창조의 신화를 묘사한 것이다.

앙코르 와트의 회랑에는 신화의 한 장면이 놀라울 정도로 정교하게 새겨져 있다. 이 부조는 강한 서사적 특성을 지니고 있으며, 단 한 장면이지만 부조 한 구간의 길이가 약 100미터에 달해 한눈에 들어오지 않는다. 걸어가며 각 장면을 하나씩 살펴봐야 한다.

이 부조는 오래된 그림책처럼 그림을 통해 내용을 쉽게 이해할 수 있도록 설명하며 이야기가 계속 이어진다. 벽 중앙에는 비슈누가 원반과 검으로 무장한 채 만다라 산을 축으로 삼아, 거대한 뱀 바수키를 밧줄로 사용하고 있다. 회전축을 중심으로 88명의 신 데바와 92명의 아수라가 양쪽에 줄지어 서서 줄다리기를 하고 있다.

부조에는 선을 상징하는 데바와 악을 상징하는 아수라가 밀고 당기면서 우유 바다를 휘저어 불로장생의 영약 암리타를 세상에 뽑아 올리고 있는 모습을 묘사하고 있다.

이처럼 힌두 신화를 묘사한 나가와 수많은 석상이 다리 난간에 나타난 모습은 1295년 주달관이 쓴 앙코르 문명 기행문 '진랍풍토기'에 상세히 기록되어 있다.

---

* 태초부터 신과 아수라(Asura, 악마)는 서로 싸움을 벌였고, 아수라가 더 강하여 신들은 멸망의 위기에 처했다. 이에 신들이 함께 모여 불멸을 얻을 방법을 논의했고, 그 유일한 방법은 불사의 약인 암리타(Amrita)를 얻기 위해 우유 바다를 휘젓는 것이었다. 신들은 비슈누에게 도움을 요청했고, 비슈누는 이를 받아들였다.

» 1 앙코르 와트의 회랑에 있는 벽화로 비슈누가 데바와 아수라들 간의 줄다리기를 조정하고 있다

"성곽 바깥에는 커다란 해자(垓子: 성을 빙 둘러서 파놓은 연못)가 있다. 해자 바깥에는 네거리로 통하는 큰 다리가 있다. 다리 양쪽에는 54개의 석신이 서 있는데 매우 크고 흉악하게 생겼다… 다리 난간은 모두 돌로 만들어졌으며, 뱀 형상이 새겨져 있고 각 뱀은 모두 아홉 개의 머리가 달려 있다.* 모든 54개의 석신들은 손에 뱀을 잡고 있어 뱀이 도망가지 못하도록 하고 있다. 성의 출입문 위에는 돌로 만든 커다란 석불이 자리하고 있다."[1]

19세기 앙코르 톰을 찾은 프랑스 군인이자 탐험가인 들라포르트(1880)는 그 당시 다리 위 석상의 모습을 그렸다.

---

* 이것은 나가(Naga)를 말하는 것으로 크메르의 건국신화에 등장하는 용왕의 딸 또는 물의 정령 소마와 관련된 것으로 악귀를 쫓는 수호신이다. 대개 사원 입구를 지키는 석상으로 세워지며 머리가 일곱 개 혹은 아홉 개인 코브라 형태로 건축물의 위엄을 높인다.

» 2 앙코르 톰 가는 길에 있는 다리 위 나가와 석상들

그러나 앙코르 톰으로 가는 길에 마주한 거대한 석상들 대부분은 머리가 없어지고 몸통만 남아 있었다. 누군가가 머리만 떼어 간 것이다. 그들의 머리는 모두 어디로 갔을까? 사원을 지키며 악귀를 막아주는 나가와 사자 석상은 어디로 사라졌을까? 다리 난간을 보면 나가의 몸은 여러 곳에서 잘려 나갔고, 양쪽에 늘어선 뱀을 붙잡고 있는 108개의 석상은 대부분 사라졌으며, 남아 있는 것도 온전한 형태는 드물다. 왜 이런 일이 벌어진 걸까?

앙코르 유적의 석상 머리는 19세기 유럽에서 매우 인기 있는 유물이었다. 잘라내기 쉽고 운반도 편리해 스스로를 탐험가라 칭한 이들에 의해 약탈되었다. 주달관이 묘사한 힌두 신화가 새겨진 다리는 더 이상 볼 수 없다. 현재 남아 있는 나가와 석상을 보려면 프랑스 파리의 기메박물관까지 가야 한다. 다리에 있는 석상의 머리는 후에 새로 만들어 붙인 것으로, 색이 연한 머리 부분은 약탈의 흔적을 분명히 보여준다.

» **3** 앙코르 톰 남문 입구 다리에서 마주한 석상의 빈자리

» **4** 앙코르 톰 승리의 문에 있는 새로 만들어진 나가상

앙코르 톰에 들어서며 쓰린 마음을 달래던 중, 사원 곳곳의 벽에 새겨진 압사라(Apsara) 부조와 사원 입구 양쪽 벽에 문지기로 조각된 데바타(Devata) 여신상이 나를 사로잡았다. 압사라는 춤의 여신 또는 천상의 무희로 불리며, 데바타*는 힌두교의 여신으로, 이들은 엄격하고 종교적인 사원에 특별한 매력을 더해주고 있었다. 볼수록 유쾌하고 아름다웠다. 특히 압사라는 앙코르 사원의 많은 곳을 장식하고 있다. 화려한 머리 장식과 흘러내린 치맛자락은 각양각색의 스타일을 보여주며, 같은 모습이 하나도 없다. 춤 동작도 제각각이다. 압사

---

* 둘 다 힌두 신화의 '우유 바다 휘젓기'에서 탄생한 존재들이다. 선과 악의 신들이 천 년 동안 줄다리기를 하며 우유 바다를 휘젓는 과정에서 생긴 거대한 물보라 속에서 수많은

라는 얼굴 표정과 손짓이 모두 달라, 이를 연속적인 움직임으로 보면 하나의 춤사위가 완성된다고 한다.

사원의 곳곳에서 벽을 장식한 압사라들을 보며 감탄하던 순간, 곧바로 씁쓸한 마음이 들었다. 역시나 사원 곳곳에서 발견된 압사라들의 얼굴은 사라지고 움푹 들어간 흔적만 남아 있었다. 거칠게 도려낸 얼굴을 보니, 무덤 도굴범이나 약탈자들이 운반과 판매가 쉬운 머리 부분만 떼어 간 것이 분명했다.

» 5 얼굴 없는 천상의 춤꾼 압사라들

19세기에는 앙코르 유적의 광범위하고 노골적인 파괴가 이루어졌다. 19세기 중반, 프랑스는 인도차이나의 보호령이 되면서 캄보디아를 포함한 여러 지역에서 문화재를 약탈했다. 유적 발굴이라는 명목 아래, 프랑스 정부는 앙코르 유적의 공개적인 약탈과 도난을 묵인하거나 정책적으로 지원을 아끼지 않았다. 프랑스 해군 대위이자 탐험가였던 루이 들라포르트는 크메르 예술품 수집 임무로 앙코르를 공식 방문했다. 그는 앙코르 유적지에서 거대한 군상을 포함한 진품의 조각상과 부조물, 비문이 있는 석판 등 약 70점과 주형 40점 등을 파

---

요정들이 태어났고, 이들이 바로 압사라이다. 데바타는 악신 아수라와 반대되는 선신 데바를 의미하며, 여성 문지기는 '데바타', 남성 문지기는 '드바라팔라'라 불린다.

리로 가져갔다. 그의 약탈품들 중 일부는 본국으로 옮기는 도중에 그냥 버려지기도 했고 강물을 이용해 운반하던 중에 강풍으로 배가 전복되는 바람에 수장되기도 했다.

들라포르트는 1880년 저서 '캄보디아 여행: 크메르 건축'에서캄보디아에서 유물을 반출하는 장면을 직접 묘사한 그림을 그리기도 했다. 그중 하나는 나무 아래에서 뗏목에 실리기 전 세 개의 조각상과 기둥조각, 그리고 나무 아래 있는 다리 위의 나가와 석상이며, 다른 하나는 프레아 칸 늪지에서 '거대한 받침대 위 석상'을 운반하는 장면이다.

이 삽화들에서 그는 자신의 고난을 영웅적 모험담처럼 묘사했을 뿐, 그의 행위가 아시아 문화유산의 상실로 이어졌다는 데 대한 죄책감은 전혀 찾아볼 수 없다.

» 6 뗏목에 실려 반출되기를 기다리는 앙코르 유물들과 프레아 칸에서 석상을 싣고 운반하는 모습

1873년, 들라포르트는 앙코르 유적에서 약탈한 유물들을 루브르 박물관으로 옮겼지만, 기대와 달리 전시 공간이 부족해 한 달 넘게 전시실 통로에 방치되었다. 결국 1874년 파리 외곽에 겨우 자리 잡고 '크메르 미술관'이라는 이름으로 일반에 공개되었다. 이후 그의 사망 후 유물들은 기메박물관으로 이관되었다.

1878년 프랑스에서 열린 파리 만국박람회에서 앙코르 유적의 유물이 유럽에서 처음으로 전시되었다. 유럽인들은 앙코르 문명의 웅장함과 정교함에 매료되었으며, 들라포르트가 가져온 앙코르 톰 다리의 거대한 나가와 석상들을 보고 놀라움을 금치 못했다. 들라포르트는 이러한 광경을 그림으로 묘사했다. 당시 앙코르 유적의 유물은 이국적인 매력을 지닌 희귀품으로 유럽인들의 호기심 어린 시선에 노출되었고, 이후 유물 반출은 더 적극적으로 진행되었다.

당시 유럽 탐험가들이 식민지 유물을 약탈해 찬사와 명예를 얻었듯이, 들라포르트 역시 고고학 탐험가로서 위대한 인물로 칭송을 받았다. 1929년에 출간된 '탐험가 루이 들라포르트의 크메르 유적 조사'라는 책에 그의 일생이 그려져 있다. 이 책은 청소년 대상의 위인전으로 젊은 세대에게 프랑스가 세계적으로 유명한 탐험가들에 견줄만한 위대한 인물을 배출했다는 메시지를 전달하는 내용을 담고 있다. 특히 다수의 식민지를 보유했던 제국주의시대 프랑스의 젊은이들에게 그는 군인으로서, 이국 예술의 미를 발견한 미술사가로서 문무겸비한 이상적인 위인의 전형으로 그려졌다.[2]

» 7 들라포르트가 반출한 두상으로 크메르미술관에 소장되었다

» 8 1878년 파리만국박람회에 전시된 앙코르 유적으로 거대한 석상을 올려다 보면서 놀라는 관람객들의 모습이 보인다

작가 앙드레 말로는 앙코르의 유적지인 반테아이 스레이 사원에서 데바타 여신 부조를 포함한 600kg의 유물을 반출하려다 적발되었다. 그는 프놈펜에서 사이공으로 유물을 옮기던 중 당국에 체포되어 "역사적 건축물파괴 및 부조물파편횡령" 혐의로 기소되었다. 말로는 유물 조사를 위해 유적지를 방문했으며 조사를 위해 필요한 유물을 옮긴 것이라고 주장했지만, 징역형을 선고받았다. 그러나 프랑스 문인들의 구명 운동 덕분에 집행유예로 석방되었다.

그는 이러한 경험을 바탕으로 자전적 소설 '왕도로 가는 길(1930)'을 집필하며, 석상 절도의 과정을 생생히 묘사했다. 말로는 "자그마한 부조라든가 무슨 석상 하나만으로도 3만 프랑쯤 나갑니다. 석상 스무 개, 그다지 대수로운 것은 아니야. 춤추는 여인상(舞女像) 같은 것이 걸려들면 부조 하나만 해도 20만 프랑은 족히 나갑니다. 두 개면 50만 프랑을 넘을 테죠."라고 하면서 당시 앙코르 유물이 유럽에서 희귀하고 인기 있는 것으로 가격이 비싸게 팔리고 있음을 드러냈다. 또한, 석상에서 머리를 떼어내거나 부조에서 얼굴을 파내는 작업에 대해 "저는 톱으로 조각된 표면만 엷게 켜보려고 했으나 차라리 쇠톱이 빨라요."라고 하면서 떼어낼 곳을 물로 축인 후에 썰어 내는 그 과정을 기술하고 있다. 그리고 떼어낸 조각의 얼굴을 보는 순간 이루 형언할 수 없는 기쁨도 맛보면서 "이제 그것들을 수레에 싣는 일만이 남았다"고 마무리하고 있다.[3]

이처럼 앙코르의 불상과 여신상 중 많은 수가 얼굴을 잃고 몸통만 남은 채 앙코르에 남아있다. 특히 앙코르 와트의 회랑에는 1,000개의 불상이 모셔져 있어 '천체불'이라 불리던 공간이 있다. 그러나 천체불은 대부분 사라지고, 지금은 머리가 없거나 손, 허리, 다리가 잘려 나간 몇 개의 불상만이 그 이름을 간신히 전하고 있다.

» 9 머리 없는 석상과 사원 앙코르 와트 회랑의 출입문을 지키는 데바타상으로 앙드레 말로가 밀반출하려다 실패한 여신 데바타상과 유사하다

앙드레 말로의 소설에 묘사된 것처럼, 당시 크메르 미술은 그 가치를 인정받아 예술 애호가와 골동품 수집가들의 관심 대상이 되었다.[4] 앙코르 유적을 노린 것은 전문적인 유물 사냥꾼들만이 아니었다. 관광객으로 방문한 사람들조차 앙코르의 문화유산을 공공연히 훔쳤다. 그들은 석상의 목을 자르고, 얼굴을 도려내거나 조각 전체를 떼어냈으며, 보석을 찾기 위해 구멍을 뚫기도 했다. 수천 개의 루비와 사파이어로 장식된 사리탑 또한 약탈당해 폐허로 남았다. 심지어 돌벽을 허물어 조각된 돌을 훔쳐 가기도 했다.

앙코르 톰의 곳곳에 훼손된 흔적을 보며 생각했다. 앙코르에서 일어난 이기적 문명의 파괴야말로 가장 믿기 어려운 불가사의가 아닐까? 유물의 반출이 그들이 말하는 '캄보디아 문화재 보호'였을까? 그들은 '보호'라는 명목으로 유물 유출의 정당성을 주장하며, 반출한 유물을 전시함으로써 제국의 권력을 과시하는 도구로 삼았다. 이기적 문명이 말하는 '발견', '발굴', '보호'는 다른 문명을 '파괴'하는 행위에 다름 아니었다.

현재 파리 기메박물관에는 수많은 앙코르 유물들이 있다. 몸은 파괴되고 머리만 남아있는 두상 중 '자야바르만 7세의 두상', 석상의 양쪽 어깨는 이미 부서져 끊어져 팔이 없고, 상반신은 벗은 채 허리에 치마를 두르고 있는 '자야바르만 7세 황후의 석상', '다리 없는 프레이 칸의 석불' 등 이 석상들은 모두 눈을 감고 조용히 미소 짓고 있다. 과연 유럽인들은 온갖 고난을 뒤로한 채 담담하게 웃는 그 미소 속에 담긴 자비와 연민을 이해할 수 있을까?

앙코르 와트의 모든 성문 입구와 사원, 궁전 입구에는 머리를 높이 쳐들고 몸통을 뻗은 일곱 머리의 뱀신 나가가 서 있다. 약탈자들은 다리 난간을 이루는 나가상을 기어이 떼어서 프랑스로 옮겨 놓았다. 현재 앙코르 와트에 복제된 조각이 자리하고 있지만, 다리 난간을 본래 자리로 되돌릴 수 있을까?

## 문명 폄하

이들 유적의 완벽한 아름다움을 만들어낸 이들은 누구이며, 그 아래 잠든 사람들은 누구일까? 이기적 문명인의 눈에도 앙코르 사원은 세계에서 가장 우아하고 장엄한 건축물로 인정받을 수밖에 없었다. 정글 속에서 앙코르 사원을 처음 본 앙리 무오(1864)는 "앙코르 와트는 그리스나 로마가 우리에게 남긴 어떤 것보다도 위대하다"고 감탄을 쏟아냈다.

실제로 앙코르 사원과 비교하면, 그리스의 파르테논, 사우디아라비아의 메카, 로마의 바티칸은 소박해 보일 정도이다. 앙코르 사원은 이집트의 피라미드 외에는 비교 대상이 없을 만큼 압도적으로 장엄한 건축물이다. 그럼에도 이기적 문명인들은 앙코르 문명을 건설한 이들이 크메르인이라는 사실을 인정하고 싶지 않았다.

1866년, 프랑스는 메콩강 탐사를 위해 원정을 조직했다. 이 원정대는 현재의 베트남, 캄보디아, 태국, 라오스, 미얀마를 거쳐 중국의 메콩강 상류까지 이어지는 약 6,000km의 광대한 지역을 조사하고 지도를 제작하고 기록했다. 특히 크메르 예술에 큰 관심을 보이며 앙코르 유적을 본격적으로 탐사했다. 이후 앙코르는 잃어버린 문명, 숨겨진 자연, 묻힌 유물, 먼 이국땅, 미지의 동양에 대한 호기심을 불러일으키는 탐험과 여행지로 서구 이기적 문명인들 사이에서 주목받게 되었다.

앙코르 유적을 다녀간 대부분의 사람들은 앙코르 사원이 캄보디아인들에 의해 건축되었다고 생각하지 않았다. 거대한 돌을 쌓아 만든 건축물과 정교하고 아름다운 부조를 보고 감탄할수록, 그들은 크메르인이 이러한 독창적이고 역동적인 건축 양식을 창조했을 것이라는 사실을 의심했다. 대신, 중국 장인이 만들었을 것이라고 추측했다. 설령 크메르인의 건축 기술을 마지못해 인정하더라도, 그들을 최고로 평가하려 하지는 않았다. 앙리 무오는 "캄보디아 건축은 그리스 건축의 독창성을 보여준다 해도 비교할 수준이 못 된다. 완성도나 비례의 조화로움에서 뒤떨어진다!"고 말하며, 이를 한 단계 낮은 수준으로 간주했다.

이는 다른 문명의 가치를 폄하하는 이기적 문명의 태도에서 비롯된 것이다. 자기 문명을 중심에 두고 다른 문명을 주변부로 평가하는 것은 문명에 등급을 부여하는 이기적 문명인의 방식이다. 이기적 문명은 식민지 지역의 문명이 아무리 찬란해도 서구 문명과 경쟁할 수 없다고 믿었다. 식민지 지역의 웅장하고 아름다운 건축물조차 문명 서열에서 서구 문명 아래에 있었다. 그들에게 앙코르 와트는 최고의 예술작품으로 평가될 수 없었다. 언제나 비교기준은 서구였다. 앙리 무오는 앙코르 유적을 만든 건축가를 "동양의 미켈란젤로"라고 불렀고, 들라포르트는 "고대 그리스의 아테네인"이라 칭했다. 앙드레 말로는 데바타 여신을 "동양의 모나리자"라고 표현했다. 이기적 문명은 앙코르 예술조차 의심의 눈초리로 바라보며, 미개한 크메르인이 이러한 고전적 완성도를 이루고 역사적 상황에 기반한 미적 반응을 보여줄 수 있다고 믿지 않았다.

프랑스 외교관이자 시인인 폴 클로델은 1921년 자신의 일기에 압사라 여신상을 본 소감을 적어놓았다.

"사원의 어디에나 에티오피아풍의 미소를 짓는 압사라들이 폐허 위에서 미친 듯이 캉캉 춤을 추고 있었다. 거기에 남아 있는 이미지는 호색녀의 이미지뿐이다."[5]

압사라는 힌두교와 불교의 신화에 나오는 천상의 여신으로, 그들의 존재는 곧 이곳이 신들의 낙원임을 상징한다. 앙코르 유적에는 무려 1,850여 압사라 여신이 부조로 새겨져 있다. 화려한 장신구를 하고 기품이 가득한 압사라 여신들은 살아 움직이는 듯 우아한 동작으로 춤을 춘다. 그럼에도 이기적 문명인의 눈에는 압사라 여신이 마치 캉캉 춤을 추는 음란한 여인의 이미지로 비쳤다.

그러나 17세기 캄보디아 시인 '팡'은 압살라 여신상을 이렇게 노래했다.

"이 수많은 우아한 모습들은 아무리 보아도 지루하지 않고 정신이 새로워지며, 뜨거운 감동 속으로 밀어 넣는다. 그들은 사람의 손에 의해 조각된 것이 아니라 분명 신들에 의하여 탄생된 것일지니, 지금 살아서 생동하고 사랑스러우며 숨쉬고 있는 여인들이여."[6]

나는 압사라를 보는 '팡'의 노래에 동감한다.

» 10 앙코르 신전 곳곳에서 볼 수 있는 압사라들. 우아하고 생동감 넘치는 춤 동작으로 마치 살아 있는 듯하다

» 11 이기적 문명인들은 바이욘의 탑을 땅딸막하고 거대한 솔방울로, 사면불안을 비아냥거리는 웃음으로 비유했다

앙코르 톰에는 거대한 돌을 쌓아서 조각한 거대한 사면불안탑이 있다. 이 탑의 네 면마다 부처님의 얼굴이 새겨져 있으며, 그 얼굴에는 자비와 명상, 평온함이 가득 담겨 있다.

그러나 이기적 문명인들은 크메르의 미소를 냉소적이고 교활하며, 두려움과 불안을 불러일으킨다고 평했다. 왜 그런 것일까?

한 유럽의 선교사는 이를 '소름 끼치는 악마의 얼굴'이라고까지 표현했다. 1901년 이곳을 방문한 프랑스의 소설가 피에르 로티는 소설 '앙코르 참배(1912)'에서 바이욘의 탑을 "땅딸막하고 거대한 솔방울"로 비유하고, 사면불안탑의 크메르 미소를 "비아냥거리는 웃음은 중국 괴물들이 보여주는 대담한 웃음보다도 더 불안을 주는 냉소적인 웃음"이라고 묘사했다. 그는 이렇게 말했다.

"공중에 높이 새겨져 있는 저 신비한 얼굴들…, 냉소적인 자비의 저 표정…, 교활한 듯하면서 불가해한 상냥한 노파 같은 얼굴…, 갑자기 나를 내려다보고 있는 커다란 얼굴에 얼어붙은 미소를 보고 경험한 적 없는 공포에 몸을 떨었다. 그런 미소가 지천으로 널려 있었다. 그 거대한 눈들은 사방에서 나를 쏘아보고 있었다."[7]

이기적 문명인들이 앙코르 예술을 폄하하는 이유에는 분명한 배경이 있다. 첫 번째 이유로 추측할 수 있는 것은 앙코르 예술이 자신들의 문명의 뿌리로 여겨지는 고대 그리스와 로마의 미적 기준에서 완전히 벗어나 있었기 때문이다. 하지만 좀 더 깊이 살펴보면, 그 근본적인 이유는 에드워드 사이드의 오리엔탈리즘에서 찾을 수 있다.

잘 알려져 있듯이, 서구의 강력한 이기적 문명은 학자와 과학자들을 앞세워 정복지인 동양의 모든 것을 자신들의 시각으로 기록하고 체계화했다. 식민지에서 얻은 지식과 인식은 동양에 대한 편견과 고정관념, 즉 '오리엔탈리즘'으로 뿌리내렸다. 이 오리엔탈리즘은 동양을 상상 속에서 재구성하고 고착화시키는 역할을 했다. 오리엔탈리즘이 만들어지는 과정을 들여다보면, 이기적 문명인들이 자신들이 우월하고 합리적이라고 믿는 '정체성'을 내면화하고, 이에 대비되는 '낙후성과 야만성'을 가진 문명을 만들어냄으로써 스스로를 증명하려 했음을 알 수 있다.

앙코르 문명에 대한 왜곡된 시각과 폄하 또한 이러한 오리엔탈리즘의 영향에서 비롯되었을 가능성이 크다. 앙코르 문명에서 발견되는 과학적 완벽성, 정교하고 치밀한 예술적 아름다움, 지적 성취 등에 미스터리와 불가사의의 베일로 덮으려는 시도는 바로 여기서 비롯되었다고 보아야 하지 않을까.

여기서 우리가 곱씹어봐야 할 것은, 역사적으로 인류의 운명이란 서로 다른 인종, 서로 다른 민족, 서로 다른 문화, 서로 다른 문명이 끊임없이 만나고

섞이며 뛰어난 문명을 만들어왔다는 사실이다. 이는 서구 문명이 다른 문명에 대해 보였던 이기적인 행동을 다시금 의문시하게 만드는 이유이다.

## '발견자' 만들기

19세기 유럽은 식민지 쟁탈전 속에서 새로운 지역을 '발견'하려는 열망에 휩싸여 있었다. 콜럼버스의 '신대륙 발견'은 정복의 서막이었고, 발견은 곧 소유를 의미했다. 원주민이 거주하던 아메리카 대륙이 이기적 문명에 의해 '신대륙'으로 불렸던 것처럼 말이다. 앙코르 역시 사라지거나 잊힌 적이 없었으며, 크메르인과 인근 국가들은 그 위치와 존재를 잘 알고 있었다. 그럼에도 앙코르에 대해 이야기할 때면 항상 프랑스 탐험가 앙리 무오가 '발견'했다는 말이 따라붙는다.

앙리 무오는 1860년 1월 22일 앙코르에 도착했다. 그곳은 테라스, 해자, 궁전, 사원 등이 있는 400제곱킬로미터 규모의 거대한 도시이자 문명화된 지역이었다. 그는 3주간 앙코르 유적을 탐사하며 석조 건축물과 예술에 대해 기록하고, 그림을 그리고 채색하여 앙코르의 진상을 남겼다. 그러나 1862년 라오스 탐사 중 말라리아로 사망했다. 그의 탐험 일기는 1863년 르 투르 뒤 몽드지에 연재되면서 크메르 문명이 서구에 알려지게 되었다. 사후에 그의 관찰 기록과 삽화가 출판되면서 앙리 무오는 캄보디아의 고대 수도 앙코르를 '발견'한 인물로 칭송받았다.

현재도 앙코르가 크메르 제국의 몰락 이후 400년 동안 정글에 갇혀 있다가, 1860년 프랑스 탐험가 앙리 무오에 의해 '발견'되고 세계에 다시 알려졌다고 말해진다. 그러나 앙리 무오 자신은 '발견'이라는 단어를 사용하지 않았다. 그는 새로운 장소나 특별한 곳을 발견했다고 주장하지 않았다. 오히려 유럽의 식민지 쟁탈전과 관련해, 유럽이 앙코르를 소개하는 것이 문명사회에 축복이 될

지 아니면 끝없는 탐욕의 수단으로 벌을 받을 것인지에 대해 의문을 제기했다.

왜 이기적 문명은 '앙리 무오의 앙코르 발견'을 주장할까? 프랑스는 캄보디아를 식민지로 삼고, 그 소유권을 분명히 하고자 했다. 18세기 중반부터 동남아시아에서 영국과 치열하게 경쟁하던 프랑스는 캄보디아, 베트남, 라오스를 식민지로 삼고 메콩강 탐사를 통해 그 지역을 본격적으로 연구했다.

앙리 무오가 앙코르에 오기 전부터 이미 많은 사람들이 앙코르 유적의 존재를 알고 있었으며, 방문자들은 기록을 남겼다. 그러나 그들은 '발견'이라는 단어를 사용하지 않았다. 예를 들어, 특정 지역의 역사와 상황을 기록한 풍토기(風土記)가 있다. 앙코르에 대한 가장 오래된 기록은 주달관(周達觀)이 쓴 진랍풍토기(眞臘風土記)로, 당시 캄보디아를 진랍국이라 칭했다.

진랍풍토기는 앙코르 문명에 대한 최초의 기행문이다. 주달관은 1295년 조공을 얻어내기 위해 파견된 원나라 황제의 사신으로 앙코르에 와서 1년간 머물렀고, 앙코르에 대한 생생한 기록을 남겼다. 이 책은 13세기 앙코르 문명의 전반을 통찰할 수 있는 유일하고 종합적인 기록이다. 주달관은 당시 동남아시아의 강국이었던 크메르 제국의 황제 스린드라바르만(1295-1309)과 수도 및 주변의 성벽 도시, 도시 안팎의 성벽, 사원, 궁전, 그리고 거주민들의 생활상을 상세히 기록했다.

또한 크메르 문자와 언어생활상 및 국왕의 외출광경, 재판, 무역 등에 대해 비교적 상세하게 보여준다. 앙코르에 있는 황금으로 도금한 사원들이 아침에 햇빛을 받으면 눈이 부셔서 쳐다볼 수 없다는 내용도 있다.

진랍풍토기는 1819년 아벨 레무사에 의해 프랑스어로 번역되어 '여행 연보'에 실렸다. 당시 프랑스는 이 책의 세부적인 관찰과 기록에 매우 놀라며 큰 호기심을 보였고, 이는 유럽에서도 관심을 불러일으켰다. 이처럼 앙코르는 이미 세상에 알려지고 있었다. 16세기 포르투갈 상인 디오고 두 쿠토는 이곳을 방문해 기록을 남겼으며, 이후 선교사들도 여러 차례 방문했다. 앙리 무오는 진랍풍토기를 읽고 1861년 앙코르에 도착했다.

당시 식민지화 과정에서 점령지에 대한 소유권을 정당화하려는 필요와 목적에 따라, 이기적 문명은 자신들의 탐험가를 발견자로 내세워야 했다. 그렇게 앙리 무오는 앙코르 문명의 '발견자'로 칭송되었고, 이후 본격적인 앙코르 약탈이 시작되었다.

20세기에 진랍풍토기는 일본어, 영어, 독일어, 캄보디아어로 번역되어 출판되었으며, 21세기에는 새로운 영어 및 독일어판이 나왔다. 이렇게 13세기에 주달관이 쓴 책은 오늘날까지도 많은 사람들의 주목을 받고 있다. 현재 앙코르를 찾는 많은 유럽인들은 진랍풍토기 번역본을 들고 과거와 현재를 비교하고 있다.[8]

그럼에도 이기적 문명은 여전히 말한다. "앙리 무오가 앙코르를 발견했다!"라고.

## 3. 남겨진 유적에서 본 것

### 건축술

앙코르 문명은 늘 '누가 이를 만들었는가?'라는 질문을 받아왔다. 이러한 질문은 앙코르 문명이 우리의 상상과 예상을 뛰어넘는 존재였기 때문일 것이다. 그러나 이를 반대로 생각해보면, 이는 이기적 문명인들이 앙코르 문명을 창조한 이들이 크메르인이라는 사실을 의심하고 인정하지 않았음을 반증한다. 따라서 앙코르 문명의 역사적 위대함과 예술적 숭고함을 마주하기 위해서는 먼저 크메르인의 역사를 돌아볼 필요가 있다.

동남아시아는 기원 전후로 중국과 인도를 잇는 교차로로 발전했다. 기원전

1세기경, 캄보디아 남부 해안 지역에 부남(扶南, 프놈)이라는 국가가 등장했으며, 이 나라는 인도 상인들과 교역하며 인도의 문화와 종교를 지역 신앙과 융합시켜 메콩강 삼각주 지역을 통치했다. 크메르인이 세운 부남은 3세기에서 5세기까지 해상 무역의 중심지로 번영했으며, 그 영향력은 말레이 반도까지 미쳤다. 부남의 속국이었던 메콩강 중류 지역의 진랍(眞臘, 첸라)은 세력이 강성해져 7세기 초 남하하여 부남을 멸망시키고 통일했다.

이후 9세기경, 진랍의 자야바르만 2세는 주변 지역을 통합해 앙코르 왕조를 세웠다. 이후 여러 왕조를 거치며 앙코르 도성이 건설되었고, 수리야바르만 2세는 왕국을 재통일하며 크메르 문명의 상징인 앙코르 와트를 건설했다. 이후 자야바르만 7세는 참파를 정복하고 이를 크메르 제국에 병합했으며, 대승불교를 국교로 삼아 불교 사원인 앙코르 톰을 세웠다. 이 시기에 크메르 제국은 인도차이나 반도를 지배하며 캄보디아 역사상 최대의 제국을 이루었고, 그 영광은 절정에 달했다.

앙코르 와트와 앙코르 톰으로 이루어진 앙코르 도성은 13세기경 약 400km$^2$(약 3,000만 평)에 달했으며, 궁전, 사원, 주택, 시장 등이 체계적으로 계획된 도시였다. 당시 인구는 100만 명을 넘었으며, 같은 시기의 유럽에서 부유한 도시로 여겨지던 런던(5만 명), 피렌체(10만 명), 파리(20만 명)와 비교하면 앙코르가 얼마나 강력하고 번영했는지 짐작할 수 있다.[9]

건축과 조각은 고대 왕국의 문화와 과학기술 수준을 가늠하는 척도로 여겨진다. 앙코르의 건축 주재료는 반영구적인 돌로, 높은 기술력이 필요했으며, 특히 우아하고 장엄한 건축물들은 당시의 과학기술과 예술이 응축된 결과물이었다. 앙코르 와트와 앙코르 톰을 중심으로 한 앙코르의 건축물들은 오늘날까지 불멸의 예술작품으로 전해지며, 크메르인의 뛰어난 과학기술과 문화적 독창성을 증명하고 있다.

## 앙코르 와트, 균형과 정확도

멀리서 다가오는 앙코르 와트는 웅장한 아우라를 뿜어내며 압도적인 첫인상을 남겼다. 캄보디아는 지역적으로 가까운 아시아에 위치해 있지만, 앙코르 와트는 낯설면서도 장쾌하기까지 했다.

'왕도의 사원'이라는 뜻을 가진 앙코르 와트는 앙코르 왕조를 대표하는 유적이며, 현재 캄보디아 국기에 포함된 문양이기도 하다. 이 사원은 앙코르 왕국의 전성기를 이끈 수리야바르만 2세가 즉위하며 힌두교의 비슈누 신에게 봉헌한 것이다. 1113년부터 1145년까지 약 30년에 걸쳐 건축된 이 석조 사원은 천 년의 역사를 가진 유적으로, 인류가 만든 단일 석조 구조물 중 건축적, 미학적, 종교적 상징성 면에서 세계 최고의 걸작으로 평가받고 있다.*

특히 이 사원은 길이 3.6km의 직사각형 해자로 둘러싸여 있으며, 정문으로 이어지는 석교 좌우에는 거대한 연못이 있다. 그 중앙 통로 양옆에는 일곱 머리를 가진 뱀 신 나가가 이 사원을 지키고 있다. 이 사원은 처음에는 힌두교 사원으로, 이후에는 불교 사원으로 사용되었다.

사원 내부를 둘러싼 회랑 벽에는 힌두교와 크메르의 역사를 함축한 벽화들이 새겨져 있다. 그중 대표적인 작품으로는 '수리야바르만 2세의 행렬'이 있다. 이 벽화는 이 사원의 건축자인 수리야바르만 2세가 신왕(神王) 사상을 바탕으로 나라를 통치하며 신하들의 충성과 맹세를 받는 장면과 군대의 행렬을 묘사하고 있다. 또한, '쿠루 평원의 전투'는 전차 부대, 기병 부대, 보병 부대, 그리고 진군하는 군사들의 모습을 조각으로 표현한 작품이다.

---

* 프랑스 노트르담 사원과 비슷한 시기에 건축되었고, 미학적으로 인도 타지마할과 선두를 다투고 있다.

» 12 앙코르 와트 회랑에 있는 부조들: '수리야바르만 2세의 행렬' 및 '쿠루 평원의 전투' 장면

앙코르 와트는 세계에서 가장 큰 석조 건축물로, 세 개의 회랑 벽화는 각각 긴 서사를 담고 있다. 이 벽화들은 먼저 벽에 사암을 부착하고, 표면을 갈아 평평하게 만든 뒤, 화가가 그림을 그린 후 조각가가 얇게 돌을 조각하고, 바탕칠을 한 다음 금박을 입히거나 색을 칠하는 과정을 거쳐 완성되었다. 회랑에 새겨진 부조는 프놈쿨렌에서 가져온 고급 사암에 얕게 조각되었으며, 지금까지도 그 선명함을 감상할 수 있다. 특히, 사암을 쌓아 벽을 만들고 돌을 반복적으로 문질러 정교하게 맞물리게 했다. 겉보기에는 종이 한 장 들어갈 틈조차 없는 하나의 돌처럼 보인다.

회랑 부조는 곳곳에서 미완성된 부분이 남아 있어, 앙코르 와트의 건축 과정이 돌을 갈고, 조각하고, 수리하며, 칠하고, 광택을 내는 여러 세기에 걸친 작업이었음을 엿볼 수 있다. 이러한 힘겨운 과정을 통해 크메르 예술의 위대한 걸작이자 거대한 벽화가 완성되었다.

건축적으로 앙코르 와트는 기하학적 모형에 따라 계획된 도시로, 종교와 예술이 결합된 거대한 작품이었다. 해자로 둘러싸인 성벽을 지나 사원 내부로 들어서면 또 한 번의 웅장함에 압도된다. 사원 안에는 중앙 사당을 중심으로 다섯 개의 원뿔형 탑이 배치되어 있었다. 이 탑은 앙코르 유적 중에서도 가장 화려하여 시선을 사로잡았고, 오랜 시간 이곳을 돌아다니게 만들었다.

앙코르 와트의 평면도는 그 기하학적 구성을 보여준다. 이를 바탕으로 앙코르 와트를 공중에서 보면, 설계, 조각, 부조가 완벽하게 조화를 이루고 있음을 알 수 있다. 이는 앙코르 시대 건축물의 정점을 이루는 작품으로 평가받을 만하다. 특히, 동서축을 중심으로 모든 건축물이 정확한 대칭을 이루도록 설계된 사원이다.

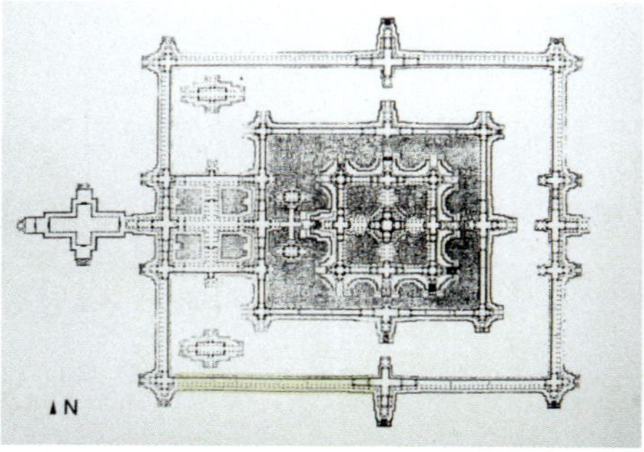

» 13 앙코르 와트의 기하학적 구성(본전 평면도)과 공중에서 본 앙코르 와트

특히 앙코르 와트는 만다라*라고 불리기도 하는데 인간과 우주를 기하학적으로 평면적으로 도식화한 것이 만다라이고 그것을 입체화한 것이 앙코르이다. 앙코르 와트는 위에서 내려다보면, 사원과 해자를 넘어 끝없이 이어지는 긴 길이 보인다. 이 길은 시선을 먼 끝으로 이끌어간다.

앙코르 와트 내부로 들어서면 천 년의 역사를 품고 700개 이상의 건축물이 있었던 유적지에서, 이 건축물의 웅장함과 어마어마한 규모, 그리고 이를 이루는 돌의 수를 짐작조차 할 수 없었다. 앙코르 와트는 인간이 만든 가장 거대한

---

* 원래 이 용어는 힌두교에서 생겨난 것이지만 불교에서도 사용된다. 원 모양이라는 의미의 산스크리트어다. 명상을 위해 사용되는 신성하고 기하학적인 그림을 중심점으로 사방으로 뻗어 나오는 정사각형과 원으로 특징지을 수 있다. 아름답고 과학적인 작품인 만다라

석조 구조물 중 하나로, 거대한 기하학적 도시이다. 유적지에 흩어진 돌의 크기를 보면, 이 돌들이 어디에서 왔는지, 어떻게 절단되고 연마되어 이 사원을 만들었는지 궁금해졌다.

크메르 장인이 돌을 자르고, 조각하며, 연마하는 모습을 상상해 보았다. 나무나 강철을 사용하지 않고 이 거대한 사원이 어떻게 지어졌을까? 그들의 높은 수준의 건축 기술은 경이로움 그 자체였다. 앙드레 말로는 '왕도로 가는 길'에서 이 사원의 건축에 대해 "초석이나 시멘트 없이, 마치 도미노 패를 쌓아 올리듯 지어졌다"고 묘사했다. 겉보기에는 단순히 쌓아 올린 것처럼 보이지만, 이 석조 구조물은 공학적 균형과 과학적 정밀성으로 아름다움을 자랑한다.

앙코르 와트는 다섯 개의 직사각형 외곽 구조물이 층층이 쌓인 형태로, 짧은 면과 긴 면 모두에서 어떠한 편차도 없이 정확하게 정북, 정남, 정동, 정서로 정확히 방위가 맞추어져 있었다. 이는 고도의 천문학 및 측량 기술을 가진 건축가와 측량사들만이 가능했을 일이었다. 그레이엄 핸콕은 앙코르 와트에 대해 고대 건축가들의 '경악할 만한 정확도'를 보여주는 것이라고 말했다.[10]

들라포르트는 앙코르 유적을 보고 이렇게 말했다. "이탈리아 르네상스의 작품과 혼동될 지경이었다… 나는 정말로 충격을 받았다. 이 건축물들의 대담한 장엄함보다는 전체적인 완벽한 조화에 감명을 받지 않을 수 없었다. 크메르 예술은 예술가에 의해 세련되게 다듬어지고 승화되어 가장 아름다운 인간적인 표현으로 거듭났다."

이처럼 앙코르 유적이 보여주는 크메르 예술은 앙코르 와트의 최고의 우아함과 아름다움 속에 완벽히 통합되어 있으며, 앙코르 톰은 초기 단계부터 이미 권위와 독창성 면에서 절정에 달했다.

---

는 인간과 우주를 기하학적으로, 평면적으로 도식화한 것으로 불교용어로는 모든 법을 원만하게 갖추어 결함이 없는 것을 뜻한다.

» **14** 앙코르 와트 전경과 본전 첨탑의 가파른 계단

앙코르 와트의 피라미드형 5개의 높은 탑과 3층 중앙탑은 호수에 비쳐 그 아름다움을 더한다. 중앙탑은 힌두교 신자들이 신이 거주한다고 믿는 상상의 장소로, 신의 영역을 상징한다. 3층으로 올라가는 계단은 매우 가파르며, 중심부로 갈수록 경사가 더욱 급해진다. 끝부분에서는 경사가 거의 70도에 이르러 손발을 모두 사용해야 오를 수 있다. 이는 신의 세계로 가는 인간은 겸손하고 강인해야 하며, 동시에 왕에 대한 충성을 의미한다는 뜻을 담고 있다고 한다. 이 탑에 올라가려면 정진과 집중을 해야 한다. 물리적 공간인 중앙탑 건축은 그 자체로 순례길이 된다.

이 웅장한 건축물의 균형미와 예술적 아름다움에 압도되지만, 동시에 그 규모와 사용된 돌의 양에도 놀라게 된다. 앙코르 와트의 건축에 사용된 돌은 라테라이트*와 오랜 세월 땅속에 굳은 것으로 화강암도 흙도 아닌 사암이고, 이집트에 있는 쿠푸왕의 피라미드에 사용된 석재의 양과 같다. 여기에는 7톤짜리 돌기둥이 1,532개로 숫자만으로는 그 규모를 어림잡아 헤아리기가 어렵

---

* 라테라이트는 열대지방이나 온난 다습한 지방에 분포하는 적색 풍화토로, 땅에서 수분을

다. 그런데 그 주위에는 사암을 찾아볼 수 없다. 사원의 건축에 사용된 사암은 프놈 쿨렌이나 케발 스피안 등 48km 떨어진 채석장에서 캐어온 것이다.

나는 프놈 쿨렌산을 가보기로 했다. 소형차 한 대가 겨우 갈 수 있는 좁은 길을 따라 3시간 정도 달려 쿨렌산에 도착했다. 이 산은 앙코르 와트 사원에서 보았던 돌로 이루어져 있었다. 산 주위에는 물이 흐르고 있었다. 그 옛날 산에서 캐내고 잘라낸 거대한 돌은 우기에 물에 던져 넣어 앙코르 와트까지 운반되었다고 한다. 흐르는 물속을 들여다보니, 비슈누를 비롯한 신들의 조각상이 새겨진 수많은 바위가 보였다. 오랜 시간 물속에 있었기에 희미해졌지만, 신의 형상은 여전히 남아 있었다. 흐르는 물 속 바위에 새겨진 신상들에서 크메르인들의 신심을 보았다.

산에서 돌을 무처럼 잘라내고 다듬고 옮기는 기술, 앙코르 와트로 운송된 돌을 쌓는 기술, 물속 바위에 정교하게 새겨진 신들의 조각상은 앙코르 문명의 뛰어난 문화와 과학기술을 보여준다. 이 문명은 현대 건축가들조차 감탄할 정도로 기술적으로 발전된 문명이었다. 또한, 크메르인들은 독창적인 방식으로 언어와 문자를 창조하고 사용했으며, 수학과 천문학도 남달랐다.

진랍풍토기에서 주달관은 당시 언어가 크메르인들에 의해 독자적으로 만들었으며, 일상 문자와 관공서에서 사용하는 문서 문자가 두 가지로 나뉘어 있다고 기록했다. 이 문서들은 검게 염색한 사슴 가죽을 적당한 크기로 잘라 사용했다고 한다. 또한, 천문학에 통달한 사람들이 있어 일식과 월식을 계산하고, 윤달을 9월에 포함시켰다고 한다. 밤은 4경으로 나누고 7일을 주기로 계산했다고 기록되어 있다.[11]

앙코르 사원 내부에는 캄보디아 사람들이 만든 고대 크메르 문자가 비문이

---

머금고 있을 때는 부드럽지만 공기 중에 노출되어 굳어지면 돌처럼 단단해진다. 건축물의 기초 및 하단부에 많이 쓰였다.

나 건물 벽에 새겨져 있다. 사원 회랑 벽에 새겨진 크메르 문자는 해당 부분만 검게 변색되어 누군가가 탁본한 흔적이 보인다.

» 15 회랑 벽에 있는 고대 크메르 문자

앙코르 와트 사원에서 나는 뛰어난 재능과 발달된 문명을 가진 크메르인들, 그리고 거대한 사원을 건축한 크메르인의 모습을 볼 수 있었다.

이기적 문명인들조차 앙코르 와트의 웅장함을 표현할 말을 찾지 못했다. 1864년 앙리 무오는 '시암과 캄보디아 탐험기'에서 이렇게 말했다.

> "나는 막 보고 돌아온 그 멋진 건축물에 대한 황홀한 인상을 다른 사람에게 강요할 생각은 없다. 그러나 아주 웅장한 유물이 존재한다는 것, 서양의 고대 문명이 우리에게 남겨준 것 이상으로 완벽한 예술적 감각을 갖춘 유물이 여기 동양에도 존재한다는 사실들은 어서 빨리 알리고 싶다."

그러나 그는 앙코르 와트의 벽면에 있는 전투 장면을 묘사한 부조를 보고 "여기에 나오는 어린아이들은 동양의 야만인답게 긴 머리를 묶어서 매고 있다."고 기록하고 있다.[12] 앙코르 안에서 문명과 야만 사이를 갈팡질팡하는 앙리 무어의 모습을 보게 된다. 과연 그의 진실은 어느 쪽일까?

## 앙코르 톰, 거대한 돌로 빚은 무한한 미소

앙코르 톰은 앙코르 와트에서 북쪽으로 약 1.5km 떨어진 곳에 위치하며, 앙코르 와트보다 훨씬 규모가 크다. '큰 도성'이라는 의미처럼, 앙코르 톰은 정사각형 형태로 북쪽, 남쪽, 동쪽, 서쪽에 거대한 문이 있었고, 붉은 점토인 라테라이트로 덮인 높은 성벽이 있었다. 성벽은 앙코르 와트와 마찬가지로 해자로 둘러싸여 있다.

성안으로 들어서자 신기루처럼 눈길을 사로잡는 거대한 탑이 나타났다. 앙코르 톰의 중심에는 바이욘 사원이 있다. 이 사원은 크메르 문명이 꽃피던 12세기경, 자야바르만 7세 왕이 건립한 불교 사원으로, 대부분 힌두교 사원인 앙코르 유적들 가운데 유일한 불교 사원이다.

바이욘 사원은 기하학적 구조로 이루어져 있으며, 54개의 탑에는 총 216개의 거대한 얼굴이 새겨져 있다. 각 탑마다 네 개의 얼굴이 조각되어 있어 사원의 신비로운 분위기를 더한다.

» 16 바이욘 사원

거대한 얼굴 조각은 돌탑의 네 면에 불상의 얼굴이 새겨진 '사면불안탑'이다. 이 불상은 모든 중생을 보호하고 위안을 주는 관세음보살의 사면불상이다. 바이욘 사원의 사면불상은 독특한 '앙코르의 미소'를 보여준다.

바이욘 사원은 수백 개의 석조 조각으로 이루어진 돌탑으로, 세계 건축사에서 가장 특이한 건축물 중 하나로 꼽히며, '바이욘 양식'이라 불리는 앙코르 시대의 대표적인 건축 양식이자 크메르 예술을 상징한다. 불교 사원답게 사면의 관세음보살상은 부처의 자비로운 빛을 모든 방향에 비추며, 이 사원을 세운 자야바르만 7세 왕의 지배가 세계에 미치는 것을 의미한다.

탑의 네 면에는 표정이 각기 다른 얼굴이 새겨져 있다. 특정 크기의 사암을 쌓아 만든 이 얼굴들은 각기 고유한 개성을 지니며, 같은 표정이 하나도 없다. 이 거대한 석상에는 넓은 이마, 반쯤 감긴 눈, 가늘게 뜬 눈매, 선명한 쌍꺼풀, 또렷하고 두툼한 입술과 부드러운 미소가 새겨져 있다. 때로는 환하게, 때로는 평온하게 미소 짓는 이 얼굴들은 인간의 기쁨과 슬픔을 담아내며 속세에 달관한 모습을 보여준다. 얼굴의 표정은 시간과 빛의 방향에 따라 달라지며, 이러한 독특한 미소는 '크메르의 미소' 또는 '바이욘의 미소'라 불린다.

예술에서 미소는 오랜 역사를 지닌다. 인간의 즐거움, 기쁨, 슬픔을 그릴 때 미소는 늘 등장한다. 미소를 말할 때 떠오르는 그림이 있다면 바로 16세기 레오나르도 다빈치가 그린 '모나리자의 미소'일 것이다. 그 의미를 알 듯 모를 듯한 모호한 미소에 비밀이 많이 담겨 있는 듯 다양한 해석을 낳으며, 프랑스 루브르 미술관의 조그마한 그림 앞에 사람들을 불러 모은다.

그러나 크메르 사람들이 12세기에 거대한 돌을 다듬고 새겨 만든 미소는 기교는 없으나 예스럽고 소박하다. 무엇인가를 아는 듯하면서도 교만하지 않으며, 부처의 초월적이고 평온한 미소와 자애로운 미소를 동시에 품고 있다. 수백 년의 세월 동안 풍화되고 빛이 바랬지만, 그 미소는 여전히 시간의 흐름을 거스르며 존재한다.

단테는 "미소는 영혼의 기쁨을 슬쩍 비치는 것"이라 말했다. 그러나 '크메르의 미소'는 그러한 찰나의 미소가 아니다. 그저 무한한 미소이다.

사원을 걷다 보면 여기저기서 거대한 불상의 얼굴이 나타난다. 돌탑의 경사면에 새겨진 얼굴들을 보려면 하늘을 향해 고개를 높이 들고 제자리에서 빙글빙글 돌게 된다. 맞은편 돌탑에서도 또 다른 미소가 나를 향해 다가온다. 세 개, 여섯 개, 때로는 열 개의 미소가 한꺼번에 보이기도 한다. 이는 각 돌탑의 네 면에 새겨진 얼굴들이 서로 다른 방향을 향하고 있기 때문이다. 고개를 들어 마주하면 눈꺼풀을 반쯤 감은 채 형용할 수 없는 분위기를 내뿜고, 넓고 평퍼짐한 콧등 아래 두꺼운 입술이 엷은 미소를 띠고 있다. 들뜬 마음은 어느 새 가라앉고, 나도 모르게 얼굴에 크메르의 미소가 번진다.

» 17 사면이 부처 얼굴로 조각된 석탑과 '크메르의 미소', 넓은 콧등 아래로 미소가 보인다

크메르 장인들은 어떻게 거대한 돌을 깎고 쌓아 정교한 얼굴을 만들었을까? 섬세하면서도 자비롭고 때로는 모호한 미소를 지닌 얼굴을 돌로 표현할 수 있었던 비결은 무엇이었을까? 이 '크메르의 미소'는 문화, 수학, 과학기술, 그리고 예술적 정신이 어우러져 탄생한 앙코르 문명의 힘이었다.

바이욘 사원을 세운 자야바르만 7세의 비문 중에는 "캄부의 땅(캄보디아)은 하늘과 유사하다"라는 문구가 새겨져 있다.[13] 흔히 인간의 영역은 땅, 신의 영역은 하늘로 구분되지만, 앙코르는 인간과 신이 공존하는 공간이 아니었을까? 54개의 탑에 새겨진 얼굴들은 결국 인간의 모습을 담고 있으며, 사방을 향한 얼굴들을 통해 사람들은 북, 남, 동, 서로 소통했을 것이다.

'평생을 다녀도 다 볼 수 없다'는 앙코르를 나는 주마간산으로 다녀왔다. 앙코르 도성이 커다란 호수라면 나는 겨우 손끝을 담근 정도였지만, 행복한 충격에서 벗어나기 어려웠고 아쉬움 또한 남았다. 앙코르 도성은 기하학적으로 완벽한 형태와 우주론적 상징 체계로 이루어져 있으며, 각 사원에는 크메르인의 종교, 신화, 역사, 윤리, 그리고 삶의 이야기가 새겨져 있었다. 그러나 지식이 부족해 그 의미를 제대로 읽지 못했다는 아쉬움이 남는다.

역사학자 토인비가 고백했듯이 나도 이곳에 오랫동안 머물며 앙코르의 아름다움과 위대함을 알아가고 싶었다. 앙코르는 우리의 상상력을 무한히 흔든다. 힌두교와 불교가 한곳에서 조화를 이루고 경쟁하며, 신화와 역사의 파노라마가 경이로움과 상상력으로 가득 펼쳐진다. 어쩌면 이것이 상상의 세계와 신화적 이야기를 사랑했던 크메르인들처럼, 우리가 앙코르에 매료될 수밖에 없는 이유일 것이다.

나는 앙코르 문명을 보면서 캄보디아의 내일을 생각했다.

앙코르는 여전히 현대 문명인에게 신비롭고 이국적인 장소로 여겨지며, 꼭 방문해야 할 여행지로 꼽힌다. 수많은 사람들이 이곳을 찾지만, 그들의 눈에 비친 앙코르는 단지 신비로운 풍경과 거대한 나무뿌리에 잠식된 폐허일 뿐이다. 이들은 앙코르 문명의 위대한 역사나 그 속에 담긴 과학, 천문학, 건축, 예술의 진정한 가치를 보려 하지 않는다.

앙코르 유적은 과거 크메르인의 막강한 경제력과 과학기술, 독창적인 문화와 예술을 보여주며, 누구라도 경외심을 갖지 않을 수 없다. 그러나 19세기, 제국주의 열망에 사로잡힌 유럽인들은 아시아를 '미개한 땅'으로 여겼으면서도 앙코르 문명의 웅장함과 섬세한 아름다움에 경탄했다. 그들은 여신의 얼굴을 훼손하고, 평온히 미소 짓던 불상의 머리를 떼어내었으며, 힌두 창조 신화가 새겨진 다리의 석상을 가져갔다. 그렇게 앙코르의 유물은 유럽의 박물관에 전시되었고, 자랑거리로 남았다.

앙코르 문명을 둘러보며 앙리 무오의 말을 떠올렸다. 그는 앙코르 사원을 떠나 속세로 돌아가는 순간을 마치 "찬란한 문명에서 뒤안길로 추락하는 것과 같았다"고 했다.[14] 위대한 제국을 세워 세계사에 견줄만한 문명을 꽃피웠던 앙코르와 오늘날 캄보디아의 어려운 현실이 겹쳐지며, 무거운 마음으로 발걸음을 옮겼다.

1794년 앙코르는 타이에 합병되었고, 캄보디아는 1864년 프랑스의 식민지가 되었다. 1907년 앙코르는 타이로부터 캄보디아로 반환되었으며, 1955년에야 캄보디아는 프랑스로부터 독립했다. 이후 론 놀 장군이 집권했지만, 1975년 폴포트에 의해 론 놀은 축출되고, 독재자 폴포트는 우리에게 '킬링필드'로 잘 알려진 무자비한 대학살을 자행했다. 이 과정에서 200만 명 이상의 사람들이 희생되었으며, 많은 지식인들이 목숨을 잃었다. 캄보디아의 경제, 사회 발전은 크게 지연되었다. 또한 냉전 속에서 캄보디아는 미국과 소련의 대립에 휘말리며 오랜 시간 어려움을 겪었다. 오늘날 캄보디아가 겪었던 식민지의 기억과 상처는 앙코르 문명의 영광을 가리고 있다.

앙코르를 찾는 사람들은 열대 정글 속에서 사라진 신비로운 유적만을 바라볼 뿐, 그 유적을 만든 크메르인의 역사적 힘과 오늘을 살아가는 캄보디아 사람들의 저력을 보지 못한다. 일부는 현재의 캄보디아의 어려운 상황을 보고 과연 이들이 앙코르 문명을 건설했는가 의심하기도 한다.

그러나 진정한 문제는 현재 이기적 문명이 캄보디아인의 잠재력과 힘을 제대로 이해하지 못한다는 점이다. 더 나아가 캄보디아인들마저 타인이 말하는 그들의 문명에 매몰되어 자부심을 잃게 될까 우려된다.

"나는 어제를 보았다. 그리하여 내일을 안다."

이 문구는 이집트 투탕카멘 왕의 관에 새겨진 글로 과거는 미래를 아는 길이 될 수 있음을 시사한다. 앙코르 문명은 과거에 머무르지 않고 캄보디아의 미래를 여는 디딤돌이 될 것이다. 왜냐하면 앙코르 문명을 만든 이들이 바로 캄보디아인이기 때문이다. 과거 없이 우리가 누구인지 어떻게 알 수 있겠는가?

# 3장
# 이집트

## 1. 오래된 미래, 이집트를 가다

2023년 8월 31일 테슬라와 스페이스 X 최고경영자인 일론 머스크는 SNS에 "외계인들이 피라미드를 지었지, 당연하지", "람세스 2세가 그 외계인"이라는 글을 올렸다. 이집트의 피라미드는 외계인이 지었다고 믿을 정도로 대단한 건축물이다. 머스크의 발언은 이집트에 대한 관심과 흥미를 불러일으켰다.

이집트 문명이 남긴 많은 것들, 피라미드, 스핑크스, 수많은 신전들과 거대한 석상들은 예술로도 걸작이지만 그 구도와 설계는 건축학상 경이로운 업적이다. 현대 건축학자들에게도 여전히 풀리지 않는 어려운 과제이다. 최첨단 기술인 로봇으로 피라미드 내부를 탐사해도 명확한 답은 나오지 않으며, 여전히 많은 추측이 난무할 뿐 결국 "모른다"는 것이다.

이기적 문명은 다른 문명 지역의 경이로운 건축물들을 자신의 관점으로 쉽게 해명할 수 없을 때, 항상 '비밀', '수수께끼', '불가사의'라는 용어로 지식의 한계를 에둘러 표현했다. 결국에는 그것이 화성인이나 외계인의 작품이라고 주장하기도 했다. 특히 이집트 문명은 오늘날까지 해석의 굴레에서 벗어나지 못하고 있다. 피라미드의 비밀, 스핑크스의 수수께끼는 오랫동안 이기적 문명들이 제작한 영화, 다큐멘터리, 책의 제목으로 미스터리의 상징이 되어 왔다. 특히 미국 1달러 지폐 뒷면에 그려진 피라미드는 사교 비밀조직인 프리메이슨이나 일루미나티의 전체주의적 음모를 암시한다거나, 영국에서 벗어나 새로운 미국의 시작을 표현한 것이라는 등 여러 해석이 존재하지만 그 어떤 설명도 그럴듯하지 않다.

이집트 문명은 이기적 문명에게 "당신들이 처음은 아니다"라는 점을 분명히 일깨워주고 있다. 그럼에도 이기적 문명은 자신들이 만든 것은 항상 처음이어야 했다. 그래서 어쩌면 고대 문명의 선조일 수 있는 이집트 문명과 그 유적에 대해 의문을 제기하고 폄하하며 결국 그리스-로마를 중심으로 한 서양 문명을 중심에 두었을지도 모른다.

나도 역시 이집트 문명에 대해 반신반의하는 마음을 가졌었다. 이집트인들이 남긴 흔적 속에서 뭔가 비밀이 있을 것 같아 그럴듯한 외계인의 작품이라는 주장에도 귀를 기울이곤 했다.

2003년 1월 21일, 나는 카이로에 도착했다. 사막의 뜨거운 모래와 건조한 바람 속에 서 있는 피라미드와 스핑크스를 만나기 위해 기자로 향했다. 길은 희뿌연 매연으로 가득했지만 멀리서 피라미드 꼭대기 부분이 실루엣처럼 보이기 시작했다. 걷잡을 수 없는 감동으로 심장이 고동치기 시작했고, 차가 점점 더 기자 쪽으로 가까워질수록 멘카우레, 쿠푸, 마지막으로 카우레 피라미드가 눈에 들어왔다. 드디어 나는 피라미드를 보았고, 또 보았으며, 이렇게 마주하고 있다는 사실이 놀라웠다.

차창을 통해 본 세 개의 피라미드는 도시의 높은 건물에서 멀리 동떨어져 외롭게 서 있었다. 그러나 정작 스핑크스와 피라미드를 마주했을 때 그저 경이로움에 압도되어 어쩔 줄 모르는 내가 있었다.

그 후 카이로 시내에 있는 박물관, 룩소르 지역에 있는 왕들의 계곡, 하트셉수트 신전, 룩소르 신전, 카르낙 신전을 다녔다. 보는 모든 것들은 장엄함, 섬세함, 아름다움으로 가득했으며, 그 어떤 말로도 표현할 수 없는 예술이었다. 하지만 어이없게도 그곳에서도 이기적 문명의 흔적을 발견했다. 거대한 신전 기둥에는 이집트 신의 모습이 지워지고 자신들의 신과 상징이 그려지고 새겨져 있었다. 또한, 우상숭배라는 명목 아래 신전 벽에 조각된 부조와 벽화에서 얼굴을 파내거나 정*으로 얼굴들을 쪼아놓았다. 목 없는 거상들과 스핑크스들, 신전 앞의 거대한 오벨리스크는 한때 쌍을 이루고 있었지만 이제는 혼자 서있다. 오벨리스크들은 어디로 갔을까? 이기적 문명의 훼손이 남겨진 이집트 남부에 있는 아스완에 있는 아부심벨과 필레 신전도 가고자 했으나 테러 사건으로 인해 통제되어 갈 수가 없었다. 결국, 아쉬움을 안고 후퇴해야 했다.

2006년 1월 18일 다시 이집트 카이로에 도착했다. 첫 번째 방문과는 달리 이집트 문명에 대한 지식과 상형문자를 익혀, 그들이 남긴 상형문자를 어느 정도 읽을 수 있게 되었다. 한국에서 온 관광객 한 분이 내 옆에 와서 물었다. "가이드 양반, 이것은 무슨 뜻이오?"

카이로 박물관을 방문하고 기자에 있는 피라미드와 스핑크스를 만났다. 그들과의 재회는 주체할 수 없는 환희와 가슴 뛰는 순간이었다. 피라미드와 사람의 얼굴을 제 몸에 올려놓고 무심히 앉아 있는 스핑크스는 나에게 다시 찾아온 의미를 만들어 주었다.

나일강을 따라 이집트 북부 지중해에 접한 알렉산드리아를 거쳐 룩소르와 고대 이집트 초기 수도인 아비도스에 있는 세티 신전, 덴데라 하토르 신전을 방문했다. 아스완에 있는 아부심벨과 필레 신전, 엘레판티네 섬 등 첫 번째 방문에서 가지 못했던 장소를 찾았다. 이집트 문명의 유적들을 찾아 부지런히 돌

---

* 정이란 돌에 구멍을 뚫거나 돌을 쪼아서 다듬는 쇠로 만든 끝이 뾰족한 연장을 말함

아다니며 그들의 흔적을 만났다.

두 번째 이집트 방문에서도 무수히 많은 이기적 문명의 흔적들을 목격했다. 신전의 부조에 새겨진 인물들에게 가한 이기적 문명의 행위를 볼 때마다 다 부수지 않고 일부만 훼손한 것이 그나마 다행으로 여겨졌다. 거대한 석상들은 목이 사라진 채 서 있고, 조각된 인물상을 정으로 쪼아내고, 얼굴 부분만을 파내기도 했다. 이들은 자신의 문명을 상징하는 것들을 새겨넣었다.

이집트는 하나의 세계다. 이집트인들은 5천여 년에 걸쳐 믿을 수 없을 만큼 풍요로운 문명을 일궈냈다. 그토록 많은 아름다움, 경이로움을 창조해 낸 문명은 천문학, 수학, 기하학, 종교, 철학 등의 기초 위에 세워졌으며 다음에 오는 문명들에게도 자신의 발명품을 전수했다.

그러나 현재 이집트 기자는 피라미드와 스핑크스 코앞까지 아스팔트 도로가 깔리고 수많은 관광버스에서는 관광객들이 쏟아져 나오고 있다. 버스와 자동차들이 내뿜는 매연 속에서도 피라미드와 스핑크스는 여전히 영원함을 보여 준다.

지금 이집트에 남아 있는 유적들과 유물들, 무너져버린 거대한 잔해들, 그리고 멀리 타국 광장에서, 박물관 뒤뜰에서, 어느 강가에 서 있는 유적들은 시간의 풍상과 이기적 문명이 행한 파괴는 거스르지는 못했지만 각각의 자리에서 이집트 문명에 대해 많은 것을 이야기하고 있다.

"내 이름은 오지만디아스*, 왕 중 왕이로다:
내 업적을 보라. 너희들 강력한 자들아, 그리고 절망하라!"**

---

* 이집트의 강력했던 왕, 제19왕조 제3대 파라오 람세스 2세(재위 기간 B.C. 1279-1346)의 고대 그리스 이름으로 그가 살던 시대에서 화려한 명성을 떨쳤으며 그리스로마 시대에는 전설이 되었다. 현대에 와서 그의 정신력, 카리스마, 통치기간 동안의 번영 그리고 그가 만든 건축은 화려하고 찬란한 아름다움으로 표현된다. 대표적인 건축물로 아부심벨 신전이 있다.

** 퍼시 비시 셸리(1818)의 시 '오지만디아스' 중 일부를 인용한 것이다(이재호 역, 2003: 388-389).

2023년 4월, 일론 머스크는 화성탐사 대형우주선 '스타십'을 첫 지구궤도 시험비행을 진행했다. 그는 인류가 건설한 구조물 중 '대피라미드'가 3,800년 동안 가장 높은 건축물이었음을 알고 있었다. 대피라미드가 외계인 작품이라는 머스크의 말은 그의 '절망'이자 '탄식'의 상징일지도 모른다.

이제 나는 이집트에서 이기적 문명이 남긴 흔적을 찾아서 떠나려고 한다. 수수께끼, 비밀, 불가사의, 외계 문명의 흔적 등을 통해 이기적인 문명이 인정하지 않으려 했던 이집트인의 위대함과 그 문명을 만든 사람들에 대해 이야기하고자 한다.

## 2. 이기적 문명의 현장

### 유적 파괴와 훼손

나는 기자를 거쳐서 룩소르로 갔다. 룩소르는 나일강 동쪽에 위치하며, 살아있는 사람과 신전을 위한 공간으로 여겨진다. 반면 해가 지는 나일강 서쪽은 죽은 자들의 영혼의 안식처로 간주된다. 이집트인들에게 나일강 동쪽은 태양이 뜨는 방향으로 삶과 생명의 시작을 상징하고, 서쪽은 해가 지는 방향으로 죽음을 의미한다.

피라미드와 스핑크스를 뒤로 하고, 나는 나일강 동쪽, 룩소르에 있는 카르낙 신전에 도착했다. 이집트에는 거대하고 장엄하고 아름다운 신전들이 많다. 흔히 이집트 문명하면 오벨리스크, 피라미드, 스핑크스를 떠올리지만, 실제로 현장에 가서 신전들을 방문하면 그 규모에 압도당한다. 돌로 만들어진 거대한 석상과 성큼성큼 걷고 있는 듯 한 발을 내딛고 서 있는 왕들의 모습, 그리고 거대한 기둥으로 숲을 이루고 있는 신전의 대열주는 하늘을 가리고 있다. 대열주와 그 기둥에 새겨진 상형문자, 그림들을 보려고 고개를 한껏 뒤로 젖히고 위를 올려다보면 사람들과 부딪히기 일쑤다. 모두가 하늘로 뻗은 열주들에 눈이 팔려 있기 때문이다.

룩소르에 있는 카르낙 신전은 현재 남아있는 이집트의 신전 중 최대 규모를 자랑한다. 기자의 피라미드가 절정을 보여준다면, 카르낙 신전은 온갖 신전 양식과 여러 왕조를 거치면서 쌓아 온 건축 기술을 집대성한 곳이다. 카르낙 신전은 신들의 제왕 아몬을 숭배하기 위해 기원전 2000년부터 시작하여 1500년 뒤인 프톨레마이오스 왕조에 이르기까지 오랜 세월 동안 건축되었다. 여기에는 10개의 탑문과 제19왕조의 창시자 람세스 1세로부터 3대에 걸쳐 건설된 대열주실, 제18왕조의 투트모세 1세와 그의 딸로 여왕이 된 하트셉수트가 세운 오벨리스크, 투트모세 3세 신전, 람세스 3세 신전 등이 있다.

신전의 이 모든 것들은 큰 것, 더 큰 것, 엄청나게 큰 모습들로 내 눈앞에, 내 주위로 다가왔다. 이곳 신전에서 가장 가슴 뛰게 한 곳은 바로 대열주실이었다.

· 기둥 높이 : 약 23m
· 기둥 둘레 : 15m
· 무게 : 70톤
· 돌기둥 : 16줄, 134개

대열주실의 규모를 숫자로 표현한다는 것은 의미가 없다. 숫자는 그 안에 담긴 이야기들을 지우고 메마른 결과물만 남기기 때문이다. 눈앞에 서 있는 대열주는 놀라움 그 자체로, 하늘 높이 솟아오른 기둥들은 아래 서 있는 사람들을 왜소하게 만든다. 사람들은 그 기둥 하나를 감싸 안을 수도 없고, 성인 10여 명이 손에 손을 잡고 돌기둥을 둘러싸도 손이 닿지 않는다.

각 기둥에는 신과 파라오에 대해 말하는 수많은 상형문자가 새겨져 있으며 파피루스 꽃모양, 동물과 식물 등 수 많은 부조도 있다. 수천 년 전의 채색 부분도 남아 있다.

대열주실 사이로는 투트모세 1세가 만든 거대한 오벨리스크가 보이고, 그 옆에는 이집트 역사상 유일한 여자 파라오였던 하트셉수트가 세운 오벨리스크도 있다. 독일 시인 릴케는 저서 '이집트 여행'에서 유적들을 "무자비하게 커다란 이집트의 사물들"로 묘사했다. 유럽에서는 찾아볼 수 없는 섬세하며 거대함에 대한 무력감에서 나온 것일까? 사람들은 이 웅장함과 아름다움에 압도되어 사물의 진실을 바로 보지 못할 수도 있다.

» 1 카르낙 신전의 대열주실, 열주 사이로 오벨리스크가 보인다

그러나 카르낙 신전의 대열주실에서 느낀 감동은 오래가지 않았다. 수천 년의 역사를 간직한 아름답게 채색된 돌기둥에는 이기적 문명이 남긴 흔적들로 어지럽혀져 있었다.

카르낙 신전에 오기 전, 나는 카프레 피라미드 내부에 들어갔다. 그곳에서도 이기적 문명의 손길이 지나간 흔적을 보았다. 묘실 벽에 커다란 글씨로 새겨진 이름이 눈에 띄었다.

지오바니 벨조니 1818. 3. 2

이는 19세기 초중반 이집트 주재 영국 총영사였던 헨리 솔트와 함께 발굴 탐험에 나선 탐험가로 포장된 도굴꾼 벨조니의 서명이었다.

피라미드에 이어 카르낙 신전에서 목격한 이기적 문명의 훼손은 그들의 야만성을 여실히 드러냈다. 기둥 위에 새겨진 상형문자나 그림을 긁어내고 그 위에 기독교 성화들과 문자들로 덧칠해졌다. 신전 앞에 세워진 파라오와 신들을 지키고 보호하는 석상들의 얼굴은 온데간데없이 사라지고 신전의 부조들 중 얼굴들은 뭉개거나 부조를 파내졌다.

이집트인들은 그림이나 조각상이 죽은 자의 영혼이 영원히 머무는 곳이라고 믿었다. 영혼은 얼굴을 보고 찾아온다고 여겼기 때문이다. 그러나 콥트 기독교인들은 영혼이 안식할 공간을 찾지 못하도록 얼굴을 지웠다. 이들은 그림이나 조각에서 가장 중요하게 여긴 얼굴을 정으로 쪼아내며 이집트 양식의 벽화를 훼손했다. 이기적 문명은 신전 돌기둥의 그림을 지우거나 뭉개고, 그 위에 자신의 종교를 상징하는 그림으로 덧칠하거나 문자를 새겨 놓았다. 또한 벽화에서 얼굴 부분이나 몸 전체가 쪼아내진 흔적도 있다.

» 2 훼손된 카르낙 신전: 신전 돌기둥에 그려진 그림을 지우거나 뭉개고, 그 위에 자신의 종교를 상징하는 그림이나 문자가 덧칠되거나 새겨져 있다. 또한 벽화에서는 얼굴이나 몸 전체가 쪼아낸 흔적도 있다.

카르낙 신전 곳곳에는 자신의 문명들이 남긴 유적에는 결코 저지를 수 없는 훼손이 남아 있었다. 이는 우월감에 도취된 이들이 자신들의 야만성과 무지함을 드러내는 행동이라는 것을 인식하지 못하는 것이다.

이집트 문명 두 번째 방문은 아스완에 있는 아부심벨과 필레 신전에서 시작했다. 이집트 예술의 경이로움이라 할 수 있는 아부심벨은 거대한 바위를 깎아 만든 석굴 신전이다.

이집트인들은 정면 높이 32m, 가로 38m로 암벽을 깎아 거대한 좌상 4개를 만들고, 바위 속 60m까지 암벽을 깊이 파서 대신전을 조성했다. 대신전 입구의 좌상은 높이 22m로, 청년기부터 장년기까지 람세스 2세의 모습을 형상화한 조각상이다.

좌상의 크기: 각각 32m, 38m, 60m, 22m

모든 것을 숫자나 쓸모로 환산하는 사회에서는 도저히 상상할 수 없는 거대한 아름다움이다. 눈앞에 보이는 아부심벨 대신전의 웅장함과 섬세함에서 이집트인들의 현란한 기술이 드러난다. 신전에 들어온 사람들의 놀라움으로 일순간 주위가 적막해진다. 오랫동안 현존해온 시간의 흐름 속에서 위풍당당한 모습의 아부심벨 대신전과 그 앞을 오고 가는 사람들은 마치 '걸리버 여행기' 속 대인국에 간 걸리버와 같은 모습이다.

» 3 아부심벨 대신전

아부심벨 대신전을 뒤로 하고, 나는 기원후 6세기까지 이집트의 명맥을 유지한 최후의 이집트 신전인 필레 신전으로 향했다. 필레 신전은 이집트에서 오시리스, 호루스과 함께 숭배되는 이시스 여신을 위한 신전으로, 필레 섬에 위치해 있어 그 이름을 따왔다.

현재 필레 신전은 아스완 로우댐으로 인해 만들어진 호수 위에 아길리아 섬에 있다. 원래 필레 섬에 있었으나, 아스완댐 건설로 수몰되어 지금의 섬으로 옮겨졌다. 과거 필레 신전에 가기 위해 배를 타고 필레 섬으로 들어갈 때, 그 아름다운 풍경은 수많은 이들에게 감탄을 자아냈으며 시인들은 화려한 언어로 묘사했다.

> "탑문에 세워진 섬이 마치 신기루처럼 강에서 솟아오르는 것처럼 보인다. 배가 섬에 가까워지면 조각된 탑들이 점점 더 하늘을 향해 솟구치는 듯하다. 어디에서도 쇠락이나 세월의 흔적은 찾아볼 수 없다. 모든 것이 견고하고 위엄 넘치며 완벽하다. 그 모습을 보며 모든 것이 변해버렸다는 사실을 순간 잊어버리리라."*

나 역시 에드워드가 묘사한 필레 신전을 상상하면서 섬으로 향했다. 그러나 배에서 내려 처음 만나는 필레 신전은 아름다움보다는 파괴된 흔적이 먼저 눈에 들어왔다.

이시스 신전에 가기 위해 벽 양쪽에 기다란 열주가 세워져 있는 거대한 건축물인 제1탑문에 들어서자, 이시스 신전의 벽에 있는 인물들을 조각한 부조 벽화가 정을 모두 쪼아져 윤곽만이 남아 있었다. 이 벽화는 이시스, 호루스, 하토르 등의 신들을 묘사한 부조였다.

신전 내부 주랑의 벽화들에 새겨진 대부분 얼굴들이 뭉개져 형태를 알아볼 수 없었고 기둥에는 이집트 신화의 상징들이 파내지고 그 자리에 기독교 상징들이 깊이 새겨져 있었다. 신전의 부조들은 훼손되어 다시는 원래의 모습을 상

---

* 아멜리아 에드워드(1831-1892)는 19세기에 활동한 영국 출신의 소설가로 저널리스트이자 이집트학자이기도 하다. 위의 글은 그녀의 책 'A thousand miles up the Nile(Edwards, 1892: 189)'에 나오는 내용의 일부이다.

» **4** 필레 신전 탑문 벽면과 주랑의 훼손

» **5** 필레 신전 내부의 훼손

상조차 할 수 없었다.

필레 신전은 고대 이집트 신전 중 마지막까지 이시스 등 이집트 신들에게 제사를 지내던 신전이었다. 그러나 기독교가 이집트에 전파되면서, 우상숭배를 죄악으로 여긴 기독교도들이 필레 신전을 조직적으로 파괴하였다. 신전들은 허물어지고, 벽화들은 파괴되고 교회로 개조되었다.

이 섬에서 마지막 사제들은 기독교가 이곳에 전해진 이후에도 한동안 조상 전래의 의식을 이어갔다. 536년, 유스티아누스 황제가 기독교를 강요하며 이시스 신전이 파괴되었고 파라오 타하르카의 신전은 교회로 변모했다. 이집트 최후의 신전은 결국 550년에 폐쇄되었고 성소의 문은 파괴되었으며 사제들은 고문당하고, 신상 봉안소는 세속의 손질에 더럽혀졌다. 기둥들이 있는 홀은 교회가 되었다.[1]

## 도난당한 유물: 사라진 오벨리스크와 신전

나는 나일강 동쪽에 있는 거대한 이집트 신전인 룩소르 신전을 다녀왔다. 이곳은 연꽃봉우리 모양의 기둥들이 서 있는 높은 회랑으로 유명하며, 테베의 세 신, 즉 아문-라와 그의 아내 무트, 아들 콘수를 위한 신전이다. '큰 집'이라는 뜻인 파라오라는 호칭을 처음 사용한 제18왕조의 투트모세 3세가 신전을 확장한 후 아멘호테프 3세 때 공사를 마무리했다. 이후, 람세스 2세*가 완성했다.

신전 입구에 들어서자 처음으로 이름만 들어왔던 오벨리스크를 마주했다. 사각 뿔기둥에 피라미드가 얹힌 이 뾰족한 끝부분은 태양을 향해 솟구쳐 하늘을 찌를 듯했다. 피라미드가 태양신 라를 상징한다면, 오벨리스크는 태양신 라

---

* 람세스 2세는 고대 이집트 제19왕조의 왕으로 기원전 1279-1213년 사이에 재위했다.

에 대한 찬양이며 동시에 라 그 자체를 의미한다. 그 형태는 태양의 광선을 형상화한 돌로 햇살을 상징하는 모습이다. 오벨리스크는 하나의 돌로 깎아만든 아름답고 장엄한 구조물로, 땅 위에 높이 서 있는 그 모습은 눈부셨다.

탑문 앞에는 람세스 2세의 거대한 좌상 두 개와 입상 두 개, 그리고 오벨리스크가 서 있었다. 람세스 2세의 좌상은 15.50m, 입상은 7m, 그리고 오벨리스크의 높이는 22.5m에 무게가 250톤에 달한다.

삭막한 숫자로는 도저히 헤아릴 수 없는 거대한 조각들은 탑문 바로 앞에 양쪽에 쌍을 이루고 있다. 이들과의 조화와 균형을 고려한다면 오벨리스크도 양쪽에 두 개가 있어야 했지만 한쪽에는 기단만이 덩그러니 남아 있었다. 그 람세스 2세의 오벨리스크는 어디로 갔을까? 나폴레옹 시대 1833년 프랑스 군대가 오른쪽 오벨리스크를 떼어, 현재 프랑스 파리 콩코르드 광장에 세웠다.

제18왕조의 투트모세 3세는 룩소르 신전에 오벨리스크를 여러 개 세웠다. 그중 두 개는 기원전 1450년에 만들어졌으며 '클레오파트라의 바늘'* 로 불린다. 아우구스투스가 기원전 10년경 가져간 오벨리스크 네 개 중 두 개는 로마로 옮겨졌고, 나머지 두 개는 알렉산드리아로 옮겼다가 19세기 영국으로 옮겨져 현재 런던 템즈 강변에 서있다. 오벨리스크를 운반하기 위해 제작된 배의 이름도 '클레오파트라호'였으며 1878년 1월, 런던 템즈강에 도착했다. 또 다른 하나는 뉴욕 메트로폴리탄 박물관 뒤에 서 있다. 1881년, 미국에서는 "오벨리스크가 없는 메트로폴리탄 주민들은 결코 행복할 수 없다. 로마, 콘스탄티노플, 파리, 런던에 오벨리스크가 있다. 만약 뉴욕에 오벨리스크가 없다면 다른 모든 큰 도시들은 뉴욕을 우습게 볼 것이다."라고 언급했다.[2] 그 다음 해, 미

---

* 이집트 왕 투트모세 3세를 위해 만든 것이다. 이 오벨리스크는 클레오파트라가 세운 신전 앞에 서있었는데 이를 본 프랑스인들이 클레오파트라의 바늘이라고 부른 데서 붙여진 이름이다.

국은 오벨리스크를 가져왔다.

이국에 서 있는 오벨리스크는 낯설기만 하지만 이기적 문명에게는 고대 국가, 고대 문명, 그리고 이방의 신에 대한 정복과 그 전리품으로 자신의 위용을 드러내 주는 것이다. 파리의 콩코르드 광장에서, 로마의 바티칸 광장에서, 이스탄불의 히포드롬 광장에서도 이집트의 오벨리스크를 볼 수 있다.

나는 이탈리아 로마를 방문했을 때 당시 로마에서 만든 오벨리스크를 본 적이 있다. 로마의 장인이 만든 듯한데 기둥이 여섯 조각으로 이어져 있는 것을 보고, 이집트인의 건축술에 다시 한번 탄복하게 되었다.

룩소르 신전은 오벨리스크들을 잃었지만 때로는 신전 전체가 다른 나라로 옮겨지기도 했다. 덴두르 신전은 현재 뉴욕 메트로폴리탄 박물관에, 데보드 신전은 마드리드에, 타파 신전은 네덜란드의 레덴에, 엘-레시야 신전은 이탈리아 토리노 박물관에 있다.[3]

이집트의 유적들, 피라미드와 신전은 19세기 유럽 각국의 탐험가와 도굴꾼들에 의해 훼손되었다. 이들은 '발굴 탐험'이라는 명목으로 이집트 발굴 여행을 했다. 독일(프로이센)의 이집트학자 칼 렙시우스는 1855년 이집트 발굴에서 수많은 유물들을 가져갔고 이를 '풍부한 수확'이라고 묘사하기도 했다. 그는 그 후 독일 최초의 이집트박물관 관장으로 임명되었다.[4]

이처럼 탐험가로 위장한 이기적 문명인들은 유물을 그 자리에서 사라지게 했고, 오늘날 세계 각국의 대형 박물관은 전시실 '이집트관'이 따로 있을 정도로 수많은 이집트의 유물들을 소장하고 있다. 신격화된 파라오의 죽음을 넘어서 영생을 꿈꾸던 미라들은 이집트의 사막과 모래를 떠나 먼 나라로 흩어져 새로운 영혼의 안식처를 찾고 있다. 머나먼 곳 광장이나 강가에 덩그러니 서 있는 오벨리스크는 아직도 태양의 신 라(Ra)를 찬양하고 있을까?

» 6 룩소르 신전 앞에 남아 있는 오벨리스크

» 7 파리 콩코르드 광장과 런던 템즈 강가와
뉴욕 메트로폴리탄 박물관 뒤편에 있는 오벨리스크

## 3. 남겨진 유적에서 본 것

라이너 마리아 릴케는 '이집트 여행'에서 피라미드, 스핑크스, 신전들, 오벨리스크를 보면서 "무자비하게 커다란 이집트의 사물들, 사람들이 너무 깊이 관계를 맺어서는 안 되는 사물들이 잇달아 서있다"고 말했다. 릴케는 거대한 사물들이 인간에게 너무나 압도적이고 차갑게 느껴져서 일종의 거리감을 느꼈을지도 모른다. 고고학자 알렌 가드너는 이집트 문명의 유적과 유물들을 "부스러기"라고 표현하며, 우리가 보고 있는 것은 수천 년 전의 하찮은 잔해에 불과하다고 말한다. 그는 나아가 이집트 역사는 "넝마와 누더기를 모은 것"에 지나지 않는다고 덧붙인다.[5]

그러나 나에게 이들의 발언은 유럽에서는 찾아볼 수 없는 이집트 유적의 거대함, 웅장함 그리고 감당하기 어려울 정도의 아름답고 섬세한 기술에 대한 탄식으로 들린다.

내가 본 이집트 문명은 인류 문명의 근간이자 근대과학의 토대를 이룬 것이 분명하다. 피라미드, 스핑크스, 거대한 신전들은 현대기술로도 풀 수 없는 고도의 과학적 성과물이다. 이집트인들은 마치 무중력상태에서 다루듯 거대한 돌덩이를 이동시키고, 돌을 자르고 쌓는 기술을 발달시켰으며, 물을 다스리기 위한 정교한 측량술은 이들의 수학, 기하학의 능력을 보여준다.

### 피라미드와 신전에서 본 건축술

기자의 피라미드는 그들의 저세상으로 가는 문, 즉 ' 다른 세상으로 가는 출입구'였다. 이곳은 광활한 사막이 펼쳐진 죽은 자의 도시로 제4왕조 왕들인 쿠푸, 카프레, 멘카우레 왕들의 대형 피라미드와 그 주변의 크고 작은 피라미드 군이 모래사막 속에 자리 잡고 있다. 피라미드와 함께 앉아 있는 스핑크스는 사람 얼굴을 한 채 먼 곳을 응시하고 있다. 쿠푸 피라미드는 높이가 137미터,

밑변의 길이가 230미터에 이르고 무게 30톤의 돌덩어리 260만 개로 지어진 건축물이다. 각도는 52도로 오르기에도 가파른 하늘로 난 길이다. 스핑크스는 길이 70미터, 높이 20미터로 그를 보려면 얼굴을 한껏 치켜올려야 하며, 표정과 시선을 마주하려면 멀찌감치 물러서서 봐야 한다.

» 8 기자의 피라미드군과 스핑크스

그러나 피라미드와 스핑크스의 놀라움은 규모만이 아니다. 그것은 이집트인의 돌을 다루는 기술이다. 거대한 돌덩이를 밀가루 반죽하듯 자유자재로 만들어 낸 이 기술은 도저히 알 길이 없다.

피라미드에서 보이는 돌쌓기는 틈새에 종이 한 장조차 들어갈 수 없을 만큼 치밀하고, 신전 벽을 이루는 돌들도 마치 자로 잰 듯 정확하게 맞물려 있다. 흥미로운 점은 이집트와는 멀리 떨어진 페루의 잉카 문명과 이스터 섬의 라파누이 문명에서도 유사한 돌 자르기와 돌쌓기 기술이 발견된다는 것이다. 이들 문명 간에는 시간뿐만 아니라 엄청난 물리적 거리가 있다. 그러나 이 기술은 시공간을 초월한 교류의 흔적일지도 모른다. 이들 문명이 돌을 다루는 기술은 현대 기술로도 이루어낼 수 없는 것이다. 지난 몇 세기 동안 우리가 이룩한 기술 발전을 돌이켜볼 때, 오늘날에도 기술적으로 너무 어렵거나 불가능해 보이는 일도 당시 이들에게는 굳이 설명하거나 증명할 필요가 없을 정도로 가능한 일이었을지도 모른다.

» 9 이집트 피라미드에서 본 석조기술

» 10 페루 쿠스코의 석조기술

» 11 칠레 이스터 섬의 석조기술

영국 고고학자 존 보드먼은 고대 그리스인들이 그들 문명의 기원과 영감의 원천에 대해 그리스 건축이 이집트 문명에 기원을 두고 있음을 밝히며, 이집트를 방문한 그리스인들이 처음으로 다듬어진 거대한 석조 건물과 기둥들을 보았다고 전한다. 이집트에서 사용된 기둥 양식은 그리스 건축의 도리아 양식에 직접적인 영향을 주었고, 특히 신전에서 사용된 대열주는 이집트인의 독창적인 건축 기법이었다. 그 당시 고대 건축가들은 이집트에 많이 체류했었다고 한다.[6]

## 미완성 오벨리스크에서 본 건축술

드디어 오벨리스크는 외계인이 만들었다는 누명을 벗었다.*

룩소르 신전에서 처음 본 오벨리스크는 한치의 이음새도 없이 곧장 위로 솟아있는 첨탑이었다. 눈을 가늘게 뜨고 주위의 시야를 양손을 가리고 고개를 한껏 뒤로 젖히고 올려 보았다. 오벨리스크는 위로 갈수록 높아지며 좁아지는 4개의 면을 가진 피라미드 모양의 꼭대기를 지닌 한 덩어리의 암석이었다. 햇빛을 받는 꼭대기는 태양과 접선하는 듯했다. 오벨리스크는 종교적 또는 왕의 업적에 대한 내용을 글자와 그림으로 새겨 놓은 기념비이다.

이집트의 오벨리스크는 이집트인이 아닌 외계인의 작품이라는 말이 있다. 그렇지 않다면 어떻게 거대한 화강암 덩어리를 자유자재로 다룰 수 있겠는가?

미완성 오벨리스크를 보면, 이집트의 건축술은 과학적 정밀함을 보여준다. 아스완 채석장에 남아 있는 길이 42미터, 무게 1,200톤의 미완성 오벨리스크는 그들의 기술력이 얼마나 정교했는지를 증명한다. 이집트 장인들은 적합한 바위를 찾고 과학적으로 설계한 뒤 작업을 시작했다. 미완성 오벨리스크에는 설계도와 측량 흔적이 그대로 남아 있어, 이들이 과학적 도구를 사용해 측정과

---

* 오늘날에도 피라미드, 스핑크스, 신전들, 오벨리스크 이 모든 것들은 아틀랜드(Atland)인들이 만든 것이라고 하거나 화성인 혹은 외계인이 만든 것이라고 회자된다.

건축을 진행했음을 보여준다.

무슨 이유인지는 정확히 몰라도 화강암 덩어리에 갈라진 금이 나타나자 장인과 석공들은 정성을 들여 다듬기 시작한 거대한 바위 덩어리를 그 자리 그대로 남겨두었다. 바위산에서 적합한 돌을 찾아내고, 설계를 하고 밑바탕에 그림을 그리고 높이, 넓이, 방향 등 치수를 재서 그려낸 흔적들, 그리고 각 지점의 위치와 지점들 간의 거리를 구한 측량표시들, 설계를 기초로 돌을 다듬기 시작한 흔적들이 고스란히 남아 있다. 마치 여러 명의 장인과 석공들이 각각 맡은 바에 따라 작업을 지금 막 시작한 듯한 모습이다. 오벨리스크를 설계할 때 측량을 한 기구는 무엇이었을까? 아쉽게도 이들이 측량에 사용한 기구를 찾을 수 없다. 그러나 미완성 오벨리스크에서 알 수 있는 것은 이집트의 장인과 석공들은 과학자들이라는 점이다.

» 12 설계 및 측량표시가 있는 미완성 오벨리스크

이렇듯 이집트 문명에서 볼 수 있는 거대한 유적들은 그들의 뛰어난 건축술과 과학적 능력을 증명하며, 이는 외계인이 아니라 이집트인들의 노력과 기술의 산물이다.

## 엘레판티네 섬에서 본 측량 기술

아스완 아부심벨, 필레 신전을 거쳐서 도착한 곳은 배를 타고 나일강을 건너가야만 하는 곳, 엘레판티네 섬이다. 이 섬은 아스완을 가로지르는 나일강 한 가운데 있는 섬으로 코끼리를 닮았다고 해서 그 이름이 붙여졌다. 나는 피라미드, 신전들, 오벨리스크를 보면서 이집트인들은 어떻게 거대한 유적들을 만들고, 또 어떻게 측량했을지에 대해 큰 관심을 갖게 되었다. 그러던 중 이집트의 측량 기술은 크눔 신전의 유적이 있는 엘레판티네 섬에 가면 알 수 있다는 이야기를 들었다. 고대 이집트인들이 나일강 범람을 측정하고 예측하기 위해 수위를 측정했던 흔적이 그곳에 남아 있다고 했다. 그래서 나는 이집트 아스완 방문의 마지막 목적지로 엘레판티네 섬을 선택했다.

엘리판티네 섬으로 가기 위해서는 '펠루카'라 불리는 작은 배를 타야 했다. 펠루카는 돛을 이용해 바람을 움직이는 배였는데 선장은 뱃머리에 놓인 방석을 가리키며 배 위에 누워서 하늘을 보라고 손짓을 했다. 오랜만에 여유롭게 배 위에 누워서 광활한 하늘을 바라보고, 그 사이로 언뜻언뜻 보이는 신전들과 나일강 물에 손을 담그니 진정 이집트에 와 있다는 사실이 실감 났다.

엘레판티네 섬에 있는 나일 눈금(수위계)은 고왕국 시대부터 만들어진 것으로 나일강 수위를 측정하는 최초의 측정 도구이다.

엘레판티네 섬은 기원전 3000년경, 초기 왕조 시대부터 이집트 남부를 지키는 요새로 개발된 곳으로, 이곳에는 크눔 신전이 있다. 크눔은 고왕국 시대 아스완의 지방신으로, 이집트인들은 크눔 신이 나일강의 수위를 조절한다고 믿었다.

그래서 이곳에 크눔 신전을 짓고, 나일강 범람을 조절해 주기를 기원했다고 한다. 현재는 거대한 기둥과 유적 잔해만이 당시 신전의 규모를 짐작하게 한다.

이집트는 다른 지역과 달리, 나일강의 범람이 풍년을 가져다주었다. 나일강의 범람은 새로운 흙을 공급해 토지를 비옥하게 했기 때문이다.

이집트에서 유행했던 몇몇 이야기들 중에는 제19왕조에서 만들어진 '나일강 범람에 대한 찬가'가 있다.

> "안녕, 홍수여!
> 땅에서 솟아나 이집트를 살게 하는 자, 모든 이 살도록 라가 창조한 평원을 물에 잠기게 하는 자… 홍수가 늦게 찾아올 때는 코는 막히고 모든 이들이 가난해진다…
> 홍수가 다가올 때, 크놈이 홍수를 창조할 때를, 홍수가 나면 나라가 기뻐 날뛰며, 모두가 즐거워한다. (모든 입이) 웃으며, 모든 잇속이 드러난다…."[7]

따라서 나일강의 범람은 풍성한 수확과 직결되었고, 범람이 없으면 그해의 풍년을 기대할 수 없었다. 그래서 이집트인들은 나일강의 범람 시기와 홍수 정도를 측정해 풍년 여부를 예측하고 대비해야 했는데, 그 시설이 바로 엘레판티네 섬의 나일 눈금이었다. 이 눈금을 통해 나일강의 홍수와 범람을 예측할 수 있었으며, 눈금이 새겨진 수심을 기준으로 8미터가 되면 평년작, 그보다 2미터 이상 낮으면 흉년임을 알아냈다. 이를 통해 미리 대비책을 세울 수 있었다.

나일 눈금은 나일강의 물이 좁은 계단으로 흘러들어오면 계단 옆 벽에 새겨진 눈금으로 범람 시기와 정도를 측정하는 방식이다. 수위 표시는 강변의 90개 돌층계 옆에 새겨진 눈금으로 이루어졌으며, 이집트 문자와 그리스 문자로 표시된 큐빗(약 52cm)* 을 이용해 물의 높이를 측정했다.

---

* 큐빗 또는 큐비트는 길이의 단위로 팔꿈치에서 가운뎃손가락 끝까지의 길이를 말한다.

» 13 엘네판티네 섬 수위표

나일 눈금은 이곳뿐만 아니라 이집트 전역에서 사용되었으며, 20세기 초까지도 이용되었다고 한다. 엘레판티네 섬의 나일 눈금은 나일강 수위를 최초로 측정한 곳으로, 나일강의 홍수와 범람을 예측할 수 있었다. 이집트인들은 오랜 기간 이곳에서 측정한 데이터를 축적해 미래를 예측하고 대비책을 마련해 한 해의 풍년을 통제했다.

역사가 헤로도토스에 따르면, 이집트인의 예측 능력은 나일 눈금만이 아니었다.

> "이집트인이 발견한 전조의 종류는 실로 수없이 많으며, 세계 여러 민족들이 발견한 것을 모두 합한 것보다도 더 많다. 이집트인은 천재지변이 일어나면 그 결과를 기록해 두었으며, 훗날 비슷한 현상이 일어나면 같은 결과가 생길 것이라고 믿었다."[8]

엘레판티네 섬에는 고왕국에서 신왕국에 이르는 유적들이 남아 있다. 나일 눈금이 정확히 언제 만들어졌는지는 알 수 없지만, 이집트인들은 오랜 세월 동안 관찰과 경험을 바탕으로 현재를 읽고 미래를 예측, 통제하는 사고방식을 발전시켰다. 이와 같은 방법론은 오늘날 과학적 방법이라고 불린다. 현대에도 우리는 기후 변화를 다양한 방식으로 측정하고, 미래의 변화를 예측하고 대비한다. 이집트인들은 나일 눈금을 통해 홍수를 예측하고 대비책을 마련한 셈이다. 엘레판티네 섬에서 나는 이집트인의 측량 기술을 직접 확인할 수 있었다. 오래전에 만들어진 나일 눈금은 자연을 통제하기 위한 최초의 도구가 되었으며, 그리스의 에라스토네스는 기원전 230년 이곳에서 지구의 반지름과 그 둘레를 측정하기도 했다.* 엘레판티네 섬은 측량의 출발점이었다.

## 수학과 기하학

이기적인 문명 국가들이 여전히 움막에서 생활하던 시기, 이집트는 이미 국가를 세우고 있었다. 이집트인들은 뛰어난 능력으로 복잡한 문명을 구축하고 수학, 천문학, 공학, 건축을 발전시켰으며, 풍부한 예술과 문화를 창조했다. 또한 그들은 깊이 있는 우주론과 인식 체계를 갖추고 있었다.[9]

이 사실은 고대 그리스의 기록을 통해 알 수 있다. 헤로도토스는 '역사'에서 이집트인들이 이미 수천 년 전에 피라미드를 건설하고, 문자, 건축, 농업, 기하학, 수학을 발명했으며, 피라미드 텍스트와 사자의 서 같은 성스러운 책을 기록하고 신들을 숭배했다고 전한다.

플라톤은 기원전 390년경 한동안 이집트에 머물렀던 것으로 여겨진다. 그가 60세 무렵 쓴 '파이드로스'에서 소크라테스의 입을 빌려 이집트의 지혜를 언급한 바 있다.

"소크라테스: 내가 들은 바로는, 이집트의 나우크라티스 근방에 그곳의 고

---

* 이집트는 고대부터 $\pi$값을 알고 이를 건축에 활용해왔다고 한다. 에라스토네스는 지구둘레를 계산할 때 $\pi$라는 이집트의 지혜를 빌렸을 수 있다.

대 신들 중에 한 신이 있었는데 그들은 그 신의 신성한 새를 '이비스'라 불렀네. 그 신의 이름은 '테우트'였으며 바로 이 신이 최초로 수와 계산을 발견하고 기하학과 천문학, 장기 및 주사위 놀이, 그리고 글자까지 발견했다고 하네. 당시 이집트의 왕 타무스(그리스 사람들은 왕이 있는 도시를 이집트의 테바이라 부르고 그 곳의 신은 암몬이라고 부르지)에게 테우트는 이집트 사람들에게 자신의 기술들을 전해주어야 한다고 말하며, 글자를 소개할 때 이렇게 말했네. '왕이시여, 이 배움은 이집트 사람들을 더 지혜롭고 더 잘 기억하게 해 줄 것입니다. 기억의 약이자 지혜의 약이 발견되었다는 말씀입니다.'라고 했네."[10*]

또한 플라톤은 당시 이집트 부모들은 자녀들에게 말하길 "책을 마음에 두어라. 책을 능가하는 것은 아무것도 없다. 책 속의 아름다움이 네 얼굴에 스며들기를 바란다. 네가 책을 안다면 모든 일이 잘될 것이다."라고 했다. 플라톤은 이집트의 어린이의 수준에 대해 알고 있었다. 그는 '법률'에서 그리스인들이 과학(수학), 측량(기하학), 천문학에 무지했음을 솔직히 고백했다.

"… 자유민을 위한 세 가지 교과목이 있습니다. 계산과 수, 길이와 평면, 부피의 측정, 그리고 천체의 주기와 그것들의 상호관계입니다. 대중은 어떻습니까? 필수적인 기초 지식이라고 불리는 것을 모른다는 것은 매우 부끄러운 일입니다. 따라서 자유민은 이 교과목들을 최소한 아이깁토스(이집트)[**]의 대다수 어린이 수준만큼은 배워야 한다고 생각합니다. 이를 통해 모든 인간에게 내재된 우스꽝스럽고 수치스러운 무지에서 벗어날 수 있습니다."[11]

---

* 나우크라티스는 나일강 삼각주 서쪽 지역에 있는 상업 중심지, 이집트의 토트 신앙의 중심지가 이집트 삼각주였다고 한다. 이비스는 따오기의 한 종류로 전통적으로 이집트의 토트 신의 얼굴 모습이 이 새의 형상이며, 테우트는 토트 신으로 이집트 신화에서 문자를 비롯한 많은 것들의 발명자이며 신들의 전령 또는 서기의 역할을 한 것으로 알려져 있다.

** 이집트는 고대 그리스어로 아이깁토스라 불렀다.

역사 연구가 오모툰드에 따르면, 그리스인들은 유럽에 과학이 존재하지 않던 시기에 이집트에서 과학을 처음으로 배웠다고 한다. 피타고라스(기원전 582경-500)는 그리스의 수학자로 헬리오폴리스의 흑인 사제 에우누피스와 함께 천문학, 기하학, 철학, 수학을 공부했으며, 헬리오폴리스에서 22년간 머물렀다.* 그는 이집트에서 공부한 후 이집트 수학과 종교 원리를 바탕으로 피타고라스 학파를 창시했다. 아리스토텔레스는 이암블리코스가 주장한 바와 같이, 이집트가 수학의 요람이라는 점을 인정했다. 그는 '형이상학'에서도 이집트가 수학의 발생지임을 인정했다.

조지 제임스는 1954년 저서 '도난당한 유산'에서 "그리스 철학의 창시자는 그리스인이 아니라 흔히 이집트인이라고 불리는 북아프리카 사람이었다고 했다"고 하면서 그리스인이 훔쳐간 이집트의 문화적 업적을 논했다. 그리스인들은 이집트 신들을 잘 알고 있었으며, 특히 플라톤을 비롯한 철학자들이 이집트에서 학문을 통해 이집트 신들에 대해 배웠다고 확신했다.[12]

그렇다면 이집트에서 수학은 어떻게 시작되었는가?

수의 개념은 이집트 문명에서 출발한 것으로 본다. 그리스의 파르테논보다 2000년 전에 지어진 피라미드는 이미 이집트인들이 직각삼각형을 이루는 세 변의 비율을 알고 있었음을 보여준다. 3천500년 전, 이집트 서기관이 쓴 파피루스 기록에는 왕국 경영에 필요한 지식이 담겨 있다. 피라미드의 높이를 정하는 법, 노동자에게 급료를 나누어 주는 법, 나일강의 범람 후 사라진 경계선을

---

* 오모툰드에 의하면 그리스 철학자 이암블리코스는 스승 피타고라스가 탈레스의 조언에 따라 이집트에 가서 22년 동안 교육을 받았다고 기록했다. 플라톤 또한 이집트에서 13년 이상 머물렀으며, 그의 제자 헤르코도로스는 플라톤이 헬리오폴리스의 고위 사제들에게 교육을 받았다고 증언했다. 기하학자 데모크리토스는 멤피스 사원에서 교육을 받았고, 의사 히포크라테스는 이집트 사제들의 의료 문서에서 의학 지식을 얻었다. 그리스의 물리학자 크리시포스와 수학자 탈레스 역시 이집트에서 과학에 입문했다.

원주인에게 분쟁 없이 배분하는 토지 측량법 등이 포함되어 있다.

이렇듯 이집트인에게 수학은 원리와 치밀한 증명을 위한 것이 아니라, 현실의 문제를 해결하는 수단이었다. 그들은 수학을 통해 실생활에서 필요한 답을 찾았다고 할 수 있다.

린드 파피루스는 다음과 같은 서문으로 시작된다.

> "모든 사물에 대한 완전한 탐구, 모든 존재에 대한 통찰, 모든 비밀에 대한 지식을 제시하고자 이 글을 쓴다."

기원전 1650년경에 작성된 '린드 파피루스'에는 모두 85개의 수학 문제가 담겨 있으며, 이는 고대 이집트인들의 수학 실력을 잘 보여주는 자료다. 람세스 2세 무덤인 라메세움에서 발견된 파피루스에는 삼각형, 사각형, 사다리꼴, 원 등의 도형의 넓이와 원기둥, 피라미드의 부피를 구하는 법, 단위 분수의 계산과 일차방정식 풀이 등이 포함되어 있다.[13*]

학자들은 피라미드가 나침반의 기본 방위에 따라 정렬되어 있는 것을 알게 되고, 이집트인들이 보여준 기술적, 수학적 능력에 경탄한다. 이집트의 건축물들은 정교하고 높은 수준의 수학적, 기하학적 지식과 지혜를 보여주고 있다.

그러나 오늘날 이집트 문명은 여전히 오래된 고대 문명으로 간주되는 반면, 그리스-로마 문명은 현재까지도 지속적으로 영향을 미치고 있다. 한국의 아동들은 단군신화보다 그리스·로마 신화를 더 잘 알고 있으며, 그곳 신들의 이름을 외운다. 그러나 그리스와 로마 신화의 뿌리인 이집트 신들에 대해선

---

* 그리스 수학자들이 이집트와 메소포타미아의 기하와 산술에 관해 남긴 엄청난 양의 파피루스 문서와 점토판이 없었다면 수학사의 발전은 훨씬 늦어졌을 것이다. 기원전 6세기에 그리스인들로 인해 시작된 새로운 수학의 기원도 이 자료들에 크게 의존했다(EBS 문명과 수학, 2014: 48).

잘 알지 못한다. 그리스 신인 제우스, 디오니소스, 아테나, 아프로디테는 익숙해도, 그들의 기원이 되는 아몬, 오시리스, 네이트, 하토르 같은 이집트 신들은 모른다.

마틴 버넬은 저서 '블랙 아테나'에서 그 이유를 설명하고 있다. 18세기에 이르러, 이집트의 종교와 철학은 그리스도교 세계에 위협이 되었으며, 이집트의 지혜는 계몽주의의 중심에서 서양 세계의 질서를 공격했다고 주장한다. 그리스도교와 고대 그리스는 손을 잡았고, 유럽 중심주의와 인종주의의 발전은 "유럽인만이 진정한 사고를 할 수 있다"는 오류로 이어졌다는 것이다.

결국 1800년경, 그리스인은 이집트인보다 더 민감하고 예술적일 뿐만 아니라, 훌륭한 철학자나 철학의 창시자로 간주되었다. 그 이후 서양 문명은 이집트 문명을 폄하하고, 그리스 문명을 자생적인 고유한 문명으로 보려고 노력했다.*

오늘날 남아 있는 이집트의 유적들은 인류 박물관이다. 이집트인들의 영생불멸에 대한 꿈과 바람은 건축물과 조각, 신전 속에 투영되어 있으며, 과학, 예술, 종교, 신화에 미친 영향은 헤아릴 수 없다. 그러나 서양 문명의 우월성 주장에서 이집트 문명에 대한 기억은 점차 희미해지고 있다.

지혜, 과학, 언어, 시간, 그리고 글쓰기의 신인 토트는 이렇게 묘사된다. "그는 모든 것을 보았고, 보면서 이해했으며, 드러내고 설명할 수 있는 힘을 지녔다. 그는 자신이 아는 바를 돌에 새겼다. 그러나 그것들을 대부분 숨겼다. 매 단계의 우주가 그것을 추구하게끔 확실한 침묵을 지킨 것이다."[14]

나일강을 따라 펼쳐진 이집트의 방대한 역사는 우리가 간단히 '이집트'라고 부르는 작은 단어 속에 담겨있다. 탐구할수록 더 많은 것을 보게 되며, 그만

---

* 최근 들어 서양 문명의 발원지를 고대 이집트 문명으로 보며, 그리스로마 시대로 이어져 르네상스에 영향을 미쳤다는 논의가 시작되고 있다(마틴 버넬, 2012; 오모툰드, 2015).

큼 내가 아는 것이 얼마나 적은지 깨닫게 된다.

카이로 박물관에는 이집트 문명을 만든 장인들과 석공들의 습작, 소묘, 크로키들이 전시되어 있다. 그들의 건축설계도는 여러 차례 습작을 거쳤음을 보여준다. 흥미로운 점은 그들의 초기 습작 중 하나에 똥을 누는 사람이 그려져 있다는 것이다. 피라미드, 오벨리스크와 거대한 신전을 설계하고 건축한 사람들이 이런 인간적인 장면을 그렸다는 사실에 허허로운 웃음이 나왔다. 그 장면을 그리며 키득대는 장인과 석공들의 모습이 떠올랐다.

그들의 웃음 뒤에는 의지와 믿음이 있었다.*

이집트의 왕은 노동자들이 얼마나 힘들여 수고하고 애썼는지를 알고 있었다. 왕은 흔적조차 남지 않을 유적지의 건설자들을 '주인공'으로 만들었다. 람세스 2세의 즉위 8년에 만들어진 한 비석에는 다음과 같은 글이 새겨져 있다.

> "선택받은 용감한 노동자들이여, 나를 위해 수많은 기념물을 조형한 그대들의 손을 아노라. 화강암을 뚫고 석영을 다루는 그대들, 기념물을 만들 때 용감하고 강한 이들이여, 그대들 덕분에 내가 지은 모든 신전을 장식할 수 있었노라. 나는 갖가지 방법으로 그대들의 필요를 채워주리라. 그러니 그대들은 사랑하는 마음으로 나를 위해 일하라."[15]

이집트인들이 세운 많은 것들은 흩어지고 사라졌으며, 이제 남아 있는 유적과 기록들만이 그 가치를 증명하고 있다. 이집트 문명에서 오래전 미래를 본다.

---

* 피라미드 건설작업에 참여한 노동자들은 권리를 충분히 보장받았다는 구체적인 기록은 분명하게 확인되지 않지만 고고학적으로 확인된다(박현도 외, 2024: 274).

# 4장

# 짐바브웨

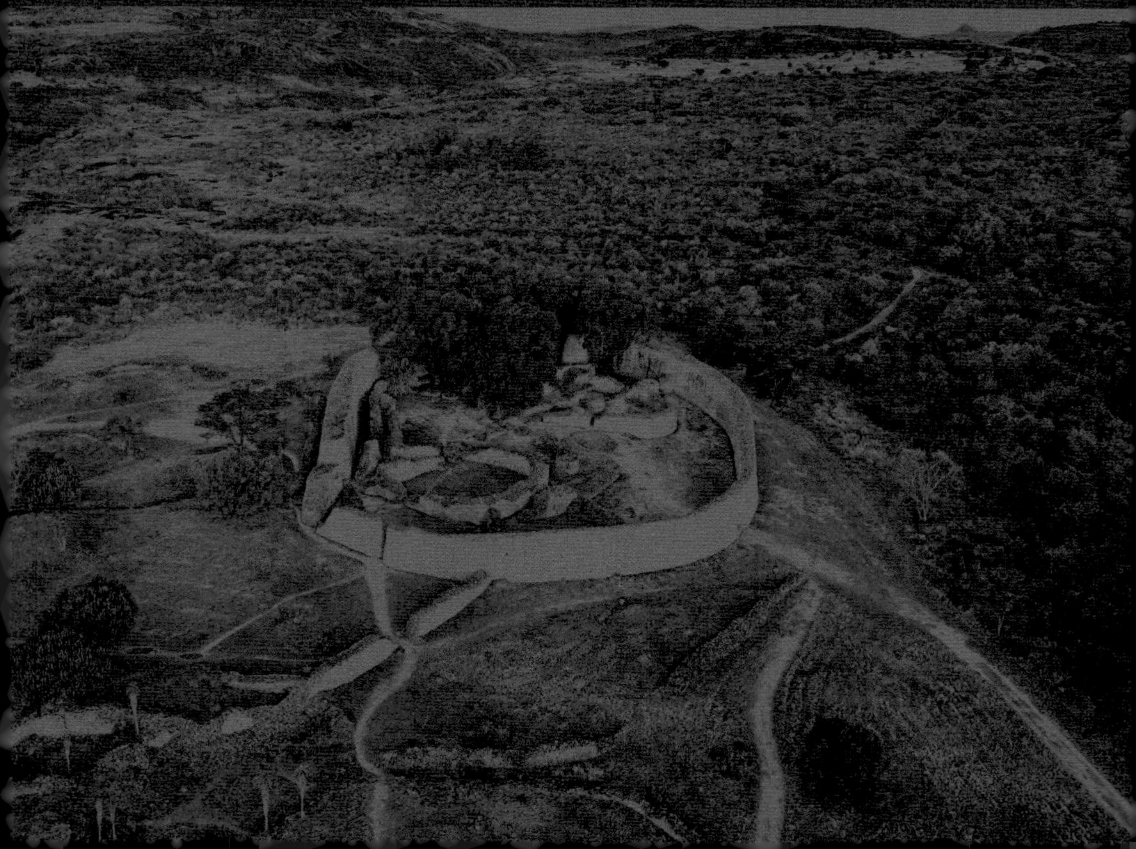

## 1. 아프리카 짐바브웨에 가다

2003년 7월 7일, 나는 아프리카 짐바브웨 빅토리아폴스 공항에 도착했다. 그곳에 있는 빅토리아 폭포를 보기 위해서였다. 빅토리아 폭포는 남부 아프리카 잠비아와 짐바브웨 사이에 있는 잠베지 강의 거대한 폭포로, 나이아가라 폭포와 이과수 폭포와 함께 세계 3대 폭포 중 하나로 꼽힌다.

나에게 아프리카는 교과서에서 본 피식민지 아프리카 국가들, 그리고 마지막 남은 원시 자연의 보고였다. 광활한 초원을 누비는 원시 부족들과 야생동물들, 모차르트 음악이 흐르는 영화 〈아웃 오브 아프리카〉, 식민지 독립 후 등장한 독재자들, 그리고 내전으로 황폐화된 대륙이기도 했다. 오늘날에도 미디어에서는 빈곤과 기아로 가득 찬 이미지, 구호단체들이 도움을 요청하는 광고 영상들로 아프리카가 그려진다. 또한 야생동물들의 적자생존을 다룬 자연 다큐멘터리나 원시 사회를 이야기할 때 빠지지 않는 장소가 바로 이 아프리카다. 이렇게 아프리카는 가난하며 위험이 있는 땅으로 전 세계에 '탄생'되고 있었다.

영국 경제학자 데이비드 흄(1771-1776)은 말했다.

> "나는 흑인종을 포함한 다른 인종들이 본래 백인종보다 열등하다는 의혹을 갖고 있다. 백인종과는 다른 피부색을 가진 문명화된 민족은 존재하지 않으며, 행동이나 판단 능력이 뛰어난 개인도 존재하지 않는다. 그들에게는 제조 기술, 예술, 과학도 없다. 우리의 식민지들을 언급하지 않더라도, 유럽 전역에는 흑인 노예들이 있으며 그들에게서는 최소한의 지적 능력도 발견되지 않는다."[1]

프랑스 민속학자 조제프 아르튀르 드 고비노(1816-1882)는 어떠한가? 그는 흑인종을 "어떠한 생명력도, 의지도, 에너지도 갖고 있지 않으며, 인간의 가장 비천한 하급 단계에 놓여 있다"고 묘사했다. 18세기 이후 서구 학자들은 아프리카를 여전히 미개한 곳으로 철저히 과소평가했고, 그들에게 문명이나 지성을 인정하는 데 매우 인색했다. 서구의 힘으로 만들어진 아프리카에 대한 생각은 곧 나의 생각이 되었다. 소위 근대 산업화된 사회에 살고 있다고 자부하는 나에게 아프리카 대륙은 대자연, 야생동물, 원시 부족들로 가득한, 문명과는 동떨어진 신비로운 장소였다.

그러던 중 2002년, 내가 소속된 학회에서 2003년 6월 29일부터 남아프리카공화국 더반에서 국제회의를 개최한다는 소식을 접했다. 이 소식은 나에게 아프리카를 방문할 수 있는 절호의 기회였다. 학회 참석을 신청한 후, 아프리카에 대한 기대와 설렘으로 몇 개월을 보냈다. 먼저 방문할 장소들을 정했다. 짐바브웨의 빅토리아 폭포, 인접한 보츠와나의 자연 공원에서 야생의 대평원과 동물들 관찰하기, 남아프리카공화국에서 인종차별에 맞선 정치 지도자 넬슨 만델라 관련 장소 방문하기, 그리고 교과서에서만 보던 희망봉을 가보기로 했다. 이렇게 대략적인 여행 계획이 완성되었다.

학회가 끝난 후, 계획대로 아프리카의 몇몇 나라를 여행했다. 하지만 내가 기대했던 것과는 달리, 그곳에서 마주한 것은 아프리카 문명과 이기적인 문명의 흔적들이었다. 짐바브웨와 남아프리카공화국에서는 역사 속으로 사라진, 그리고 우리의 기억 속에 존재하지 않았던 문명의 흔적들을 발견했다.

짐바브웨에서 처음으로 마주한 이기적 문명의 흔적은 폭포에서 시작되었다. 빅토리아 폭포로 가는 비행기가 거대한 숲을 지나고 있을 때, 차창 아래 숲 한가운데서 솟아오르는 거대한 연기를 보았다. 폭포로 가는 길은 운무로 앞을 분간하기 어려울 정도였다. 폭포는 물안개 속에 가려 보이지 않았고, 희미한 안개 너머로 천둥 치는 듯한 소리만 들렸다. 그 소리는 바로 폭포였다. 폭포는 희뿌연 연기 속에서 포효하는 듯한 소리만 낼 뿐, 그 모습을 제대로 드러내지 않았다. 거센 물소리와 바람에 휘날리는 물안개만이 가득했다. 오래전부터 이 곳 사람들은 이 모습을 그대로 '포효하는 연기' 또는 '천둥소리 나는 연기'라고 불렀다. 그런데 어떻게 그 이름이 사라지고 '빅토리아 폭포'로 바뀌었을까?

## 2. 이기적 문명의 현장

### 이름 바꾸기

이기적 문명에서 온 탐험가와 정복자들은 그 지역 사람들이 부르던 원래 지명을 무시하고, 의도적으로 호수, 강, 지역 등에 새로운 이름을 붙였다. 오래전부터 그 땅의 주인들이 '천둥소리 나는 연기', 또는 '포효하는 연기(모시오아툰야, Mosi-oa-Tunya)'라고 불렀던 잠베지 강의 폭포는, 선교사이자 탐험가인 데이비드 리빙스턴(1813-1873)이 다녀간 후 '빅토리아 폭포'로 바뀌었다. 유럽인들은 자신들이 도착한 곳을 '신개척지' 또는 '신대륙'이라고 간주하고 새로운 이름을 붙이는 것이 관행이었다. 새로운 지명에는 유럽 자국과의 예속 관계를 상징하는 함축적인 의미가 담겨 있었다.

» 1 물줄기는 거의 보이지 않고 뿌연 연기만 보이는 폭포, '모시오아툰야 폭포'

리빙스턴은 1855년 잠베지 강을 따라 하류로 이동하던 중, 10km 전방에서 산불의 연기처럼 피어오르는 물안개를 보았다. 그것은 실로 엄청난 폭포였다. 리빙스턴은 이곳 주민들이 부르는 이름을 무시하고, 그 당시 영국 여왕의 이름을 따서 '빅토리아 폭포'라고 명명하고 자신의 이름을 새겼다. 그는 이미 이곳 주민들이 이 폭포를 어떻게 부르는지 알고 있었음에도 불구하고, 자신이 이를 '발견'한 것처럼 행동했다. 그는 백인으로서는 처음 '모시오아툰야'에 왔다.

리빙스턴은 '선교여행과 남아프리카에서의 연구'에서 "우리는 '포효하는 연기'라고 불리는 물보라에 휩싸인 거대한 물기둥을 발견할 수 있었다. 물기둥은 구름과 닿아 있는 듯했다. 나는 그 놀라운 장관에 입을 다물 수 없었다." 라고 했다. 곧 리빙스턴은 원주민 한 명에게 '빅토리아 폭포' 주변에 울타리를 치고 돌보도록 했다. 그리고 자신의 옆에서 서 있던 나뭇등걸에 자신의 이름 약자와 1855년이라는 연도를 새겨 넣었다.[2]

이기적 문명국에서 온 탐험가들은 아프리카에서 자신들이 본 것들을 '발견'했다고 기록하고 그 지역의 강, 도시, 산들을 자신의 전리품으로 삼았다. 자신들이 간 곳은 이미 오래전부터 주민들이 살고 있었다는 사실을 무시하고 마치 아무도 살지 않은 곳을 처음으로 발견한 양 호들갑스럽게 선언했다. 그리고 이들은 유럽에서 자신들의 발견과 정복으로 큰 명성을 얻을 수 있었다.

영국인 리빙스턴은 의사 겸 선교사 자격으로 아프리카에 갔다. 1841~1873

년까지 30년이 넘는 동안 아프리카 내륙 곳곳을 돌아다니며 아프리카 내륙을 알렸다. 리빙스턴 이전에 유럽인들에게 아프리카 중부와 남부의 내륙지방은 검은 대륙이라 부르고, 식인종, 야만인들이 살아가는 공포의 공간이었다. 그러나 리빙스턴의 아프리카 기록을 통해 아프리카 내륙의 상황을 알게 되었다.

그 후 주로 아프리카의 해안가에 머물던 유럽인들이 아프리카 내륙으로 진출하였으며 아프리카의 식민화가 본격화되었다. 특히 리빙스턴이 여행했던 지역 대부분은 (대)영제국의 식민지가 되었다.[3]

## 국명 바꾸기: 마타벨란드에서 로디지아와 짐바브웨로

빅토리아 폭포가 원래 이름이 아닌 리빙스턴에 의해 명명된 사실은 나에게 적잖은 충격을 주었다. 그동안 폭포 이름에 '빅토리아'가 들어가 있다는 사실에 대해 조금도 의심해 보지 않았다. 리빙스턴은 누구인가? 내가 어릴 적부터 알아 왔던 아프리카 사람들에게 도움을 준 선교사이자 탐험가 리빙스턴도 아니었다. 그는 아프리카의 식민지화에 단초를 제공했다.

그는 자신의 책 '선교여행과 남아프리카에서의 연구'에서 이렇게 말했다.[4]

> "나는 방대하고 비옥한 아프리카 대륙이 그 신비의 베일을 벗고 유럽인의 경제생활에 유용한 상업 시장이 되었으면 하는 소망으로 이 글을 쓰고 있다."

그는 자신의 책이 미지의 대륙에 복음을 전파하는 데 촉진제가 되길 원했다. 그만큼 그는 유럽에 대한 아프리카의 문호개방에 적극적이었다.* 리빙스턴은 귀국 후 영국 국민들로부터 영웅적인 대접을 받았으며, 짐바브웨 빅토리아 폭포의 서쪽 끝에는 리빙스턴 동상이 있다.

---

* 나중에 리빙스턴은 유럽의 아프리카 진출 과정에서 노예무역에 대한 부당함과 참상을 목격하고, 보고서를 써서 영국 정부에 알렸고, 노예무역의 폐지를 위해 힘썼다.

짐바브웨에서 빅토리아 폭포 외에도 다른 이름 바꾸기가 있었는지 궁금해졌다. 폭포에서 돌아오는 길에 안내인은 이 지역의 원래 지명이 '짐바브웨'가 아니라 '마타벨란드'였으며, 한때 '로디지아'로 불린 적이 있다고 알려주었다. 이에 나는 더 깊이 알아보기 시작했다. 그렇다면 마타벨란드는 어떻게 로디지아가 되었고, 오늘날의 짐바브웨로 변했는가?

원래 짐바브웨의 옛 지명인 마타벨란드에는 원주민인 소나족, 은데벨레족 등이 각각 작은 왕국을 건립했다. 이들은 아랍, 포르투갈 등과 광범위한 금 무역을 통해 부를 축적하며 15세기 초반까지 전성기를 누렸다. 그러다 19세기 이후 유럽의 식민 제국주의의 손길이 아프리카까지 뻗치면서 이곳 주민들은 오랜 기간 영국의 식민 지배를 받았다.

지역 이름을 바꾸는 것은 식민 제국이 정복지를 통제하는 첫걸음이었다. 짐바브웨의 옛 명칭 마타벨란드는 처음에 '로디지아'로 바뀌었다. '로디지아'라는 이름은 영국 제국주의자 세실 로즈(Cecil Rhodes)의 이름에서 유래했다.

19세기 서구 제국주의가 확장되면서, 유럽 국가들은 새로운 시장을 찾아 나섰다. 값싸게 원료와 노동력을 제공받고 자신들이 생산한 물품을 팔 수 있는 지역을 찾은 곳이 바로 아프리카였다. 이기적 문명을 가진 국가들은 아프리카에 진출해 제국을 번영시키려는 정복자들로 나타났다. 영국의 세실 로즈(1853-1902)는 그중 한 사람이었다.

그는 1870년대 남아프리카에서 다이아몬드와 금의 채굴을 통해 자산가가 되었다. 1880년대 아프리카 지역에 무역을 확대하고 활동지역에 사설 군대 등을 보유하면서 영국 남아프리카 회사를 설립하고 사실상 정부의 역할을 했다.

세실 로즈는 당시 마타벨란드를 통치하고 있던 로벤굴라 왕으로부터 광산 채굴권을 받아낸 것을 시작으로 이 땅을 지배해 나갔다. 이곳 주민들은 백인들의 침략과 지배에 대해 저항했고 전쟁으로 이어졌다. 1893년 1차 전쟁이 일어났다. 주민들은 백인들의 무기에 패배하였고 이후 세실 로즈는 순조롭게 이 지역을 지배하게 되었다. 그는 1895년 영국 남아프리카 회사를 설립해 마타벨란드를 지배했고, 세실 로즈의 이름을 따 주변 지역에 '로디지아'라는 이름을 붙였다. 영국 식민지의 정치는 세실 로즈를 통해 희망봉에서 나일강 하구까지 거대한 아프리카 연방국을 세우고자 했다.

» 2 로즈 거상으로 1892년 영국의 만화가 에드워드 린리 샌본이 잡지 '펀치'에 그린 것으로 아프리카 카이로와 케이프타운을 잇는 전신선을 연결하는 세실 로즈의 야망을 풍자한 그림이다

세실 로즈는 1877년 6월 2일에 자신의 신념과 목표를 밝힌 선언문 '신념의 고백'에서 "나는 우리가 세계에서 가장 우수한 인종이고 우리가 세계를 더 정복할수록 인류에게는 더욱 이득이 된다"라고 하면서 "이 세상에 신이 있다면 그 신은 아프리카 지도를 영국의 색으로 칠하는 것을 인정하는 신이라 생각한다"고 했다.

로디지아는 이후 잠베지 강을 기준으로 남북으로 나뉘었다. 남로디지아는 훗날 짐바브웨가 되었고, 북로디지아는 잠비아가 되었다. 2차 세계대전 이후, 식민지의 독립이 시대적 흐름이었으며, 남로디지아는 1965년 11월 영국으로부터 독립을 선언했다. 그러나 이는 소수 백인 주도의 일방적인 독립이었다. 이후 흑인들이 참정권을 얻으면서 1979년 6월, '짐바브웨 로디지아'가 수립되었다. 그리고 1980년 4월, 무가베의 주도로 현재의 '짐바브웨'로 독립하게 되었다.

### '그레이트 짐바브웨' 폄하

모시오아툰야(Mosi-oa-Tunya, 빅토리아 폭포)를 뒤로하고 보츠와나의 초베 국립공원으로 향하던 도중, 나는 돌로 만든 거대한 유적을 보았다. 정말로 엄청난 규모의 돌로 지어진 성벽과 다듬어진 돌을 쌓아 만든 다양한 형태의 유적군들이 있었다. 돌을 쌓아 만든 우아한 곡선이 돋보였다. 안내인은 이곳을 '그레이트 짐바브웨'라 불렀다. 이 '돌로 만든 거대한 집'은 누가 언제 만든 것일까?

그레이트 짐바브웨는 소나족의 짐바브웨 왕국 수도로, 11세기부터 건축이 시작되어 14세기까지 이어졌다. 짐바브웨라는 국명이 소나족 언어로 '돌로 만든 집' 또는 '숭배된 집'을 뜻하는 것처럼, 소나족은 돌을 다루는 기술이 뛰어났던 것으로 알려져 있다. 소나족은 12세기에서 16세기까지 남부 및 동부 아프리카 내륙지역에서 가장 강력했으며 농업, 목축업, 광산 채굴업뿐만 아니라 인도와 페르시아와의 무역을 통해 엄청난 부와 힘을 자랑했다. 그들은 200여 개의 도시를 건설할 정도로 강력한 세력을 형성했고, 인구는 수천 명에 달했다고 한다. 이러한 결과 '그레이트 짐바브웨'라는 웅장한 유적을 남길 수 있었다. 그레이트 짐바브웨는 '정교하게 쌓인 돌 그 자체'로 소나족의 역사적 산물이자 상징이다. 짐바브웨는 이 유적의 이름을 따서 국명을 정했다. 그레이트 짐바브웨를 돌 유적에 불과한 황폐한 곳으로 보기에는 그 가치가 매우 높다.

이 유적은 언덕유적, 대구역(Great Enclosure), 계곡유적로 구분한다. 그중 대구역은 짐바브웨의 커다란 업적으로 피라미드를 제외한 아프리카에서 가장 큰 석조 건축물이다. 이 이름은 '큰 집'에서 왔다. 이곳은 고대 문명에서는 신성하거나 중요한 장소를 보호하기 위해 만들어진 거대한 울타리로, 공동체의 생활공간으로 여겨진다. 대구역 내부로 들어가면 성벽이 있는데 둘레가 255m에 달하며 약 100만 개의 화강암 블록으로 이루어져 있으며, 총 무게는 약 15,000톤에 이른다.[5]

그레이트 짐바브웨를 실제로 보면 그 규모보다는 그 건축 방식에 더욱 놀라움을 느끼게 된다. 이곳의 거대한 돌 성벽은 유적군 중 백미로 꼽히며, 모르타르를 전혀 사용하지 않고 정교하게 다듬은 돌을 맞붙여 쌓아 올렸다. 성벽은 11m 높이까지 쌓아졌고, 지금도 여전히 견고하게 서 있다.

포르투갈의 탐험가 빈센테 페가도(Vicente Pegado)는 아프리카 내륙을 탐험하다가 이 거대한 고대 유물을 발견하고 크게 놀랐다. 그는 1531년에 이렇게 기록했다.

> "림포포 강과 잠베지 강 사이 내륙 평원의 금광에는 엄청난 규모의 석조 요새가 있다. 그 돌을 붙이는 데에 모르타르도 사용하지 않았다. 이 구조물은 언덕에 둘러싸여 있고, 그런 것이 여러 개 있다. 모르타르 없이도 22m에 달하는 석탑이 세워져 있다. 원주민들은 이 구조물을 '심바오에(Symbaoe)'라고 부른다. 이는 현지어로 '궁전'이라는 뜻이다."[6]

페가도가 언급한 '심바오에'는 바로 그레이트 짐바브웨를 가리킨다.

» 3 그레이트 짐바브웨에서 본 석조 건축물

그렇다면 이기적 문명은 그레이트 짐바브웨를 어떻게 평가하는가?

그레이트 짐바브웨는 소나족이 건설한 유적임에도, 과거 짐바브웨를 식민지로 지배했던 백인들은 흑인들이 이처럼 거대한 건축물을 만들 능력이 없다고 믿었다. 이 유적을 구약성경에 나오는 전설적인 황금의 나라 '오빌'로 간주하고, 이를 '솔로몬 왕의 금광 유적'이라고 믿으며 황금을 찾으려는 유럽인들과 아프리카 백인들의 표적이 되었다.

1871년 이곳에 온 유럽인들은 아프리카의 원주민들이 무지한 야만인으로 독자적으로 문명을 탄생시키고 고상한 철학과 조화로운 사회를 이룩하는 것은 불가능하다고 보았다. 특히 초기 백인 정착민들은 이곳의 유적을 약탈하면서 이는 외래 문명의 증거라고 하며 정복을 정당화했다.[7] 독일인 탐험가 카를 마우흐는 이 도시는 아프리카인들이 건축한 것이 아니라고 보았다. 왜냐하면 건축 양식이 너무 발전했기 때문이다. 따라서 이 건축물은 페니키아인이나 유대인 식민지 개척자들의 작품이라고 주장했다. 영국인들 또한 아프리카의 흑인들이 이렇게 거대한 석조 건축물을 지을 수 없다고 믿었다. 유적이 발굴되었을 때, 그 규모와 장대함에 감탄한 유럽인들은 이를 그리스, 이집트와 같은 고대 문명의 유산이라고 여겼다.

실제로 그레이트 짐바브웨를 마주하면 비록 단순한 기구로 만들었지만 돌을 겹겹이 쌓아 만든 아름답고 우아한 곡선은 만든이들의 영혼이 깃든 것만 같다.

세실 로즈가 주도한 로디지아의 영국 식민 당국은 교과서와 박물관 안내서에서 그레이트 짐바브웨가 흑인 조상들에 의해 지어진 것이 아니라는 입장을 공식화했다. 라디오, 신문 등의 미디어는 물론 고고학자들조차 그 건축물이 흑인들에 의해 만들어졌다는 주장을 하지 말라는 경고를 받았다. 피지배자가 그러한 웅대한 건축물을 지을 수 있다는 사실은 지배자들에게 일종의 두려움을 안겨주었기 때문이다.[8] 마침내 영국인 고고학자 시어도어 벤트는 짐바브웨는 북쪽에서 온 백인 침입자의 자손인 혼혈인종이 세웠다고 결론지었다.*

1952년에 방사성 탄소 연대 측정법을 통해 그레이트 짐바브웨가 11세기에서 14세기에 걸쳐 건설된 것으로 밝혀졌다.[9] 물론 그 이전에도 이 유적이 그 지

---

* 남아프리카의 인종차별체제가 끝날 무렵이 되어서야 비로소 짐바브웨의 건축물(돌집)은 공식적으로 소나 지방 흑인민족이 지은 것으로 간주되었다. 이 사실은 연구 초기부터 이미 아프리카 역사학자들에 의해 증명되었고 1905년 고대 이집트 연구자 매키버도 증명했던 것이다(오모툰드, 2015).

역의 소나족에 의해 건설되었다는 것은 비교적 분명했다. 그러나 아프리카인들이 그러한 과업을 수행했다는 것을 불가능하게 여겼던 인종적 편견 때문에 이러한 결론을 받아들이는 데는 오랜 시간이 걸렸다.[10]

최근 현대 고고학자들은 그레이트 짐바브웨가 구약성경에 나오는 전설적인 나라와는 아무런 관련이 없으며, 페니키아나 아랍인들에 의해 지어진 것도 아니라고 결론지었다. 그레이트 짐바브웨는 원주민 소나족의 조상들이 건축한 유적임이 이제는 명확하게 입증되었다.

## 3. 남겨진 유적에서 본 것

### 소나족의 건축술

'돌로 만든 우아한 곡선'을 자랑하는 그레이트 짐바브웨는 천문학자, 건축가, 석공, 수학자, 그리고 도시 건설자들이 참여하여 소나족의 뛰어난 건축술을 보여주는 대표적인 유적이다. 건축 양식은 소나전통에 근원을 두고 있으며 설계나 구조에 외부의 영향을 받지 않았다.[11] 넓은 평원 위에 세워진 이 유적은 성벽과 왕궁을 비롯하여 진흙으로 만들어진 주거지와 축사 등으로 구성된 거대한 유적군을 형성하고 있다. 그중 가장 인상적인 점은 벽돌이나 석재를 쌓을 때 쓰는 시멘트와 모래를 섞은 재료인 모르타르를 전혀 사용하지 않고 돌을 정교하게 다듬어 쌓아 올렸다는 것이다. 또한 돌을 자를 때 큰 돌을 불로 가열한 후 찬물로 급냉시키는 방법으로 분리했을 것으로 본다. 이는 아프리카에 발달된 문명이 존재했음을 증명해주는 귀중한 유적이다. 물론, 돌로 만든 유적군은 이곳뿐만 아니라 모잠비크와 남아프리카공화국 등지에도 약 200여 개가 존재하지만, 그레이트 짐바브웨는 그중 가장 규모가 크고 오래된 유적이다.

이기적인 문명은 그동안 아프리카인들이 독자적으로 문명을 발전시킬 지적 능력이 없다고 주장하며, 이 유적을 다른 지역의 사람들이 지은 것이라 억지로 해석해 왔다. 하지만 과학적 방법을 통해 그레이트 짐바브웨가 소나족에 의해 건설되었다는 사실이 명확히 입증되었음에도 불구하고, 이를 부정하는 이면에는 어떤 두려움이 도사리고 있는지 의문이다.

그레이트 짐바브웨는 식민 시대 이전 아프리카 문명의 위대함을 보여주며, 아프리카 사회를 야만과 무지로 몰아가려는 이기적 문명의 부끄러운 민낯을 드러낸다. 아프리카 문명을 새롭게 조명한다면, 유럽인들이 아프리카 대륙에 발을 들인 후 이들 문명이 어떻게 사라졌는지도 알 수 있을 것이다. 17세기 철학자 프랜시스 베이컨은 다음과 같이 주장했다.

> "지구 곳곳에서 지리적인 새로운 영역이 널리 드러나고 있는 오늘날, 지적인 영역이 낡고 좁은 경계 안에 갇혀 있다면 이는 분명 수치스러운 일일 것이다."[12]

이는 이기적 문명들이 여전히 자신들의 우월주의에 빠져 있다는 경고일지도 모른다.

역사는 건축물이나 유물과 같은 시각적이고 남겨진 기록, 사료를 통해 견고하게 형성된다. 특히 역사는 문자적 기록에 치중하는 경향이 있다. 남아있는 기록이 부족하거나, 없다고 해서 역사에서 무시될 수는 없다. 본격적인 역사는 문자가 발명된 뒤에야 시작되었다고 여겨지며, 그 이전의 역사는 종종 선사시대로 무시되곤 했다. 그레이트 짐바브웨에 대한 당대의 문자기록이 거의 전해지지 않는다고 해서 그곳의 유적이나 증거들이 무시될 수는 없다. 그곳 문명의 건설자들이 돌로 창조한 흔적이 그 자체로 기록일 수 있으며, 또 그들은 굳이 문자를 남기지 않았을 수 있고, 나무 조각이나 다른 재료에 기록을 남겼으나 시간이 지나면서 사라졌을 가능성도 있다.

그레이트 짐바브웨처럼, 아프리카에는 세계에 잘 알려지지 않은 역사가 많이 존재한다. 짐바브웨는 세계에서 가장 많은 언어를 법적으로 인정하는 나라 중 하나로, 16개의 공식 언어를 통해 그들의 문화적 다양성을 보여준다. 특히 나라의 이름이 소나족의 유적과 역사적 정체성을 연결해 선택되었다는 사실은 여러 부족들이 소나족의 존재를 인정한 것으로, 쉽게 설명할 수 없는 상징적 의미를 지닌다. 다양한 언어와 문화가 공존하는 아프리카 대륙에서 서로를 인정하고 함께 살아가는 힘은 21세기의 다인종·다문화사회에서 결코 간과해서는 안 될 중요한 덕목이다.

# 5장

# 남아프리카공화국

## 1. 남아프리카공화국에 가다

2003년 6월 29일, 나는 학회 참석을 위해 남아프리카공화국 더반에 도착했다. 더반에 도착해 학회장으로 가기 위해 시내로 들어섰다. 정말 놀라웠다. 아프리카에 이렇게 거대한 도시가 있을 줄은 몰랐다. 넓게 뻗은 도로에 많은 차들, 스카이라인을 이루는 높은 건물들, 아름다운 가로수들, 여느 나라의 대도시와 다를 바가 없었다. 숙소로 가는 길 내내, 더반은 내가 상상했던 아프리카의 모습과는 전혀 다른 도시임을 계속해서 확인시켜 주었다. 나의 머릿속에 자리 잡고 있던 아프리카는 그저 습관적인 사고에 불과했다. 눈앞에 펼쳐진 모든 것이 그저 놀랍기만 했다.

문득, 텔레비전에서 6·25 한국전쟁에 참전했던 외국 군인이 백발이 된 채 한국을 다시 찾아와 서울의 놀라운 발전을 보고 "기적과 같다"라고 말하는 모습을 떠올렸다. 그가 기억하는 서울은 전쟁으로 폐허가 되어 혼란스러웠던 모습이었을 것이다. 그런데 수십 년이 지나 그 기억만을 안고 서울을 찾았을 때, 현대적이고 번영한 모습을 보고 감동에 겨워했던 모습이 내 머릿속에 생생하게 떠올랐다. 지금 내가 더반을 바라보는 시선도 아마 그러리라. 나는 아프리카를 '자연 그대로 남은 마지막 지구의 지역', '드넓은 초원에서 살아가는 야생동물들', '원시 부족들의 생활'과 같은 이미지로만 생각하고 있었다. 하지만 그 생각은 여지없이 무너지고 있었다. 멀리 여행할수록 더 많이 배운다. 그리고 나를 깨닫게 한다. 익숙한 사고에 사로잡힌 나 자신이 부끄러워졌다.

하지만 학회가 열리는 장소에 도착했을 때, 나는 내 기억이 그리 멀리 가지 못했음을 깨달았다. 개회식 전에 열린 환영 행사는 원시 부족으로 분장한 사람들이 추는 춤으로 시작되었다. 그 춤은 전통춤이라기보다는 마치 석기 시대에 원시인들이 돌로 만든 무기를 들고 사냥 의식을 재현하는 듯한 모습이었다. 거의 벗은 상태의 한 무리의 사람들이 동물을 쫓듯이 소리를 지르며, 북소리에 맞춰 몸을 흔들고 있었다. 이들은 현대적인 건물의 넓은 홀에서, 학회에 참석한 사람들을 원시 부족의 춤으로 환영하고 있었다. 학회 마지막 날 행사도 마찬가지였다.

» 1 학회 개회 식전 및 마지막 날 행사

인종차별의 역사를 가진 남아프리카공화국에서, 원시 부족의 모습으로 분장한 흑인들이 사냥춤을 추는 장면은 과거의 고정관념이 반복되는 것 같아 유쾌하게 받아들일 수 없었다. 왜 더반은 전 세계에서 모인 학회 참석자들에게 원시 부족의 춤을 보여주었을까? 이들의 존재는 이미 역사의 뒤안길로 사라진

지 오래되었다. 이 춤은 사람들에게 여전히 '문명과는 거리가 먼 아프리카'라는 이미지를 각인시키려는 듯 보였다.

학회가 끝날 즈음, 주최 측에서 드라켄즈버그 여행을 원하는 사람들을 모집했다. 그곳은 2000년에 유네스코 세계유산으로 등재된 남아프리카공화국의 자연유산 '우카흘람바 드라켄즈버그 공원'이었다. 이곳에는 지난 4,000년에 걸쳐 산족이 그린 수많은 바위그림이 있다. 산족은 아프리카 남부에서 대대로 살아온, 세계에서 가장 오래된 인류라고 한다.

남아프리카공화국은 세계에서 가장 오래된 고인류 유적지를 보유하고 있을 정도로 인간이 오랫동안 거주해온 나라다. 인류의 기원이 아프리카라고 할 때, 이곳의 한 동굴에서 현존하는 가장 오래된 인간 유골이 발견되었고, 현생 인류의 조상인 호모 사피엔스도 이 지역에 살았다고 한다. 인류의 발현지로 여겨지는 이곳에서 대대로 거주해 온 산족이 그린 바위그림을 볼 수 있다는 사실은 쉽게 거부할 수 없는 매력적인 기회였다.

나는 곧바로 참가 신청을 하고, 다음 날 이른 새벽에 10명 남짓의 사람들과 함께 출발했다. 3시간 넘게 걸려 드라켄즈버그에 도착했고, 2시간 정도 바위산을 걸어 올라가서야 비로소 바위그림들을 만날 수 있었다.

그런데 그 바위그림을 그린 산족은 '부시맨'이라고 불리고 있었다. 누가 산족의 이름을 그렇게 바꾸었을까? 이기적 문명의 이름 바꾸기가 떠올랐다.

7월 5일, 더반을 떠나 요하네스버그에 도착했다. 이곳에 온 이유는 흑인 인권운동가이자 남아프리카공화국 최초의 흑인 대통령인 넬슨 만델라(1918-2013)의 흔적을 찾아보고, 교과서에서만 보았던 희망봉을 직접 보기 위해서였다.

우선 넬슨 만델라에 대해 생각해보았다. 그는 흑인 인권을 위해 백인 정부와 맞서 싸우다 1964년 종신형을 선고받고, '누구도 탈출할 수 없는 곳'이라 불리던 로벤 섬에서 27년간 복역했다. 만델라는 아파르트헤이트*에 저항하는 불복종 운동을 전개했다. 1990년 석방된 후, 1994년 남아프리카공화국 최초의 흑인 참여 자유 총선거에 의해 다인종 의회에서 대통령으로 선출되었다. 이로써 아파르트헤이트는 종결되었고, 그는 세계 인권운동의 상징이 되었다.

나는 그가 수십 년간 갇혀 있었던 로벤 섬으로 갔다. 이 섬은 만델라가 27년의 구속 기간 중 17년을 보냈던 감옥이 있는 곳이다. 원래는 원주민들이 물개를 사냥하던 한적한 섬이었으나, 아프리카 대륙이 식민지가 된 후 흑인 노예들의 임시 수용소로 사용되었다. 이후 백인 통치와 인종차별에 저항하는 흑인 지도자들을 감금하는 감옥이 세워지면서, 이 섬은 절망의 섬으로 전락했다.[1] 안내원의 설명에 따르면, 만델라와 동료들은 운동 시간에 테니스를 치면서 은밀하게 정보를 주고받았다고 한다. 정보는 갈라진 테니스공 속에 숨겨져 있었다.

1990년에 세상에 다시 나온 넬슨 만델라는 그로부터 4년 후 남아프리카공화국의 대통령이 되었다. 그는 과거 백인 정권에 의해 1948년 법률로 공식화된 인종분리정책, '아파르트헤이트'의 완전 폐지를 선언했다. 또한, 그는 "잊지는 않겠지만 용서한다"라는 메시지와 함께 복수와 증오가 아닌 화해의 시대를 열었다.

그 후, 교과서에서 지구의 최남단이라고 배웠던 희망봉을 직접 가보았다. 그러나 희망봉은 과연 누구의 희망을 의미했을까? 여기서 또 한 번 이기적 문명을 떠올렸다.

마지막으로 이민사 박물관에 갔다. 누가 이민을 와서 박물관을 세웠을까 하는 궁금증을 가지고 방문했는데, 이곳은 남아프리카공화국을 정복한 사람들이 자

---

* 아파르트헤이트는 법률로 공식화된 인종 격리 정책으로, 백인 우월주의를 바탕으로 거주지, 결혼, 공공장소, 대중교통, 교육시설, 경제활동 등 사회 전반에 걸쳐 흑인과 백인을 강제로 분리하는 제도였다.

신들의 정복 이유를 설명하고 있었다. 넓은 홀의 벽에는 정복자들이 이곳에 도착하면서 남아프리카공화국의 역사가 시작되었다는 이야기가 부조로 새겨져 있었다. 이 박물관에서 나를 맞이한 사람은 흑인 안내원이었다. 그는 자신의 역사가 지워진 이민사 박물관에서 어떤 생각을 하고 있을까? 내내 궁금했다.

## 2. 이기적 문명의 현장

### 이름 바꾸기

아프리카 산족(Saan peoples)은 '덤불 속에서 나오는 사람'이라는 뜻의 부시맨(Bushman)으로 불린다. 1980년 보츠와나와 남아프리카공화국이 공동 제작하고 제이미 유이스 감독이 연출한 코미디 영화 〈The Gods Must Be Crazy (신은 미친 것이 틀림없다)〉는 산족을 자본주의 사회에서 볼 수 없는 이방인으로 희화화하고 있다. 우리나라에서는 이 영화가 '부시맨'이라는 제목으로 알려져 있다. 이 영화에서는 실제 산족이 주인공으로 출연했다. 영화는 순수한 부시맨의 시선을 통해 물질만능주의에 빠진 현대 문명을 비판하고 풍자하는 작품으로 알려져 있으나, 실제로는 산족을 문명과 거리가 먼 원시적인 이미지로 재현하고 있다. 이 영화는 '부시맨'이라는 이름을 산족에게 자리 잡게 만들었다.

'부시맨'이라는 명칭은 16세기 아프리카 남단에 상륙한 네덜란드계 식민자, 즉 보어인들이 산족이 덤불 속 여기저기에서 갑자기 나타난다 하여 붙인 것으로 알려졌다. 이후, 그들이 현대적인 생활 방식을 따르지 않고 여전히 수렵 생활을 유지한다는 이유로 비하하고 경멸적인 의미를 담아 '부시맨'이라 통칭하게 되었다. 급기야 영화는 그들의 생활 방식을 구경거리로 만들어버렸다.

산족은 인류 조상의 원형에 가장 가까운 사람들로, 지구상에서 그 누구보다 오래 살아온 이들이다. 이들은 수만 년 동안 대부분 부족 단위로 자신들만의 문명을 창조하고 전통을 이어오며 생활해왔다. 그러나 유럽인들은 이들이 변변한 문명이나 문자를 갖추지 못했다고 여겨, '부시맨'이라는 이름을 붙였다. 남아프리카공화국에서 출간된 산족의 바위 그림에 관한 책을 보면 여전히 '산족' 대신 '부시맨'이라는 명칭이 사용되고 있음을 알 수 있다.

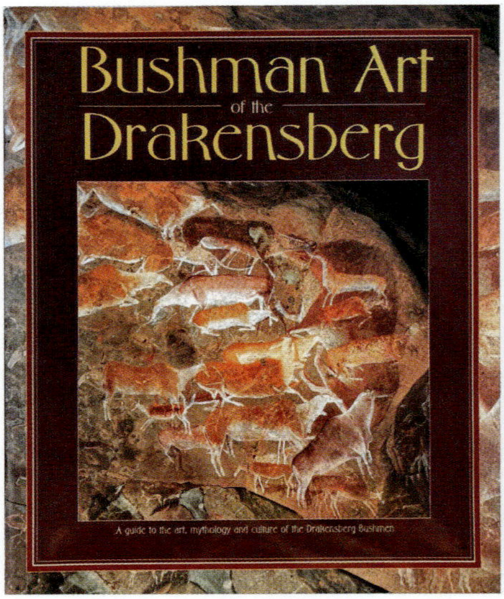

» 2 남아공에서 간행된 책 제목에 '부시맨'이라는 단어가 사용되고 있다

드라켄즈버그를 뒤로하고 나는 케이프타운에 있는 희망봉을 찾았다. 교과서에서 지구의 최남단이 바로 이곳, 희망봉이라고 배웠다. '희망봉'이라는 이름만 들으면 거대한 산봉우리를 떠올리게 된다. 그리고 어떤 희망이 담겨 있기에 '희망봉'이라는 이름이 붙었을까 궁금증과 호기심이 생겼다.

막상 그곳에 도착했을 때 나는 어리둥절했다. 의미 없이 보면 바닷가에 남겨진 작은 봉우리일 뿐이었다. 도로변 해안가 끝자락에 '희망봉'이라고 쓰인 표지판이 서 있었는데, 그 지명의 명성에 비해 너무 초라한 간판이었다. 그곳은 거센 바람이 쉴 새 없이 몰아치고, 파도가 바위에 부딪혀 포말로 뿌연 안개를 만들어냈다.

» 3 희망봉

1488년, 포르투갈의 바르톨로뮤 디아스는 인도를 향한 신항로 개척을 위해 리스본항을 출발했다. 거친 폭풍우 속에서 아프리카 최남서단에 도착했으나, 폭풍이 너무 심해 그곳을 지나친 줄도 몰랐을 정도였다. 그는 이곳을 '폭풍의 곶'이라고 새롭게 이름 붙였다. 당시 포르투갈의 국왕 주앙 2세는 인도로 가는 항로가 희망적으로 열렸다는 것과 이 항로가 부와 황금을 가져다줄 것이라는 확신 속에 이곳을 '희망봉(喜望峯, Cape of Good Hope)'이라고 명명했다. 이후 15~16세기에 걸쳐 유럽에서는 '대항해 시대'가 시작되었다. 그들에게는 역사의 한 장을 장식하는 발견하는 시대였으나 그들이 향한 곳은 식민지의 서막을 알리는 약탈과 파괴의 시대였다.

희망봉은 유럽인들에게는 인도로 갈 수 있는 바닷길의 가능성을 보여준 희망의 장소였지만, 원래 이곳에 살던 코이산족에게는 불행의 시작이었다. 유럽은 향료를 찾아 나선 길이 이슬람이 무역로를 지배하면서 어려움을 겪게 되었고 그 대안으로 바닷길을 선택하게 되었다. 유럽인에게 이 지역은 아시아와 유럽 간의 원거리를 항해하는 도중 선원들의 휴식과 보급품 충전을 위한 중간 정박지로서 좋은 여건을 갖춘 장소에 불과했다.

1652년, 네덜란드 동인도회사의 얀 반 리베크가 이곳에 정착하여 식민지화했고, 그 후 이곳은 케이프타운이 되었다. 이후 유럽 제국들이 시장 확대와 함께 인종차별과 약탈의 역사를 시작했다. 이곳은 1815년 네덜란드에 이어 영국의 식민지가 되었으며, 1880년에는 보어인과 영국 간에 전쟁이 벌어졌다. 이 전쟁은 보어전쟁으로, 아프리카에서 벌어진 백인들 간의 갈등으로 인한 잔혹한 식민지 전쟁이었다. 이곳은 소수의 백인이 다수의 흑인을 지배하는 무대로 변했고, 인종차별 정책인 아파르트헤이트가 시행된 역사가 이어졌다.

희망봉으로 명명된 이 지역의 역사는 정복자에게는 희망이었지만, 그곳에 사는 현지인들에게는 절망과 암흑의 역사를 의미했다. 1994년 넬슨 만델라가 대통령으로 집권한 이후 오랜 비극의 역사가 일단 진정되었으나 남아프리카 희망봉 지역은 외세의 침략을 받은 현지 주민들에게는 여전히 고통의 땅이다.[2]

## 역사 다시 쓰기

유럽은 식민지 확장을 하며 이를 정당화하는 제국의 역사를 써 내려갔다.

네덜란드에 이어 영국의 식민지가 된 남아프리카공화국의 역사를 알고 싶어 찾아간 곳은 남아프리카공화국의 행정수도 프레토리아에 있는 백인개척자 기념비 박물관(Voortrekker Monument Museum)이라 불리는 이민사 박물관이었다. 그곳에서 나는 이기적인 문명의 행위를 목격했다. 그것은 바로 정복자의 역사 만들기였다. 여기에는 백인들이 이곳에 남아프리카공화국을 세우기까지의 과정을 부조형식의 벽화로 보여준다.

박물관에 들어서면, 홀을 둘러싼 벽에 남아프리카공화국의 탄생을 보여주는 '피의 강 전투'를 조각한 아름다운 대리석 부조를 볼 수 있다. 피의 강 전투는 1838년 2월 17일 네덜란드인(보어인)들이 소총을 든 500여 명의 기병과 64대의 우마차를 동원해 원주민 줄루족을 공격하여 줄루족 전사 1만여 명을 일방적으로 학살하며 승리를 거둔 전투다.[3] 그 후 보어인들은 줄루족과 여러 차례 전쟁을 치르며 계속해서 승리했고, 마침내 남아프리카공화국을 평정했다.

박물관 벽에는 1836년부터 시작된 보어인의 역사가 10년 넘게 조각되어 있다. 그들의 전쟁사가 벽의 부조를 통해 재현되며 남아프리카공화국의 시작을 알린다. 부조는 보어인에게는 기적 같은 승리로, 줄루족에게는 처참한 패배로 묘사된다. 줄루족은 역사에서 사라지고, 남아프리카공화국은 승자들의 역사로 만들어졌다. 이 박물관 벽화는 승자들의 기록이자, 승자의 역사관을 주입하는 공간이다. 정복자는 패자를 만들고, 그들의 흔적을 지우며, 모욕했다. 이 벽화는 문명인들이 가장 난폭한 자들에게 정복당해 사라진 사실을 보여준다.

보어인은 현재 남아프리카공화국 백인의 선조다. 1488년 포르투갈 탐험가 바르톨로뮤 디아스가 남아프리카의 케이프 반도에서 희망봉에 도착하면서 남아프리카 대륙이 처음으로 유럽에 알려졌다.

1652년, 희망봉 항로가 만들어진 지 약 150여 년이 지난 후, 얀 반 리베크가 네덜란드 동인도회사의 지원을 받아 이곳에 첫 식민 기지를 세웠다. 이후 네덜란드인들은 본격적으로 이 지역에 들어와 남서쪽으로 확장하며 원주민인 코사족*과 충돌했다. 네덜란드인과 코사족은 수십 년간 잔인하고 참혹한 전투를 반복했다.

1834년 영국이 이 지역을 식민지화하자 보어인들은 북쪽으로 이동하며 원주민인 줄루족과 충돌했다. 이민사 박물관은 보어인들이 줄루족을 상대로 전쟁을 벌이고 나라를 세운 과정을 부조 형식의 벽화로 표현하고 있다.

그러나 보어인들이 남아프리카에 들어오기 전, 15세기까지 이 지역에는 이

---

* 코사족(Xhosa)은 아프리카 남부에 주로 거주하는 반투계 민족으로, 전체 인구의 절반이 넘는 약 500만 명이 남아프리카공화국에 살고 있다. 대표적인 인물로는 넬슨 만델라와 데스몬드 투투가 있다.

미 수천 년 전부터 반투족이 살고 있었다. 반투족은 '인간'이라는 뜻을 지닌 이름으로, 이들은 짐바브웨 왕국과 콩고 왕국 등 찬란한 문명을 세워 번영을 누렸다. 줄루족은 반투어를 사용하는 여러 종족 중 하나로, 소수 민족이었으나 18세기 말 위대한 전사인 샤카왕 시대에 크게 성장했다. 이들은 전쟁을 통해 다른 민족들을 통합하며, 19세기 초 인도양 연안에 아프리카 최초의 통일국가인 줄루 왕국을 세웠다.

그러나 1838년 보어인과 줄루족 사이에서 벌어진 역사적인 '피의 강 전투'에서 줄루족은 총기와 대포를 갖춘 보어인들에게 패배했다. 이후 여러 차례 전쟁에서 패배하며 줄루족의 역사는 사라지고, 그 자리에 보어인들의 역사가 남겨졌다. 이민사 박물관에는 12월 16일 '피의 강 전투'를 앞두고 보어인들이 서약한 맹세를 새긴 부조가 있다.

» 4 보어인들이 만든 남아프리카공화국의 역사를 보여주는 이민사 박물관과 줄루족과 보어인 간의 '피의 강 전투'를 앞두고, 보어인들의 맹세를 새긴 부조

이민사 박물관은 보어인들이 이곳에 정착한 지 300년이 지난 1948년에 개관되었다. 박물관은 보어인들이 가장 용감하고 잔인하게 싸웠던 줄루족과의 전쟁을 비롯해 학살당하던 장면을 생생하게 묘사하며, 백인 중심의 이민사를 전시하고 있다. 이 박물관은 흑인들에게는 역사를 왜곡하는 교육의 장소가 되었고, 백인들에게는 개척과 건국 등 대이동의 장을 보여주는 곳으로 자리 잡았다.

보어인들에게는 이민사이지만, 줄루족에게는 피정복의 역사인 것이다. 보어인들이 들어오기 전 남아프리카공화국의 문명과 역사는 점점 잊혀 가고 있다.

## 3. 남겨진 유적에서 본 것

### 산족의 바위그림

학교 미술 시간에 동굴벽화에 대해 배운 적이 있다. 그때 배운 내용은 1879년 스페인의 '알타미라' 동굴벽화와 1940년 프랑스 남부의 라스코 동굴에서 발견된 벽화들에 관한 것이었다. 그러나 유럽에서 발견된 벽화들만이 선사시대 암벽화의 전부인 듯 다루어졌으며, 아프리카나 아메리카 원주민이 남긴 바위그림에 대해서는 배운 기억이 없다. 하지만 사실 아프리카 사하라와 남아프리카 30개국에는 수많은 바위그림이 존재하며, 가장 오래된 것은 약 2만 8천 년에서 2만 6천 년 전으로 거슬러 올라간다. 대부분의 바위그림은 1만 년 전에서 6~7천 년 전 사이에 그려진 것이다.

드라켄즈버그 산악 지대에는 산족이 지난 4,000년에 걸쳐 남긴 방대하고 놀라운 암벽화 또는 바위그림들이 있다. 이 지역에만 약 35,000점의 바위그림이 존재한다고 한다. 산족은 세계에서 가장 오래된 인류로 알려져 있으며, 그들이 남긴 작품을 통해 오래전 인류의 삶을 엿볼 수 있었다.

내가 본 바위그림들은 산족의 삶에 대한 기록물이다. 산족은 넓은 바위산을 캔버스 삼아 자신의 삶을 놀랍도록 인상적으로 그려내고 있다. 주로 붉은색을 이용하여 그려진 바위그림은 석기시대 사람들과 정착한 곳의 모습, 여성과 남성 그리고 아이들의 일상적인 삶, 영적인 생활, 사냥과 다양한 동물들, 배를 타고 물고기를 잡는 모습, 다양한 춤과 무아지경에 빠져 춤추는 사람들, 야생의 세계, 다양한 신들과 아직은 정확하게 파악할 수 없는 피조물들, 여러 방식으로 그려진 사다리들, 일렬로 날아가는 꿀벌들, 그리고 음악 악기를 연주하는 모습들, 그리고 문양과 장식들 등 얼마 전에 그린 것처럼 생생하게 보여준다. 또한 바위 그림을 통해 산족이 어디서 왔으며 어떻게 정착했는지, 그리고 무슨 일을 겪었는지를 재현해 주고 있다. 산족의 바위그림에는 산족의 하루하루의 삶과 내밀한 세계도 그려져 있어 아주 오래전 산족의 일기장을 엿보는 기분이 든다.

산족의 바위그림은 넓은 바위산, 가파른 계곡, 바위 협곡, 수많은 동굴과 바위 거주지에 퍼져 있다. 나는 몇 시간 동안 이곳을 찾아다니며 더 많은 그림을 보기 위해 발걸음을 재촉했다. 바위그림을 보는 동안, 산족이 중요한 것으로 여겼던 것들을 기록하기 위해 바닥에 눕거나 고개를 비틀어가며, 때로는 사다리를 타고 바위 위쪽에 그림을 그리던 모습을 상상할 수 있었다. 왜냐하면 나도 그들의 그림을 보기 위해 비슷한 자세를 취해야 했기 때문이다. 산족은 수많은 시간과 노력을 들여 그들의 흔적을 남겼고, 이를 통해 우리는 인류 조상들의 삶의 원형을 볼 수 있다.

인류는 어디에서 왔는가를 끊임없이 탐구하는 여정을 이어가고 있다면, 산족의 바위그림은 그 답을 찾는 실마리를 제공한다고 할 수 있다. 산족은 바위그림을 통해 수천 년에 걸쳐 이어온 전통을 표현하고 있다. 드라켄즈버그의 바위그림은 아프리카 여러 지역에서 발견된 바위그림 중에서도 그 규모와 밀집도가 가장 크다. 이 그림들은 예술적 수준과 주제의 다양성 면에서 놀라운 작품들이다.

드라켄즈버그에서 산족의 바위그림을 보고 떠나면서 불현듯 떠올랐다. 산족은 미래를 내다보는 지혜를 가지고 있었다. 만약 그들이 거대한 바위에 그림을 그리지 않고 조각난 바위에 그렸다면, 아마도 지금쯤 그 바위그림들은 이기적 문명의 박물관 유리 상자에 갇혀 침묵의 시간을 보내고 있거나 수장고에 갇혀 있을 것이다. 그리고 그들의 이름은 '산족'이 아닌 '부시맨'으로 불렸을 것이다. 19세기 이후 유럽 중심의 역사관이 문화사의 주류를 이루면서 선사미술과 원시미술조차도 그 영향 아래 놓였다. 아시아와 아프리카의 벽화미술은 제대로 연구되거나 평가받지 못했다. 하지만 서구의 미술가들 작품에서 이 지역의 조각이나 바위 그림에서 영감을 받은 흔적을 종종 볼 수 있다. 발 빠른 미술가들은 이곳에서 예술적 영감을 얻고 새로운 사고의 전환을 찾았을 것이다.

» 5 산족의 바위그림들에는 그들의 일상생활이 다양하게 묘사되고 있다

## 4. 이기적 문명이 만든 아프리카 지도

여행이란 지금까지 살아왔던 익숙한 곳을 떠나 낯선 곳으로 가는 것이다. 목적지가 정해지면 우리는 가장 먼저 지도를 펼쳐보게 된다. 남아프리카공화

» **6** 표준 세계지도로 본 아프리카 대륙의 크기

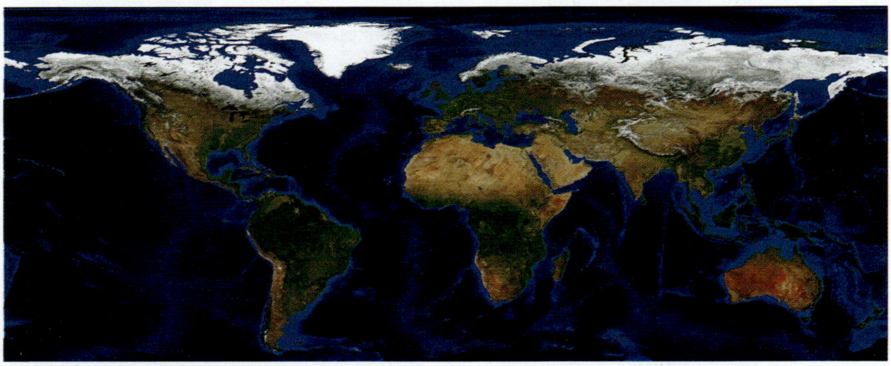

» **7** 인공위성에서 촬영한 지구 사진은 아프리카 대륙의 광활함을 잘 보여준다

국, 짐바브웨, 보츠와나와 같은 아프리카 국가들의 위치를 찾기 위해 나도 지도를 펼쳤다. 그런데 지도를 보면서 깨달은 것은, 지도의 종류에 따라 아프리카의 크기가 다르게 나타난다는 사실이었다. 또한, 아프리카 국가들의 국경선은 마치 자로 잰 듯 직선으로 나뉘어 있었다. 우리나라 지도만 봐도 8개 지역이 얼마나 들쑥날쑥한지 알 수 있는데, 아프리카는 전혀 달랐다.

이렇게 그려진 아프리카 지도에는 어떤 이야기가 담겨 있을까? 지도가 보여주는 것은 단순히 위치만이 아니다. 지도는 발견과 호기심, 갈등과 파괴의 역사 속에서 힘을 가진 세력이 무슨 일을 했는지까지도 보여준다.

사실, 우리는 아프리카의 지리에 대해 잘못된 인식을 가지고 있다. 아프리카가 얼마나 큰 대륙인지 정확히 아는 사람도 많지 않다. 이는 대부분 메르카토르 도법으로 그린 지도를 사용하기 때문이다. 이 도법은 평평한 면 위에 지구를 그리기 때문에, 고위도로 갈수록 면적과 형상이 왜곡된다. 따라서 실제 아프리카는 우리가 일반적으로 보는 지도에서 그려진 것보다 훨씬 크다. 우리는 아프리카가 거대한 대륙이라는 사실을 알고 있지만, 지도상에서는 그 크기를 제대로 실감하지 못한다. 표준이라는 이름으로 만들어진 세계지도를 보면, 아프리카가 상대적으로 작게 그려져 있고, 유럽이 넓게 표현되어 있다. 그러나 인공위성에 찍은 지구 사진을 보면, 아프리카가 정말로 거대한 대륙임을 확인할 수 있으며, 유럽은 상대적으로 작은 지역임을 알 수 있다. 표준 세계지도는 누가 만든 것인지에 대한 단서를 제공해 준다. '표준'이라는 용어는 권력을 가진 집단의 관점을 반영한 것이다. 우리는 그들이 만든 것을 당연하게 받아들였지만, 사실 그 표준은 한쪽 시각에서만 바라본 세계였다.

그런데 아프리카 국가들의 국경선은 왜 이렇게 직선일까? 다른 지역의 들쑥날쑥한 국경선과 비교하면, 아프리카 지도는 마치 자로 그은 듯 인위적으로 경계가 나뉘어 있다는 것을 알 수 있다.

» 8 자연지형이 아닌, 지도 위에 자로 잰 듯 반듯한 직선으로 이루어진 아프리카 국가들의 국경선

15세기 이후 유럽인들이 아프리카에 발을 들이면서, 그들은 인위적으로 아프리카 지역을 분할했다. 그 결과, 당시 그려진 선들이 오늘날까지 그대로 국경선으로 받아들여지고 있다. 유럽의 식민주의자들은 아프리카 지도를 펼쳐 놓고 그 위에 임의로 국경선을 그려 넣었다. 이 국경선들은 아프리카의 다양한 종족과 언어를 무시한 채, 단지 유럽 각국이 자신의 영향력이 미치는 범위를 보여주는 선에 불과했다. 수천 개의 독자적인 종족과 지역들이 불과 50여 개의 국가로 나뉘게 된 현대 아프리카의 모습은, 식민시대가 가져온 '무자비한 통합'의 결과이자 아프리카의 파괴를 상징한다.

» 9 아프리카 분할을 논의하기 위해 유럽 열강이 모인 회의
: 1884년 베를린에서 열린 회의에서 유럽 열강이 아프리카 지도를 벽에 걸고 분할을 논의하는 장면을 그린 삽화이다

오늘날 아프리카에는 54개국이 있으며, 20세기에 들어서 많은 국가들이 독립을 이루었다. 국가 명칭에도 변화가 생겼다. 예를 들어, 식민지 시대의 흔적을 남긴 '로디지아'는 독립 후 '짐바브웨'로 이름을 바꿨다. 그러나 유럽인들이 그어놓은 인위적인 국경선은 여전히 민족 간 갈등을 일으킨다. 아프리카에서 발생하는 내전은 서로 다른 종족과 민족들을 억지로 단일 국가로 묶으려던 식민주의자들과, 독립 이후 새롭게 부상한 세력들 간의 폭력의 결과로 볼 수 있다.

식민주의 이전의 아프리카는 고유한 제국과 문명이 꽃피우던 대륙이었다. 고대부터 노예무역이 시작되기 전까지만 해도 유럽의 역사학자와 탐험가들은 아프리카를 고유하고 풍요로운 문화를 가진 대륙으로 묘사했다. 15세기에서 18세기에 걸쳐 아프리카를 오고 간 포르투갈 선원들은 아프리카 사하라 사막 남쪽까지 펼쳐진 지역이 조화롭고 잘 정비된 문명을 누리고 있었다고 증언한다.

17세기 프랑스 탐험가 상송 다베빌은 모노모타파 제국의 궁전을 묘사하면서 아프리카 건축이 외부 민족에 영향을 받았다는 주장에 반박했다.

> "아프리카 건축은 전적으로 그들만의 방식이었다. 흑아프리카에서 발견된 수천 개의 도시와 거대한 건축물들, 그리고 그들의 우아함과 귀금속, 황금에 놀란 외국인들이 이를 목격하고 기록을 남겼다. 아산티, 송가이 제국, 카욜 제국, 스와힐리 왕국, 콩고 왕국 등의 도시는 아프리카 문명의 증거였다. 수단의 신전들, 메로에의 피라미드, 악숨의 건축물, 누비아의 대성당, 그리고 이집트와 누비아에서 유래된 피라미드와 신전들이 그 예시다."[4]

그러나 유럽인들이 아프리카 대륙에 발을 들이면서 이 풍요로운 문명은 무너졌다. 노예무역을 정당화하기 위해 흑인은 야만인으로 묘사되었고, 유럽 탐험가들은 아프리카를 왜곡된 방식으로 본국에 소개했다. 그들은 자신들의 탐험이 야만인들을 상대로 한 매우 위험하고 어려운 일이라는 점을 강조하며, 아프리카 흑인들을 게으르고 겁이 많으며 잔인하고 퇴폐적인 존재로 그렸다. 그 결과, 유럽의 질서 잡힌 사회와 아프리카의 무질서한 '미개'한 암흑사회가 대조되었다.

탐험가들은 식인종이 벌이는 축제 장면을 읽고 전율을 느껴야만 만족하는 독자들의 기대에 부응해야 했고 광란에 가까운 흑인의 생활상을 묘사해서 독자들을 흥분시킬수록 명성을 얻을 수 있었다.[5] 이처럼 자극적이고 허구적인 소재는 독자들의 관심을 끌었다. 독자들은 탐험가들의 이야기가 실제 현지 경험에서 비롯된 것이라고 믿었기 때문에, 그 내용의 진실성이나 독창성에 대해 의심하지 않았다.

하지만 정복자들은 아프리카 문명의 위대함을 알고 있었고, 그것을 두려워하기도 했다. 1920년, 벨기에령 콩고에서 랑캥 장관이 선교사들에게 했던 말은 이를 잘 보여준다.

"…이곳 미개인들이 그들의 대지와 지하에 넘쳐나는 물질적 풍요에 무관심하도록 애써 주십시오. 그들이 이에 관심을 갖게 되면, 언젠가 우리와 위협적인 경쟁을 벌이고 결국 우리를 이곳에서 쫓아낼 마음을 품지 않도록 하기 위함입니다."[6]

오늘날에도 우리는 여전히 과거 정복자들이 만든 프리즘을 통해 아프리카를 바라보곤 한다. 국내 매스컴에서 전하는 아프리카 대륙은 왜곡되고 폄하된 이미지로 가득 차 있다. 아프리카의 현실을 제대로 인식하지 못한 채, 우리는 빈곤, 질병, 기아에 시달리는 아이들, 분쟁, 마약, 에이즈로 얼룩진 대륙이라는 부정적인 이미지에 익숙해져 있다.

심지어 아프리카에서는 모든 것이 느리게 진행되고, 이러한 게으름은 그들의 본능으로 여겨지기도 한다. 이는 천혜의 자원을 가진 아프리카가 다른 대륙에 비해 발전이 더디고, 경제적으로 궁핍한 이유라는 설명으로 이어진다. 이러한 고정관념은 아프리카가 자본주의 제국으로부터 끊임없이 약탈당하는 현실로 귀결된다.[7]

이렇듯, 아프리카의 현실은 타고난 본능 탓으로 돌려지고, 그들의 어려움마저도 아프리카 자체의 문제로 치부된다. 우리는 아프리카 문명에 대해 질문조차 하지 않으며, 어느새 정복자들의 이데올로기를 반복하고 있는 우리 자신을 발견하게 된다.

노벨 문학상 수상자인 탄자니아 소설가 압둘라자크 구르나는 책 '그 후의 삶'에서 정복자들이 했던 말을 회상한다.

"수학이 뭔지도 모르는 야만인들아. 우리는 너희가 가질 수 없었던 수많은 영리한 것들을 가져다 주려고 왔다. 이게 우리 문명인의 사명이다. 우린 너희를 문명화시키러 온 거다."[8]

아프리카 대륙에는 총 54개의 국가가 있다.

알제리, 앙골라, 베냉, 보츠와나, 부르키나파소, 부룬디, 카메룬, 카보베르데, 중앙아프리카공화국, 차드, 코모로, 콩고 공화국, 콩고 민주 공화국, 코트디부아르, 지부티, 이집트, 적도 기니, 에리트레아, 에스와티니, 에티오피아, 가봉, 감비아, 가나, 기니, 기니비사우, 케냐, 레소토, 라이베리아, 리비아, 마다가스카르, 말라위, 말리, 모리타니, 모리셔스, 모로코, 모잠비크, 나미비아, 니제르, 나이지리아, 르완다, 상투메프린시페, 세네갈, 세이셸, 시에라리온, 소말리아, 남수단, 수단, 탄자니아, 토고, 튀니지, 우간다, 잠비아, 짐바브웨, 남아프리카공화국.

이들 국가는 북아프리카, 서아프리카, 동아프리카, 중부아프리카, 남부아프리카로 나뉘며, 각각 다양한 문화와 역사를 가지고 있다. 이렇듯 '아프리카'라는 한 단어로 이 대륙을 말할 수 없다. 우리는 아프리카 대륙에 있는 나라들 중 얼마나 많은 국가를 알고 있을까?

# 6장
# 페루

## 1. 남아메리카 페루에 가다

오래 전 많이 들었던 노래 중 하나는 사이먼 앤 가펑클이 부른 'El Condor Pasa'이다. 우리나라에서는 '철새는 날아가고'라는 제목으로 불렸다. 처음에는 그들이 만든 노래인 줄 알았으나, 실제 원곡은 페루(잉카)의 토속음악으로, 원래는 가사가 없었으나 후에 노랫말이 붙여졌다. 가사 내용은 잉카인이 겪었던 아픔을 표현한 원주민의 애환을 담고 있다. 이 노래는 스페인 침략자들에게 나라를 잃은 슬픔과 잉카인의 정체성을 반영하며, 페루의 전통악기인 '케냐'와 '삼포냐'로 연주될 때, 그 애잔하고도 깊은 소리가 심금을 울린다. 잉카인들은 위대한 영웅이 죽으면 콘도르가 된다고 믿었다. 콘도르는 거대한 새로 하늘을 천천히 날아다니는 모습에서 '하늘의 신'이라 불렸다. 잉카인들은 이 새에게 고향으로 돌아가고 싶다는 희망을 노래했다. 가사는 잉카의 언어인 '케추아어'로, 스페인 정복자의 무자비한 칼날을 피해 떠나야 했던 잉카인들의 슬픔과 운명을 담고 있다. 그들이 떠난 마지막 성역은 마추픽추와 와이나피추였다.

"오! 안데스의 위대한 콘도르여
우리를 고향 안데스로 데려가 주오
오! 콘도르여
잉카 형제들과 함께 살던 곳으로 돌아가는 것이 나의 간절한 바람이라오
오! 콘도르여
잉카의 쿠스코 광장에서 날 기다려주오
우리가 마추피추와 와이나피추를 거닐 수 있게 해주오"

노래 속 페루의 잉카는 내가 사는 곳에서 너무 멀고 낯선 곳이었다. 그러나 잉카 문명이 만든 공중도시 마추픽추, 정교한 돌로 세운 신전 건축물, 12각으로 다듬어진 거대한 바위와 다양한 크기의 돌이 맞물려 세워진 돌벽, 나스카 문명이 그린 지상화는 나로 하여금 미지의 세계에 대한 욕구를 자극하기에 충분했다. 그러던 중 우연히 여행 잡지를 보게 되었고, 그곳에 남아메리카 여행 전문가가 페루, 아르헨티나, 브라질, 칠레를 포함한 단체 배낭여행을 주관한다는 기사가 있었다. 나는 곧바로 그에게 연락했다. 그는 이번 여행 프로그램에 우르밤바강 쿠시차카 다리에서 시작해 마추픽추까지 약 40km를 걷는 3박 4일 트레킹 코스인 잉카 트레일도 포함되어 있다고 했다. 나는 주저하지 않고 신청했다.

2004년 7월 30일, 나는 페루 리마에 도착하면서 25일간의 남아메리카 여행 일정을 시작했다. 리마 시내에 들어서자 중앙광장에 있는 식민지 시대의 커다란 성당 건물이 먼저 눈에 들어왔다. 그곳에는 스페인 정복자 피사로의 시체가 안치되어 있었고, 말을 타고 있는 피사로의 동상도 대통령궁 옆에 위치해 있었다. 그러나 그는 영웅이 아닌 잔인한 정복자일 뿐이라는 주장이 제기되면서, 2008년 동상은 인근 강 근처로 옮겨졌다. 광장 곳곳에는 고단한 삶을 살아가는 원주민들이 모여 있었다. 잉카 문명의 후손들이 자신들의 역사를 빼앗은 정복자가 세운 성당 앞에 앉아 있었다. 리마 광장은 '잉카의 눈물'이라 불리는

짙은 안개 속에서 피사로가 오기 전과 후를 상징적으로 보여주고 있었다. 리마는 잉카 문명뿐만 아니라 차빈, 피라카스, 모체, 나스카, 치무, 와리 등 다양한 문명이 남긴 유물과 유적지로 가득한, 살아 있는 박물관 도시였다. 스페인의 약탈을 피해 간신히 살아남은 정교하고 아름다운 금세공품들이 모여 있는 황금 박물관에서, 나는 안데스 문명의 창조적 예술성을 발견했다. 정복자들이 처음 본 잉카의 문명에 깊이 감탄했을 것이 분명하다. 그러나 그 감탄도 잠시, 잉카 문명은 곧 이들에 의해 무참히 파괴되었다.

리마를 떠나 피스코 향했다. 태평양이 보였다. 그곳에는 잉카보다 1500년이나 앞선 파라카스 문명이 있다. 파라카스 반도 해변에서 배를 타고 가는 도중에 갑자기 사람들의 환호성이 들렸다. 해안의 모래언덕 위에 새겨진 지상화 '안데스의 가지 달린 촛대' 또는 '거대한 촛대'였다. 이 지상화의 기원과 의미는 아직 모르지만 2000년은 족히 된 것으로 매우 건조한 기후 덕분에 잘 보존되어 있다. 리마에서 본 이기적 문명의 흔적과 착잡한 마음에 위안을 주는 경이로움이었다.

» 1 파라카스의 지상화 '거대한 촛대'

파라카스를 뒤로 하고 나스카에 도착했다. 나스카는 잉카 문명보다 1500년 앞선 문명 지역이다. 나스카 평원에 들어선 나스카인들은 거대한 사막을 도화지 삼아 다양한 그림을 그렸다. 파라카스에서 본 '거대한 촛대'를 만든 이들과 같은 종족의 작품일 가능성이 높다고 한다. 기원전 500년경에 생겨난 것으로 추정되는 이 지상화는 세계에서 가장 큰 천문학 책으로 불리기도 한다. 정작 그곳에 도착했을 때 보이는 것은 땅에 일정하게 파인 단순한 선들이었다. 게다가 그림의 일부인 줄 모르고 지나간 오토바이 바퀴 자국과 자동차 바퀴 자국, 그리고 무수한 발자국들이 일부 선들을 뭉개놓았다. 그러나 경비행기를 타고 하늘에서 내려다본 순간, 저절로 탄성이 나왔고, 보는 내내 혼란스러움이 밀려왔다. 도대체 어떻게 이 거대한 그림을 그렸을까?

나스카의 지상화에 대해서는 여전히 외계인의 작품이니, 수수께끼이니, 불가사의이니 하는 말이 많다. 그러나 내가 본 지상화는 나스카인이 그린 그림이었다. 나스카의 지상화는 우리가 일반적으로 그림을 그리거나 감상하는 방식과는 전혀 다른 방식으로 보도록 만든다. 오늘날 사람들은 나스카의 지상화를 모방해 드넓은 밭이나 평원에 거대한 그림을 그리곤 한다. 나스카의 지상화는 '오래된 현재'이다.

'하늘로 열린 호수'라는 티티카카 호수를 보기 위해 푸노로 향했다. 그곳에서 배를 타고 티티카카 호수의 우로스 갈대섬을 거쳐 이만타니 섬에서 원주민의 집에 머물며 티티카카 호수에 손을 담갔다. 마을에는 잉카 유적지가 있었고, 그곳 아이들과 함께 가보았다. 아이들이 나에게 배구를 하자고 청했다. 그때서야 내가 고산지대에 있다는 사실을 깨달았다. 헐떡거리는 숨을 주체하지 못하자 아이들은 박수를 치며 크게 웃었다. 원주민 아이들의 이름은 소피아, 이사벨라, 루시아 같은 스페인식 이름이었다. 다음 날, 이만타니 섬 이웃에 있는 따낄레 섬을 방문했다. 그 섬에서 오랫동안 원주민들이 지켜온 토착 신앙은 이기적 문명에 의해 거의 사라졌다고 했다. 언덕길에 잉카식 돌쌓기로 만든 조야한 아치형 문들 위에는 십자가가 있었고, 원주민들은 그 옆에 자신들의 조상을 모셨다. 이는 원주민들의 나름대로 저항이라 여겨져 애틋한 감정이 들었다. 이곳의 섬에서조차 이기적 문명의 흔적을 보았다.

잉카 문명과 만날 수 있는 '세상의 배꼽', 잉카의 중심 쿠스코로 향했다. 이 땅에서 시작된 문명은 차빈, 티아우아나코, 모치카, 치무, 나스카 문명으로 이어졌고, 잉카 문명은 이들 문명을 통합한 문명이라고 한다. 지금도 페루와 볼리비아 등지에서 살고 있는 케추아족은 잉카인의 후손이다. 쿠스코에는 잉카인들이 남긴 수많은 유물과 유적이 남아 있어 생생한 옛 모습을 엿볼 수 있다. 그러나 그 이상으로 이기적 문명이 휩쓸고 지나간 흔적들이 눈에 띄었다. 문명을 파괴하고 훼손하기, 훔쳐 가기, 종교 이식하기, 이름 바꾸기, 종족 말살하기, 신화 도용하기, 문명 폄하하기 등 이기적 행위들이 이곳에서 모두 일어났다.

잉카의 길을 따라 공중도시 마추픽추로 가기 위한 잉카 트레일을 시작했다. 험준한 안데스 산속에 난 좁다란 길을 따라 걸었다. 마차나 수레 없이 오직 두 발로 이동했던 안데스의 잉카인들은 거대한 암벽을 끼고 길을 만들어냈다. '잉카의 길'은 차스끼라는 이름의 파발꾼들이 나는 듯이 달려 8시간 만에 도달하던 길이다. 나는 그 길을 3박 4일에 걸쳐 완주했다. 잉카 문명을 되새기며 걷는 길에서 수많은 유적들을 만날 수 있었다. 유적들은 점차 잘 다듬어지고 정교해진 모습이었다. 잉카인들의 건축술은 한 시기에 완성된 것이 아니라 오랜 세월에 걸쳐 발전해왔다는 것을 알 수 있었다.

» **2** 잉카의 길과 그 길에서 만난 유적들

잉카 트레일의 마지막 날, 동이 트면서 마추픽추와 마주했다. 그 후 다시 쿠스코로 돌아와 삭사이와만과 우루밤바 잉카 계곡을 따라 잉카인들이 남긴 문명의 흔적들을 반추하는 시간을 가졌다.

잉카 문명에서 잉카인이 머문 시간은 그리 길지 않다. 하지만 그 짧은 시간 동안 이곳에서 위대하고 풍요로운 문명을 만들어냈다. 그들이 남긴 유적들은 여전히 놀라운 기술과 아름다움을 고스란히 간직한 채, 예술적·역사적·과학적 증언을 하고 있었다. 잉카 문명은 천문학, 수학, 기하학, 종교, 건축술을 기반으로 하며, 특히 돌을 썰고, 깎고, 맞추는 기술은 그들이야말로 과학의 전달자임을 보여준다. 아마도 이기적 문명은 야만인으로 여겼던 안데스의 원주민들이 보여준 이 모든 정교한 지식에 혼란을 느꼈을 것이다.

남아메리카 안데스 문명은 그 위대함보다는 이 도시를 파괴한 사람들이 남긴 기록으로 인해 빛을 발하지 못하고 있다. 이제는 남아 있는 유물과 무너져 가는 유적으로 모든 것을 말해주는 잉카 문명을 보면서, 이기적 문명으로 잊힌 그들의 위대함을 되새기고자 한다.

## 2. 이기적 문명의 현장

페루의 잉카 문명은 콜럼버스 이전(BC: before Columbus)과 콜럼버스 이후로 나눌 수 있다. 1492년, 콜럼버스는 "그곳에 가면 엄청난 황금과 노예를 얻을 수 있습니다"라고 스페인 여왕 이사벨 1세를 설득하여 항해를 위한 자금과 배를 마련한다. 원래의 목표는 대서양과 태평양을 거쳐 인도와 중국에 도달하는 것이었으나, 항로를 잘못 계산해 지금의 중미 카리브 제도와 남미 북쪽 대륙에 우연히 도착하게 되었다. 이로 인해 아메리카 대륙은 유럽인의 활동 무대로 변했으며, 그들의 주요 목적은 황금과 노예 획득에 있었다. 스페인의 목표는 정복지에서 "금과 은을 모조리 캐라"와 "원주민을 기독교도로 만들라"는 것이었다. 500년경 로마가 기독교 국가가 되면서, 선교사들은 아시아, 아프리카, 중남미로 전파의 길을 나서게 된다.

콜럼버스 이후 1532년 피사로가 페루에 입성했다. 그 당시 스페인을 움직인 것은 황금 열풍이었다. 1521년 코르테스는 중앙아메리카 테노치티틀란을 약탈하면서 스페인을 광풍의 길로 이끌었고 피사로는 그 길을 따라갔다. 황금, 이것은 위대한 문명 지역의 파괴자였다. 유럽에서 황금은 그 모든 것을 할 수 있는 신이 되었다. 그 찬란한 물신성은 셰익스피어와 소포클레스의 글에서 빛을 발하고 있다.

"금! 황색의 휘황찬란한, 귀중한 황금이여!
이것만 있으면 검은 것도 희게, 추한 것도 아름답게,
악한 것도 착하게, 천한 것도 귀하게, 늙은 것도 젊게,
겁쟁이도 용감하게 만들 수 있구나
…신들이여! 이것은 웬일인가?
이 물건은 당신들의 제관이든 하인이든 모두가 끌어갈 수 있으며,
아직은 살 수 있는 병자의 머리 밑에서 베개를 빼가지고 하니…
이 황색의 노예,
이 놈은 신앙을 만들었다 부수며, 저주받은 자에게 축복을 주며
…도적에게도 원로와 같은 지위나 작위나 명예를 준다.
…에이, 이 망할 놈의 물건"(셰익스피어, 『아테네인 타이몬』, 제4막 제3장)

"세상에 돈같이 간악한 것은 다시없다.
돈 때문에 도시는 멸망하며 사람도 집에서 쫓겨난다.
금전은 순결한 심정을 타락시키며
염치없는 행위와 간악한 생각과 배신을
사람에게 가르친다"(소포클레스, 『안티고네』)[1]

이기적인 문명의 침략, 정복, 식민화의 파도 속에서 잉카 문명은 파괴의 역사를 걷게 되었다. 피사로와 그의 일행은 잉카 문명의 흔적을 지우기 위해 있는 힘을 다했다. 이들이 잉카인이 갖지 못한 무기를 가지고 있었기 때문이었다. 그것은 말과 화승총이었다.

정복자들은 문명의 모든 것을 파괴했다. 물건을 불태우고, 유물을 훔치며, 유적을 훼손하고 자신들의 문명을 이식하기 시작했다.

» 3 말과 화승총으로 무장한 피사로 일행에 대응하는 잉카인

## 이름 바꾸기

스페인 정복자에 의해 쿠스코는 '중심' 또는 '배꼽'에서 '작은 개'로 바뀌었다. 쿠스코는 해발 3,400m 안데스 산맥의 고원에 위치한 잉카 제국의 수도로, 당시 인구는 800만 명에 달했다. 쿠스코의 케추아어 이름은 Qosqo(꾸스꼬)로, '세계의 배꼽' 또는 '세계의 중심'을 의미한다. 연대기 작가 가르실라소 데 라 베가*는 저서에서 쿠스코가 세계의 중심이라는 잉카 전설을 기록했다.

"…우리 아버지 태양이라 부르는 창조신 비라코차는 잉카 족보의 선조들을

---

* 가르실라소 데 라 베가는 1593년 스페인 군인과 잉카 공주 사이에서 태어난 아들로 쿠스코에서 태어났다. 어릴 때 페루를 떠나 스페인에서 일생을 보냈는데 그는 자신의 원주민 조상들의 나라에 관해 일부는 자신의 기억에 근거해서 1609년 '잉카왕실의 역사'를 썼다. 이 책에서 잉카의 석조 건축물의 경이로움을 기록했다(Garcilasso de la vega, 1609: 389-391). 이 책은 비교적 최근까지 잉카에 관한 가장 권위 있는 기록으로 꼽힌다. 이 책에 수록된 여러 종류의 잉카 기원설 중 티티카카호 기원설은 오랫동안 상당히 신빙성 있는 설로 여겨졌다(우석균, 2007: 62).

땅으로 내려보냈다. 태양신은 자신의 아들인 망꼬 까빡과 딸인 마마 오끄요를 띠띠까까 호수의 태양의 섬에 내려보낸다. 이들에게 황금지팡이를 하나 주며 이 지팡이가 박히는 땅에 정착하라고 계시를 내린다. 이들은 그곳 쿠스코 카라 우루미, '드러난 배꼽 돌', '세상의 배꼽'이라는 지점에서 황금지팡이를 박고 새로운 도시를 건설한다…."[2]

잉카인들은 쿠스코에 거대한 태양 신전 '코리칸차'를 세웠다. 코리칸차의 중앙에는 '세상의 배꼽'이라 불리는 카라 우루미라는 돌 궤가 있었으며, 이 돌은 순금으로 뒤덮여 있었다. 이 돌 궤는 한때 55kg의 순금으로 뒤덮여 있어 태양처럼 눈부신 황금빛으로 번쩍였다고 한다. 정복자들은 '배꼽'이라는 의미를 가진 Qosqo의 이름을 '작은 개'를 뜻하는 Cuzco로 바꾸었다. 지명 바꾸기는 이기적 문명이 원주민들을 정복하기 위한 방법으로 원래 지역 명칭을 부정적이거나 나약한 단어로 바꾸곤 한다. 정복자들은 강인한 잉카인들을 나약한 인간으로 만들고자 했다. 정복자에 의해 쿠스코는 '세계의 중심'에서 '작은 개'로 바뀌었다. 그 후부터 페루 관련 책에는 Cuzco로 썼다.

» 4 **산토도밍고 성당과 그 가운데 있는 코리칸차 중앙 카라 우루미**(드러난 배꼽 돌)

이기적 문명은 원주민의 이름마저 바꿔버렸다. 원주민들을 빠르게 기독교로 개종시키려면 그들이 자신의 과거와 철저히 결별하도록 해야 했다. 교회 당국은 원주민에게 전통적인 이름 대신 유럽식 이름을 쓰도록 강요하였다. 안데스 주민들은 옛날 이름을 버리고 세례 받은 아이들에게 기독교식 이름인 하고보(고보의 스페인어 이름)를 지어주기 시작했다.[3]

티티카카 호수의 아만타니 섬에서 만난 소녀들의 이름은 소피아, 이사벨라, 루씨아, 엠마, 까딸리나 등 유럽식 이름으로 불렸다.

» 5 아만타니 섬의 소녀들

정복자들은 지명과 이름을 바꾸고 교육을 통해 정복자의 언어와 문화를 주입시켰다. 가톨릭 사제들은 쿠스코에서 토착 귀족의 자녀들을 위한 학교를 운영하였는데 스페인식 옷과 제복 그리고 언어와 예절을 가르쳤다. 이처럼 잉카인들은 정복자들의 영향 아래 스페인화되어 가며, 토착어와 문화는 점차 사라져 갔다.

## 유적 파괴와 훼손

쿠스코의 중앙광장에 들어서자 언덕 위에서 시가지를 내려다보고 두 팔을 벌린 하얀 예수상이 보였다. 광장 중심에는 웅장한 대성당이 자리하고 있었다.

내부에 들어가자, 거대한 은으로 만든 제단이 눈길을 사로잡았다. 이 섬세하게 장식된 은은 쿠스코의 유물을 녹여 만든 것으로, 잉카인을 압도하기 위해 제작되었다고 한다.

다음으로 산토 도밍고 성당을 방문했다. 이 성당은 원래 잉카의 '태양의 신전'이었던 코리칸차를 허물고 그 위에 지어진 것이다. 이곳에서 이기적인 문명의 흔적을 볼 수 있었다. 잉카 시대의 코리칸차 신전은 태양신을 비롯한 여러 신들을 모시던 신전이었지만, 태양신이 가장 중요시되었다. 스페인 정복자들은 잉카인이 섬기던 코리칸차 신전을 파괴하고, 그 돌을 이용해 산토 도밍고 성당을 지었다. 성당의 제단 자리가 바로 태양의 신전 자리였으며, 이는 이교도에 대한 가톨릭의 승리를 상징한다.

1953년, 이곳에 지진이 발생하면서 스페인이 세운 산토 도밍고 성당의 벽돌 일부가 무너져 수 세기 동안 감춰져 있던 원래 건축물의 일부가 드러났다. 그것은 잉카의 태양 신전의 기단이었다. 16세기에 스페인 군대가 신전 대부분을 파괴했으나, 기단부는 성당을 지탱하기 위해 남아 있었다. 지진으로 드러난 성당의 토대와 벽은 거대한 돌들을 모르타르 없이 정교하게 맞춰 쌓은 잉카의 견고한 건축물이었으며, 그 이음새에는 종이 한 장조차 들어가지 않는다. 지금도 일정한 크기로 잘라 정교하게 쌓아 올린 검은색 바위들이 남아 있다. 잉카의 견고한 기초 위에 스페인식 수도원과 성당이 거칠게 다듬어진 돌과 모르타르로 덧붙여져 있다.

정복자들은 도시를 완전히 파괴한 후, 원래 도시의 기초 위에 상징적으로 정복자의 교회를 세웠다. 산토 도밍고 성당은 원주민에게 정복자의 종교적 위압감을 주기 위해 웅장하고 화려하게 지어졌다. 이 성당은 거대한 바로크 양식으로, 눈부시고 압도적이며 금박으로 치장되어 있다. 성당 내부의 제단은 거대한 금과 은으로 장식되어 있어 그 화려함에 눈이 어지러울 정도이다. 지진 전에는 300톤의 은으로 된 제단과 약 400점의 성화가 있었다고 한다. 대성당에 들어선 원주민들은 자신의 종교인 태양신을 상대적으로 초라하게 느끼고, 정복자의 부와 힘, 그리고 기독교를 받아들이도록 유도되었다. 따라서 쿠스코의 원주민들은 태양신 대신 정복자의 신을 맞이하게 되었다.

대성당에 사용된 금과 은은 쿠스코의 보물을 녹여 얻은 것으로, 쿠스코 주민들이 노예처럼 채굴해 마련한 것이었다. 성당 천장에는 화려하게 그려진 거대한 황금색 나뭇가지가 있고, 궁정과 교회의 귀족들이 그곳에 앉아 있다. 성당 하단부는 잉카인이 만든 것으로, 일정한 크기의 돌을 정교하게 쌓아 올렸다. 그 위에는 스페인 사람들이 세운 건축물이 얹혀 있다.

» 6 코리칸차 신전 위에 세워진 산토 도밍고 교회

쿠스코에 있던 태양의 신전, 코리칸차는 원래 '황금 신전'으로 불렸다. 신전의 문과 지붕에는 무게가 2kg에 달하는 순금 판 700여 장이 외벽을 둘러싸고 있어 '금의 목장'이라는 이름이 붙여졌다. 코리칸차의 안뜰에는 황금 신상들이 가득했고, 신전 내부는 어디를 가든 보석과 황금의 찬란한 광채가 번쩍였다. 이 광경을 본 스페인 사람들은 "상상을 초월한 경외심"을 느꼈다고 한다.

하지만 16세기에 황금을 찾아 아메리카 대륙에 온 유럽 정복자들이 이 모든 황금을 빼앗아갔고, 지금은 이곳이 황금 신전이었는지 상상조차 할 수 없을 만큼 완벽히 금은 사라졌다.

가르실라소 데 라 베가는 코리칸차를 다음과 같이 묘사했다.

> "…네 벽에는 황금 장식판들이 지붕에서 바닥까지 내려져 있었고, 태양 초상이 높은 제단 위에 놓여 있었다. 이 초상은 벽에 걸린 것보다 두 배 두꺼운 황금 장식판으로 만들어졌으며, 둥근 얼굴에 빛살과 불꽃을 연상케 하는 모습이었다. 물건 전체는 방대하여 신전의 뒷벽 전체를 채울 정도였다. 태양의 옆에는 옛 잉카 왕들의 미라가 여러 구 안치되어 있었고, 그들은 금으로 만든 왕관과 금으로 된 왕좌에 앉아 있었다."[4]

1533년, 피사로가 쿠스코에 도착해 잉카의 왕 아타우알파를 사로잡고 그의 백성에게 몸값으로 가로 3.6m, 세로 6.7m, 높이 2.7m 크기의 방을 금으로 채우라고 요구했다. 아타우알파의 몸값으로 잉카인들은 금 항아리와 물건들을 녹여 금 6톤, 은 12톤을 금괴로 만들어 바쳤다. 이 때문에 잉카의 금제 유물 대부분은 유실되었고, 지금까지 전해지는 것은 거의 없다.[5]

이렇듯 잉카의 황금 예술 작품은 피사로를 비롯한 스페인 정복자들에 의해 신속히 약탈당하고 녹아 사라졌다. 태양 신전에 있던 황금 유산은 남김없이 금괴로 만들어 스페인으로 실어 갔다.* 금이 아닌 것은 모조리 파괴되었다.

오늘날 페루의 수도 리마 대성당에는 피사로의 시신이 안치되어 있다. 또한, 잉카의 마지막 왕 투팍 아마루가 처형된 아르마스 광장에는 새롭게 세워진 대성당이 위풍당당하게 자리하고 있다.

잉카인은 이렇게 역사를 잃었다. 잉카인들이 만든 모든 것들은 무너지고

---

* 1500-1650년 사이, 스페인은 아메리카 대륙에서 금 181톤과 은 16,000톤을 가져갔다.

사라졌으며, 잉카 제국은 중심에서 피식민지 변방으로 전락하고 말았다.

## 신화 도용

신화는 역사적 사건의 이야기가 아니라, 지역 사람들의 삶과 의식 속에서 표현된 진실의 이야기이다. 잉카의 신화는 피사로가 잉카를 정복하는 데 악용되었다. 이기적인 문명국들은 자신을 정복자가 아니라 미개한 사람들을 해방시키는 존재로 보이기 위해 원주민의 역사를 지워버리곤 한다. 스페인은 잉카가 만든 이야기를 허황되고 과장된 것으로 치부하면서도 오히려 잉카의 신화를 이용해 자신들이 단순한 정복자가 아니라 몽매하고 미개한 사람들을 해방시키는 존재로 묘사했다.[6]

현재 잉카족은 케추아(Quechua)어를 사용하는 남미 인디언으로, '잉카'라는 이름은 원래 왕에게만 적용되는 칭호였다. 군왕을 '그분 잉카'라고 불렀으며, 이후 종족 전체를 잉카라 부르게 되었다. 잉카의 건국 신화는 페루의 거대한 호수인 티티카카에서 비롯되었고, 이 호수는 '대륙의 바다'로 불릴 만큼 광활하다. 티티카카 호수는 총 면적 8,372km$^2$, 길이 230km, 폭 97km, 수심 300m, 해발 3,800m에 달하며 그 규모는 수평선이 보이는 광대한 바다처럼 느껴진다. 이곳에서 안데스 문명의 신화가 탄생했다.

» 7 티티카카 호수

안데스 문명에 전승해온 신화에 따르면 새로운 세계는 비라코차 신의 말씀으로 시작되었다. 비라코차는 태양과 동일시된 인간 형태의 신으로 묘사된다.

그는 "피부가 하얗고, 파란 눈을 가졌으며, 턱수염이 났고, 체구가 크고 권위 있는 모습의 남자로, 여러 곳을 다니며 사람들에게 삶의 방식을 가르쳤다"고 전해진다. 이후, 그는 티티카카 섬에서 나타나 새로운 인간 종족을 창조하고, 태양과 달, 별들을 하늘에 배치하여 밤낮으로 빛나게 했다고 한다.[7]

안데스의 모든 문명은 티티카카 호수가 태초에 창조가 이루어진 장소라고 믿었다. 호수 한가운데 섬에서 창조주이자 태양의 인간 형태인 비라코차가 솟아 나온 것으로 여겼다.

잉카인들은 말을 탄 피사로 일행을 처음 보았을 때, 그들이 기다리던 전설 속의 비라코차라고 생각했다. 피사로는 잉카 전설 중 "피부가 하얗고, 파란 눈을 가졌으며, 턱수염이 났고, 체구가 크고 권위 있는 남자"라는 내용을 간파하고, 스스로 전설 속 비라코차처럼 행동하며 잉카를 정복해 나갔다.

» 8 비라코차 신

» 9 비라코차 행세를 하는 피사로

## 야만인 만들기

프랑스 탐험가 18세기 콩다민은 1735년 남아메리카에 도착했다. 그는 페루 원주민들이 짐승과 거의 구별되지 않는다고 묘사했다. 원주민들이 노예처럼 비굴하게 흉내만 낼 수 있을 뿐 새로운 것을 창조할 능력이 없다고 여겼다.[8]

이기적 문명은 원주민들을 야만인으로 규정하고 정복한 후 그 땅에 사는 사람들을 인간 이하의 수준으로 묘사함으로써 침략을 정당화한다. 정복자들은 말했다. "야만의 땅을 정복해 문명의 길로 이끌고 무지한 사람들을 이성의 궤도에 올려놓는 것보다 더 영광스러운 일이 어디 있겠는가."

정복자들은 정복지의 문명에 대해 열등성과 야만성, 그리고 '인신공양'을 내세워 미개성을 각인시켰다. 스페인 정복자들은 잉카인들이 인신공양과 같은 야만적인 풍습을 가지고 있어 그 땅에 대한 소유권을 가질 자격이 없다고 주장했다. 유럽인들에게 잉카인은 원시적이고 야만적인 존재로 비춰졌고, 정복자들은 잉카 문명을 파괴하면서도 "그들은 살아 있는 사람을 신에게 바치는 피의 의식을 치렀으며, 처녀와 어린이까지 제물로 삼는 비인간적인 인신공양 풍습을 지녔다."라고 했다.

정복자들은 잉카 문명의 경이로움보다는 잔혹성에 초점을 맞췄고, 잉카 유적의 용도를 '살아 있는 사람의 심장을 도려내 올려놓는 곳'으로 간주했다. 잉카인들은 이에 대해 아무런 기록을 남기지 않았으며, 이는 정복자들이 유추한 후 기정사실화되었다. 잉카의 유적들은 이렇게 정복자의 시각에 따라 재해석되었다.

피사로의 비서였던 프란시스코 데세레스는 1847년 스페인 사람들이 잉카인을 어떻게 생각했는지에 대해 다음과 같이 기록했다.[9]

"우리는 황제의 명에 따라 이 땅을 정복하고 모든 사람들에게 하느님과 신성한 가톨릭 신앙을 알리기 위해 왔다. 우리의 목적이 선량하므로 만물의 창조자이신 하느님은 당신들이 그분을 알게 하고 짐승과 같은 생활에서 벗어나게 하시려 이 모든 것을 허락하셨다. 수적으로 적은 우리가 이 엄청난 사람들을 이길 수 있는 것도 바로 이러한 이유 때문이다. 당신은 당신이 저지른 과오를 깨닫게 되면, 우리가 이 땅에 와서 선을 행했다는 사실을 알게 될 것이다."

당시 유럽 화가들이 그린 그림에는 페루 주민들이 반벌거숭이 야만인으로 묘사되었다. 그러나 잉카 문명 연구가 후안 세리타(Juan Serita)에 따르면, 실제로 산 사람이나 어린이를 제물로 바친 기록이 전혀 없지는 않지만, 그러한 희생제의는 극히 드물었고 특별한 경우에만 행해졌으며, 대부분은 라마를 희생물로 바쳤다. 인신공양은 스페인 정복자들이 악의적으로 왜곡하고 과장한 것이다.[10]

이기적인 문명이 자신과 다르다는 이유로 상대 문화를 야만적이라 낙인찍는 행위는 제국의 우월감을 드러내기 위한 폭력적인 습관에 지나지 않는다. 레비-스트로스는 미개사회에 야만적인 식인풍습이 있다고 비난하지만, 이는 원주민에게 영혼과 육신의 일체화를 의미하는 종교적 의식의 차원이라고 본다. 그는 서구 문명에서도 산 사람 불태우고 유대인을 학살, 고문하거나 시체 해부 같은 수많은 비인간적인 행위들이 존재했음을 지적한다.[11*]

---

* 유럽의 경우 페스트가 확산되자 기독교도는 유대인을 공격하였다. 1349년 유대인 2천여 명을 집단으로 화형을 시켰고 스트라스부르는 유대인의 도시거주를 불법화하였다. 1348년 11월부터 1349년 9월까지 쾰른에서 오스트리아에 거주하는 모든 유대인이 불에 타 죽임을 당했다(웨더포드, 2005: 349). 1099년에 십자군 전쟁에서 제노바 상인들의 후원을 받고 프랑스와 노르만 기사들이 참가한 세 군대가 예루살렘에서 합류하였다. 이들 십자군 전사들은 내분에 휩싸여 별다른 저항이 없던 셀주크 튀르크에 침략해 성도의 벽을 무너트렸다. 그들은 12시간 동안 유대인을 산 채로 불태우고 무슬림을 난자했으며 놀랄 정도로 엄청난 약탈과 살육을 저질렀다. 동이 틀 무렵 정복자들은 발목까지 고인 핏물 사이로 걸어가 성묘 교회에서 신에게 감사드렸다(모리스, 2010: 519).

이기적 문명이 자신들이 저지른 우매한 과거사를 덮어두고 잉카 문명의 잔혹성과 야만성에 초점을 맞추고 있는 것은 무엇보다 자신들의 야만성을 덮기 위한 것일 수 있다. 이기적 문명의 행위는 스스로 문명의 파괴자임을 보여주는 것이다. 스페인인들은 잉카를 황금의 가치를 모르는 야만적인 집단으로 묘사하면서, 잉카 문명을 파괴하는 행위로 이어졌다.

루소의 '자연으로 돌아가라'는 주장과 토머스 모어의 '유토피아' 사상 또한 신대륙에서 경험한 문화적 충격이 영향을 준 것으로 널리 알려져 있다.*

몽테뉴는 '수상록' 중 "식인종에 대하여"에서 식인종 사회의 식인풍습도 살아 있는 사람을 고문하고 불에 태워 죽이는 것보다 차라리 더 인간적이지 않은가?라고 반문하며 당시 유럽의 비인간적 행위를 비판했다. 그러나 유럽이 아메리카 대륙에 상륙한 이후 행한 행위는 이러한 비판을 외면한 것이었다. 정복자들이 자신의 문명 우월을 주장하기 위해 다른 문명을 야만으로 규정한 것이다.

## 종교 이식

페루의 도시 리마와 쿠스코 중심부에는 거대한 건물과 화려한 내부 장식을 자랑하는 수많은 대성당들이 자리 잡고 있다. 유럽이 아메리카에 진출할 때에는 항상 한 무리의 선교사들이 동행했다. 그들은 새롭게 발견된 이교도의 땅에 기독교를 전파하여 세상을 교화하는 것이 자신들에게 부여된 역사적 사명이라 믿었다.

이는 선교사들만의 신념이 아니었다. 콜럼버스가 이교도들을 교화하겠다

---

* 티티카카 호수의 섬 주민들은 고유한 풍습을 지키며 사는 부족공동체사회로 서로 돌아가며 일을 나누어 맡고 생산물과 수입은 똑같이 분배하고 재산도 공동으로 관리하며 매달 한 번씩 주민 전체가 광장에 모여 회의를 한다. 이러한 생활방식은 토마스 모어의 〈유토피아〉나 생시몽 등 공상적 사회주의가 그린 국가와 유사하다(정지은, 2002: 406).

는 사명은 신대륙의 정복과 이교도 개종, 그리고 적그리스도의 제거를 통해 이루어질 것이라고 단언하였다.[12]

이기적 문명은 자신들의 문명을 피정복지에 이식하는 데 어느 정도 성공했다. 성당 앞에는 많은 잉카인들이 모여 있었고, 성당 안에는 기도하는 모습도 눈에 띄었다. 성당의 내부에는 이전에 신전이 있던 자리였으며, 잉카인들이 다듬은 돌로 쌓아 올린 벽이 남아 있다. 스페인 정복자들은 이곳에서 잉카인들에게 종교와 의례를 포기하라고 요구하며 성경을 내밀었다. 이에 대한 거부는 학살로 이어졌다.

잉카의 왕 아타우알파는 말을 타고 최신 무기로 무장한 피사로와 처음으로 만났다. 피사로는 잉카 행렬을 향해 부하들에게 돌격을 명령했고, 도미니크 수도사 발베르데는 잉카 왕 앞으로 나아가 한 손에 십자가를 들고, 다른 손에는 성경을 내밀었다.*

"나는 그대에게 신의 말씀을 전하기 위해 왔다." 발베르데가 말했다. "이 책에는 하나님의 말씀이 담겨 있다." 아타우알파는 성경을 받아들고 잠시 페이지를 넘기다가, 그 책을 힘껏 내던졌다. 수도사는 성경에 대한 모욕에 충격을 받아 이를 피사로에게 알렸고, 분노한 피사로는 잉카 왕을 "오만한 개"라고 부르며 공격을 시작했다. 피사로와 그의 부하들은 태양의 아들을 끌어내리고 화승총으로 잉카인들을 공격하였다. 잉카인들은 왕이 포로가 된 상황과 처음 보는 말과 대포, 총소리에 우왕좌왕하며 수천 명이 죽음을 맞았다. 피사로는 이렇게 말했다.[13]

---

* 당시 스페인의 정복사업은 포교를 명분으로 신대륙경영권을 교황에게 인정받았다. 정복 초기 너무 잔인한 일들이 벌어져 대내외로 거센 비판을 받게 되자 문건을 만들었는데 가톨릭에 대한 설명과 개종 권유들의 내용이 담겨있다. 스페인군은 이 문건을 먼저 제시하고 이교도가 응하지 않을 때 전쟁을 개시할 수 있었다. 그래서 신부가 먼저 나서게 된 것이다(우석균, 2007: 196).

"나는 황제의 신하이며, 그분은 스페인의 왕이자 전 세계의 왕이시다… 당신이 사로잡히고 당신의 사람들이 공격받고 살해된 것은… 하나님의 말씀이 기록된 <성경>을 땅바닥에 던졌기 때문이다. 그렇기에 주께서는 당신의 권위가 땅에 떨어지게 하시고, 그 어떤 원주민도 기독교인을 공격하지 못하도록 하셨다."

피사로는 아타우알파를 대역죄로 화형에 처하겠다고 선언했다. 화형은 잉카인들에게 있어 가장 두렵고 참혹한 형벌이었다. 그들은 육체가 없어지는 화장에 대해 극도의 공포를 갖고 있었다. 아타우알파는 화형 대신 목을 자른다는 조건으로 가톨릭으로 개종하기로 하였다.

» 10 아타우알파의 죽음

피사로는 아타우알파의 동생 망코를 왕위에 올렸다. 아타우알파의 죽음은 잉카 제국의 종말을 의미했다. 1533년 스페인인들은 쿠스코에 입성하여 태양의 사원을 약탈했다. 원주민들은 정복자에게 복종하기를 거부했고, 스페인에 의해 수모를 겪은 망코는 군대를 이끌고 안데스 고원으로 도망쳤다. 그곳에서 망코는 원주민 저항운동을 조직했으며, 1572년 망코의 아들 티투 쿠시는 저항을 계속하다가 붙잡혀 처형당했다.

그 후 300년 동안 스페인은 안데스 산맥을 확고하게 지배했다.* 17세기 스페인 정복자들은 탄압과 회유를 반복하며 원주민의 신앙과 의식을 파괴해 나갔다.

잉카인들은 조상의 시신을 공경하였으나, 정복자들은 시신을 태워 원주민들이 그들의 뿌리와 선조로부터 분리되게 하여 잉카의 관습과 전통을 단절시켜 나갔다. 내가 방문한 티티카카 호수 근처의 한 섬 주민의 집에서, 지붕 처마 아래 조상 해골을 모셔놓고 있었다. 이곳 사람들은 일상생활을 조상과 함께하며 삶과 죽음은 하나라는 인식을 갖고 있었다.

이기적 문명에 의해 강요된 종교는 티티카카 호수 구석진 아만타니 섬, 따낄레 섬까지 영향을 미쳤다. 이 섬을 돌다 보면 돌로 만든 아치형 대문들이 눈에 띈다. 여기에는 조형물과 십자가가 솟아있다. 십자가는 스페인 정복 이후의 산물로 세워졌으나 이곳 주민들은 자신의 토착신앙을 완전히 포기하지 않았다. 이기적 문명이 마을 언덕 입구에 세운 아치형 탑 위에 십자가를 없애고 토착 신이나 조상을 세우거나 십자가 옆에 자신들의 토착 신을 함께 세웠다.

» 11 따낄레 섬 마을 입구의 문

* 정복자 피사로는 스페인 내부의 분쟁으로 1541년 6월 리마에 있는 자신의 집에서 암살되었다.

» 12 아만타니 섬 마을 입구의 문

## 3. 남겨진 유적에서 본 것

내가 본 안데스 문명은 경이로움으로 가득 찬 곳으로, 지금까지의 사고로는 도저히 이해할 수 없는 문명의 요람이었다. 이곳에서 본 것들이 주는 충격은 이전에 생각하지 못했거나 본 적이 없는 것들에서 비롯되었다. 잉카 문명은 파라카스, 나스카 등 여러 문명의 자양분을 골고루 섭취하였다. 잉카인들이 거대한 돌을 자르고 쌓는 건축술을 보여주었다면, 나스카 문명은 하늘에서만 완전한 모습을 볼 수 있는 지상화를 만들어냈다. 이곳 문명들을 제대로 이해하려면 사물을 보는 관점을 바꾸어야 한다. 그들의 문명을 보려는 나의 사고는 너무 낡았다.

### 나스카 문명의 지상화, 습관적 사고를 묻다

리마에서 8시간을 달려 도착한 나스카는 광활하고 황량한 모래바람이 부는 사막이었다. 나스카 라인, 혹은 지상화라 불리는 선들이 이곳저곳에 그려져 있었다. 1920년대 리마에서 아레키파 간 항공노선이 생기고 하늘에서 지상을 내려다보지 않았다면, 그 거대한 그림들을 누가 알 수 있었겠는가? 그러나 아직도 그 지상화들의 의미는 풀리지 않았다. 우주인의 메시지 및 교신, 우주인 활주로, 별의 운행을 보여주는 달력, 천문학적 관측 등 여러 가설이 있을 뿐이다. 지금도 많은 사람이 자신의 기준으로 지상화를 설명하고 해석하려 하지만, 그들은 미궁 속에서 헤매고 있다.

남부 페루의 나스카 고원 지대의 넓고 황량한 평지에는 1500년 전 나스카인이 생계를 유지하며 남긴 흔적이 있다. 이곳은 거의 비가 내리지 않아 먼 안데스 산지의 지하 개울에서 흘러오는 물에 의존했다. 나스카인들은 평평한 표면에 흩어진 흑갈색 돌을 치우고, 그 아래 밝은색의 푸석푸석한 모래를 드러내며 거대한 그림을 그렸다. 이 그림들은 공중에서만 보아야 무슨 그림인지 알 수 있을 만큼 크다.[14]

실제 나스카 지상화는 지상에서 보면 별 의미 없이 그려진 선들로 보인다. 이곳은 일반적인 사막과 달리 작은 흑갈색 돌들이 땅을 덮고 있다. 나스카인들이 그림을 그린 방법은 지표면의 특성을 충분히 파악하고 활용한 것이었다. 사람의 손으로 흑갈색 돌들을 들어내어 돌 밑의 황색 모래가 드러나도록 함으로써 선을 만든 것이다. 이곳의 도형과 그림은 모두 땅에 10~20cm 정도 얕게 움푹 파서 만들어졌다. 이곳은 거의 비가 내리지 않아, 2년간 강우량이 10mm 내외로 지구상에서 가장 건조한 지역 중 하나다.*

또한, 흙에는 석고 성분이 포함되어 있어 작은 돌들이 땅에 단단히 붙어 있게 하고, 매일 아침 짙게 드리우는 안개가 이러한 결합을 더욱 강화한다고 한다.

---

* 페루의 해안은 끝없이 펼쳐진 모래사막이다. 비는 1년에 한 번이라도 내리면 다행일 만큼 드물고, 내린다 해도 금세 그쳐버린다. 겨울철에는 짙은 안개로 인해 습도가 매우 높지만, 비는 거의 내리지 않는다.

» 13 평원에 그려진 지상화의 일부

나스카 라인을 보기 위해 작은 경비행기를 탔다. 45분 동안 하늘에서 다양한 형상과 기하학적 무늬를 따라가며 나스카 평원을 누비는 것은 마치 숨은 그림 찾기 게임을 하는 듯한 경험이었다. 폭 15km에 이르는 사막은 수백 개의 추상적 선과 기하학적 무늬, 거대한 동물과 새를 상징하는 형상들로 장식된 사막의 미술관이었다.

나스카의 지상화는 두 가지 종류로 나뉜다. 하나는 사람과 동물 모양의 그림이고, 다른 하나는 대초원 주변이나 언덕에 그려진 기하학적 도형이다. 수많은 직선, 삼각형, 사다리꼴, 지그재그 같은 도형들은 수십 미터에 이르러, 땅에서는 형체를 알아볼 수 없고 하늘에서 봐야만 그 경이로움을 온전히 느낄 수 있다. 또한 일정한 간격으로 그어 놓은 직선들은 언덕과 계곡을 넘나들며 몇 킬로미터씩 이어지다가 사라진다.

동물 모양의 경우, 검은 회색빛 넓은 사막 위에 고래, 원숭이, 벌새, 거미, 콘도르, 개, 나무, 올빼미 머리를 한 사람과 유사한 형상들, 펠리컨, 그리고 가장 길이가 긴 알카트라즈 새 등이 있다. 이들 그림의 크기는 100m에서 200~300m에 달한다. 나스카 지상화 가운데 가장 우아한 것은 날개를 펼친

길이 120m에 이르는 콘도르 그림이다.

» 14 사람 및 동물 모양의 지상화

기하학적 도형의 경우 그 주변에는 사방으로 50km 넘게 펼쳐지는 광활한 사막에 기하학적 무늬들이 그려져 있다. 수많은 직선들이 거미줄처럼 방사선 모양으로 교차되며 형성된 무늬는 그물망을 연상케 한다. 이 선들은 시작과 끝을 찾아내기 어려울 정도로 교묘하게 그어져 있다. 이러한 그림들은 건조한 사막 기후 덕분에 다소 희미해지기는 했으나 지워지지 않았다.*

* 2024년 9월 최근 전 세계 수백 명의 레이서가 오프로드용 차량이나 오토바이들을 타고 이곳에서 사막레이싱을 하면서 지상화가 형체를 알 수 없을 만큼 심하게 망가진 모습이 확인되었다. 이로써 1000년 이상 역사를 가진 유산이 돌이킬 수 없을 정도도 훼손되었다.

» 15 각종 선과 기하학적 도형이 그려진 지상화

나스카의 지상화에 대해 많은 사람들이 각자의 관점으로 규정한다. 그러나 이 그림들은 우리의 사고 틀로는 담아낼 수 없는 것이다.

18세기 프랑스 탐험가 콩다민은 1735년 남아메리카에 도착했다. 그는 곧 오해와 혼란에 빠졌다. 안데스 산맥의 원주민들은 유럽인이 묘사한 무지한 존재와는 거리가 멀었다. 페루 원주민들은 천문학과 측량에 대해 정교한 지식을 지니고 있었으며, 특히 긴 직선 참호를 이용한 천문학 조사는 수천 년 전부터 이어져 온 안데스 지역의 전통이었다.[15] 가르실라소 데 라 베가의 기록에 따르면, 잉카인은 고도의 측량법을 알고 있었다. 그는 "우리의 아버지이신 태양은 동물처럼 살아가는 인간을 가엾게 여겨 태양을 숭배하는 법, 법을 만들고 측량법과 학문, 토지 경작, 파종, 가축을 돌보며 인간이 즐거움을 누리는 방법을 가르쳤다…"고 기록했다.

역사학자들은 나스카 지상화가 이 지역의 전통적 천문학 조사 방식에 기반해 천문학적 관측을 위해 활용되었을 가능성을 제기한다. 그러나 나스카 지상화에는 사람과 동물 형상 및 기하학적 그림이 섞여 있으며, 이들은 일정한 깊이의 참호를 파서 새겼다는 점에서 전통적 방식이 반영되었을 수 있다. 안데스와 해안 문화는 정교한 도자기를 만들기도 했다. 기원전 600년부터 서기 500년 사이 나스카 시대의 도자기에 그려진 그림에서 나스카 사람들과 동물 형상을 볼 수 있다.

» 16 나스카 박물관에 전시된 지상화와 유사한 문양이 새겨진 도자기들, 그리고 사람의 모습을 그린 지상화

## 보는 대상을 바꾸는 지상화

운 좋게 하늘에서 내려다볼 기회를 얻은 사람들에게 나스카의 지상화는 경외감을 불러일으킨다. 광활한 나스카 사막 위를 경비행기로 날면서, 기하학적 도형뿐만 아니라 사람과 동물 형상의 그림을 바라보며, 나는 나스카 사람들이

아마도 우리가 상상할 수 없는 이유로 이 그림들을 그렸을지 모른다는 생각에 사로잡혔다. 그들은 우리와 전혀 다른 사고방식을 가지고 있었을 수도 있다.

우리에게 태양은 원시시대부터 현재까지 늘 동쪽에서 떠서 서쪽으로 진다. 이는 우리가 지구를 중심에 두고 하늘을 바라보기 때문이다. 우주에서 바라보지 않는 한 지구가 태양의 주위를 돌고 있다는 것을 알 수 없다. 천동설이 당연시되고 하나의 관점으로 자리 잡았던 것처럼, 그림을 볼 때도 우리는 익숙한 시선으로 바라본다. 누군가가 공중에서만 볼 수 있는 그림을 그린다고 한다면, 이는 습관적인 사고를 벗어난 것이다. 지상화를 외계인이 그린 것이라고 생각하면 그럴듯하게 들릴 법도 하다.

미술사가 줄리언 스팰딩은 나스카의 지상화가 신들에게 보이기 위한 그림이라고 주장한다. 그림이 대체로 크게 그려진 것도 신들에게 보이기 위해서라는 것이다. 안데스 산의 지하 개울물에 의존하며 살아가던 사람들은 물이 마를 경우, 더 높은 고원으로 올라가 신에게 보일 그림을 그렸다고 한다. 이는 일종의 기우제와 같았으며, 지상화는 적대적인 부족들로 인해 더 비옥한 지역으로 이주할 수 없었던 사람들이 자연의 자비를 기다리며 남긴 끈질긴 흔적이라고 설명한다.[16]

페루 여행 중, 나는 나스카 지역에서 그들이 '하늘의 신'이라 부르는 콘도르가 공중을 나는 모습과 절벽에 앉아 있는 장면을 보았다.

» 17 하늘의 신으로 불리는 콘도르

콘도르는 안데스 산맥의 고산지대에 살며, 거대한 크기로 하늘을 천천히 날아다니는 모습 때문에 '하늘의 신' 또는 '하늘 신의 사자'로 불린다. 콘도르는 장거리 비행을 위해 절벽 위로 올라가, 안데스 산맥의 가장 높은 절벽에서 상승 기류를 기다리며 날아오른다. 지구상에서 가장 큰 새의 비행은 이처럼 높은 절벽에서 시작된다.

나스카인들은 늘 가장 높은 곳에서 비상하는 콘도르를 보았을 것이다. 어느 날, '하늘의 신' 콘도르가 있는 높은 절벽으로 올라가 아래를 내려다보며 드넓은 사막을 바라본다. 이 사막은 나스카인들에게 캔버스가 된다. 그들은 하늘의 신 콘도르가 볼 수 있는 그림을 그리기 시작한다. 나스카인들은 이미 긴 직선 참호를 만들어 천문학적 조사를 해오던 전통이 있었기에, 평평한 사막에 거대한 그림을 그리는 것은 그다지 어려운 일이 아니었을 것이다.

고도의 나스카 문명이 이 지구상에 존재했다는 사실과 기존의 관점을 전복하는 지상화는 내게 신선한 기쁨을 주었다. 우리는 아직도 나스카 그림을 해석하는 방법을 찾지 못했고, 그저 상상만 할 뿐이다. 나스카 연구가 마리아 라이헤(Maria Reiche)는 나스카 지상화가 고대인에 대한 우리의 생각이 틀렸음을 일깨워준다고 했다. 그리고 페루에는 수학과 천문학에 대해 앞선 이해력을 지닌 진보한 문명이 있었다는 것이다. 실제로 나스카 지상화를 보며 우리는 얼마나 세상의 작은 부분만 보고 있는지, 인간 지식의 한계를 깨닫게 된다.

지상화는 나스카강 유역에서 꽃핀 나스카 문명의 유산이었다. 이 문명은 기원전 200년부터 기원후 600년 사이에 번성했다. 이곳에는 천문학과 수학에 능숙한 진보적 문명이 존재했으며, 나스카인들은 사람이 아닌 신이 볼 수 있는 그림을 그렸을 수도 있다.

## 건축술

정복자들은 철저하게 잉카인들이 만든 것들을 파괴했다. 그토록 야만적으로 파괴당한 문명 속에서 아직 남아 있는 흔적을 통해 그 문명을 영위한 사람들의 지혜를 되새겨본다. 잉카 사회는 법, 교육, 문자가 있었고 수학, 물리학, 건축학에 대한 뛰어난 이해력을 지닌 진보적 문명이었다. 이 문명은 예술가, 과학자, 건축가들이 활약한 문화의 산실이었다. 잉카 문명의 규모와 유적에 담긴 고도의 기술은 찬탄을 자아낸다. 데카르트는 중력 같은 눈에 보이지 않는 힘의 존재를 부인했으나, 어쩌면 잉카인들은 물리학과 중력에 대한 이해를 갖고 있었을지도 모른다. 잉카의 건축술은 그들이 남긴 거대한 유적의 물리적 크기보다 더 깊은 문명을 말해준다.

## 쿠스코

쿠스코에서 '태양의 거리'를 따라가면, 식민지 시대에 세워진 오래된 산토도밍고 성당이 있다. 성당의 토대에는 반듯하게 다듬어 쌓아 올린 거대한 돌들이 빈틈없이 맞물려 있는 잉카인의 건축물이 남아 있다. 커다란 돌덩이들을 정교하게 짜 맞춘 잉카의 건축술은 성당에 있는 코리칸차 신전에서도 볼 수 있다. 다행히 신전의 일부가 복원되어 있어 잉카의 건축술을 직접 감상할 수 있다. 신전의 벽은 반들반들하게 연마된 돌들로 빈틈없이 맞물려 있으며, 그 견고함은 어떤 것과도 비교할 수 없을 만큼 뛰어나다. 신전은 쿠스코 시내에 남아 있는 잉카의 다른 돌담과 달리 일정한 규격으로 다듬은 돌을 사용했다. 돌들이 불규칙적이든 규칙적이든, 돌을 잇는 공정은 동일하여 견고함은 같다. 코리칸차의 돌쌓기는 돌을 일정하게 다듬는 별도 과정을 거친 것이다.

» 18 쿠스코: 태양의 신전 코리칸차의 내부

현재 산토 도밍고 교회로 사용되는 문 위의 거대한 돌 가로대는 무게가 적어도 15톤에 이른다. 이들은 돌을 어떻게 이토록 섬세하게 가공했을까? 잉카인들에게는 철도, 청동도, 제련 기술도 없었다. 이 지역에 원래 존재하던 금속은 금, 은, 구리뿐이었고, 모두 돌을 자르기에는 너무 무른 금속들이다. 그러나 이 지역에는 흑요석이라는 화산유리가 있었고, 이는 금속과 맞먹는 성능을 가진 훌륭한 자재였다.[17]

정교하게 돌을 다루는 잉카인들의 놀라운 기술은 코리칸차에만 머무르지 않는다. 쿠스코에서 가장 유명한 잉카의 벽은 야툰 투미요크 골목길에 있다. 이 벽은 크기와 모양이 다른 다양한 돌이 마치 조각보처럼 이어져 있다. 여기에는 유명한 12각돌이 있는데 가운데 거대한 돌은 11개의 돌에 둘러싸여 12

면의 각을 형성하고 있다.

야툰 투미요크 골목길을 나와 식당을 찾아가는 길에는 여러 식민지 시대의 건물이 있다. 이 건물들은 잉카인이 만든 건축물의 토대 위에 세워졌다. 건물 하단은 잉카의 것이고, 그 위에 식민지식 건물을 올린 것이다. 찾아간 식당 입구와 내부 벽 일부도 잉카의 건축물이었다. 그 벽 옆에 앉아 있으니 마치 잉카인들의 숨소리가 들리는 듯하다. 잉카의 건축물은 정복자들에 의해 파괴되고 이제는 그 일부만 남아 스페인 식민지 건물과 나란히 자리하고 있다. 스페인 정복자들은 지진 피해를 막기 위해 잉카 시대의 건물을 토대로 삼아 그 위에 스페인식 건물을 올렸다고 한다. 잉카와 스페인 건축 양식의 어울리지 않는 조화에서 애잔함이 느껴진다.

잉카의 건축술은 피사로가 도착하기 이전과 이후의 예술과 건축으로 나뉜다. 잉카인들은 거대한 돌을 벽돌처럼 자유자재로 다루었다. 잉카인은 아무렇지도 않은 듯 돌을 썰고 다듬고 짜 맞추고 쌓아 올렸다. 그것은 지금도 흉내조차 내지 못하는 잉카 건축술이다.

» 19 야툰 투미요크 골목길과 벽면 12각의 돌

» 20 현재 쿠스코 도심에 남아있는 잉카 건축물 일부

### 삭사이와만

쿠스코에서 마지막으로 방문한 곳은 그 거대함을 상상조차 할 수 없는 장소였다. 바로 잉카의 성벽 '삭사이와만'이었다. 삭사이와만은 비대칭형으로 절단된 거대한 돌들로 지어졌고, 그 규모는 압도적이었다. 이곳에서 잉카 건축가들은 그들의 기술을 아낌없이 발휘했다. 삭사이와만은 15세기 후반에 건설을 시작해 약 90년에 걸쳐 완성되었다. 건축가들은 두 개의 깊은 골짜기 사이 언덕을 가로지르며 돌을 쌓아 성벽을 만들었고, 성벽은 세 개의 거대한 테라스로 구성되어 지그재그 형태의 계단 모양으로 3중 벽을 이루고 있다. 삭사이와만은 사람의 키를 훨씬 넘는 거석들을 3~4단으로 쌓아 올려 만든 유적으로, 돌 하나하나의 크기와 모양이 모두 다른 6각, 12각형 등 다양한 형태로 정교하게 맞물려 있어 감탄을 자아낸다.

삭사이와만의 돌들은 철이나 강철 연장, 마차도 없이 채석에서 운반 및 쌓기까지 인간의 힘으로만 이루어진 것이다. 견고하게 쌓은 성벽 위에는 여러 건물이 들어선 작은 광장이 있다. 이곳에서 잉카인의 건축술을 넋을 잃고 바라보다가 성벽의 뒷면이 궁금해졌다. 잘 다듬어진 다양한 돌덩이로 정교하게 쌓았다면, 그 거대한 돌들을 어떻게 지탱했을까? 요새 꼭대기 광장에는 일부 무너

» 21 삭사이와만의 건축술: 계단 모양의 3중벽과 고양이 모습이 보인다고 하여 '고양이 돌'이라 불리는 성벽이 보인다

진 돌담이 남아 있었고, 그 뒷면을 보니 여러 크기의 돌들이 차곡차곡 쌓여 있었다. 이 돌들은 앞면을 이루는 돌덩이들의 불규칙한 형태를 보완하며, 4~5겹으로 규칙적으로 쌓아 전체적으로 통합된 구조를 이루고 있었다. 이처럼 앞면의 거석과 일체감을 이루는 구조 역시 잉카의 뛰어난 건축술의 증거다.

그러나 안타깝게도 이 거대한 석벽은 많이 파괴되었고, 상단 부분은 거의 알아보기 힘들 정도로 훼손된 상태다. 1559년 대성당 건축에 사용하기 위해 엄청난 양의 돌을 가져갔던 것으로 알려져 있다.

» 22 삭사이와만의 성벽 뒷면

삭사이와만 요새에 사용된 돌덩이의 무게는 10톤~200톤에 이르며, 이 거대한 돌들은 고도의 정밀도로 서로 맞물려 있어 위엄과 아름다움을 자아낸다. 삭사이와만을 단순히 돌의 크기나 무게로 계산하고, 군사적 목적의 요새나 종교적 신전으로 그 필요와 용도를 찾아내려 한다면, 그곳에 담긴 경탄할 만한 건축술과 아름다움을 온전히 느끼기 어렵다.

가르실라소 데 라 베가는 '잉카왕실의 역사'에서 삭사이와만에 대해 "그 위대함은 실제로 보지 않고는 상상할 수 없다. 마치 마법이나 요정의 힘으로 그 건축을 만든 것처럼 보인다. 도르래나 크래인 등 어떤 장치의 도움 없이 이 놀라운 건축물이 완성되었다고 생각하면 더욱 신비로워진다. 페루 인디언들이 어떻게 이런 엄청난 돌을 다듬고 옮기고 세웠을까? 이 모든 것이 사람의 힘만으로 어떻게 해냈는지 상상조차 어렵다. 큰 수수께끼를 나타내는 것 같다." 라고 서술했다.

나는 삭사이와만에서 몇 시간을 머물렀다. 어둠이 깔리면서 삭사이와만은 하나의 거대한 검은 바위로 변했다. 태양이 사라진 삭사이와만은 마치 잉카인의 역사도 함께 지워진 듯했다.

500년 전 이곳에서 잉카인과 스페인군의 치열한 전투가 벌어졌고, 말과 화승총을 지닌 스페인군 앞에 잉카인들은 속수무책으로 무너졌다. 수많은 잉카인의 죽음을 지켜본 삭사이와만은 이제 잉카 제국의 상징적인 장소가 되었다. 오늘날 이 유적은 잃어버렸던 영광을 되찾고 있다. 매년 6월 남반구의 동지 무렵, 겨울이 끝나고 낮이 길어지는 것을 기념하며 태양신을 기리는 '인티 라미(Inti Raymi)' 라는 태양의 축제가 열린다. 이는 태양신에게 바치는 의식으로 풍년을 기원하며 잉카 문명의 전통을 계승하려는 결연한 의지를 담은 행사다. 이 축제는 스페인 정복자들에 의해 한때 금지되었으나, 500년이 지난 1944년 다시 부활했다.

### 마추픽추

공중도시 마추픽추로 가는 길은 헬리콥터, 협궤열차, 그리고 잉카의 길을 따라가는 트레킹(잉카 트레일) 세 가지 방법이 있다. 나는 잉카 트레일을 따라 4일째 되는 새벽에 마추픽추로 향했다. 태양이 떠오르면서 마추픽추를 비추는 장관을 보기 위해 새벽 4시에 어둠을 뚫고 랜턴 빛에 의지한 채 적막 속에서 한참이나 걸었다. 어느덧 동이 트며 주위가 밝아지기 시작했고, 마추픽추로 들어가는 입구인 '태양의 문'에 도달했다. 멀리서 공중도시가 그 모습을 드러내기 시작했고, 전설 속 잃어버린 도시, 공중에 떠 있는 듯한 마추픽추가 눈앞에 펼

» 23 마추픽추 전경과 구불구불한 길은 마추픽추로 가는 여러 길 중 하나이다

쳐졌다.

마추픽추는 거대한 정적이 가득한 도시였다. 무언가 많은 이야기를 품은 듯한 이 도시는 한꺼번에 많은 것들이 눈에 들어오면서 어디서부터 봐야 할지 몰라 잠시 망설이게 했다. 방문 전에 읽었던 책과 사진 속 정보는 실제 눈앞에 펼쳐진 모든 것 앞에서 일순간 사라졌다.

마추픽추는 15세기 스페인군을 피해 물러나던 잉카인들이 건설한 마지막 도시로, 수직으로 솟아오른 능선 위에 세워진 놀라운 건축물이다. 오랫동안 정글과 망각 속에 묻혀 있다가 1911년에 세상에 알려진 이곳은 스페인에 의해 거의 파괴된 잉카의 건축, 미술, 신앙의 마지막 생존지였다.

쿠스코의 신전, 골목길, 삭사이와만, 그리고 잉카의 길에서 본 수많은 유적이 보여준 잉카인의 건축술이 이곳 마추픽추에서 완전체로 구현되어 있었다. 잉카인들은 바위산에서 수십 톤이 넘는 돌을 잘라 해발 2,450m의 마추픽추 정상까지 옮겨와 도시를 세웠다. 넓은 평지 위에 정밀하게 자른 돌들로 이루어진 웅장한 건물들은 놀라운 기술과 예술로 세워졌다. 특히 비대칭적인 돌을 시멘트 없이 서로 맞물리게 한 잉카의 석공기술은 지진에 견디기 위해 개발된 것이며, 흔들림이 생길 때 돌들이 더욱 단단히 맞물리도록 했다.

이 도시의 입구인 '뱀의 문'을 지나면 물이 흐르는 수로와 계단, 궁전, 제단, 세 개의 창이 있는 궁전 벽, 거대한 바위로 만들어진 해시계로 추정되는 인티와타나 등이 있다. 이 모든 것은 종이 한 장이 들어갈 틈도 없이 정교하게 쌓아 올려져 있어 잉카 건축술의 극치를 보여준다. 도시 전체와 함께 보이는 경작지에서 잉카인들은 험준한 산을 깎아 계단식 경작지를 만들어 감자와 옥수수를 재배하고 라마를 길렀다. 마추픽추의 경작지는 300미터에 달하는 100여 개의 계단으로 이루어져 있으며, 위아래에서 바라보면 현기증이 날 정도로 가파르다. 계단을 지탱하기 위해 견고한 축대를 쌓았다.

» 24 마추픽추의 계단경작지

마추픽추는 태양의 신전, 왕궁, 정원과 광장, 천문대, 귀족들이 살던 방이 있는 저택, 단 하나의 방만 있는 서민 거주지, 노예 주거지, 병영, 감옥, 계단식으로 조성된 광대한 경작지, 현재도 물이 흐르는 관개 시설, 왕의 묘지 등으로 이루어져 있으며, 이를 통해 계획된 도시임을 알 수 있다. 이 모든 건물들은 수학, 기하학, 측량 등의 고도의 과학기술이 필요했던 정교한 구조물들이다. 잉카인들은 크기가 제각기 다른 거대한 돌을 쪼개고 다듬어 도시 전체를 세운 것이다. 눈앞에 펼쳐진 모든 것들을 손으로 만져보며, 잉카인들이 얼마나 놀라운 기술을 가진 사람들이었을지 생각해 보았다.

» 25 마추픽추에서 본 잉카인의 다양한 건축술

이렇듯 마추픽추는 잉카 건축술의 종합판이다. 건축의 정교함은 신분에 따라 차이가 있었는데, 특히 태양의 신전은 원형 성벽으로 둘러싸여 있어 독특하다. 신전, 왕궁, 귀족의 저택과는 달리, 서민이나 노예 등 하층민의 집은 다듬지 않은 돌과 자연석을 쌓고 석회질의 흙으로 틈을 메워 지었다. 잉카인들은 신분과 용도에 따라 다른 건축기법을 사용했다.

» 26 서민층 거주지

지금까지 남아 있는 채석장에는 돌을 쪼개고 홈을 파고 다듬은 흔적이 남아 있다. 잉카인은 돌을 자르기 위해 바위에 작은 구멍을 뚫고 그 사이에 마른 나무를 박은 뒤, 물을 부어 나무가 팽창하는 힘으로 돌을 쪼갰다. 주변에는 쪼개는 과정에서 완성되지 못하고 버려진 돌덩이가 있으며, 돌을 자르기 위해 선을 그어놓은 흔적도 보인다.

쿠스코 지역은 15세기에 태양의 제국으로 널리 알려진 잉카 제국이 세워지면서 전성기를 누렸다. 그러나 1532년, 200명도 안 되는 스페인군의 침략으로 잉카 문명은 철저히 파괴되었다. 잔인한 침략 속에서도 살아남은 잉카 문명이 있었으니, 바로 쿠스코 지역의 북서쪽 우루밤바 계곡에 위치한 마추픽추이다. 마추픽추는 잉카의 마지막 왕 망코가 1537년 스페인 점령자들을 피해 은거한

» 27 채석장 흔적, 바위에 그린 밑그림과 쪼개는 과정에서 버려진 미완성 바위

도시로, 그 후 300여 년 동안 전설 속의 도시로 남았다. 마추픽추는 페루 원주민의 언어로 "늙은 봉우리"라는 뜻이다. 오직 공중에서만 그 존재를 확인할 수 있기에 "공중도시"라고도 불린다.

찬란한 문명을 누리던 잉카인들은 16세기 후반 마추픽추를 떠났고, 그 후 300여 년 동안 세상에 잊혔다가 그 존재가 밝혀졌다. 1911년 미국의 고고학자 하이럼 빙험에 의해 세상에 알려졌다. 19세기 페루는 황금의 도시 엘도라도를 찾으려는 모험가, 탐험가, 금광업자들로 붐볐다. 황금을 찾아 헤매던 빙험은 마추픽추를 찾았다. 그는 한 농부에게서 와이나픽추와 마추픽추라는 두 유적에 대해 듣고, 한 소년의 안내를 받아 그곳에 도착했다. 그는 책 '잉카의 사라진 도시'(1911)에서 마추픽추를 처음 마주한 감격을 이렇게 표현하고 있다.

> "소년은 나를 정교하게 깎인 돌로 아름답게 장식된 동굴로 안내했다. 절벽 위에는 약간 기울어진 반원형 건물이 있었고, 외벽은 자연스러운 곡선을 따

» 28 빙험이 묘사한 동굴과 벽을 연결하여 만든 반원형 신전 및 그 내부

라 바위에 맞춰져 있었다. 내가 본 최고의 석조 기술로 분명히 거장 예술가의 손길이 닿은 것이었다. 위쪽으로 갈수록 점점 작아지는 돌들은 이 건물에 우아함과 섬세함을 불어넣었고, 물 흐르듯 매끈한 선과 균형 잡힌 배열들이 조화를 이루어 훌륭한 효과를 만들어냈다. 이 건축물은 모르타르 없이 쌓아 올려 돌 사이에 보기 흉한 틈도 없이 완벽했으며 쿠스코의 잉카 성벽들보다도 더욱 매력적이었다.

나는 이 벽과 동굴 위 반원형 사원이 세계에서 가장 뛰어난 석조 건축물임을

> 깨닫기 시작했다. 숨이 멎을 듯한 경이로움이었다. 이곳이 도대체 어떤 곳일까? 왜 누구도 우리에게 이곳에 대해 알려주지 않았을까? 아랫부분의 큰 돌들이 각각 10에서 15톤 정도 나갈 것이라고 추정했다. 내가 발견한 것을 누가 믿어줄까?"[18]

빙험은 다행히도 이곳에서 본 것을 정확하게 기록할 수 있는 좋은 카메라를 가지고 있었다고 말하면서 이곳을 사진으로 남기기도 했다. 그 후 나귀 150마리 분량의 유물을 미국으로 가져갔다.

마추픽추는 협곡의 외딴곳, 엄청난 절벽이 옆에 있는 좁은 능선 위에 자리잡고 있었다. 이곳은 예술적이고 창의적이며 조직적이고 지속적인 노력을 기울인 고도로 문명화된 사람들의 왕국이었다. 그러나 잉카인의 건축술은 종종 '세계적인 불가사의한 건축술'이라는 수식어로 불린다. 그리스와 로마 건축에는 결코 붙일 수 없는 수식어다. 유럽인들에게 그리스·로마 문명을 만든 사람들은 문명인이었다. 비서구 지역이 남긴 유적들은 서구 유적들과 비교될 수 있지만, 그들을 능가할 수 없다는 편견이 존재한다.

> "이곳의 유적들은 로마나 아테네의 유적 못지않게 기념비적인 규모를 자랑한다. 신전, 시장, 궁전 등은 로마나 아테네와 달리 남미의 푸른 하늘을 배경으로 산꼭대기에 위치해 있다. 문명의 성격도 완전히 다르다. 이 도시는 여전히 신성한 느낌이 배어 있다. 신들은 이미 떠났으나 그들이 이곳에 머물렀음을 지금도 느낄 수 있다."[19]

현재까지도 잉카인들이 왜 이곳에 도시를 세웠는지, 그리고 왜 역사 속으로 사라졌는지는 여전히 의문으로 남아 있다. 공들여 만든 이 도시가 신화나 전설, 기록에 흔적을 남기지 않은 이유에 대해선 추측만 있을 뿐이다. 그러나 고대의 미술과 건축물은 그들이 가졌던 세계관을 잘 보여준다. 잉카인들은 석조 건축물로 그들이 하고자 했던 바를 표현했다. 문자가 아니더라도 시각적으로 건축물들은 분명한 의미를 전달하고 있다.

### 모라이

쿠스코를 떠나기 전, 잉카 문명이 만들어낸 또 하나의 작품을 볼 수 있는 곳으로 갔다. 바로 계단식 농업 시험장, 모라이다. 모라이는 케츄아어로 '푹 파인 곳'이라는 뜻으로, 잉카 제국 시대에 땅을 깊게 원형으로 파서 만든 계단식 경작지다. 그 독특한 모양 때문에 외계인이 만든 우주선 착륙장이라고 여겨지기도 한다.

잉카 시대의 농업기술은 매우 뛰어나 잉카 제국 이전에도 이미 해발 2,500m에서 5,000m에 이르는 지역에서 계단식 농사법이 도입되었다. 잉카인들은 대부분 가파른 경사면을 갖춘 환경에서 계단식 밭과 수로 건설을 통해 경작의 어려움을 극복했다. 모라이는 다양한 방식으로 농작물을 시험하는 장소로, 잉카인들의 계단식 돌쌓기 기술이 발휘되었다. 고도에 맞춰 계단식으로 돌을 쌓아 각 층마다 농작물을 심었으며, 계단 가장자리에 있는 돌계단 덕분에 여러 층을 오르내리는 것이 편리했다.

이 지역은 열대 기후에 속하지만, 약 3,500m의 고지대에 위치해 특이한 자연환경을 가지고 있다. 모라이는 안데스 산간지대에서 다양한 농작물을 재배하려는 잉카인들의 창의적인 농업 시험장이다. 1년 내내 20도 이하의 선선한 기후는 인간이 살기에는 적합했으나 일부 특정 식물을 제외하고는 재배가 어려웠다.

잉카인들은 고온다습한 기후가 필요한 농작물들이 낮은 기온의 고산지대에서도 자랄 수 있도록, 모라이를 농업 시험장으로 활용했다. 모라이는 기하학적인 모양의 밭으로 이루어져 있으며, 가장 위층과 아래층의 높이 차이가 무려 140m에 이르고 24계단으로 구성되어 있다. 각 계단마다 기온이 다르게 유지되며, 상층과 하층 간 기온 차이는 약 5~10도에 이른다. 잉카인들은 이러한 온

» 29 모라이와 계단, 각 층에 서로 다른 작물이 심어진 곳

도차를 활용해 위층에는 감자 같은 고지대 작물을, 아래층에는 옥수수 같은 저지대 작물을 재배했다. 모라이는 멀리서 보면 단순한 계단식 구조로 보이지만, 잉카인들의 농경 생활이 이루어진 곳으로, 이곳에서 옥수수, 퀴노아(Quinoa), 타르위(Tarwi), 키위차(Kiwicha) 등을 생산했다.

현재 페루는 정복자 나라의 언어를 사용하고 그들의 신을 섬긴다. 쿠스코 시가지에서 보이는 언덕 위 하얀 예수상은 잉카인의 신화와 전설을 삼켜버렸다. 그러나 나스카 지상화와 잉카의 거대한 건축물을 보며 이들 문명이 정복자에 의해 소멸된 것처럼 보이지만, 자세히 들여다보면 과학과 기술, 진보의 전달자로서 잉카 문명이 우리에게 습관적인 사고를 넘어선 새로운 시각을 제시하고 있음을 깨닫게 된다.

칠레의 시인 파블로 네루다는 1943년 10월 22일 마추픽추를 방문하여 "나는 오늘 밤 가장 슬픈 시를 써야 한다"라며 '마추픽추의 산정'을 썼다.* 그는 마추픽추 유적의 완벽한 아름다움을 앞에 두고, 침묵하는 유적에서 슬픔, 그리움을 그리며 그 아래 잠든 건축가, 석공, 고통스럽고 고단한 노동자들의 삶을 그려냈다. 네루다는 "잉카의 죽은 왕국은 아직도 살아 있다"며 잉카의 부활을 그리고 희망을 노래한다.

"신비스러운 광휘**
돌의 밤***에 내 손을 집어넣게 해주오.
그리고 수천 년 갇혀 있던 새를 닮은 심장,
망각의 늙은 심장이 내 안에서 다시 뛰게 해다오.
오늘의 환희, 사람이 바다, 섬보다 더 넓으니
바다보다 더 큰 환희를 잊게 해다오.
바다에 떨어지자, 그리고 우물 바닥에서 나올 때처럼
비밀의 물 한 웅큼, 가라앉은 진실의 가지를 들고나오자.
거대한 돌이여! 위대한 조화, 탁월한 측량
….
나와 함께 다시 태어나자, 형제여"

---

* 파블로 네루다는 20세기 최고의 시인으로 그의 시집 〈모두의 노래〉는 총 15부, 252편의 대서사시로 구성된다. 이 중 마추픽추에 대한 단상은 12편이다.

** 환하고 아름답게 눈이 부심 또는 그 빛으로 눈부시게 훌륭함을 비유적으로 이르는 말이다.

*** 이해할 수 없는 유적의 비밀을 상징한다.

» 30 쿠스코 거리에 있는 벽화

쿠스코 거리에서 본 잉카인이 만든 벽 위에 그려진 벽화는 네루다가 함께 다시 태어나기를 바라는 '잉카의 부활'을 말해준다. 페루에서 만난 잉카 문명과 나스카 문명은 내가 늘 익숙하게 여겨왔던 것들에 대한 관점을 바꾸어 놓았다. 먼 나라 페루는 내게 많은 새로운 깨달음을 준다.

# 7장

# 이스터 섬

## 1. 거대한 석상 모아이가 있는 이스터 섬에 가다

태평양에 있는 이스터 섬은 인간이 거주하는 섬 중 전 세계에서 가장 멀리 떨어져 있는 곳이다. 처음 이스터 섬을 접한 것은 1994년 영화 〈라파누이〉를 통해서였다. 이 영화는 이스터 섬의 전설을 바탕으로 두 주요 종족, 지배계급인 '귀가 긴 족'과 피지배계급인 '귀가 짧은 족' 간의 전쟁을 다루고 있다. 영화 속 남태평양 폴리네시아 제도와 이스터 섬은 나의 호기심을 자극했고, 특히 그들이 만든 거대한 석상 모아이에 매료되었다. 영화 속 모아이는 직접 만나고 싶은 열망을 불러일으켰고, 나는 그곳에 가기를 진심으로 바랐다.

그러나 이 섬은 내가 있는 곳에서 너무나 먼 곳에 있었다. 가는 경로에 대한 정보도 거의 없었다. 겨우 찾은 여행사에 문의를 하니 정말 가고자 한다면 일본을 거쳐 타이티 섬에 간 후 그곳에서 한참이나 비행기를 타고 가야 하는데 운항 횟수가 적으며 상황에 따라서는 못 갈 수도 있다고 했다. 그리고 10명 이상이 아니면 신청도 어렵다고 했다. 이스터 섬에 가는 길은 너무도 멀었다. 이스터 섬은 태평양에서도 고립무원으로 가고자 마음을 먹는다고 쉽게 갈 수 있는 곳이 아니었다. 아쉬운 마음으로 잠시 생각을 접고 나중을 기약했지만 늘 마음 한구석에는 거대한 석상 모아이들과 만나고 있었다.

그러던 중 내가 속한 학회에서 2009년 7월 12일부터 16일까지 칠레 산티아고에서 학술대회를 연다는 소식을 들었다. 학회 준비위원회는 칠레에 대한 소개 자료와 함께 학회 장소에 대한 정보를 이메일로 보내주었고, 그 자료에는 이스터 섬도 포함되어 있었다. 이스터 섬은 1888년 칠레에 합병되었고,* 산티아고에서 이스터 섬까지 운항하는 비행기가 있다는 정보도 있었다.

나는 학회 참석 신청서를 제출하고, 이스터 섬 방문 준비를 시작했다. 2009년 7월 9일 점심 무렵 이스터 섬에 도착했다. 공항에서 본 이스터 섬은 회색 구름이 가득한 하늘과 강한 바닷바람으로 인해 황량한 모습이었지만, 거대한 석상을 직접 볼 수 있다는 생각에 마음이 설레어 쉽게 가라앉지 않았다. 오랜 시간 끝에 이곳에 도착해 마침내 그들과 마주했다. 하지만 그 순간 천천히 보고 싶다는 생각이 들었다. 중요하고 소중한 것은 급하게 보기보다는 오히려 한 박자 늦게 보고 싶어지는 법이다. 그들은 거대한 돌로 만든 제단 위에 서서 입을 굳게 다문 채 하늘을 응시하거나, 텅 빈 눈으로 태평양 너머를 바라보고 있었다. 라파누이 주민들은 이스터 섬을 '하늘을 쳐다보는 두 눈' 또는 '세계의 배꼽'으로 불렀다. 거대한 석상의 두 눈이 그 의미를 잘 나타내고 있었다.

이스터 섬은 남태평양 오세아니아 폴리네시아에 위치한 섬으로, 원주민들은 이를 '라파누이(Rapa Nui: 큰 섬)'라고 부르며 이는 '세상의 배꼽' 혹은 '세상의 중심'을 의미한다. 섬의 해안 근처에는 중앙에 네 개의 작은 돌이 사방을 상징하는 둥근 돌덩이가 있다. 이 돌은 이스터 섬의 배꼽 돌로, "아후 테 피토쿠라"라

---

* 1888년 칠레 정부는 이 지역의 땅을 사들이고 그해 이스터 섬을 칠레에 합병했고 1901년 섬의 통제권이 해군으로 이관되었다. 1966년 칠레 정부는 이스터 섬을 발파라이소 주(州)의 한 행정구역으로 편입하였다.

» 1 하늘을 쳐다보는 석상 모아이 두 눈

고 불렸으며 섬의 배꼽을 의미한다. 쿠스코가 세상의 배꼽을 의미하듯, 이스터 섬의 원주민들도 자신들이 사는 곳을 지구의 중심 혹은 태초의 중심으로 여겼으며, 그 중심에 세워진 초석이 바로 배꼽 돌이다. 이곳을 찾는 사람들은 행운과 복을 기원하며 둥근 돌을 손으로 만지는데, 이로 인해 돌이 반질반질해졌다.

» 2 세상의 배꼽을 상징하는 돌 '아후 테 피토쿠라'

이스터 섬은 인간이 거주지를 정착하기 위해 선택한 지구상의 마지막 장소로 알려져 있다. 약 2백만 년 전 화산폭발로 형성되었으며, 근처에는 육지라고는 찾아볼 수 없다. 사방 약 4,000km를 둘러봐도 아무것도 보이지 않고, 오직 끝없는 바다만이 펼쳐져 있다. 이스터 섬은 삼각형 모양의 작은 섬이지만 라파누이 문명의 보고였다.

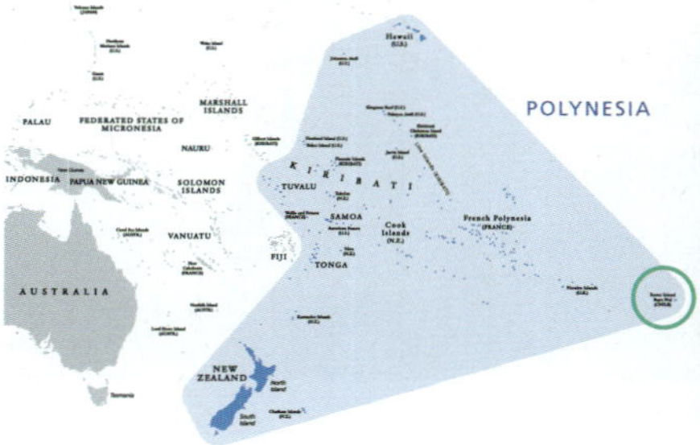

» 3 폴리네시아 제도에 있는 이스터 섬(동그라미)의 위치와 하늘에서 본 이스터 섬

이스터 섬이라는 이름은 폴리네시아 제도의 다른 섬들, 예를 들어 투발루, 통가, 마오리 등과는 다르게 원주민들이 붙인 이름이 아닌 유럽식 이름이다. 원주민들은 이 섬을 '라파누이'라고 부르지만, 책이나 지도에는 '이스터 섬'으로 표기되어 있다. 안내인에 따르면 이 이름은 유럽인들이 붙인 것이라 한다.

어느 날 탐험에 열광한 유럽 사람들이 이곳을 찾아왔다. 그들은 이기적인 문명을 대표하는 사람들이었다. 1722년 4월 5일, 네덜란드의 야코브 로헤벤이 폴리네시아에 위치한 이 작은 섬 라파누이에 상륙했다. 이 사건은 라파누이 문명이 몰락하기 시작하는 서막이었다. 이후 라파누이와 유럽인들의 접촉은 섬에 중대한 변화를 불러일으켰다.*

---

* 이스터 섬은 환상과 상상의 제물이 되기 전인 18, 19세기에 걸쳐 남태평양 탐험가들의 호기심을 불러일으켰다. 17세기 지리학자 대다수가 남태평양에 대륙이 있을 것이라고 믿었다. 남위 62도에서 빙산을 본 로헤벤은 그것이 남극까지 이어진 미지의 대륙에 있는 거대

그렇게 유럽의 탐험가들이 이 섬을 찾으면서, 원주민들이 사용하던 지명은 사라지고 석상들은 잘려나가거나 유럽으로 옮겨졌으며, 유적들은 파괴되고 유물들은 불태워졌다. 원주민들은 야만인으로 평가되었고, 그들이 만든 모든 것들이 의심받고 폄하되었다. 원주민의 종교는 사라지고 기독교로 개종하게 되었다. 19세기에는 노예사냥꾼들의 만행으로 인해 그 수가 거의 사라질 정도로 심각한 피해를 당했다. 이기적인 문명은 지구에서 가장 멀리 떨어진 고립된 이 섬에 자신의 흔적을 남겼고, 결국 이 섬의 문명을 소멸시켰다.

이기적 문명에게 이스터 섬에 있는 거대한 석상 모아이들은 어떻게 만들어 세웠는지 늘 수수께끼였다. 결론은 모아이는 그들이 만든 것이 아니었다. 이스터 섬에 온 탐험가들은 석상들은 외계인이 만든 것이며 석상들이 모두 하늘을 바라보고 있는데 이는 바로 고향을 기리기 위한 외계인의 의지가 담긴 것이라고 했다. 이기적 문명은 이 섬의 원주민들이 석상을 만들었다는 것을 의심하고 외계인의 작품으로 만든다. 이스터 섬에 대한 쓴 여러 권의 책을 봤다. 거의 유사한 내용이었다. 어떤 대륙이나 문명권으로부터 멀리 떨어져 있는 고립된 이스터 섬의 석상은 신비로운 볼거리이며 풀리지 않는 수수께끼, 불가사의한 것으로 머물러 있다. 그러나 나는 이곳에서 오래전 문명의 세계를 만났다.

나는 이스터 섬에 머무는 동안 그들이 남긴 유적을 직접 보고 그 이야기를 들었다. 이스터 섬, 아니 라파누이는 단순히 폴리네시아 제도에 있는 작은 섬이 아니다. 그곳은 하나의 문명 세계이다. 수많은 세월 동안 풍요로운 문명을

---

한 강들에서 떨어져 나온 것이라고 믿었다. 1721년 영국의 해적 에드워드 데이비스가 얼핏 보았다는 한 섬을 찾아 야코브 로헤벤이 남반구 항해를 나섰다. 유럽의 탐험가들이 태평양을 최초로 횡단하던 1521년 마젤란은 한 섬을 보지 못하고 투아모투 제도와 마르키즈 제도 사이를 지나쳤다. 이 섬이 바로 이스터 섬인데 그 후로도 2세기란 세월이 흐르고 나서야 찾게 되었다. 당시 탐험가들은 불완전한 항해도구, 약한 배, 허술한 탐험대 조직으로 무장해 거대한 태평양과 마주 서기에는 역부족이었다(Fishman, 1993: 655-656).

발전시켜온 곳이며, 오늘날 남아 있는 유물과 유적들은 뛰어난 건축가, 조각가, 학자들이 함께 만든 집단적 창조성을 고스란히 보여준다.

## 2. 이기적 문명의 현장

### 이름 바꾸기

1721년 8월 21일, 네덜란드 사령관 야코브 로헤벤은 서인도 회사의 물자를 실은 세 척의 배를 이끌고 아메리카와의 무역을 독점하기 위해 네덜란드를 출발했다. 1722년 4월 5일 부활절(Easter) 일요일, 로헤벤과 그의 선원들이 탄 네덜란드 군함 세 척이 이 섬에 상륙했다. 그들은 이 섬을 '발견'했다고 선언하며, 부활절에 도착한 것을 기념해 이곳을 '이스터 섬'이라 명명했다. 이들은 그들을 보러 나와 있던 원주민들에게 머스킷 총을 쏘았고, 그 결과 많은 원주민들이 죽거나 부상을 입었다.

1770년대가 되자 유럽인들은 태평양으로의 진출을 서두르며 식민지를 확보하려 했다. 로헤벤이 다녀간 지 50년 후, 1770년 12월 15일, 펠리페 곤살레스 이아에도가 이끄는 스페인 군함 두 척이 이곳에 도착했다. 당시 페루를 통치하던 스페인 부왕은 서둘러 군함을 보내어 이 섬을 스페인 소유로 선언하도

» 4 산 정상에 세운 십자가(점선)

록 했다. 스페인군은 스페인 국왕 카를로스 3세의 이름으로 이 섬을 '이슬라 데 산카를로스'라 명명했고, 섬의 족장들을 초청해 이를 기재한 공식문서에 서명하게 했다. 이후 스페인군은 항가오호누 만에 닻을 내리고 그곳을 '곤살레스 코브'라고 명명했다. 그들은 또한 포이케 언덕에 십자가 세 개를 세우고 자신들이 작성한 지도에 그 위치를 표시해 두었다.

유럽인들에게 '발견'되기 전, 원주민들이 사는 라파누이(Rapa Nui)는 '세계의 배꼽(테-피토-오-테-헤누아)' 또는 '하늘을 쳐다보는 두 눈(마타-키-테-라니)'으로 불렸다. 그러나 유럽인들이 도래한 이후, 이 섬은 '이스터 섬'이라는 이름을 얻게 되었다. 1872년 이 섬을 방문한 프랑스 군함 라플로르호의 선원들에게 라파누이란 이름은 슬프게 다가왔다. 피에르 로티는 책 '이스터 섬'(1899)에서 "라파누이는 원주민들이 부르는 이스터 섬의 본래 이름이다. 나에게는 이 이름이 구슬프고 암울하게 들리며, 미개하다는 편견 아래 놓인 이스터 섬의 현실을 상징하는 듯하다"고 말했다.

1774년 3월 14일, 영국의 쿡 선장이 이 섬에 상륙했다. 그의 목적은 영국이 모든 국가 중 최고의 위치에 있는 국가로서의 명성을 유지하는 것이었다. 그러나 쿡 선장은 이 섬에 오래 머물지 않았다. 이 섬이 그의 항해에 특별히 유용한

» 5 채석장 라노 라라쿠에 있는 유럽풍 선박이 그려진 석상 모아이

자원을 제공하지 못했기 때문이다. 이 섬에 위치한 채석장 라노 라라쿠에는 두 개의 석상이 있는데, 그중 하나에는 유럽풍 선박이 새겨져 있다. 그러나 그 배가 로헤벤, 곤살레스, 쿡의 함대를 묘사한 것인지는 확실하지 않다.

## 유물 훼손과 약탈

이스터 섬에는 수백 개의 거대한 석상, 모아이들이 섬 곳곳에 흩어져 있다. 그러나 유럽 문명들이 상륙하면서 모아이들은 이 섬을 떠났다. 일부는 몸통이 남겨진 채 머리만 사라졌고, 어떤 것은 석상 전체가 사라졌다. 유럽에서 온 탐험가들은 유물 사냥꾼이었고, 모아이를 본국으로 실어갔다. 이렇게 19세기 초까지 서 있던 모아이 중 일부는 유럽 탐험대에 의해 무너졌다.

1872년, 프랑스 군함 라플로르호의 선원들은 거대한 두상 하나를 배에 실었다. 높이 2.3m의 '파도를 부수는 사람'이라는 유명한 석상을 옮기는 데에는 500명 이상의 인력이 필요했다. 권양기*와 온갖 도구들이 동원되었으나, 결국 석상의 몸체를 통째로 옮기는 데 실패하고 머리만 떼어 가져갔다. 이 머리는 현재 파리 인류박물관에 있다.

라플로르호의 선원 중 한 사람은 석상을 가져가는 과정에 대해 이렇게 기록했다. "우리는 제독의 바람대로 고대 거상들 중 하나를 프랑스로 옮길 계획이었다. 우리의 목표는 석상 전체가 아니라 두상이었다. 두상만 해도 무게가 4~5톤은 나갔다. 석상을 자르기 위해 톱질을 시작했는데, 다행히 석상이 쉽게 부서지는 화산석이어서 작업이 수월했다."[1]

또한, 1868년 11월 영국의 리처드 포웰 선장은 빅토리아 여왕에게 선물하기 위해 라노 카우 분화구 근처 절벽에 있던 모아이 '호아 하카 나나 이아(잃어버

---

* 무거운 물건 따위를 들어 올리고 내리는 기계적 장치로, 원동기, 감속기, 제동기, 쇠줄, 도르래 등으로 이루어져 있다.

» 6 대영박물관에 있는 석상 모아이 '호아 하카 나나 이아'

린 또는 도둑맞은 친구)'를 훔쳐 배에 실었다. 현무암으로 깎아 만든 이 독특한 모아이는 무게가 4톤에 달했으며, 이듬해 영국에 도착했다. 모아이를 선물 받은 빅토리아 여왕은 이를 영국 박물관에 기증했다. 라파누이 부족을 지키고 보호하며 그들의 힘을 상징하는 모아이상은 지금 이스터 섬에서 멀리 떨어진 런던의 영국 박물관에서, 텅 빈 눈으로 어딘가를 응시하며 입을 굳게 다문 채 관광객의 카메라 세례를 받고 있다.

## 종교 이식과 유물 태우기

종교는 라파누이의 주민들의 삶에서 중요한 위치에 있었다. 모든 집에는 약 30센티미터 높이의 남성, 물고기, 새 등을 묘사한 나무 조각상들이 몇 개씩 있었다. 이 조각상들은 각 가족의 수호신인 신성들을 나타낸다고 한다. 그들은 종종 조각상을 들어 올려 공중에 높이 올리고 특정한 신호와 함께 노래와 춤을 추었는데 이 의식은 부모로부터 전승된 것으로 여겨진다. 그러나 이기적 문명은 이스터 섬에서 토속신앙을 없애기 위해 원주민들이 만들고 사용한 문자판 '롱고롱고'라 불리는 서판을 태웠다. 그리고 원주민들이 신들을 숭배하는 의식을 금지하고 모든 전설을 없앴다.

1864년 1월 2일 프랑스 출신 평신도 선교사 유진 에이로(Eugene Eyraud)는 유럽인으로는 처음으로 이스터 섬에 정착하여 선교활동을 시작했다.[2] 그는 이곳에서 9개월간 머물면서 주민들을 개종시키려 했지만, 주민들의 저항으로 인해 칠레로 돌아갔다. 1866년 3월 27일, 그는 동료들과 함께 다시 이스터 섬으로 돌아와 선교 활동을 재개했다. 이후 기독교가 섬에 빠르게 퍼지기 시작했고, 처음으로 개종한 사람들은 아이들이었다. 젊은이, 여자들이 그 뒤를 따랐지만, 나이 든 족장들은 마지막 순간까지 개종을 거부하였다. 결국 1868년, 섬 주민 대부분은 기독교로 개종하였다. 개종은 이기적 문명의 승리의 순간이지만, 라파누이 문명은 파멸의 길로 들어서게 되었다.

선교사들은 개종 과정에서 원주민들을 야만인으로 만들었다. 먼저, 문자로 기록된 이들의 서판이 파괴되었고, 마을 사람들에게 교회에서 예배하도록 했고, 기도와 노래를 가르쳤으며, 이에 감격스러워했다.

선교사 에이로는 "야만인들이 주요 기도문을 배웠다는 사실을 생각해 보십시오. 이들은 교리문답의 첫 질문을 알고, 우리 신성한 종교의 위대한 진리를 받아들이기 위해 그 해석을 듣고 있습니다."라고 말했다.

이기적인 문명은 원주민들을 야만인으로 규정하고, 그들이 독자적으로 문명을 창조하고 고상한 철학과 조화로운 사회를 세울 수 없는 존재로, 의식도 문명도 전혀 없는 존재로 멸시했다. 이는 원주민을 계몽하거나 종교 이식의 정당성을 증명하는 수단으로 사용되었다. 선교사들에게 상형 문자가 새겨진 서판들은 원주민들이 더 이상 읽어서는 안 되는 이교도의 문서였다. 원주민들은 선교사들의 지시에 따라 판을 불태웠다. 결국 '라파누이'라 불리던 섬은 '이스터 섬'이 되었고, 섬 주민들의 신앙은 더 이상 그들의 기억 속에 남아있지 않게 되었다.*

---

* 주민들이 개종한 다음에도 계속 거행된 축제가 있었다. 라파누이의 최대의 종교행사는 '탕가타 마누'라고 불리는 조인(鳥人)축제로 해마다 남쪽에 봄이 시작되는 때를 잡아 오롱고에서 열렸다. 오롱고는 세 섬 즉 모투누이, 모투이티 그리고 모투카오카오에서 가까운 곳이며, 창조의 신이자 최고의 신인 마케마케가 바닷새들을 이끌고 피신한 곳이 바로 이 세 섬이다. 그 가운데 제일 큰 모투누이는 철새인 검은제비갈매기가 해마다 알을 낳기 위해 날아오는 곳이었다. 다른 축제와는 달리 이 조인축제는 상대적으로 잘 알려져 있다

## 종족 말살

1805년 최초로 이스터 섬의 주민이 납치되었다. 19세기가 시작되면서 탐험가들과 포경업자들이 이 섬을 찾아와 주민들에게 수많은 잔혹 행위를 저지르기 시작했다. 1805년 미국 범선 낸시호의 선원들이 남녀 20여 명을 납치해 노예로 삼으려고 했다. 하지만 이들 모두 바다로 뛰어들어 목숨을 잃었다. 그럼에도 낸시호 선장은 주민들을 납치하기 위해 무력으로 여러 차례 습격을 이어갔다.

이스터 섬사람들은 유럽의 항해 선박들과 최초로 접촉한 이후, 마구잡이 살인, 유괴, 조직적인 노예사냥감이 되었다. 그리고 천연두와 결핵이 섬을 덮쳤다. 1867년 섬에 결핵이 유입되면서 인구의 25%가 사망했다. 에이로 선교사도 결핵으로 사망했다. 그 후 이 섬의 주민은 정확히 111명으로 줄게 된다. 이 생존자 그룹 중에는 라파누이의 전통문화를 보존하는 사제와 학식 있는 사람들, 즉 마오리-코-하우-롱고롱고는 한 명도 없었다. 모두 1862년 흉포한 노예사냥 때 잡혀갔거나 유괴되었던 것이다.[3]

유럽인의 상륙과 함께 자료들은 불태워지고 상실되면서 이스터 섬과 원주민들의 문명은 역사의 뒤안길로 사라졌다. 이제 라파누이 사람들이 만든 거대한 석상들과 제단, 바위에 남긴 그들의 예술작품 그리고 선교사들의 서판 태우기에서 살아남은 몇 개의 서판들만이 그들의 문명을 전하고 있다. 기독교로의 개종이 이루어진 후에 이 섬에서 원주민의 신앙은 완전히 소멸했다.

---

(오를리아크, 1997: 67).

## 3. 남겨진 유적에서 본 것

라파누이에서 볼 수 있는 문명의 흔적들은 신비롭거나 불가사의한 것이 아니라, 라파누이 사람들이 창조한 문명의 산물이다. 그레이엄 핸콕은 라파누이에서 발견할 수 있는 문명의 증거로 거대한 모아이 석상, 암각화, 그리고 문자 등을 제시한다.[4] 먼저, 대부분의 모아이들이 세워진 거대한 돌 제단 아후와 거대한 석상 모아이를 처음 구상한 숙련된 건축가의 기술, 그리고 완성된 모아이와 아후에서 엿볼 수 있는 거석 건축과 조각 기술을 확인할 수 있다. 라파누이는 고립된 섬으로 여겨져 왔지만, 이곳의 건축 석재 절단 및 석조 기술은 이집트 문명과 페루의 잉카 문명과 유사성을 보여주며, 문명 간의 교류 가능성을 엿보게 한다. 둘째로, 다양한 암각화와 그림기술을 통해 섬 곳곳에 여러 암각 예술이 남겨졌다. 셋째로, 코하우 롱고롱고판에 문자를 사용해 기록된 서사를 통해 문자를 사용한 문화를 확인할 수 있다. 태평양의 외딴섬에서 이 세 가지 문명의 징표가 동시에 창조된 것은 문명 발달에 있어서도 매우 이례적인 일이라고 한다. 이기적인 문명은 라파누이에 도착해 섬에 있는 모아이를 보고 경탄했다.

1722년 4월 5일, 이스터 섬을 처음 방문한 유럽인 로헤벤은 "처음 이 석상을 보았을 때, 마치 망치로 머리를 얻어맞은 것처럼 충격을 받았다"라고 말하며, "기계를 만들 수 있는 강한 나무나 밧줄은 전혀 알지 못했다. 거의 10미터 높이에 상당히 무겁고 두꺼운 거석 조각상을 그들이 어떻게 세웠는지 이해할 수 없었다."라고 덧붙였다.[5] 그러나 이기적인 문명은 이 조각상들이 이곳 원주민들의 능력으로 만들어질 수 없고 외계인의 작품일 수밖에 없다고 주장했다. 또는, 먼 과거에 장거리 여행이 가능한 독특한 비행기를 타고 이곳에 도착했으나 기술적 어려움으로 인해 이곳에 머물게 된, 고도로 발달된 기술을 가진 존재들이 자신들의 무기와 석조 기술을 활용해 무기와 석조물을 만들었을 가능성이 있다고 생각했다. 이러한 가설들은 라파누이 문명을 설명할 다른 방법이 없는 이기적인 문명이 내놓은 무기력한 변명일지도 모른다.

이기적 문명이 라파누이 문명을 비과학적인 근거로 설명하면서도 자신들의 합리성과 과학적 우월성을 주장하는 어리석음을 볼 수 있다. 이곳의 건축물들은 건축과 공학을 바탕으로 한 독창적인 조형 작품이다. 채석장에 있는 미완성 모아이에서 제작 과정과 그 정교함을 확인할 수 있다.

## 건축술

나는 거대한 모아이 석상들과 '신성한 제단'을 의미하는 '아후'를 통해 라파누이 문명을 볼 수 있었다. 아후는 대부분의 모아이가 서 있는 무겁고 평평한 돌이지만, 아후와 모아이 석상이 함께 있는 경우는 드물다. 라파누이는 칠레 산티아고에서 비행기로 5시간 30분 떨어진 곳에 위치해 있다. 삼각형 모양의 작은 섬 곳곳에 수백 개의 거대한 모아이 석상들이 다양한 형태로 서 있다. 이들은 혼자 서 있거나 두세 개 또는 여러 개가 줄지어 한 곳을 응시하고 있다. 때로는 해안가에서 바다를 바라보거나, 혹은 바다를 등지고 서 있기도 하다. 어떤 모아이들은 빨간 원통형 모자를 쓰고 아후나 평평한 땅 위에 서 있다. 산기슭에서는 몸이 흙속에 묻힌 채 얼굴이나 어깨만 드러낸 모아이도 볼 수 있다. 서 있거나 앉아 있는 모아이도 있다. 모아이들의 표정은 하나같이 엄숙하며, 입을 꾹 다문 채 하늘을 응시하거나 텅 빈 눈으로 어딘가를 바라보고 있어 그들의 감정을 읽기 어렵다. 그러나 그 표정에는 많은 이야기가 담겨 있는 듯 보인다. 나는 라파누이를 돌아다니며 미소를 짓고 있는 모아이를 찾아보았지만, 찾을 수 없었다.

» 7 라파누이의 모아이 표정은 하나같이 엄숙하다

제단의 돌들은 정교하게 배열되어 있고, 불규칙한 돌들이 꼭 맞게 배치되어 있어 최고의 건축가와 조각가들이 만들어낸 기술의 정수를 느낄 수 있다. 기원후 약 900년경, 사람들이 이 외딴 태평양 섬에 도착했고, 섬의 거대한 석상들은 그들의 조상을 본떠 만든 것으로 전해진다. 첫 번째 모아이는 10세기경에 세워진 것으로 추정되지만, 대부분은 14세기와 15세기에 제작되었다. 모아이 외의 석상들은 이르면 8세기부터 세워졌고, 작은 크기와 다른 양식의 석상들은 더 이른 시기의 것으로 추정된다. 특히 빨간 원통형 모자인 푸카오를 쓴 모아이는 라파누이 문명의 힘을 상징한다. 수 톤에 이르는 푸카오를 얼굴 위로 올리는 데 필요한 기술은 엄청난 공학적 역량을 요하며, 어떻게 인구가 최대 4,000명에 불과했던 이 외딴 섬에서 이 기술이 가능했는지에 대해 많은 학자들이 다양한 가설을 제시해 왔다. 한편, 일부는 모아이 석상이 쓰고 있는 빨간 모자를 외계인의 '우주 모자'로 해석하기도 했다. 실제로 섬 곳곳에는 아직 올려지지 않거나 미완성 상태로 남아 있는 푸카오들이 있다.

» 8 푸카오를 쓴 모아이와 미완성 푸카오

나는 라파누이의 화산 지역 라노 라라쿠 분화구를 방문했다. 넓은 초록빛 평원과 비스듬히 기울어진 언덕을 따라 다양한 형태의 모아이들이 있었고, 라노 라라쿠 분화구의 가장 가파른 길을 따라 올라가며 미완성 모아이를 보았다. 마치 이집트에서 미완성 오벨리스크를 보았을 때처럼, 미완성 모아이들을 통해 완성된 모아이의 모습을 그려볼 수 있었다. 흔히 외계인이 만들었다고 여겨지지만, 실제 채석장을 방문하면 그런 주장이 얼마나 비과학적인지 알 수 있다.

라노 라라쿠는 분화구 호수를 가진 원뿔형 화산이며, 라파누이 사람들은 분화구를 채석장으로 사용했다. 이곳이 채석장으로 선택된 이유는 화산재가 굳어져 형성된 암석인 응회암을 쉽게 구할 수 있었기 때문이다. 채석장 곳곳에는 부분적으로 채석되거나 완성된 모아이들이 있고, 제작 과정에서 버려진 석상들이 화산 산기슭에 놓여 있다. 또한 채석장 언저리에는 푸카오 또는 돌머리 장식이 놓여있다. 화산 아래에는 '투쿠리티'라고 불리는 무릎을 꿇은 석상이 있으며, 이는 전형적인 폴리네시아 양식이라고 한다.

» **9** 라노 라라쿠 채석장의 다양한 석상들로 석상의 높이 절반 이상이 경사면의 퇴적물에 묻힌 상태로 있기도 한다

» **10** 폴리네시아 양식의 무릎 꿇은 석상 '투쿠리티'

라노 라라쿠 채석장에는 약 300개의 석상이 부분적으로 채석되거나 미완성 상태로 남아 있어 모아이 제작과정을 보여준다. 그중에는 길이가 무려 20m에 달해 산등성이 전체를 차지하고 있는 것도 있다. '엘 기간테'라는 이름의 모아이는 무게가 약 130톤~150톤으로 추정되며 바위벽에 붙어 있다. 마치 라파누이 사람들이 조각한 과정을 그대로 보여주듯이 바위벽에 반듯하게 누워있다.

미완성 모아이들은 건축가와 조각가들이 작업한 과정을 엿보게 해준다. 조각가들은 분화구 벽 중 바위 재질이 좋은 곳을 찾아, 그 둘레에 좁은 공간을 내고 커다란 홈을 판다. 이후 석상이 똑바로 누운 형태로 조각하며, 머리에서 시작해 몸체와 옆모습을 순서대로 다듬는다. 조각과 마무리 작업이 끝나면 석상을 바위에서 완전히 분리시킨다. 만약 석상이 깨지면 그대로 두고 다른 곳에서 작업을 이어간다. 완성된 모아이는 경사면을 따라 굴려 미리 파놓은 구덩이에 세우며, 통나무로 엮은 운반 기구를 사용해 얼굴을 아래로 향하게 눕힌 후 원하는 장소로 이동시킨다. 도착 후, 모아이의 배 부분에 작은 돌을 놓아 세운다.

그간 탐험가들은 모아이상의 제작 과정을 알지 못했기에 이를 불가사의라 하거나 심지어 외계인이 제작하고 운반했다고 추측하기도 했다. 그러나 라노 라라쿠 채석장이 발견되면서 모아이의 제작 및 이동 방식이 밝혀졌고, 이에 대한 수수께끼는 풀리게 되었다. 현대의 기술로도 어려운 이 작업은 라파누이 사람들이 이미 뛰어난 건축과 공학 기술을 가지고 있었음을 보여준다. 라파누이의 모아이는 한 시대에 만들어진 것이 아니라 여러 시대에 걸쳐 제작되었으며, 초기 모아이들이 나중에 제작된 것보다 종종 우수하다는 점에서 초기 기술 수준을 가늠할 수 있다.

그렇다면 이 석상들을 조각하는 데 사용된 도구는 무엇이었을까? 모아이를 만드는 데 사용된 도구는 현무암과 흑요석으로 만들어진 석기였으며, 이러한

» 11 암벽 아래 누워있는 미완성 모아이들로, 위쪽이 '엘 기간테'이다

도구들은 라노 라라쿠 채석장에서 무더기로 발견되었다. 모아이뿐 아니라 돌 제단인 아후와 일부 남아 있는 성벽에 나타나는 정교하고 세련된 돌 자르기와 돌 쌓기는 라파누이에서 발견되는 탁월한 건축 기술의 예이다.

» 12 라파누이의 석공기술은 이집트 문명과 잉카 문명의 석공기술과 유사하다

나는 제단과 성벽 앞에서 한동안 감탄하며 그 정교함을 관찰했다. 모르타르를 전혀 사용하지 않고도 거대한 돌덩이들이 빈틈없이 맞물린 모습은 놀라울 정도였다. 특히 돌의 끝부분을 직각으로 맞추고 약간 둥글게 처리한 점이 인상적이었다. 이렇게 세련된 기술은 잉카인의 석공기술과 비교되기도 한다.

» 13 라파누이 건축에서는 돌 끝부분이 직각으로 정렬되고 약간 둥글게 마감된 점이 인상적이다

이집트의 피라미드와 신전, 앙코르의 사원, 쿠스코의 잉카 유적에서 볼 수 있는 정교한 돌 다듬기와 쌓기 방법이 라파누이에서도 발견된 것은 놀라운 일이었다. 모아이와 아후, 성벽을 보면서 세 문명이 만나 서로 영향을 주었을 가능성을 상상해 보았다. 세 문명 간의 직접적인 교류는 알려지지 않았지만, 최소한 남아메리카와 라파누이 주민 간의 일부 교류가 있었을 가능성은 엿보인다.

라파누이에 처음 이주한 사람들은 숙련된 항해사이자 뱃사람들이었다. 제임스 포스케에 의하면 유럽인들이 태평양을 작은 섬들이 흩어진 텅 빈 공간으로 여겼던 반면, 폴리네시아인들은 바다를 지형의 연장선으로 파악했다고 말한다. 그들은 태평양의 파도와 해류를 육지의 언덕이나 계곡처럼 인식하고, 별의 위치를 기억해 바다를 항해했다. 사면이 바다인 라파누이의 주민들도 숙련된 항해로 남아메리카에 도달하고 함께 조우했을 가능성도 있다.[6]

이렇듯 라파누이의 모아이는 안데스 문명의 거석상과 외관이 비슷하며, 돌 자르기와 쌓기 기술에서 잉카의 석공술과도 닮았다. 라파누이에는 모아이와 아후를 제작한 숙련된 건축가와 조각가들, 그리고 유능한 학자들이 있었고, 이들은 집단적인 예술 행위를 통해 거대한 석상들을 유산으로 남겼다. 이집트의 피라미드와 신전, 페루의 요새와 신전을 건설한 이들, 그리고 라파누이의 주민들은 오늘날과는 다른 고도의 기술을 사용했을 수도 있다. 그들은 물리적 한계를 넘어 거대한 돌을 들어 올리고 옮기는 방법을 알고 있었을 가능성도 있다.

그러나 학자들은 라파누이 사람들이 그런 기술을 가졌다는 것을 부정했다. 스위스 출신의 작가 에리히 폰 데니켄은 그의 저서 '별들로의 귀환(1972)'* 에

---

* 그는 이스터 섬 모아이 조각상, 이집트의 피라미드, 페루의 나스카 라인과 같은 많은 고대 경이로움이 너무 진보되어 당시 원주민이 오직 사용할 수 있는 도구와 지식 대신 그는 고급 도구와 엔지니어링 능력을 갖춘 외계인 방문객이 참여했음이 틀림없다고 가정한다. 그는 이 존재들이 먼 거리를 여행했으며 기술적 문제로 인해 일시적으로 지구에 고립되어 고대 인류 문명과 상호작용하고 지속적인 영향을 미쳤다고 추측한다(Däniken, 1972:

서 이스터 섬 모아이와 같은 거대한 석조건축을 만든 문명은 외계 존재의 영향을 받았거나 심지어 도움을 받았을 수 있다고 본다. 그는 "이토록 완벽하게 일을 할 수 있는 사람은 초현대적인 도구를 가지고 있어야만 한다"고 말한다. 그렇지 않고서는 이를 설명할 방법이 없다는 것이다.

그러나 이 모든 것은 상상의 영역일 뿐이다. 이 문명을 직접 마주하게 된다면, 우리가 처음 느껴야 할 것은 경외심이다. 그들이 실제로 이러한 작품을 만들었는지 의심하기 전에, 우리가 그것을 이해하는 방식에 대해 먼저 질문해야 한다. 그들만의 방법이 있었을 것이고, 우리는 단지 그것을 알지 못할 뿐이다. 나스카의 지상화처럼, 완전히 다른 차원에서 이를 바라보아야 한다. 우리가 처음은 아니기 때문이다.

## 암벽 예술

라파누이는 대부분 바위로 이루어져 있으며, 이 바위들은 라파누이 사람들의 삶을 기록하는 도화지와 같았다. 그들은 바위에 신화, 전설, 삶을 표현하여 자신들의 문명을 기록했다.

라파누이에 위치한 오롱고는 라파누이 사람들에게 가장 신성한 장소로, 섬 전체가 바위에 그려진 암벽미술로 가득한 보물창고와 같다. 오롱고에는 새 인간 또는 조인(鳥人)과 창조의 신 마케마케를 묘사한 500개 이상의 암각화가 있다. 오롱고 마을 끝의 현무암 바위에는 수백 개의 새 인간이 새겨져 있다. 라파누이에서 조인과 마케마케 신은 어떤 존재였을까?

라파누이 사람들의 생활은 조인 의식을 중심으로 이루어졌다. 오래전부터 새의 머리를 가진 인간, 즉 새 인간을 숭배하는 종교를 믿어왔다. 라파누이의

---

127-134). 그의 이러한 주장은 인류의 가장 위대한 건축학적, 예술적 업적의 기원에 대한 호기심과 논쟁을 불러일으켰다.

역사는 기원전 5500년까지 거슬러 올라가며, 기원전 120년경부터 서기 500년경까지 사람이 살았던 흔적이 발견된다. 이 섬은 '새 인간의 땅'으로 불리며, 창조의 신 마케마케가 태초의 알에서 태어나 이곳으로 온다는 신화를 가진다. 마케마케는 신이자 새 인간의 수장이며, 새 머리를 가진 인간의 모습으로 묘사된다. 새 인간에게 부여된 호칭은 '신성한 새의 현자'를 의미하는 탕가투-마누이다. 새 인간은 긴 부리와 새 같은 머리를 가졌다.

» 14 탕가투-마누는 긴 부리와 머리를 가진 새와 같은 인간 형상을 하고 있다

라파누이인들은 이 섬을 '세상의 배꼽'이자 세상의 중심이라고 여겼다. 작은 삼각형 모양의 화산암으로 이루어진 라파누이는 사방이 끝없는 바다로 둘러싸여 있다. 이 섬은 그들에게 세상 전체를 의미했을 것이다. 오롱고 마을의 언덕에 오르면 사방이 절벽으로 둘러싸여 있고, 그 아래로 파도가 끊임없이 밀려온다. 오직 새들만이 바다로 자유롭게 날아갈 수 있는 이 작은 섬에서, 새 인간은 매우 중요한 상징이었다. 오롱고는 새 인간 숭배의 중심지였고, 주민들은 바위에 무수히 많은 새 인간의 모습을 새겼다.

» **15** 암각화로 새 인간(鳥人) 형상, 상징, 그리고 기호들이 많은 바위에 수없이 새겨져 있다

오롱고 언덕 주변에 흩어진 바위에는 새와 물고기, 그리고 다양한 상징들이 있다. 이러한 상징들은 오직 과거의 라파누이 사람들만이 이해할 수 있었으며, 현재의 섬 주민들도 이를 해독하지 못한다. 한때 번성했던 라파누이 문명은 이곳에 온 침입자들에 의해 사라졌다.

라파누이 암벽미술을 폭넓게 연구한 고고학자 조지아 리는 책 '이스터 섬의 암각화: 힘의 상징, 신에게 바치는 기도'에서 고대 사회에서 동물 이미지는 매우 중요했으며, 이 섬의 바닷새는 위엄 있고 아름답게 묘사되었다고 말했다. 원주민들이 바위에 새긴 조각들은 주제, 수량, 크기, 복잡성 면에서 놀랄 만큼 다양하며 탁월한 기술과 예술적 기량을 보여준다. 조지아 리는 석기도구만을 갖춘 상대적으로 적고 고립된 사람들이 그렇게 다채롭고 수많은 조각들을 남긴 것이 정말로 놀랍다고 하며, 섬 문화의 정수를 보여주는 예술작품으로 보았다.[7]

## 문자

라파누이에는 작은 박물관이 있다. 이곳을 떠나기 전날, 나는 라파누이 사람들이 남긴 몇몇 유물을 만났다. 그중 눈에 띈 것은 반질반질한 나무판이었다. 이것은 라파누이 사람들이 만든 상형문자가 새겨진 서판으로 그것은 "코-하우-롱고롱고(Ko-Hau-Rongorongo: 암송을 위한 필기체 문장들)"라고 불렀다. 서판은 평평한 나무판으로, 롱고롱고라는 문자가 적혀 있었으며, 오랜 사용으로 반짝이고 있었다.

선교사 에이로가 처음으로 이스터 섬의 고유한 문자 체계인 롱고롱고를 서구에 소개했다. 1864년에 쓴 책 '이스터 섬'에서 그는 "각 가정에는 상형문자로 덮인 나무판과 지팡이가 있다. 이들은 섬에서 볼 수 없는 동물들을 나타내며, 원주민들은 날카로운 돌로 이를 새긴다. 각 형상에는 이름이 있으며, 나무판은 보존되어 있다."라고 기록했다. 에이로는 이 나무판을 상형문자로 언급했으나, 이를 원시적 문자 체계의 잔재로 여기며 그 가치를 단호히 부정했다.[8] 많은 서판이 종교를 전파하려던 선교사들에 의해 불태워졌다. 이 서판에 쓰인 내용은 라파누이 문명의 일부분이다. '마우리-코-하우-롱고롱고'라는 이름에서 '마우리'는 '학자' 또는 '특별한 지식을 가진 사람'을 의미한다.

이 마오리 선생들 중 최초는 라파누이로 건너온 호투 마투아와 함께 왔다. 그들은 주로 필사를 직업으로 하는 사람으로 글을 알고 있었으며, 그들의 역할은 라파누이족의 조상인 호투 마투아가 히바섬*에서 가져 온 롱고롱고 서판 67개에 새겨진 신성한 글을 낭송하고, 서판이 썩거나 낡았을 때 새로운 판에 이 글을 다시 복사하는 것이었다.[9] 오늘날 24개의 롱고롱고 서판이 전해지고 있다.

나무판의 상형문자는 동물, 새, 물고기와 섬의 식물, 일상적인 물건, 신체 일부, 기하학적 무늬로 이루어져 있다. 나무판의 앞뒤에는 기하학적 무늬와 동물의 형태들이 있으며, 신의 모습을 인간의 신체 일부, 행위, 감정 등으로 묘사하고 있다. 그러나 이 문자는 마오리뿐 아니라 일반 주민도 사용했다고 한다. 이 섬에서는 이 문헌을 읽고 사용하는 법에 대한 지식이 대대로 전해지고 공식적으로 교육되기도 했다. 그러나 롱고롱고는 이기적 문명에 의해 잊힌 문자가 되었다.

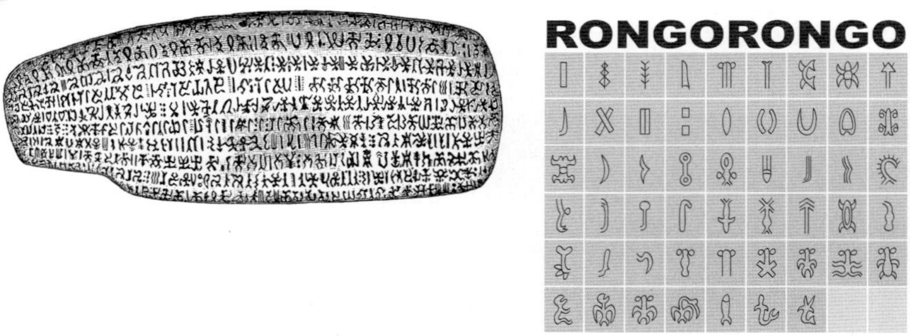


» 16 라파누이 문자 롱고롱고와 아이콘

---

* 우오케라는 초능력이 있는 존재가 히바에서 왔다. 그는 한때 엄청난 크기의 위풍당당한 섬 히바를 통째로 들어 올려 바닷속으로 던졌고 섬은 파도 아래로 가라앉았다.

19세기 라파누이는 남태평양을 무대로 활동하던 유럽의 선박들이 빈번히 오가며 더 이상 미지의 섬이 아니었다. 특히 노예사냥을 위해 오는 선박들은 많은 섬 주민을 끌고 갔다. 이때 마지막 마오리-코-하우-롱고롱고도 잡혀갔고, 이로 인해 지금까지 이 문자는 해독되지 못한 채 남아 있다.

지구에서 가장 멀리 떨어진 섬에서 발견된 문자 서판은 문명의 증거다. 문자 언어는 기록을 요하는 막대한 정보 축적이 요구되는 복잡한 문명의 결과이며, 소규모 공동체의 산물로는 흔치 않다. 라파누이의 작은 공동체가 필기 문자를 필요로 했거나 발명하게 된 것은 실로 놀라운 일이다. 그러나 아직까지 이 문자의 기원을 섬 밖에서 확인하지 못했다.[10]

라파누이에서 본 문명의 흔적들 즉 거대한 석상(아후와 모아이), 거석 건축술, 암벽화, 문자를 만들고 사용한 지혜는 진보된 문명을 말하고 있다. 그리고 작은 섬에는 거대한 돌덩이를 잘라내고 다듬고, 쌓아 올리는 숙련된 건축가와 조각가와 공학, 천문학적 지식 등을 가진 학자들이 있었다. 18세기 이곳에 온 유럽인들은 라파누이들이 남긴 유물과 유적을 훼손하고 자신의 나라로 가져갔지만 남겨진 문명의 유산은 지금 이 섬 아이들의 손끝으로 이어지고 있다. 오롱고의 암벽미술처럼 아이들이 바닥에 그린 그림은 라파누이 문명이 여전히 살아 숨 쉬고 있음을 보여준다.

» 17 라파누이 아이들이 길 위에 그린 그림

그동안 서구 학자들은 라파누이 문명의 몰락에 대해 큰 관심을 가져왔다. 고립된 섬에서 찬란한 문명을 펼쳤던 라파누이는 불과 몇백 년 만에 쇠퇴의 길을 걸었다. 학자들은 그 원인을 무분별한 벌채와 카니발리즘에서 찾았다. 모아이 석상을 운반하기 위해 수많은 나무를 벌목하면서 숲이 사라졌고, 식량이 부족해지자 원주민들이 사람까지 해치게 됐다는 것이다.

이렇듯 과거 문명 지역의 쇠락과 몰락을 자연재해나 환경 문제로 설명하고자 했다.* 재레드 다이아몬드는 책 '문명의 붕괴: 사회는 어떻게 실패를 선택하는가'(2005)에서 위대한 문명사회의 몰락 원인으로 환경 파괴, 기후 변화, 적대적 이웃과 우방관계, 환경 문제에 대한 사회적 대응을 제시하며 라파누이 문명의 쇠락은 환경악화와 잘못된 자원관리 때문이라고 주장한다. 그는 라파누이에서 무자비한 삼림 파괴가 전쟁으로 이어졌고, 결국 지배 계급이 전복되면서 거석문화마저 사라졌다는 것이다. 다이아몬드는 라파누이는 건립 이후 고립된 사회였기에 외부의 적이나 우방이 문명 흥망에 영향을 미치지 않았다고 주장한다.

그러나 최근 2015년 미국·칠레 연구팀은 비교적 높은 수준의 문명이 존재했던 라파누이 문명의 몰락 원인이 벌채와 식인문화가 아니라 유럽인들 때문임을 입증했다.** 1722년 네덜란드인을 비롯한 유럽인들이 섬에 도착한 후 천연두와 매독을 전파하여 주민들이 질병에 시달렸고, 일부는 노예로 끌려가고, 1870년대 결핵이 이 섬을 휩쓸면서 인구가 급격히 감소했다는 것이다.

5500년 전부터 이곳에서 살았던 라파누이 사람들은 거대한 돌로 만든 모

---

* 브라이언 페이건(2011)은 문명의 파멸을 부른 것은 천 년 전 지구의 온난화에 의한 것으로 남아메리카 마야 문명, 중국 문명, 안데스 고원의 티와나쿠 문명을 예로 들고 있다.

** 유럽인들이 오기 전 이 섬의 두 주요 종족(귀가 긴 족과 귀가 짧은 족) 간의 전쟁으로 섬 주민의 수가 감소하기도 했다.

아이와 제단, 문자 롱고롱고, 암면조각, 암벽화 등 다양한 예술을 창조했다. 그러나 고립된 섬에서 한때 번창했던, 분명히 진보한 문명의 기원에 대해 학자들은 만족할 만한 답을 내놓지 못하고 있다.

서구학자들은 문명의 몰락 원인을 내부에서 찾으려 했지만, 이는 서구 유럽이 문명의 정복자라는 이미지를 희석하려는 의도일 수 있다. 라파누이 문명은 서구에 의해 먼 옛날이야기로 치부되었다. 이기적 문명의 기록은 패자 문명에 대해 너무 많은 것을 놓치고 소홀히 다룬다. 라파누이 문명의 흔적은 우리가 알고 있는 것과는 다른 진보된 기술과 새로운 관점을 보여준다. 라파누이에서 머무는 동안, 라파누이 문명에 대한 이기적 문명의 이야기가 점차 설득력을 잃어가고 있다는 생각이 끊임없이 들었다.

# 8장
# 스페인과 튀르키예

# 스페인: 코르도바와 그라나다

## 1. 기독교 문명과 이슬람 문명의 각축장, 스페인에 가다

직접 가서 보아야만 알 수 있는 것들이 있다. 그 공간에 있지 않으면 알 수 없는 것들이 세상에는 많다. 우리가 사는 세상을 정말 이해하고자 한다면 반드시 가봐야 할 곳이 있다. 그곳에 가야 비로소 진실을 볼 수 있다. 그곳은 유럽이었다. 한때 유럽은 과학, 기술, 지식의 전달자로서 인류 역사의 방향을 만든 곳으로 여겨졌다.

내가 초·중·고등학교에서 배운 교과서에는 대부분의 수학자, 과학자, 철학자, 천문학자, 작가, 예술가, 음악가들이 유럽인이었고, 인류를 위한 대부분의 발명품과 과학적 원리가 유럽에서 창조되었다. 서구의 역사관을 반영한 대부분의 연구는 의심할 여지없이 서구를 중심으로 이루어졌으며, 유럽은 모든 지식의 보고였다. 서양 문명은 항상 다른 문명들보다 앞서 있었다. 유럽인이 없었다면 인류는 여전히 원시 사회에 머물렀을 것이라 생각했다. 그들은 우리에게 찬탄의 대상이었다. 콜럼버스의 신대륙 발견과 대항해 시대는 인류 발전의 새로운 시대를 여는 포문이었다. 달걀의 한쪽 끝을 깨뜨려 바닥에 똑바로 세운 '콜럼버스의 달걀'은 혁신적 사고, 발상의 전환을 의미하는 관용구로 사용되기도 한다.

그러나 이러한 사실은 너무 많은 것을 간과하고 소홀히 한다. 그동안 서구 문명은 다른 문명들의 과학, 기술, 발전을 누락하고 배제해 왔다. 내가 아시아, 아프리카, 남아메리카 지역들을 여행하며 마침내 깨달은 것은 인류 발전에 서구만이 기여한 것은 아니라는 점이다. 아무리 서구 문명이 우월하다 해도, 다양한 문명과 접촉하고 도움을 받지 않았다면 지금의 성과를 남기지 못했을 것이다. 유럽의 천재들이 '혼자 흥에 겨워' 만든 것들에 의존하여 인류 발전이 이뤄졌다는 주장은 더 이상 설득력이 없다.

아시아, 아프리카, 남아메리카 지역 여러 곳을 다녀 본 후, 나는 유럽으로 눈을 돌렸다. 과거 유럽에 대한 환상과 현재 유럽의 현란함에 눈이 멀어, 자칫 다른 문명 지역이 남긴 유산을 제대로 볼 수 있을까 하는 우려가 있었다. 우선 유럽 지역에서 문명충돌 지역을 찾았다. 그곳은 스페인이었다.

이슬람과 유럽은 주로 지중해 지역에서 지리적, 인문적 교류를 해왔다. 8세기 유럽 기독교 문명은 이슬람 문명과 충돌했고 이슬람 문명에 의해 정복됐다. 이슬람 문명은 유럽 대륙의 남서쪽 이베리아 반도에 위치한 기독교 문명인 스페인(알 안달루스)에 도착하여 1492년까지 머물렀다. 이슬람 문명은 610년에 무함마드가 이슬람을 창시하면서 시작되었고, 이후 페르시아만, 인도양, 아덴만, 홍해로 둘러싸인 서남아시아 아라비아 반도에 이슬람 제국을 세웠다. 이슬람 제국은 7세기 중반에 비잔티움 제국과 페르시아 제국을 정복했다. 그리고 스페인(알 안달루스)* 으로 시선을 돌렸다. 이슬람 제국은 이곳을 유럽 정복의 발판으로 삼았다.

그렇다면 약 800년 동안 스페인에서 두 이질적인 문명이 충돌한 목적은 무엇이었으며, 이기적 문명의 행위는 어떤 형태로 나타났는가? 이 질문들은 나를 스페인으로 이끌었다. 스페인은 기독교와 이슬람이 충돌한 대표적인 장소였으며, 오랫동안 두 문명의 각축장이었다.

나는 2012년 스페인 마드리드에서 개최된 관련 학회에 참석했다. 학회가 끝난 후 7월 13일부터 22일까지 마드리드, 세고비아, 그라나다, 코르도바, 세비야, 톨레도를 돌아다녔다. 스페인의 여러 도시는 두 문명이 서로 밀고 당기던 현장이었다. 코르도바와 그라나다는 기독교 문명과 이슬람 문명이 정복과 재정복을 겪은 지역으로, 두 문명이 남긴 것들을 상징했다. 각 문명은 서로가 남긴 것을 훼손하고 자신의 문명을 이식했다. 이러한 행위는 모두 이기적 문명의 행동이었다. 그러나 이는 유럽이 아시아, 아프리카, 남미를 침략하고 정복하면서 보여준 이기적 행동과는 달랐다. 이슬람 문명과 유럽 기독교 문명이 스페인에서 보여준 이기적인 행동 속에서 사람들은 관용과 공존의 가능성을 이야기한다. 그렇다면 스페인의 두 도시에서 보여 준 이기적인 문명의 행위는 어떤 모습이었을까?

## 2. 이기적 문명의 현장

### 코르도바에서 본 이기적 문명

코르도바를 찾는 사람들이 꼭 들르는 명소가 있다. 바로 코르도바 메스키

---

* 오늘날 스페인 남부에 있는 도시 안달루시아(Andalusia)는 아랍어 '알 안달루스'에서 시작되었다. 이 단어는 이베리아 반도 내에서 '이슬람 세력이 지배하는 지역'을 뜻한다.

타 대성당이다. 이 건물은 이름에서부터 기독교와 이슬람 문명이 공존하는 특별한 의미를 담고 있다. 이 대성당은 게르만 민족의 서고트 왕국 시절 교회가 있던 자리에 압둘 라흐만 1세에 의해 모스크로 지어졌고, 지금은 전 세계적으로 건축의 걸작으로 알려져 있다. 한때 이곳에서 2만 5천 명의 무슬림들이 동시에 기도를 올렸다는 기록만으로도 장엄한 광경을 상상하게 한다.

모스크 내부로 들어서면 약 856개의 기둥과 이중 말발굽 아치가 관람객을 압도한다. 이 아치는 이슬람 건축가들이 창조한 혁신적인 설계로, 흰 돌과 붉은 벽돌이 교차된 이중 아치 형태가 일정한 간격으로 있는데 서로 엇갈리게 보여서 숲과 같은 효과를 만들어낸다. 기둥 주변에 배치된 48개의 작은 공간은 이 구조의 웅장함을 더하며, 천장과 벽면에는 아름다운 모자이크와 장식이 가득하다. 이 모스크는 이슬람의 수학, 기하학, 건축 기술의 정수를 모은 걸작이라 할 수 있다.

모스크 주변에는 35개의 예배 공간이 있으며, 그 안에는 수많은 기독교 성화가 그려져 있다. 이곳은 코르도바 성모 승천 대성당으로, 모스크와는 다른 차원의 화려함을 보여준다. 대성당 내부에는 승천하는 성모 마리아 등 성화와 예수를 상징하는 조각들이 가득하다. 이슬람 모스크와 기독교 대성당이 한 건물에 공존하는 이곳은 매우 독특한 장소이다.

메스키타 즉 대모스크로 부르는 이슬람 사원이자 가톨릭의 성모승천 성당은 아주 흥미로운 건축물이다. 코르도바 메스키타는 약 800년간 이슬람의 통치 아래 있었던 코르도바가 레콘키스타라 불리는 기독교 영토 회복 운동인 '재정복 운동'을 통해 다시 기독교로 돌아오는 정복-재정복의 역사적 흐름을 담고 있다. 756년 이슬람 제국의 압둘 라흐만 1세는 스페인 남부 안달루시아의 중심 도시인 코르도바를 점령했다. 그는 우마이야 왕조를 세웠고 알-라만 1세로 즉위했으며 코르도바를 수도로 정했다. 원래 로마 도시였던 코르도바

» 1 코르도바 메스키타 대성당 입구와 내부 모습

는 이슬람 시대의 시대를 맞이했다. 8세기 중반부터 이베리아 반도뿐만 아니라 이슬람 세계 전체의 중심지가 되었다. 압둘 라흐만 1세는 이전 교회 자리에 모스크를 짓기 시작했고, 이후 200년에 걸쳐 모스크로 발전했다.

그러나 1236년 성 페르난도 3세는 코르도바를 탈환함으로써 재정복했다. 페르난도 3세는 이베리아 반도 전체를 가톨릭 왕국으로 통일하겠다는 의지를 가지고 재정복 운동을 시작했다. 코르도바는 이슬람 문명에서 다시 기독교 문명 속으로 들어갔다. 이베리아 반도는 로마 제국 이후 기독교를 믿던 지역이었으나 711년 이슬람교를 믿는 우마이야 왕조가 들어서면서 이슬람의 지배를 받아온 곳이었다. 페르난도 3세는 코르도바를 되찾은 뒤 모스크의 일부를 가톨릭 예배당 '성모승천성당'으로 개조했다.

현재 이 모스크와 대성당은 서고트 왕국의 교회에서 이슬람 사원, 다시 가톨릭 대성당으로 변모해온 종교적 상징의 흔적을 간직하고 있다. 코르도바의 다양한 문화와 종교적 유산을 보여주는 이곳은 문명 교차의 장이자, 역사를 고스란히 품은 독특한 공간이라 할 수 있다. 이러한 모스크 성당에서도 어김없이 이기적 문명의 흔적을 찾아볼 수 있다.

711년에 이슬람 문명이 스페인을 정복하고 코르도바를 수도로 삼았을 때, 기독교를 상징하는 교회를 모두 파괴하지는 않았다. 1236년에 성 페르난도 3세도 이슬람의 상징인 모스크를 모두 파괴하기보다는 일부를 개조하여 기독교 문명을 남겼다. 당시 유럽이 다른 문명을 정복할 때 유적과 유물을 파괴하고 약탈했던 것과는 달리, 코르도바에서는 각 문명의 유적이 일부만 손상되었다. 이는 일종의 '다른 형태의 이기심'을 보여준다.

이슬람과 기독교 문명 모두 성전, 대성당, 모스크와 같은 아름다운 건축물을 적에게서 빼앗은 트로피로 여겼고 전리품으로 삼아 파괴하지 않았다. 이슬람 문명은 교회 자리에 거대한 모스크를 세웠고, 이후 기독교 문명이 재정복한 뒤 그 모스크를 가톨릭 성당으로 개조했다. 기존 문명의 건축물을 개조해 새로운 종교적 상징을 추가했기 때문에, 모스크는 가톨릭 성당으로 변화했다.

이 과정에서 각 문명의 유적들은 불가피하게 일부 손상되거나 변형되었다. 기독교 문명은 재정복 후 이슬람 모스크의 중심부를 허물고, 성모 마리아에게 헌정된 제단과 십자가 모양의 성가대를 만들고, 사방 벽마다 작은 교회를 세웠다. 미나레트 대신 종탑도 세워져, 이슬람 건축물 내부에 성모 마리아가 공존하는 이색적인 모습이 나타났다.

» 2 모스크 성당에서 볼 수 있는 이슬람과 기독교의 흔적들

코르도바에서 두 문명이 충돌하면서, 승자는 이전 문명의 건축물을 승리의 상징으로 남기고 자신의 상징을 새겼다. 예상치 못한 결과로 생긴 부조화는 오히려 사람들에게 관용, 문명 간의 공존의 가능성을 생각하게 하는 기회를 만들어냈다.

코르도바의 모스크 벽면에는 압둘 라흐만 1세가 아랍어 서체로 "이곳은 이미 일어난 일을 구현하고 다가올 일을 비춘다"고 새겼다. 이슬람은 유럽의 미래였다. 데이비드 루이스의 '신의 용광로'에 따르면, 10세기 말 스페인 남부 코르도바에는 약 70개의 도서관과 40만 권 이상의 서책이 있어 지적 진보를 이룬 곳이었다. 이슬람의 선진 문화는 다양한 종교와 전통을 융합하여 유럽 르네상스의 탄생에 크게 기여했다.

코르도바의 모스크는 세계적으로 유명한 건축물이었지만, 나중에 성당으로 개조되었다. 그러나 새로운 기독교적 요소들이 기존의 이슬람 양식과 어울리지 않았다. 이를 본 카를로스 5세는 이렇게 말했다. "이토록 멋진 곳인 줄 알았다면 파괴를 허락하지 않았을 것이다. 어디에서나 볼 수 있는 것을 만들기 위해, 세상 어디에도 없는 것을 파괴해 버렸구나." 그는 이어 "이 얼마나 어리석은 일인가!"라고 탄식했다고 한다.

## 그라나다 알함브라 궁전의 훼손

이슬람 나스르 왕조(1232-1492)는 그라나다를 수도로 삼아 독특한 문명을 창조했다. 그라나다에는 알함브라 궁전이 있다. 이곳에 가면 프란시스코 타레가의 클래식 기타 곡인 '알함브라 궁전의 추억'이 애잔하게 울려 퍼진다. 이 곡은 너무 유명해 모르는 사람이 없을 정도로 널리 알려져 있으며, 듣는 이를 아득한 과거로 데려간다. 궁전의 정교하고 섬세한 건축물은 '아름다움의 절정'이라는 말로밖에 표현할 수 없다. 궁전에 발을 들이는 순간, 마치 시간 여행을 하여 15세기 이슬람 문명의 세계로 들어가는 듯한 느낌이 든다.

한편, 유럽은 이슬람 문명을 과학과 발전의 요람이라기보다는 신비로운 장소로 묘사해왔다. '천일야화 또는 아라비안 나이트'는 아라비아 민속 설화를 중심으로 한 이야기집이다. 그중에서도 '알리바바와 40인의 도적', '알라딘과 마법의 램프'는 대표적인 이야기로 알려져 있다. 몽테스키외의 '페르시아인의 편지', 모차르트의 '후궁으로부터 탈출', 괴테의 '서동시집' 등 많은 작품들이 허구에 기반을 둔 이야기들이다. 알함브라 궁전도 다양한 전설과 신비로운 이야기가 깃든 특별한 장소로 여겨진다.

이슬람의 건축물은 추상적인 문양으로 지어지는데 알함브라 궁전 역시 아라베스크 무늬*와 기하학적 무늬로 가득 찬 높은 천정과 벽 그리고 시간을 가늠할 수 없이 오래된 동굴에서 볼 수 있는 종유석 모양의 섬세한 장식으로 둥글게 만들어진 천정과 기둥, 돔 등이 눈을 부시게 한다. 알함브라 궁전의 모든 것들은 사람들의 마음을 사로잡으며, 그라나다 하면 제일 먼저 떠올리는 곳이 된다.

알함브라 궁전 내부는 이슬람 예술의 정수라고 할 수 있으며, 이곳을 방문한 저명한 건축가들 또한 최고의 찬사를 아끼지 않는다. 궁전에는 수없이 이어지는 넓은 방과 햇빛이 비치는 정원이 많다. 그곳에는 생명을 상징하는 물의 흐름이 눈앞에 펼쳐지고, 곳곳에 수로와 분수가 설치되어 있으며, 물소리가 들리도록 설계된 정원이 있다.

그라나다의 이슬람은 1492년 마침내 기독교에게 길을 내어주었다. 기독교 문명은 그라나다를 끝으로 스페인을 재정복하게 된다. 카스티야 여왕 이사벨 1세와 아라곤 왕 페르난도가 함께 다스리던 기독교 스페인은 이 도시에 입성했다. 나스르 왕조의 마지막 왕인 무하마드 12세 '보압딜'은 스스로 알함브라 궁전의 열쇠를 넘겨주며 항복했다. 왕 '보압딜'은 알함브라 궁전을 떠나기

---

* 아라베스크 무늬는 이슬람 예술과 건축에서 비롯된 독특한 장식 양식으로, 나뭇잎과 덩굴, 기하학적 형태가 유려하게 얽혀 반복되는 복잡한 패턴이 특징이다. 이러한 반복과 맞물림은 창조의 상호 연결성과 무한함을 상징하며, 시작과 끝이 없는 영원을 표현한다. 아라베스크는 이슬람 건축의 벽, 천장, 아치 등에서 두드러지게 나타나며, 이슬람 예술에서는 전통적으로 종교적 규율에 따라 인물이나 동물의 형상을 피하기 때문에, 아라베스크는 구체적인 이미지 없이도 추상적이고 상징적으로 아름다움과 신성을 전달하는 역할을 한다.

» 3 알함브라 궁전 정원, 아라베스크 무늬 벽, 종류석 천장의 모습이다

» 4 알함브라 궁전의 훼손된 모습들

전에 자신의 궁전을 마지막으로 보기 위해 잠시 멈춰 서서 "마지막 한숨"을 내쉬었다고 전해지는데, 흔히 '무어인의 마지막 한숨(The Moor's Last Sigh)*'이라고 불린다. 이 한숨에는 상실감, 체념 등 복합적인 감정이 담겨 있을 것이다. 이로써 스페인은 800년간의 이슬람 지배를 끝내고 통일의 원년을 맞이하였다.

---

* '무어인'은 본래 모로코, 모리타니아, 알제리, 튀니지 등 북아프리카 지역의 베르베르계 원주민 부족을 가리키는 말이었다. 인종적 구분 없이, 8세기경 이베리아 반도를 정복한 이슬람교도를 통칭하는 용어로 널리 사용되었으며, 11세기 이후에는 북아프리카와 아시아의 이슬람교도를 지칭하다가 15세기 무렵부터는 일반적으로 이슬람교도를 가리키는 말로 자리 잡았다.

알함브라 궁전은 '붉은 성'이라는 뜻을 지니고 있으며, 13세기 중엽에서 14세기 중엽까지 약 100년에 걸쳐 지어진 건축물로, 인간이 만든 가장 아름다운 건축물 중 하나로 꼽힌다.

그라나다의 기독교 재탈환으로 인해 이베리아 반도의 종교는 기독교로 통일되었다. 기독교 손에 들어간 알함브라 궁전은 이들에게 전리품 또는 트로피로 여겨져 파괴되지 않고 남겨졌다. 그러나 궁전 곳곳에서 이기적 문명의 흔적을 발견할 수 있었다. 특히 알함브라 궁전 내부에는 훼손한 흔적을 많이 볼 수 있다. 궁전 내부의 기둥들은 회색으로 칠해지거나 벗겨졌고, 섬세한 이슬람 문양과 장식들은 파내어져 이슬람의 흔적을 지우려는 듯했다.

## 튀르키예*: 이스탄불

### 1. 이스탄불에 가다

2003년 1월 21일부터 29일까지 나는 그리스 아테네를 거쳐 튀르키예 이스탄불을 다녀왔다. 이후 2022년에 터키의 국명이 튀르키예로 변경되었다. 이스탄불은 보스포루스 해협을 중심으로 아시아와 유럽 두 대륙에 걸쳐 있는 도

---

* 2022년 6월, 유엔은 튀르키예의 요청을 받아들여 국가 이름을 터키에서 튀르키예로 변경했다. 튀르키예는 자국민들이 이미 사용하던 이름으로, '튀르크인의 땅'을 의미한다. 국제 사회에서 널리 사용되던 Turkey는 영어로 칠면조를 뜻하기 때문에 국가 이미지를 훼손한다는 지적이 오래전부터 제기되어 왔다. 또한, 영어 단어 Turkey는 '어리석은 사람'이나 '겁쟁이'라는 의미를 가지는 반면, Turk는 '용감한 사람'을 의미하여 국가 이름의 의미가 정반대라는 점도 문제로 지적되었다. 이름 변경과 관련해 에르도안 대통령은 "튀르키예는 우리나라의 문화, 문명, 가치를 가장 잘 표현하는 단어"라고 말했다. 제1차 세계대전 직후 오스만 제국이 튀르크 공화국으로 바뀔 때, 현지에서는 전혀 사용되지 않던 Turkey라는 이름이 국제 사회에 의해 국가 명칭으로 사용되었다.

시로, 기독교와 이슬람 문명이 충돌한 대표적인 장소이다.

이스탄불의 역사는 로마 시대로 거슬러 올라간다. 콘스탄티누스 1세(재위 306-337)는 313년 밀라노 칙령으로 기독교를 공인하고, 330년에 콘스탄티노폴리스를 건설하여 로마 제국의 수도로 삼았다. 395년 로마가 동서로 분열되면서 동로마 제국, 즉 비잔틴 제국의 수도가 되었다. 1261년 니케아 제국이 콘스탄티노폴리스를 탈환하여 로마 제국을 부활시켰다. 이처럼 콘스탄티노폴리스는 탄생부터 기독교 도시였다. 이후 쇠퇴하던 중, 소아시아의 작은 국가로 시작한 오스만 튀르크 왕조(1299-1922)는 14세기 동안 소아시아 전역을 지배하고, 동로마 제국, 불가리아, 세르비아, 헝가리 등을 상대로 승리를 거두며 발칸반도로 영토를 확장했다. 1453년 술탄 메흐메트 2세가 콘스탄티노폴리스를 정복하여 동로마 제국을 멸망시키고, 오스만 제국(1453-1922)은 콘스탄티노폴리스를 수도로 삼았다. 이후 터키 공화국이 수립된 후, 도시 이름은 이스탄불로 변경되었다.

이스탄불은 천 년 이상 기독교 세계의 수도였으며, 예루살렘, 로마와 함께 기독교의 3대 역사적 도시 중 하나이다. 1453년 이슬람 문명이 이스탄불에서 기독교 문명을 밀어냈다. 동로마 제국은 중세 중반까지 유럽 기독교 문명의 가장 강력한 세력 중 하나였다. 이스탄불에서 두 문명이 충돌한 것이다. 그렇다면 이스탄불에서 본 이슬람의 이기적 문명의 행위는 어떤 양상을 띠고 있는가?

## 2. 이기적 문명의 현장

### 유적 훼손: 문명의 상징에 덧칠하기

이스탄불에서 가장 먼저 방문한 곳은 구시가지 중심에 위치한 도시의 상징, 아야소피아 모스크였다. 건물 이름이 아야소피아 모스크로 이곳에서 이슬람과 기독교 문명의 또 다른 충돌을 목격할 수 있었다.* 콘스탄티누스 황제는 기독교를 국교로 삼고 수도를 로마에서 비잔티움으로 옮겼다. 330년, 비잔티움은 콘스탄티노폴리스로 이름을 바꾸었고, 유스티니아누스 황제는 532년부터 537년까지 거대한 성당인 아야소피아를 건축하여 동로마 제국의 대성당으로 사용하였다. 그러나 1453년, 이슬람 오스만 제국이 콘스탄티노폴리스를 정복하면서 이 성당은 모스크로 전환되었다.

아야소피아 모스크에 들어서기 전, 가장 먼저 눈에 띈 것은 이슬람 문명의 상징인 뾰족한 첨탑, 미나레트였다. 오스만 제국의 술탄은 비잔틴 제국의 수도였던 콘스탄티노폴리스를 점령한 후, '신성한 지혜'를 의미하는 그리스어 이름의 아야소피아를 모스크로 바꾸었다. 성당 외부에는 네 개의 이슬람 미나레트가 세워졌다.

건물 내부로 들어서면 거대한 원형 천장인 돔이 그 규모로 방문객을 압도한다. 이 돔은 높이 56m, 지름 32m로, 돔을 지지하는 단 한 개의 기둥도 없이 세워진 구조이다. 숫자는 물리적으로 크기를 나타낼 수 있지만, 시각적으로 보이는 섬세함과 정교함은 보여주지 못한다. 성 소피아 모스크의 중앙에서 고개를 뒤로 젖혀 돔을 올려다보면, 천장이 멀리 보인다. 이 원형 돔은 천상계, 즉 신의 왕국을 상징한다고 한다. 돔을 지탱하는 두꺼운 기둥, 버팀벽, 지붕 등이 조화를 이루고 있다.

모스크로 개조된 아야소피아는 현존하는 가장 오래된 교회 건축물 중 하나로, 비잔틴 문명의 정점을 보여준다. 당시 최고의 물리학자와 수학자들이 동원

---

* 원래 아야소피아(Hagia Sophia)로 불리던 이 건물은 1453년 오스만 제국에 의해 모스크로 개조되었다. 이후 1935년 무스타파 케말 아타튀르크에 의해 박물관으로 전환되었으며, 2020년 터키 정부가 아야소피아를 다시 모스크로 공식 전환했다. 현재 공식 명칭은 아야소피아 모스크이다.

» 5 아야소피아 모스크와 기도 시간을 알리는 미나레트

되어 이 거대한 돔을 가진 웅장한 성당을 설계했다고 전해진다. 아야소피아 모스크는 그 규모와 화려함뿐만 아니라 건축디자인, 기술로 인해 '건축 역사를 바꾼' 작품으로 찬사를 받고 있다. 그런데 현재 이스탄불의 아야소피아 모스크에서는 기독교와 이슬람 문명이 불편하게 공존하는 모습을 볼 수 있다.

아야소피아 모스크를 도시 이스탄불을 상징하는 건축물로 만든 것은 무엇일까?

아야소피아 모스크는 중세 기독교와 이슬람 문화 양식이 공존하는 이스탄불의 상징으로 자리 잡고 있다. 내부에는 천장에 성모 마리아와 천사들의 벽화가 있고, 벽에는 이슬람 선지자들의 이름이 적힌 명판이 걸려 있다. 2층 갤러리로 올라가면 초기 기독교의 거대한 규모의 초기 그리스도 성화가 벽에 자리하고 있다. 성모 마리아를 포함한 금 모자이크 성상들은 이슬람 경전인 쿠란의 금색 문자와 함께 자리하고 있다.

1935년, 성소피아 성당은 모스크에서 박물관으로 용도가 변경되었다. 개조 공사 중 석회와 회반죽으로 덮여 있던 벽면을 걷어내자, 그 아래에서 예수

» 6 성 소피아 모스크 내부에는 이슬람과 기독교 문명이 함께 공존하고 있다

상과 성모 마리아 등 모자이크와 프레스코화로 그려진 성화들이 거의 훼손되지 않은 채 모습을 드러냈다. 수백 년 동안 감추어져 있던 비잔틴 문명의 화려함이 다시 세상에 드러난 순간이었다.

이슬람 문명이 가톨릭 대성당을 모스크로 전환하면서 기독교 문명의 흔적을 지우기 위해 벽화에 덧칠하였다. 이 과정에서 성모자상 등 거대한 초기 기독교 성화와 금 모자이크 성상들이 하얀 회칠 벽 아래로 사라졌다. 대신 이슬람 문명을 상징하는 쿠란의 내용을 금색 문자로 새긴 이슬람 장식으로 꾸며졌다. 그런데 벽의 덧칠이 벗겨지면서 드러난 기독교 성화들의 존재는 많은 이들을 놀라게 했다. 이 성화들이 완전히 파괴되지 않고 남아 있었다는 사실은 이슬람의 관용을 상징한다고 여겨졌다. 이는 과거 오스만 지도자들이 로마 문화유산에 부여한 관용과 공존의 미덕으로 해석되었다. 그러나 다른 문명의 상징을 덧칠하여 시야에서 사라지게 하고, 자신의 문명을 넣은 것이 과연 진정한 관용으로 볼 수 있을까?

» 7 대성당 벽의 칠이 벗겨지면서 성모 마리아를 비롯한 황금 모자이크 성상들이 드러난 모습이다

유럽에서 본 문명충돌은 상대 문명의 상징을 파괴하기보다는 전리품으로 삼는 형태로 나타났다. 그러나 정복한 문명에 자신의 종교상징을 덧붙이거나 덧칠하고 그 자리에 자신의 문명 상징을 넣는 행위는 관용과 공존의 미덕이라기보다는 정복자의 이기적 문명의 행위로 볼 수 있다. 이는 후대에 두 문명의 불편한 공존으로 인식될 수 있다.

## 스페인과 튀르키예에서 본 문명 공존의 아이러니

스페인 코르도바는 흔히 '모스크의 성모 마리아'로 불리며, 두 문명이 공존하는 '세계의 보석'이며 '관용과 상생'을 보여주는 곳이라고 한다. 튀르키예는 '기독교와 이슬람교가 만나는 이스탄불의 아야소피아 모스크'가 있는 곳으로 묘사된다. 그러나 이것이 진정으로 문명의 공존인가? 아니면 이기적 문명의 다른 면을 드러내는가?

## 1. 문명 공존의 두 얼굴

유럽은 아시아, 아프리카, 남아메리카의 문명에 침략자이자 정복자로 찾아왔다. 그렇다면 유럽 문명은 다른 문명과 충돌했을 때 실제로 어떤 모습이었을까? 여행을 하면서 내내 이 궁금증이 떠나지 않았다. 711년 이슬람 문명은 기독교 문명을 정복하고 스페인에 자리 잡기 시작했다. 이슬람 문명은 관용과 상생을 의미하는 '콘비벤시아'를 이룩했다. 그러나 1452년, 기독교 문명은 이슬람을 다시 쫓아냈다. 이는 국토 회복 운동, 즉 레콘키스타였다. 한편, 1453년에는 이슬람 문명이 기독교 문명을 정복했다. 바로 튀르키예 이스탄불에서다. 스페인의 코르도바, 그라나다와 이스탄불은 기독교와 이슬람 문명의 충돌이 있었던 지역들이다. 흥미롭게도, 이 도시들을 상징하는 건물들은 이슬람과 기독교 문명의 상징들을 모두 담고 있다.

코르도바 모스크 성당의 이슬람 사원과 성모 마리아 승천 가톨릭 대성당, 그라나다 알함브라 궁전의 기독교 건축물, 이스탄불 아야소피아 모스크의 미나레트와 기독교 성화들, 그리고 쿠란의 내용을 담은 금문자들이 대표적이다. 이는 '기독교와 이슬람이 공존하는 곳', '기독교와 이슬람 문명의 상생과 관용을 보여주는 곳'이라고 불린다. 과연 두 문명은 정말로 공존하고 있는 것일까?

유럽인들의 아시아, 아프리카, 남아메리카 침략과 정복은 여러 가지 이기적인 문명적 행위들을 낳았다. 이들은 원주민이 부르던 지명의 이름을 자신들의 언어로 바꿔 소유권을 행사했고, 정복지의 신화를 도용하고 역사를 다시 썼다. 때로는 정복 지역의 종족을 말살하고, 정복한 민족을 야만인으로 규정하여 정복을 합리화했다. 이들은 문명을 파괴하고 약탈하며 자신들의 문명을 이식했다.

역사적으로 유럽 지역은 여러 민족들에게 도전을 받았으나, 그 정복 대상은 주로 이슬람 문명이었다. 유럽 기독교 문명과 이슬람 문명은 지리적으로 가까운 지역에서 충돌했다. 이 과정에서 각 문명은 서로의 문명 상징을 파괴하거나 훼손하기보다는 정복의 전리품과 기념물로 삼으며 남겨두었다. 물론 손상과 파괴도 있었다. 그러나 대다수의 경우 상대 문명의 상징적 건물의 내부와 외부에 자신의 문명을 상징하는 표시를 넣었다. 또한 덧칠하고, 자신들의 상징을 그렸다. 이러한 이기적인 문명의 행위는 그동안 행해져 온 다른 문명들의 파괴와 약탈과는 다르게 볼 수 있다. 아이러니하게도, 오늘날 두 문명의 이러한 이기적인 행위는 관용, 상생, 공존으로 해석되고 있다. 즉, 다른 문명이 남긴 것을 파괴하기보다는 자신의 문명을 상징하는 요소를 덧붙이거나 덮어씌우는 것이 이교도에 대한 관용으로 여겨지는 것이다.

이슬람에서는 적의 성을 함락했을 때 3일간의 약탈을 허용하는 관례가 있었으나, 콘스탄티노플을 정복한 후 아야소피아의 파괴는 금지되었다. 현재 아야소피아 모스크는 이슬람 사원인 블루 모스크와 마주하고 있다. 이는 기독교와 이슬람의 공존을 보여주는 한 장면이며, 박해보다는 관용이 이스탄불을 공존과 대화의 도시로 만들었다고 보기도 한다.[1] 그러나 이스탄불 아야소피아 모스크에서는 한편으로는 이기적인 문명의 훼손 행위가, 또 한편으로는 그 결과로서의 공존이 보인다. 이것이 바로 문명 공존의 두 얼굴이다.

## 2. 이슬람에서의 관용

이슬람 문명과 유럽 문명의 충돌의 중심에는 종교가 자리하고 있다. 아모스 오즈는 '타인을 억지로 바꾸려 하고, 강요하는 자가 광신자이다'라고 했다.*

---

* 아모스 오즈(1939-2018)는 이스라엘 작가이자 팔레스타인 평화운동가이다. 그는 이스

종교는 문명 갈등에서 떼어놓을 수 없는 요소이다. 종교의 전파는 이민족의 침략과 억압을 통해서 이루어졌으며 세를 확장하기 위한 명분으로 활용되었다. 정복된 민족에게 종교가 강요되면서 반란, 진압, 항복과 복종의 과정이 이어졌다. 이슬람은 종교 전파라는 이름으로 유럽을 침략했다. 유럽 전역을 열기로 휘몰았던 십자군 전쟁은 성전이라 불리기는 하나 실상은 이슬람에 맞서 기독교 성지를 탈환하기 위한 것이었다.[2]

기독교는 이슬람에게 빼앗긴 스페인을 되찾기 위해 레콘키스타와 국토 회복 운동을 시작했다. 마침내 1492년, 가톨릭 군주 이사벨라와 페르디난드는 그라나다에서 이슬람 지도자 보압딜로부터 피 한 방울 흘리지 않고 항복을 받아내며 그를 축출했다. 다시 기독교의 시대가 도래한 것이다. 알함브라 궁전을 점령한 기독교 군주 부부는 '알함브라 칙령'을 발포했으며, 이에 따라 유대인들은 스페인 영토에서 추방당했고 무슬림들 또한 기독교로의 개종을 강요받았다. 개종하지 않으면 죽임을 당했다. 그 결과 이베리아 반도의 종교는 기독교로 일원화되었다. 수백 년 동안 안달루시아에 거주하던 무슬림들도 결국 생존을 위해 기독교로 개종해야 했다. 유럽은 이슬람을 그리스도에 대항하는 무기 이상의 위협으로 간주했다.[3] 중세 초기부터 계몽주의 시대까지 유럽의 이슬람에 대한 태도는 적대적이었으며, 기독교 통치자들은 무슬림에게 그들의 종교를 허용하지 않았다.

그렇다면 711년 스페인에 진출한 이슬람 문명은 기독교를 어떻게 대했을까? 스페인의 이슬람 문명은 다른 종교에 비교적 허용하는 편이었다. 기독교인과 유대인들은 무슬림과 함께 살아가는 데 어려움이 없었다. 신분의 차이는 있었지만, 개종을 강요하지는 않았다. 종교와 문화가 다른 사람들도 이슬람 통

라엘과 팔레스타인의 공존을 주장했으며, 이로 인해 이스라엘 내에서 반역자라는 비난을 받기도 했다(OZ, 2006: 37).

치를 받아들이고 높은 세금을 내면 종교의 자유와 자치권, 안전을 보장받으며 공존할 수 있었다. 기독교인과 유대인을 제거하거나 강제로 개종시키기보다는 높은 세금을 납부하는 대가로 자신의 종교를 유지하도록 허용했다.[4]

알라흐만 1세는 자신들이 수적으로 소수라는 한계를 인식하고 종교와 종족의 경계를 넘어 인재를 등용했다. 이베리아 반도에 많이 거주하던 유대인들은 경제, 행정, 학문 분야에서 뛰어났으며, 주로 기록관, 서기, 의사, 궁정 관리로 일했다. 종교적 개종을 강요하지 않고, 인재를 기용한 알라흐만 1세의 통치 철학은 관용과 공존을 의미하는 '콘비벤시아'로 불린다. 스페인에서는 무슬림, 기독교인, 유대인이 오랜 기간 유럽 대륙에서 공존의 가능성을 보여주었다.

그러나 콘비벤시아가 흔히 말하는 관용을 의미하지는 않았다. 관용이란 다른 사람의 신념, 의견, 행동 등을 받아들이거나 허용하는 태도를 말하며, 종교적 관용, 문화적 관용이 그 예이다. 차별은 존재했다. 이교도들은 공식적인 종교 의식을 거행하거나 새로운 교회를 짓는 것이 허용되지 않았고, 주택의 크기와 의복에서도 아랍인들과 구별되었다. '콘비벤시아'에서 언급되는 관용은 이슬람의 전략적 통치 방식이면서 필요에 의해 선택된 실용적인 방법일 수 있다.

## 3. 기독교와 이슬람: 혼자 이루어진 문명은 없다

후기 우마이야 왕조의 수도였던 코르도바는 이슬람 문명의 중심이자 지적, 문화적 정점에 있었던 도시였다. 알라흐만 3세(912-961)의 치세 동안 코르도바에는 80개의 도서관이 있었다. 알 하캄 2세는 40만 권의 책을 소장한 대규모 도서관을 설립했다. 스페인 각 도시에 연구소가 세워져 아랍어 경전을 번역했으며, 주변국 학자들이 과학, 의학, 철학을 배우기 위해 이곳에 모였다. 특히 종합적인 연구 및 교육기관인 "이슬람 지혜의 집(Bayt al-Hikma)"은 8세기 아바스 왕조 칼리프 통치 하에 바그다드에 설립된 이슬람 황금시대의 주요 지적 중심지였다. 이곳은 그리스, 페르시아, 인도, 비잔틴을 포함한 다양한 문화의 지식을 배우고 보존하며 발전시키는 가장 중요한 기관이었다. 철학, 의학, 수학, 천문학, 연금술과 같은 주제에 관한 방대한 양의 문헌을 연구하고 번역하기 위해 학자들이 그곳에 모였다. 지혜의 집은 무슬림, 기독교인, 유대인 등 다양한 배경의 학자들이 협력하여 연구하였으며 나중에 유럽 르네상스를 촉진할 지식을 보존하고 발전시키는 데 중요한 역할을 했다.

당시 유럽의 문화와 지식은 아직 '자궁 속의 태아'에 불과했다. 독일 시인 흐로츠비타는 코르도바를 "세계의 보석"이라고 불렀다.[5] 이슬람 학자들은 코르도바를 당대 세계의 지적 요람으로 만들었다. 이곳에서 일어난 과학, 철학, 문학, 예술은 문명의 발전을 보여주었다.

이슬람 학자들의 지적 활동은 유럽 문명의 발전에 큰 기여를 했다. 당시 유럽에서 그리스와 로마 문명은 잊힌 상태였으며, 고대의 유산을 이슬람 학자들이 배워 서구의 고전을 그들만의 것으로 만들었다. 이 학자들은 방대한 고대 그리스 문학을 라틴어에서 아랍어로 번역했으며, 르네상스 시대에 이르러 유럽인들은 아랍어로 번역된 자료들을 스페인어로 재번역하면서 고대 그리스와 로마 문화를 재발견할 수 있었다. 유럽은 이 과정을 통해 단절된 그리스와 로마의 고전과 철학을 되살리고 이를 중세 유럽 철학의 기틀로 삼을 수 있었다. 이러한 방식으로 르네상스는 고대 그리스와 로마 문화를 재발견한 이슬람 학자들의 지적 작업 덕분에 이루어질 수 있었다.

또한 학문적 측면에서 이슬람 철학자, 수학자, 천문학자들의 연구는 근대 유럽의 지적 초석이 되었다. 그리스 철학과 이슬람 사상을 통합한 알 킨디와 대수학의 창시자인 무하마드 이븐 무사 알콰리즈미는 '알고리즘'이라는 용어를 처음 사용했으며, 수학은 건축과 장식예술 양식의 토대가 되었다.

천문학은 프톨레마이오스의 천동설을 비판하며 태양, 달, 행성의 움직임을 관찰했고, 후에 코페르니쿠스의 지동설 형성에 기여했다. 무슬림들은 문명의 경계를 넘어 외부 세계와 교류하며, 중국의 발명품인 종이, 나침반, 화약을 받아들였고 이를 통해 철학적, 과학적 진보를 이루어낸 후 유럽에 전달했다.[6]

이처럼 코르도바의 이슬람 학자들은 인도의 수학에서부터 고대 그리스 철학, 그리고 당시의 최첨단 자연과학에 이르기까지 방대한 지식을 축적했다. 이 지식은 르네상스 유럽으로 전해졌다. 벨기에 역사가 앙리 피렌은 "이슬람이 유럽 대륙에 도착하기 전까지 유럽 문명이라는 것은 하나의 가능성에 지나지 않았다"고 말했다.[7] 그러나 이슬람 문명 역시 고대 문명 세계의 지적 유산에 의존하지 않았던가?

# 제 2 부 문명의 공존, 요르단과 시리아

# 1장

# 요르단

## 1. 붉은 도시 페트라에 가다

영화 〈인디아나 존스3: 최후의 성전〉에는 눈을 사로잡는 장면이 있다. 인디아나 존스는 우뚝 솟은 암벽 사이로 난 좁은 길을 말을 타고 간다. 갑자기 시야가 넓어지면서 가파른 협곡 사이로 붉은빛이 느닷없이 보이기 시작한다. 숨 막히는 순간, 그는 붉은 사암으로 이루어진 거대한 절벽에 새겨진 장엄한 장밋빛 신전과 마주한다. 이 상징적인 장면은 관객들에게 요르단의 페트라를 소개한다. 페트라는 나바테아인들이 기원전 4세기경 고대 아라비아 사막에 세운 고대 왕국의 수도로, 동서 실크로드를 연결하는 문명 교차로였다.

수년간 많은 장소를 여행했지만, 페트라만큼 강렬한 탐구 욕구를 불러일으킨 곳은 드물었다. 한 편의 영화 장면이 계기가 되었다. 나는 매료되어 이 특별한 장소에 대해 알아보기 시작했고, 결국 이 경이로운 곳을 직접 방문하게 되었다. 나에게 페트라는 단순한 여행지가 아니라 낯선 세계로의 몰입이었다. 2005년, 남미를 함께 여행했던 선생님이 연락을 해왔다. 그는 중동 여행을 계획 중이었고, 나에게 동행을 제안했다.

남미 여행은 다양한 배경과 관심사를 가진 동료들과의 공유된 모험이었다. 대부분 교사였던 그들은 각자의 학문적 전문성에 따라 여행 관점이 달랐고, 이는 풍부한 대화와 상호 발견으로 이어졌다. 함께 안데스 문명을 찾아다니며 서구 중심적 서사에 도전할 새로운 시각을 얻게 되었다. 이 경험은 우리를 인간 문명의 고대 뿌리에 대해 더 깊이 탐구하고 싶게 만들었다. 이번에는 중동의 문명 지역에 초점을 맞추었다.

2006년, 우리는 역사가 깊고 고대 메소포타미아 문명의 발상지인 중동을 여행하기로 결정했다. 우리의 일정은 이집트, 요르단, 시리아, 레바논을 포함했다. 당시 이란과 이라크는 불안정한 정치 상황 때문에 다음 기회로 미뤄졌다. 2006년 1월 13일, 우리는 요르단의 페트라에 도착했다. 수도 암만에서 약 150km 떨어진 페트라는 광활한 사막으로 둘러싸여 있었다. 버스가 도시를 향해 달리면서 창밖으로 펼쳐진 거칠고 건조한 풍경이 있는 사막은 그 안에 숨겨진 문명을 품고 있는 듯했다.

영국 시인 존 윌리엄 버건(John William Burgon)은 책 '페트라'(1845)에서 페트라를 "영원한 시간의 절반만큼 오래된 장밋빛 도시여"라고 묘사했다. 그의 시적인 표현이 도시 입구에 다가갈수록 머릿속에서 맴돌았다. 페트라에 들어가기 위해 방문객들은 약 3km를 도보나 낙타를 타고 이동해야 한다. 우리는 시크(Siq)라 불리는 좁은 협곡을 걸어갔다. 양옆으로 우뚝 솟은 암벽이 몇 미터 간격으로 솟아있는 이 협곡은 장관이었다. 시크의 그림자 진 통로는 위쪽 틈새로 빛이 스며들면서 점차 밝아지기 시작했다.

그리고 드디어 내가 오래도록 기다려온 순간이 찾아왔다. 붉은 사암에 직접 새겨진 구조물이 멀리서부터 서서히 모습을 드러냈다. 점차 그 섬세한 세부 사항들이 보이기 시작하더니, 주변이 갑자기 밝아지며 부드러운 분홍빛이 한꺼번에 펼쳐졌다. 우리 앞에는 페트라의 가장 상징적인 기념물인 알 카즈네(Al

Khazneh), 즉 보물이 서 있었다. 절벽에 새겨진 이 경이로운 사원은 내가 상상했던 것 이상으로 놀라웠다.

앞으로 내 눈앞에 펼쳐질 페트라의 웅장함과 나바테아 문명은 내 마음에 깊은 인상을 남겼다. 이곳은 고대의 예술성과 자연의 아름다움이 만나는 장소로, 나바테아인들의 창의성과 한때 번영했던 문명들의 유산을 보여주는 증거였다. 페트라로의 여행은 단순한 영화 속 영감에서 시작되었지만, 이기적 문명이 아닌 한 곳에서 다양한 문명이 혼합되어 문명의 공존을 보여주는 '오래된 미래'를 찾아가는 탐구로 이어졌다.

» 1 페트라 알 카즈네

알 카즈네 협곡을 지나 계속 걸어가면, 바위산을 깎아 만든 도시가 펼쳐진다. 절벽에 정교하게 새겨진 33개의 계단과 우뚝 솟은 기둥으로 이루어진 웅장한 열주가 있는 로마식 원형극장이 눈앞에 펼쳐진다. 가파른 절벽 길을 따라가면 왕들의 무덤, 거대한 수도원, 모스크, 그리고 고대 암석건축 유물이 전시된 크고 넓은 야외 박물관인 페트라가 보였다. 페트라에 나바테아인들이 남긴 유적은 이집트, 그리스-로마, 페르시아 문명이 조화롭게 결합된 놀라운 다양한 양식을 보여준다. 페트라의 나바테아 건축물들은 다양한 예술적 전통을 조화롭게 통합하는 그들의 독특한 능력을 반영하고 있다.

페트라는 고대의 교역 도시로, 기원전 7세기부터 기원전 2세기까지 시리아와 아라비아 반도를 오가며 살았던 유목 민족 나바테아인들에 의해 건설된 나바테아 왕국의 수도였다. 해발 950미터의 산악 지대에 위치한 페트라는 기원전 6세기경 유목민들이 이 지역에 정착하기 시작하면서 나바테아 문명의 중심지가 되었다. 나바테아인들은 이곳에서 약 106년경까지 거주했다. 원래 나바테아인들은 이 도시를 '레헴(Lehem)'이라고 불렀지만, 로마인들이 정복한 후 이 이름은 그리스어로 '바위'를 뜻하는 '페트라(Petra)'로 바뀌었다.

페트라는 동서 실크로드와 홍해의 아카바와 다마스쿠스를 연결하는 남북 교역로 "왕의 길"이 교차하는 전략적인 위치에 자리 잡고 있었다. 동서남북을 연결하는 교역로로서, 페트라는 지중해, 근동, 아프리카, 인도를 연결하는 상업과 무역의 중심지로 번영할 수 있었다.

페트라는 특히 이집트, 아라비아, 시리아, 페니키아를 잇는 중요한 교차로로, 지중해, 근동, 아프리카, 인도를 오가며 향신료를 운송하던 낙타 상인들에 의해 수세기 동안 사용되었다. 헬레니즘 시대와 로마 시대에는 아라비아 향신료, 중국 비단, 인도 향신료, 소금 무역을 전문으로 하는 번성한 교역 중심지로

» 2 실크로드 동서남북를 잇는 페트라

» 3 왕의 길과 페트라

» 4 페트라에 있는 낙타와 상인 그리고 대상들이 머물던 숙소이다

역할을 했다. 기원전 1세기경 나바테아 왕국은 지중해 연안에서 사우디아라비아까지 확장되었다. 페트라에는 고대 세계의 상인, 대상단, 낙타 등이 쉬고 머물렀던 숙소가 있다.

페트라는 동서남북을 아우르는 무역의 지리적 중심지로 발전했으며, 상품뿐만 아니라 문화의 교류 중심지로 자리 잡았다. 이곳은 이집트, 메소포타미아, 그리스-로마 문화의 영향을 나바테아 고유의 예술성과 결합해 다양한 문명이 조화를 이루는 독특한 공간을 만들어냈다.

## 2. 문명 교류와 공존의 현장

### 유적이 보여주는 문명의 공존

페트라의 입구를 얼마 지나지 않아 나바테아인들이 만든 유적들이 나타나기 시작한다. 이 유적들은 페트라로 이어지는 길, 절벽 사이의 통로, 그리고 도시 곳곳의 주요 길을 따라 늘어서 있다. 이 길을 따라 위치한 건축물들은 화려한 정면(facades)과 복잡한 디자인으로 나바테아 문명의 예술성을 보여준다.

나바테아 건축의 시작은 페트라로 이어지는 길인 시크에서 관찰할 수 있다. 아랍어로 "협곡"을 뜻하는 시크는 우뚝 솟은 암벽 옆에 위치한 좁은 통로로, 페트라가 발전하던 시기에 중요한 교역로로 사용되었다. 협곡의 벽에는 이곳이 교역로였음을 증명하듯 낙타와 상인의 모습이 부조로 새겨져 있다. 연대는 정확히 알 수 없지만, 이 조각들은 이 도시가 대상무역 경로였음을 보여준다.

» 5 시크, 양쪽에 수로가 있는 길이 1km가 넘는 자연협곡이다

» 6 시크 암벽에 조각된 낙타와 상인의 모습은 오랜 세월의 풍상으로 인해 일부만 남아있다

시크를 따라 약 2km를 걸으면 페트라라는 도시에 도착하게 된다. 그 길을 따라가다 보면 다양한 형태의 나바테아 건축물을 만나볼 수 있다. 이 건축물들은 붉은 사암을 깎아 만들어졌으며, 그리스-로마, 이집트를 거치며 나바테아인들이 이루어낸 문화 교류의 흔적을 잘 보여준다.

## 데진 블록: 나바테아 문명의 첫 만남

페트라로 가는 길에 처음 만나는 나바테아 건축물은 데진 블록(Djinn Block)이라 불리는 네모난 건축물이다. 이 작품은 나바테아 초기 시대에 속하는 것으로, 두부를 자르듯 거대한 바위를 정교하게 조각해낸 놀라운 건축 기술을 보여준다. 데진 블록은 큰 정사각형 모양의 기념비적 건축물이다. 페트라에는 총 26

개의 데진 블록이 흩어져 있다. 아랍어에서 '데진'은 '정신' 또는 '영혼'을 의미하며, 아랍 및 이슬람 신화에서 등장하는 정령이나 신과 같은 초자연적인 존재를 가리킨다. 이 블록은 고대 도시 페트라를 건설한 신을 상징하며, 영원한 번영과 풍요를 기원하는 의미를 담고 있다. 단순하고 투박한 이 블록들은 초기 나바테아인들의 고유한 건축 양식으로, 무덤 기념물이나 묘비로 사용되었다.

» 7 정사각형의 데진 블록

### 오벨리스크 무덤: 이집트와 메소포타미아 건축의 흔적

협곡으로 가는 길에 놀라운 정교함으로 바위를 깎아 만든 파사드*가 눈에 띈다. 이곳에서 만날 수 있는 이 파사드는 이집트, 나바테아, 메소포타미아 양식을 결합한 소위 '오벨리스크 무덤'이다. 무덤의 이름은 꼭대기에 솟아 있는 네 개의 탑에서 보이는 오벨리스크에서 유래했으며, 이는 나바테아 문명에 영

---

* 파사드(façade)는 건물의 전면 또는 외부 표면을 의미하며, 일반적으로 사람들에게 가장 잘 보이는 부분이기 때문에 시각적으로 인상적이거나 장식적으로 디자인되는 경우가 많다. 건물의 외관 디자인은 건축 의도와 시각적 효과를 나타냄으로써 건물의 정체성에 있어 필수적인 요소이다.

향을 미친 이집트 건축의 흔적을 뚜렷하게 보여준다. 무덤 자체는 이집트의 오벨리스크 스타일로 지어졌다. 오벨리스크는 전통적인 나바테아 장례 상징으로, 그 개수는 죽은 자의 수를 나타낸다.

메소포타미아 건축의 특징 중 하나는 2층 구조이다. 큰 건물은 여러 층으로 구성되며, 1층은 공적인 기능을, 2층은 가족을 위한 개인 공간이나 저장 공간으로 사용된다. 오벨리스크 무덤은 메소포타미아의 2층 건축 양식으로, 위층은 무덤으로 사용되었고, 아래층은 유족들이 모여 고인을 기리며 추모 연회를 열던 장소로 사용되었다.

내부는 로마의 ㄷ자형 식탁과 유사한 구조를 가지고 있어 '트리클리니움'* 무덤이라는 이름으로 불린다. 트리클리니움 무덤은 전형적인 나바테아 건축물이다. 오벨리스크 무덤 맞은 편의 암벽에는 나바테아 문자와 그리스 문자가 새겨진 비문이 있으며, "아카에우스의 아들, 압드만크(abdmankh, son of Akaeus)"라고 쓰여 있다.**

페트라 왕국 전역에서 발견되는 피라미드는 죽은 자의 영혼을 상징한다. 나바테아인들은 죽음 이후에도 영혼이 살아 있는 사람들과 함께한다고 믿었다. 그들은 종종 무덤에 인접한 1층 연회장에 모였다. 이처럼 나바테아인들은

---

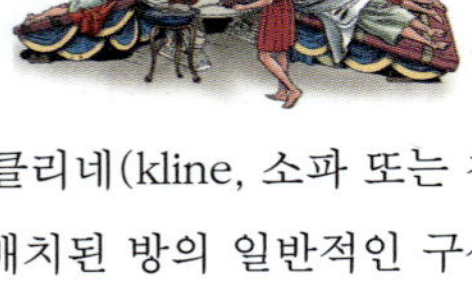

* 트리클리니움(Triclinium)은 고대 로마 주택의 격식을 갖춘 식당으로, 손님들이 식사 중에 기대어 앉을 수 있도록 설계되었다. 이는 로마 상류층 사이에서 흔한 관습이었으며, '트리클리니움'이라는 용어는 그리스어 "트리(tri, 세 개)"와 "클리네(kline, 소파 또는 침대)"에서 유래하여, 중앙 테이블을 중심으로 세 개의 소파가 배치된 방의 일반적인 구성을 반영한다. 이를 통해 식사 중 사회적 상호작용과 대화가 가능했다.

** 비문에 나바테아어와 그리스어로 언급된 '압드만크(Abdmankh)'는 페트라가 다양한 문명에 영향을 받은 주요 교역 중심지였음을 보여주는 문화적·언어적 융합을 반영한다. 비문에는 매장에 대한 표시 외에는 압드만크의 삶, 업적 또는 지위에 대한 구체적인 세부 사항은 알 수 없다.

신과 죽은 자를 위한 독특한 건축물을 남겼다.

» 8 이집트와 메소포타미아 그리고 나바테아인의 건축 양식이 혼합된 오벨리스크 무덤과 그 내부 트리클리니움

## 두 개의 신상 블록: 헬레니즘과의 만남

협곡을 따라가다 보면 아름다운 조각으로 장식된 웅장하고 독특한 스타일의 블록들을 만나게 된다. 길옆 거대한 바위를 조각해 만든 이 블록들은 "두 신상 블록(two god-blocks)" 즉 "신을 상징하는 두 개의 블록"이라 불리는데, 그 방

향이 도시를 떠나는 사람들을 향해 있다. 이 블록은 둥근 나바테아 양식의 기둥과 고대 그리스 건축물을 연상시키는 조각과 그림으로 장식된 도리아 양식의 프리즈로 꾸며져 있다. 두 블록의 상단에 있는 띠와 문틀은 그리스 건축 양식을 보여준다. 이 블록은 그리스와 나바테아 건축 양식의 조화를 보여준다.

» 9 두 개의 신상 블록

### 알 카즈네: 페트라에서 만나는 동서 문명

블록들을 지나, 거대한 암석과 좁은 절벽 사이를 한참 걸어갔다. 시크의 높은 반그림자 끝에서 강렬한 빛줄기가 서서히 드러나며 시야가 열린다. 처음에는 좁은 틈으로 들어오는 빛 때문에 무엇이 있는지 알아보기 어렵다. 하지만 점차 눈이 열리면서 기둥, 조각상, 장식물들이 조금씩 보이기 시작한다. 그러다 갑자기 하늘이 열리고 황금빛 햇살이 쏟아지며 넓게 펼쳐진 공간에 장밋빛 형상이 나타난다. 연한 장밋빛 돌로 만들어진 눈부시게 아름다운 색상을 지닌 신전, 알 카즈네이다.

알 카즈네는 거대한 바위를 통째로 깎아 조각해 만들어졌으며, 머리 위로 4미터 높이까지 우뚝 솟아 있다. 나바테아인들이 이 신전을 이곳에 배치한 것은

» 10 정면에서 본 알 카즈네와 1839년 데이비드 로버츠가 그린 알 카즈네

나바테아의 수도 페트라를 찾은 모든 이들에게 경외심을 불러일으키기 위한 의도로 보인다. 거대한 바위를 자유자재로 조각해 만든 나바테아 건축은 그 자체로 경이로움을 자아낸다.

무역을 통해 페트라는 헬레니즘 문화를 접하며 신과 죽은 자를 기리기 위한 독특하고 화려한 석조 건축물을 만들어냈다. 이러한 유적들은 서기 1세기 후반, 이 지역에서 이루어진 동서양 문명의 중요한 만남을 보여준다. 나바테아 건축은 동서양 양식이 공존하는 독특한 사례이며, 알 카즈네는 나바테아와 헬레니즘 건축 양식을 비롯해 메소포타미아와 이집트 건축 양식이 공존하는 모습을 보여준다.*

* 알 카즈네 신전과 우른 무덤, 궁전 무덤, 수도원 등 페트라의 대표적인 신전과 무덤의 유

19세기 중반 영국인 데이비드 로버츠(David Roberts)가 그린 알 카즈네 그림을 보면, 현재보다 덜 훼손된 모습이다. 정교하게 조각된 외관은 나바테아 신들과 그리스 신화 속 인물들을 묘사한 조각들로 장식되어 있다.

아랍어로 알 카즈네는 "파라오의 보물"이라는 뜻이다. 이 이름은 이집트 파라오가 홍해를 건넌 모세를 쫓던 중 이 기념물을 세워 자신의 보물을 숨겼다는 고대 전설에서 유래한 것이다.[1] 사람들은 신전 꼭대기에 있는 항아리가 가장 유력한 보물 저장소라고 믿었다. 보물을 얻으려던 사람들은 보물이 쏟아져 나오기를 기대하며 총을 발사했지만, 결국 보물의 흔적은 찾을 수 없었고 심하게 훼손된 항아리만 남게 되었다.

» 11 총탄으로 손상된 항아리 모양의 '파라오의 보물 저장소'

알 카즈네 신전의 전면은 위에서 아래까지 바위를 완전히 깎아 만든 것으로, 나바테아 신과 그리스 신화 속 인물들을 묘사하고 있으며, 이는 모두 장례를 상징한다. 알 카즈네는 6개의 둥근 기둥이 받치고 있는 2층 신전 건물이다. 조각은 2층부터 시작되며, 신전의 정면 파사드는 그리스 양식으로 제작되어 헬레니즘의 영향을 받은 6개의 코린트식 기둥과 기둥 사이에 조각된 신들의 부조가 특징이다.

1층에는 중앙 입구와 함께 6개의 추가 기둥이 세워졌다. 입구 위에는 박공

---

적들은 동양의 전통과 헬레니즘 양식이 독특하게 어우러진 건축물이다. 이들은 기원후 1세기 말, 이 지역에서 이루어진 동서문명의 중요한 교류를 보여준다.

또는 페디먼트라 불리는 삼각형 벽이 있어 그리스 건축 양식을 반영한다. 화려한 외관과 달리 내부는 비어 있다. 페트라의 대부분 건축물과 마찬가지로 알 카즈네 역시 무덤의 일종이다. 기원전 1세기경에 건설된 이 건축물은 신전이자 왕실 무덤으로 사용된 것으로 전해진다.

파사드의 2층에는 6개의 코린트식 기둥이 장식되어 있으며, 기둥 사이에는 여성 인물들이 부조로 조각되어 있다. 전면에 풍요의 뿔을 들고 있는 여신은 이집트의 여신 이시스(Isis)로, 사후 세계와 죽은 자의 영혼을 주관하는 여신이자 오시리스(Osiris)의 아내이다.[2] 이시스는 그리스의 사랑의 여신 아프로디테(Aphrodite), 행운의 여신 튀케(Tyche), 그리고 페트라의 나바테아 여신 알 웃자(al-Uzza)와 동일시되었다.

알 웃자는 요르단 페트라의 주요 신이자 페트라를 건설한 나바테아인이 숭배했던 여신이다.* 나바테아인은 페트라 암벽 협곡에 도시를 건설하고, 바위 속에서 살며 장례를 치르는 등, 자신들이 숭배한 바위 여신과 깊은 관련이 있다.

» 12 알 웃자 조각상

이 신전의 전면 상단에는 알 웃자, 튀케, 아프로디테, 이시스 신들의 복합적인 모습이 표현되어 있다. 비록 세월의 풍파로 인해 신들의 모습은 거의 사라졌지만, 건물 상부의 두 기둥 사이에 띠 모양으로 새겨진 나뭇잎, 꽃잎, 과일은 여전히 선명하게 남아 있다. 여기서 나바테

* 나바테아 종교는 다신교로, 두샤라(주요 남성 신)와 알 웃자(다산과 전쟁의 여신)와 같은 자연 요소와 관련된 신과 여신을 섬겼다. 그들은 페트라와 다른 나바테아 도시 곳곳에 신을 기리기 위한 신전을 세웠다. 그들의 영적 믿음은 땅과 신 사이의 연결을 반영하여 설계된 무덤과 건축물로 나타났다.

» 13 정면 가운데 여신은 이집트의 여신 이시스, 페트라 알 웃자, 그리스 여신 아프로디테와 튀케를 복합적으로 표현한 것이다

아 종교와 그리스-로마 종교가 상호작용을 했음을 보여준다.

알 카즈네는 높이 43m, 너비 30m에 달하는 매우 거대한 규모를 자랑하지만, 그 예술적 가치는 숫자에 가려질 수 있다. 알 카즈네는 전통적인 건축물이라기보다는 바위를 깎아 만든 조각에 더 가깝다. 알 카즈네의 독특하고 숨이 멎을 듯한 광경은 감탄과 경외심을 불러일으킨다.

고고학자들은 알 카즈네를 "가장 완벽한 기념물"이라고 부르며, 페트라의 아름다움과 경이로움을 마법처럼 응축한 작품이라고 평가했다. 1839년 이곳에 온 영국 화가 에드워드 리어(Edward Lear)는 "나는 새로운 세상을 발견했지만, 내 예술로는 그것을 되살리거나, 한 번도 본 적이 없는 사람들에게 그 감동을 전할 수 없었기에 무력하다."라고 탄식했다.

알 카즈네는 단순하고 정제되지 않은 나바테아인의 건축에서부터 이집트, 메소포타미아, 페르시아의 건축 양식, 그리고 그리스-로마 건축에 이르기까지, 주변 지역의 문화적·예술적 성취를 엿볼 수 있는 창이며, 이는 다층적인 유산을 한눈에 볼 수 있는 혼종(hybrid) 예술 작품이다.[3] 그러나 나바테아인들은 이집트인도, 그리스인도 아니다. 알 카즈네는 오롯이 나바테아인들에 의해 창조된 작품이다. 나바테아인들은 자신들이 접한 여러 문명의 영향을 결합하여, 건축을 통해 문명 간 공존을 보여주고 있다.

### 원형극장과 열주로: 나바테아와 로마의 만남

나바테아인들은 무덤처럼 바위를 깎아 극장을 만들었다. 알 카즈네에서 또 다른 협곡을 따라가 계곡을 빠져나오면, 넓은 길이 나바테아 광장으로 이어진다. 그 옆에는 바위를 완전히 깎아 만든 원형극장이 있다. 이 작품은 기원전 4년에서 기원후 27년 사이 나바테아인들에 의해 만들어졌으며, 그들의 놀라운 독창성을 보여준다.

전체적인 외형은 로마의 원형극장과 비슷하지만, 이는 사암으로 이루어진 거대한 바위산 위에 지어졌다. 33열로 이루어진 계단식 좌석은 큰 곡선을 이루며, 바위를 정교하게 깎아 만들어져 의외로 앉기에 편안하다. 단단한 바위를 깎아 큰 규모의 넓은 극장을 만들어낸 나바테아인들의 열정에 감탄하지 않을 수 없다. 나바테아인들의 기하학에 대한 이해와 석공 기술은 실로 비범했으며, 이는 잉카, 이집트, 라파누이, 앙코르, 그리고 그레이트 짐바브웨 문명의 건축물에서 느꼈던 경외감을 떠올리게 했다.

그 순간, 기억에 남는 한 구절이 떠올랐다. 1839년 페트라를 방문한 영국 화가 데이비드 로버츠는 페트라의 규모에 압도되었다. 그는 놀라움과 당혹감을 느끼며 이렇게 말했다.

> "나는 종종 이 광경의 독특함과 장엄함을 조금이라도 전달할 수 없다는 절망감에 자주 연필을 던져버리곤 했다."

» 14 원형극장, 로마식 열주대로를 지나 입구문으로 들어가면 도시의 주요 시장과 상점, 공공기관 및 광장들이 있다

그의 절망은 자신이 속한 문명에서는 볼 수 없는, 페트라를 만든 나바테아인의 예술성에 이를 수 없음에서 오는 것이었을지도 모른다.

페트라의 원형극장은 왕실 장례식, 회의, 종교 의식 등 다양한 용도로 사용된 것으로 보인다. 그 규모는 서기 1세기 나바테아의 수도였던 페트라의 크기와 번영을 반영한다. 최근 계산에 따르면, 이 극장의 수용 인원은 약 5,000명에 달하는 것으로 추산된다.[4]

흥미롭게도 원형극장에서 화강암과 대리석이 발견되었으나, 요르단에는 천연 대리석 채석장이 없다. 또한, 정면에서 몇 미터 떨어진 곳에 높이 6m의 화강암 기둥이 서 있는데, 이는 반경 100km 내에 화강암 원천이 없다는 점에서 더욱 놀라운 일이다. 대리석과 화강암은 이집트에서 수입된 것으로 추정되지만, 그것들이 어떻게 운반되었는지는 아직 밝혀지지 않았다.

서기 2세기에 도시를 점령한 로마인들은 극장을 확장하여 7,000명을 수용할 수 있을 정도로 규모를 키웠다. 그들은 관람석 앞에 무대 건물을 세워 극장을 본격적인 연극용 극장으로 변모시켰다. 그러나 이 "쌓아 올린" 로마 장식물과 무대 건물은 서기 363년 5월 발생한 지진으로 붕괴되었고, 원래의 형태를 짐작조차 하기 어렵다. 이는 나바테아인들이 건설한 원형극장에서 로마 건축이 무너지는 순간을 보여준다.

원형극장으로 이어지는 도로에는 양쪽에 둥근 기둥들이 늘어선 열주로가 있다. 이 도로는 나바테아인들에 의해 건설된 페트라 중심을 관통하는 중요한 거리였다. 이곳에는 상점, 신전, 공공 광장이 자리 잡고 있었으며, 사회적·경제적 중심지로 기능했다. 또한 여행자와 상인들이 반드시 지나야 하는 길이기도 했다. 이곳의 건축물에는 많은 그리스-로마 건축 요소들이 포함되어 있어 나바테아인들이 이러한 문화들의 영향을 받았음을 보여준다.

### 알 데이르: 나바테아와 비잔틴, 페르시아의 만남

절벽 도시 페트라는 쉽게 그 유적을 드러내지 않는다. 다른 유적들을 보기 위해서는 원형극장과 열주로를 지나 바위 사이로 이어지는 좁고 가파른 길을 올라야 한다. 이 길에는 바위를 깎아 만든 800개의 계단이 있다. 나바테아인들은 약 2000년 전 바위를 거대한 형태로 조각했다. 주변을 돌아볼 여유도 없이 계단을 오르다 보면 마침내 거대한 알 데이르(Al Deir) 신전에 도착하게 된다.

페트라를 둘러싼 또 다른 산 정상에 위치한 알 데이르는 모든 파사드 중에서도 가장 인상적인 유적 중 하나로 꼽힌다. 이는 페트라에서 가장 정교하고 아름다우며 가장 높은 건축물이다. 1세기에 건설된 이 사원은 종교 의식과 제사, 축제를 위한 장소로 사용되었다고 전해진다. 이 신전은 수도원이라는 이름으로 불리지만, 이는 잘못 알려진 명칭이다. 4세기와 5세기 비잔틴 교회 시대에 신전 벽과 일부 도리아식 프리즈에 십자가가 새겨지면서 이러한 명칭이 사용되기 시작했다.

알 데이르는 나바테아, 그리스, 페르시아 양식이 융합된 건축물이다. 그리스 건축, 특히 신전과 같은 중요한 구조물에서 두드러지는 건축 요소인 도리아식 프리즈(Doric frieze)는 기둥 위에 가로로 배열된 띠 모양으로, 삼선기둥장식에 조각된 테두리인 메토프*가 번갈아 나타나며, 신화적인 장면, 상징, 또는 기하학적 패턴 등이 새겨져 있다. 페르시아 건축물은 웅장한 규모와 정교한 석조작업을 강조한다. 이를 통해 새로운 깊이감과 시각적 효과를 창출한다. 페르시아 건축은 건물의 정면을 크게 만들고 기하학적 부조를 특징으로 한다. 알 데이르는 이러한 다양한 건축 양식의 조화를 통해 독창적인 아름다움을 보여준다.

거대한 규모와 복잡한 석조물로 유명한 페르시아 건축은 정교한 처마 장식과 정면의 조각을 강조하여 깊이와 시각적 효과를 만들어낸다. 알 데이르 외관의 부조 조각, 복잡한 장식, 기둥 디자인에서 페르시아의 영향이 뚜렷이 드러난다.

나바테아인들은 페르시아 스타일의 장식을 채택하여 단순한 기둥과 도리아식 프리즈에 정교하고 조화로운 세부 묘사를 가미하여 건물을 더욱 돋보이게 했다. 알 데이르는 나바테아, 그리스, 페르시아의 예술적 영향이 놀라울 정도로 조화를 이룬 사례로, 나바테아인들이 다양한 문명의 양식을 자신들의 암석 건축에 통합할 수 있는 능력을 보여준다. 알 데이르의 단순한 기둥과 외부 조각은 그리스 도리아 양식과 페르시아 양식이 자연스럽게 공존하는 모습을 보여준다.

---

* 여기에서 삼선기둥장식(triglyph)은 고대 그리스와 로마 건축에서 도리아 양식의 기둥상부에 위치한 수평구조물에 있는 세로로 새겨진 세 개의 홈이 있는 장식 요소를 말하는 것이며, 메토프(metope)는 장식이 없는 빈 공간이거나 채색된 그림 또는 부조가 새겨진 공간을 의미한다.

» 15 알 데이르

» 16 신전 정면에 있는 그리스 도리아식 프리츠와 기둥 위 동그라미는 메토프, 그 옆 세 개의 홈은 삼선 기둥장식(triglype)이다

### 바로 궁전: 나바테아와 이집트의 만남

바로 궁전에는 이집트 건축 양식의 특징인 거대한 탑문을 갖추고 있어, 나바테아 문명이 이집트 문명의 영향을 받았음을 보여준다.

페트라에서 가장 상징적인 건축물 중 하나인 이 궁전은 고대 나바테아 도시의 중심부에 자리 잡고 있으며, 거대한 규모와 웅장한 건축미로 유명하다. 페트라가 바위를 깎아 만든 것과는 달리 이 궁전은 독립된 구조물로 세워져 나바테아인의 건축적 다양성과 뛰어난 석조 기술을 보여준다. 이 궁전은 "파라오의 궁전"으로도 알려져 있는데, 이는 이집트의 파라오가 결혼하여 이곳에 정착한 딸을 위해 지었다는 이야기에서 기인한다.

그러나 이 궁전은 이집트와 관련되기보다는 나바테아 신들에게 바쳐진 중요한 종교 신전으로 사용될 가능성이 높다. 건축 양식은 이집트 신전과 유사하여 나바테아인과 이집트인 간의 문화적 교류를 암시한다.

기원전 1세기에 지어진 이 궁전은 두께가 거의 2미터에 달하는 견고한 구조 덕분에, 페트라의 다른 지역을 손상시킨 지진에도 놀라울 정도로 잘 보존되었다. 페트라에 남아 있는 몇 안 되는 독립된 구조물 중 하나인 이 파라오 궁전은 나바테아인의 공학적 역량과 다양한 문화적 영향을 독창적인 건축 양식으로 통합한 능력을 보여주는 증거이다.

» 17 바로 궁전

## 자발 하룬 산: 이슬람 모스크와 아론의 무덤

페트라의 산꼭대기에는 모스크를 닮은 흰색 건물이 우뚝 솟아 있다. 이 건물은 이슬람 사원으로 출애굽에 중요한 역할을 한 모세의 형이자 대제사장으로 모세를 도와 이집트 탈출을 이끌었던 아론을 기리기 위해 건립된 유적지이다. 모스크 내부에는 아론의 석관이 안치되어 있다.

아론은 이슬람에서 하룬으로 알려져 있으며, 무슬림, 유대교도, 기독교인 모두에게 성자로 존경받고 있다. 따라서 이곳은 기독교와 이슬람 모두의 성지가 된다. 페트라 꼭대기에 있는 이슬람 사원과 그 안에 아론의 무덤을 볼 수 있다. 이 사원은 단순하면서도 상징적인 건축물로, 거친 사막 풍경 속에서 돋보이는 하얀 외관이 특징이다. 페트라의 가장 높은 지점에 위치해 있어, 사원에 도달하려면 험난한 등반 과정을 거쳐야 한다. 그러나 정상에 올라 페트라의 탁트인 전경을 내려다보면, 척박하고 거친 사막에서 문명을 일구어낸 나바테아인들에게 감탄하게 된다. 자발 하룬 산에 있는 모스크는 종교적이고 역사적인 기념물일 뿐만 아니라 순례자와 여행자에게 눈 앞에 펼쳐진 문명 공존의 장, 페트라를 상기시켜 준다.

» 18 자발 하룬 산의 이슬람 모스크와 모스크 내부에 있는 아론 석관

페트라의 유적에는 2000년 전 나바테아인, 로마인, 기독교인, 그리고 이슬람교도의 흔적이 남아 있다. 2000년, 이곳에서 고대 로마를 연상시키는 모자이크 예술이 있는 비잔틴 교회가 발굴되었다. 페트라를 여행하면서 여러 곳에서 발굴된 비잔틴 교회 유적과 모자이크를 볼 수 있었다. 페트라의 건축 양식은 도시가 발전하면서 서로 영향을 주고받은 다양한 지역 문명들이 융합되어 만들어졌다.

» 19 페트라에서 발견된 비잔틴 교회 유적과 모자이크

## 3. 남겨진 유적에서 본 것

### 나바테아 건축에서 본 문명의 공존

나바테아인들은 기원전 4세기부터 기원후 1세기까지 페트라에서 번영한 그들 문명의 훌륭한 증거를 남겼다. 나바테아인들은 바위를 깎아 웅장한 건축물을 만들어냈으며, 페트라에서는 바위를 조각해 만든 거대한 암석 도시의 유적이 남아 있다.

건축 양식은 시대에 따라 변화를 보여준다. 나바테아 양식에서 시작해 이집트, 페르시아, 메소포타미아 건축 양식을 거쳐, 이후에는 그리스 및 로마 그리고 이슬람까지 다양한 건축 양식을 파노라마처럼 보여준다.

바위에 조각된 나바테아의 전통적인 신전과 무덤, 예를 들어 알 카즈네와 같은 건축물은 기원전 1세기에서 기원후 1세기 사이의 건축 양식을 총체적으로 보여주는 독특한 예술적 성취이다. 여기에는 동양과 헬레니즘 건축 양식의 파사드와 전면부가 융합된 형태로 남아 있다.

'궁전 무덤'은 거대한 바위를 위에서 아래로 깎아 만든 구조물로, 궁전을 닮은 외관 때문에 이름이 붙었다. 외부는 여러 층으로 이루어져 있으며 화려한 기둥과 장식이 돋보인다. 또한, '항아리 무덤(Urn Tomb)'은 세 개의 방으로 구성되어 있으며, 내부는 밝고 조화로운 색감으로 눈길을 끈다.

» 20 위에서 아래로 바위를 깎아 만든 왕들의 무덤(궁전 무덤과 항아리 무덤)과 그 내부 공간

나바테아 건축 양식은 매우 독특하다. 일반적인 건물처럼 기둥이나 벽을 세우는 대신, 자연 그대로의 암석을 정교하게 조각하여 건축물을 만들어냈다. 특히, 사암 절벽에 구조물을 직접 새기는 독특한 기술이 사용되었으며, 위에서 아래로 작업을 진행하는 방식이 특징적이다.

나바테아인들은 암석 조각을 시작하기 전에 먼저 계획을 세우고, 적합한 암석 면을 선택한 후 암벽을 평평하게 만들었다. 그런 다음 설계도에 따라 암석을 조각했으며, 작업은 항상 위에서 아래로 진행되었다. 암벽을 조각한 후, 돌림띠를 만들어 그 지점을 기준으로 추가적인 조각 작업을 수행했다. 상단 부분이 완성되면 점차 아래쪽으로 작업을 진행하는 방식이었다.

이 과정에서 놀라운 건축 기술뿐만 아니라 정교한 조각 기술이 드러나며, 이는 완성되지 않은 건물에서 더욱 명확히 관찰할 수 있다. 일부 건물은 위에서 아래로 부분적으로 조각되었으나 완성되지 않은 상태로 남아 있다. 암석에 균열이 있거나 품질이 좋지 않은 경우, 작업을 중단하고 그대로 두었다. 미완성 건축물은 암석이 평평하게 다듬어졌지만 무슨 이유에서 인지 조각이 온전히 이루어지지 않은 채로 남아 있다.

» 21 페트라에는 자연 지형을 이용한 나바테아 건축물과 미완성된 구조물들이 곳곳에 있다

나바테아의 건축 기술은 오늘날에도 재현하기 어려울 정도로 정교하고 대담했다. 기원전 1세기라는 이른 시기에 이루어진 나바테아인들의 뛰어난 건축 기술은 경이로움을 자아낸다. 그들은 곡괭이와 같은 도구를 사용해 복잡한 구조물을 조각해냈다.[5] 이렇듯 다양한 건축물에서 곡괭이를 사용해 작업했다고 생각하면 더욱 감탄스럽다.

그들의 건축은 단순한 과학이 아니라 나바테아인들만의 독특한 공예 기술이었을지도 모른다. 나바테아인들은 동서남북을 연결하는 무역로를 통해 물건만이 아니라, 다양한 문명과 교류하며 이러한 영향을 자신들의 건축에 녹여냈다. 그 결과, 고대 도시 페트라는 다양한 문명이 공존하는 공간으로 자리 잡았다.

기원전 4세기부터 기원후 2세기까지 번영했던 나바테아 문명은 그 유적을 통해 정교한 문화와 뛰어난 공학 기술을 보여준다. 원래 유목민이었던 나바테아인들은 현대 요르단에 위치한 페트라를 가장 유명하고 상징적인 도시로 삼아 강력하고 부유한 문명을 건설했다. 특히, 장밋빛 사암 절벽을 깎아 만든 페트라는 그리스, 로마, 나바테아 양식이 결합된 독특한 건축 양식을 선보인다.

이처럼 나바테아의 예술과 건축은 그리스, 로마, 이집트, 메소포타미아, 이슬람 문명의 요소들이 융합된 모습을 반영한다. 나바테아인들은 무역과 다양한 문화와의 교류를 통해 예술 양식, 상징을 받아들이고 변형하여 자신들만의 독창적인 양식으로 통합했다. 문명의 공존을 입증하는 나바테아 문명은 문명의 힘이 고립이 아닌, 다른 문명과의 공존에서 나온다는 것을 보여준다.

## 수로에서 본 과학기술

시크를 따라 걷다 보면 나바테아인의 인상적인 건축물을 만나게 된다. 이는 시크의 하단에 홈을 파서 만든 물을 운반하는 수로이다. 나바테아인은 정착

생활을 지원하기 위해 기술과 문화를 발전시켰으며, 특히 물 관리 시스템에서 뛰어난 기술을 보여주었다. 이들은 사막 환경에서 생존과 도시 확장을 위해 물 자원을 관리하는 능력을 갖추었고, 이를 통해 사막 도시와 교역로에 물을 공급했다. 나바테아인은 수로, 저수조, 댐과 같은 정교한 관개 시스템을 구축하여 물을 운반, 저장, 분배했다. 이러한 혁신은 페트라를 큰 인구를 지원할 수 있는 번영하는 오아시스로 변모시켰다.

페트라는 사막에 위치했지만, 나바테아인은 와디 무사(Wadi Musa)에서 약 2km 떨어진 샘과 다른 자연 수원을 인공 수로와 관으로 연결하여 식수와 생활용수를 공급했다. 또한, 자연 급류로 형성된 협곡인 시크는 중요한 물길의 일부가 되었다. 나바테아인은 시크의 일부를 막고 댐과 수로를 건설하여 도시에 물을 공급했다.

오늘날 페트라의 주요 입구로 사용되는 시크는 과거 도시 내부로 물을 공급했던 수로의 흔적을 여전히 간직하고 있다. 이처럼 페트라는 나바테아 시대뿐만 아니라 로마 및 비잔틴 시대에도 이 건조한 지역에서 대규모 정착이 가능했던 독창적인 관개 시스템을 보유하고 있었다.

» 22 시크(협곡) 하단에 만들어진 수로와 관계시설

## 문자

아랍어의 초기 형태인 나바테아 문자는 페트라 유적지에서 볼 수 있다. 나바테아인들은 아람어에서 발전한 나바테아 문자를 개발했으며, 이는 아랍어 문자로 발전했다. 페트라의 투르크메니아 무덤에는 페트라에서 발견된 가장 긴 나바테아 비문이 있다. 이 비문에는 무덤, 방, 안뜰, 현관, 거주지, 정원, 식당, 물 저장고, 테라스 및 벽을 포함하여 무덤의 다양한 구성 요소들이 상세히 기록되어 있다.

나바테아 언어와 문화에 대한 일부 기록이 보존되어 있기는 하지만, 현재까지 약 4,000개의 비문만이 수집되었으며, 이 기록들 또한 매우 단편적이고 역사적 정보가 거의 포함되어 있지 않다.

» **23** 페트라 박물관에 전시된 나바테아인 문자와 무덤에 새겨진 문자 및 아이콘

나바테아인의 건축 기술에 대한 기록은 발견되지 않아 여전히 그들의 건축 양식은 알려지지 않은 상태이다. 고도의 문명을 이루었던 나바테아인들은 문자를 사용했지만, 그들의 역사, 문학, 사상, 종교에 대한 기록을 남기지 않았다. 나바테아인들은 문명에 대한 문서 기록을 남기지 않았지만, 그들의 건축물은 기록 그 이상의 것을 보여 준다.

페트라의 건축 양식과 수로는 과학적으로 발전되고 독창적이다. 그러나 이는 서구 사회에서 만들어진 것이 아니기 때문에 신비롭고 수수께끼로 여겨진다. 요르단의 페트라는 "새로운 세계 불가사의" 중 하나이다.*

불가사의는 경외감을 전제로 하지만, 과학으로 간주되지는 않는다. 이기적인 문명이 자신의 문명이 아닌 과거 다른 문명이 남긴 유적을 평가할 때, 그 유적을 만들어낸 방법을 신비롭고 수수께끼 같으며 설명할 수 없는 것으로 묘사하곤 한다. 반면, 서양의 다양한 건축물은 지역의 과학적, 기술적 창의성의 산물로 여겨진다.

나바테아인이 남긴 페트라 유적은 그들의 과학적 지식과 기술적 전문성을 바탕으로 한 결과물이다. 이는 이기적인 문명이 이루거나 제대로 보여줄 수 없었던 다양한 문명의 공존을 드러낸 드문 예이다. 그러나 기록된 역사 속에서 나바테아 문명은 마땅히 받아야 할 인정을 받지 못했다.

페트라는 아라비아 반도를 가로지르며 남북, 동서의 교역을 연결하는 주요 무역 중심지였다. 나바테아인들은 향, 향신료, 비단, 보석과 같은 귀중품을 거래하며 상인들로부터 징수한 통행료와 세금을 통해 부와 권력을 축적했다. 이러한 번영을 바탕으로 그들은 페트라에 번성하는 문명을 건설했다. 그러나 페

---

* 2007년 7월 7일 스위스의 영화 제작자이자 탐험가인 베르나르드 베버가 설립한 '새로운 7대 불가사의(New 7Wonders)' 재단은 새로운 세계 7대 불가사의를 발표했으며, 이 중에 요르단의 페트라도 포함되었다.

트라는 여러 차례 로마의 침략으로 점령되었다. 나중에는 페르시아, 비잔틴, 이슬람이 페트라를 지배하기도 했다. 그러나 나바테아인들은 다양한 문명을 융합하며 이를 페트라의 유적과 건축물에 고스란히 남겼다.

서기 106년 로마에 정복된 후, 페트라는 로마가 동서로 분리되면서 동로마 제국의 일부가 되었다. 동로마 제국은 수도에 가까운 시리아 팔미라를 무역의 중심지로 삼았다. 그 결과, 페트라를 오가던 대상들은 점차 그들의 활동 무대를 팔미라로 옮기기 시작했다. 페트라는 무역 중심지로서의 지위를 잃고 쇠퇴의 시기로 접어들었다.*

쇠퇴했음에도 불구하고, 나바테아인들은 지속적인 유산을 남겼다. 특히 페트라의 암석 건축물은 수세기 동안 역사학자, 고고학자, 여행자들을 매료시켰다. 1818년, 영국인 찰스 어비(Charles Irby)는 페트라의 알 카즈네를 처음 마주하면서 이렇게 말했다.

> "이 광경보다 더 아름다운 것은 상상할 수 없다. 우리는 이 장면을 무엇에 비유해야 할지 알 수 없다. 아마도 이 세상에 이와 닮은 것은 없을 것이다."

나바테아인들은 문화적 융합을 통해 번영하는 문명을 만들어냈으며, 사막 환경의 도전 과제에 적응하면서 고대 세계의 다양한 지역을 연결했다. 나바테아 문명을 통해 번성했던 문명 간의 교류로 이루어진 공존의 세계를 엿볼 수 있다.

---

* 페트라는 1822년 유럽에 알려지기 시작했다. 스위스의 젊은 탐험가 요한 루드비히 부르크하르트(Johann Ludwig Bruckhardt)는 1812년 8월 22일 중동을 여행하는 동안 페트라에 대한 소문을 듣고 고대 유적과 숨겨진 보물을 찾아 나섰다. 그는 무슬림으로 변장하고 이슬람학자인 이브라힘 이븐 압둘라라는 가명으로 페트라로 들어갔다. 유럽으로 돌아온 그는 자신의 여정을 기록하고 이 도시를 알렸다.

# 2장
# 시리아

## 1. 사막의 고대 도시, 팔미라에 가다

2006년 1월 6일, 나는 시리아 다마스쿠스에 도착하여 사막의 고대 도시 팔미라를 찾았다. 중동은 나에게 이슬람을 떠올리게 하는 곳이다. 서구학자들이 만든 "한 손에 코란, 다른 손에 칼"이라는 표현은 이슬람을 폭력적인 종교로 묘사하며 부당한 이미지를 심어주었다. 이는 테러와 전쟁의 이미지와 결합하여 근거 없는 반(反)이슬람 정서와 지역적 편견을 부추겼다. 중동은 정치적으로는 이스라엘과의 복잡하고 지속적인 갈등으로 특징지어지는 분쟁지역이며, 경제적으로는 세계적으로 석유의 주도권을 쥐고 있는 곳이다. 한편 중동은 건조한 사막, 낙타, 오아시스로 대표되는 신비롭고 이국적인 지역으로 기억되기도 한다. 하지만 외부의 단순한 이미지 너머로, 중동의 역사와 문명은 훨씬 더 깊고 다양한 이야기를 품고 있다.

레바논, 요르단에 이어 시리아를 여행하면서, 지금까지 만들어졌던 중동의 이미지가 과거 역사의 영광을 지우고 있다는 것을 깨달았다. 기원전 2천 년 전에 이미 무역의 중심지로 번창했을 정도인 다마스쿠스는 과거 문명의 흔적을 보여주는 오래된 도시와 현재를 살아가는 새로운 도시가 공존하고 있었다. 나는 검은 차도르를 한 여성들과 청바지를 입고 세련되게 차려입은 젊은 여성들, 그리고 남아 있는 문명의 유산과 새롭게 만들어진 도시가 어우러진 다마스쿠스와 그 주변 지역을 살펴보며 많은 시간을 보냈다.

1월 8일, 나는 사막의 고대 도시 팔미라에 도착했다. 팔미라는 다마스쿠스에서 이라크 방향으로 214km 떨어진 사막에 위치해 있어 쉽게 갈 수 있는 곳이 아니었다. 오후에 소형 승합차를 빌려 팔미라로 향했다. 팔미라로 가는 길에 보이는 유적들은 주변 풍경과 어우러져 독특한 분위기를 자아냈다. 대초원을 가로지르는 길을 한참 지나서 마침내 오아시스에 도착했다. 맑고 푸른 하늘, 따뜻한 색감의 돌들, 그리고 무성한 야자수가 팔미라의 유적과 조화를 이루고 있었다. 팔미라는 지중해와 유프라테스강 사이 중간거리에 위치해 있었으며, 지하 샘과 강에서 바다로 이어지는 길목이라는 지리적 조건 덕분에 자연적 혜택을 누렸다. 비록 이것이 결정적인 요인은 아니었지만, 팔미라가 교역로로서 상업 중심지로 성장하는 데 기여했다.

사막 한가운데 거대한 유적만 남긴 채 사라진 팔미라는 중앙의 넓은 길을 중심으로 양옆에 줄지어 선 거대한 석주와 신전, 넓은 광장이 광활한 지역에 걸쳐 펼쳐져 있었다. 내 눈앞에 보이는 장면만으로도 과거의 영광이 얼마나 대단했는지 짐작할 수 있었다.

대중 역사책에서 학술 교과서에 이르기까지, 나는 시리아에 대해 배운 적이 없었다. 그래서 사막의 도시 팔미라, 실크로드의 교역로이면서 문명의 교차점인 팔미라에 대해 전혀 알지 못했다. 이번 여행에서 만난 팔미라는 시공간에 남겨진 그들의 역사를 무지했던 나에게 보여주었다. 나는 유적에서 팔미라 문명을 발견했고, 문명의 교차점에서 다양한 문명이 공존하는 모습을 보았다.

팔미라 제국을 다스렸던 여왕 제노비아를 만났다. 그녀는 한때 광대한 로마

» 1 팔미라 전경

제국의 절반에 가까운 지역을 지배하려 도전했고, 로마를 위협할 정도로 강력한 국가로 성장시킨 인물이다. 또한, 내가 알던 실크로드의 역사에서는 보지 못했던 또 다른 교역로에 대해서도 알게 되었다. 중동 여행 중 나에게 가장 잊지 못할 곳은 팔미라였다. 이기적인 문명들이 만들어낸 역사와 마치 그것이 전부인 것처럼 배웠던 역사 속에 새로운 것들이 들어오기 시작했다. 페트라와 함께 팔미라는 내가 중동에 대해 가지고 있던 좁은 시야에서 벗어나 새로운 관점에서 바라볼 수 있도록 했다. 그리고 그곳에는 부단히 변하고 있는 내가 있었다.

## 2. 문명 교류와 공존의 현장

고고학자 에네스트 윌(Ernest Will)은 책 '팔미라'(1962)에서 "시리아에는 팔미라만큼 잘 알려진 유적지가 없다"고 말했다. 나에게 낯설기만 한 고대 도시 팔미라는 어떤 곳인가?

팔미라 지역은 기원전 16만 년 전부터 사람이 거주해 왔으며, 청동기 시대에 이르러 본격적으로 정착 생활이 시작되었다. 이 이름은 기원전 19세기에 카파도키아의 고대 도시 쿨테페에서 발견된 아시리아 법률 문서, 기원전 11세기 티글라트-필레세르 왕의 기록, 그리고 유프라테스강 유역의 에마르에서 발견된 기원전 18세기 함무라비 시대의 기록에서 유래한다. 설형문자로 된 기록에서 팔미렌과 팔미라가 언급되었다. 이 지역은 아시리아 시대부터 지중해로 향하는 교역을 위한 중계 도시로 이미 기능하고 있었다. 팔미라의 원래 이름인 '타드모르(Tadmor)'는 소아시아 카파도키아에서 발견된 고대 아시리아 점토판 문서를 통해 확인됐다.[1]

로마의 작가이자 사학자, 법률가인 가이우스 플리니우스 세쿤두스의 기록(1472)에 따르면, "팔미라는 그 위치와 비옥한 토양, 풍부한 물로 유명한 도시였으며, 로마와 파르티아*라는 두 거대한 제국 사이에서 독자적인 운명을 가진 도시로, 두 제국 간의 끊임없는 분쟁의 원인이 되었다"고 했다. 이는 팔미라가 도시의 정치적, 경제적 위치뿐만 아니라 문화적, 종교적, 예술적 정체성에도 적용된다.

시리아 사막의 오아시스였던 팔미라는 물이 풍부하여 기원전 4세기부터 발달하기 시작했고, 중요한 상업 도시로 성장했다. 팔미라는 중국과 인도의 문화가 사막을 넘어 유럽과 만나는 위대한 교역 도시였다. 그 지리적 위치 덕분에 팔미라는 이라크, 아라비아만, 페르시아, 지중해를 연결하는 무역 중심지로 발

---

* 파르티아(Parthia)는 현재 이란 북동부와 투르크메니스탄 일부에 해당하는 고대 지역이다. 이곳은 파르티아 제국(기원전 247년-기원후 224년)의 중심지였으며, 고대 페르시아와 중동 전역에서 중요한 정치적, 문화적 강국이었다. 파르티아 제국은 전성기 때 서쪽의 유프라테스강에서 동쪽의 인더스강까지 뻗어 있었으며, 서쪽의 로마 제국과 동쪽의 한나라 사이에서 가교 역할을 했다.

전할 수 있었다. 팔미라인들은 페르시아 제국, 인도, 이란, 아랍과 인도의 향신료, 중국의 비단, 약, 향, 아라비아의 주옥, 다색유리, 페니키아의 모직물을 거래하면서 동서 교역의 중요한 중계 지점으로 번영했다.[2]

106년 페트라의 몰락은 나바테아인의 장거리 교역 지배권을 무너뜨렸고, 이로 인해 팔미라는 전례 없는 번영의 시대로 접어들었다. 동방의 상품들은 대상(caravan)에 의해 팔미라를 거쳐 에메사와 지중해 연안으로 운송되었다. 상품의 가치는 출발지에서 로마로 운반되는 동안 엄청나게 증가했다. 에르네스트 윌은 "팔미라 사람들이 보여준 천재성은 오아시스 도시와 유프라테스강 사이의 수백 킬로미터를 횡단할 수 있는 대상시스템을 만들어낸 데 있다"고 말했다. 팔미라는 요르단의 페트라가 이전에 담당했던 중계 지점의 역할을 이어받아, 로마 제국의 주요 도시에 동방 상품을 판매하는 중요한 시장으로 자리 잡았다.

팔미라가 동서 교역로를 연결하는 무역 중심지로 특히, 동로마 제국은 요르단의 페트라를 점령한 후 시리아의 팔미라를 무역의 중심지로 활용했다. 이후 중동의 팔미라는 페트라를 이어 동서양을 연결하는 핵심 지역으로 떠올랐다.

무역의 중심 무대는 페트라에서 팔미라로 이동했다. 팔미라에서 볼 수 있는 조각들은 실크로드를 통해 이동하던 대상들과 이곳을 지나 무역하던 상인들을 묘사하고 있다. 또한, 다양한 물품을 등에 싣고 이동하던 낙타들의 모습과 함께 거래되던 동물들도 새겨져 있다.

» 2 페트라에서 팔미라로 교역로의 이동

» 3 실크로드 팔미라

» 4 낙타와 대상들

로마 황제 아우구스투스는 팔미라 주민들이 용감하고 영리하다는 것을 인정하고, 팔미라와 로마를 동맹 관계로 만들었다. 이후 팔미라는 로마 제국의 속주로 편입되었다. 그러나 팔미라는 역사의 대부분 동안 정치적 독립을 유지했다. 129년, 로마 하드리아누스 황제는 이곳을 '자유 도시'로 선언했다. 팔미라는 로마 점령 전후 약 300년 동안 전성기를 누렸다. 이 시기에 타드모르에서 팔미라로 이름을 바꾸고, 자체 군대를 갖춘 강력한 도시국가로 발전했다.

당시 로마는 내부 권력 투쟁과 사산조 페르시아의 공격으로 위기에 직면하고 있었다. 로마는 페르시아로부터 국경을 방어하기 위해 주로 팔미라인들에 의존했다. 팔미라인들은 페르시아 영토와 가까운 광대한 시리아 사막을 통제하며 로마를 대신해 페르시아와 싸운 용감한 전사들이었다.

260년 정치적 군사적으로 유능한 오데나투스(252-267)가 왕위에 올라 팔미라의 전성기를 이끌었다. 그가 암살당하자 아내 제노비아가 팔미라의 통치권을 갖게 되었다. 제노비아 여왕은 '황제'라는 칭호를 사용했으며, 로마세력과 경쟁하면서 주변국가로 통치세력을 넓혀갔다. 268년, 제노비아 여왕은 로마로부터 독립하기로 결심하고 군대를 파견해 나일강 계곡을 정복하고 홍해를 통한 무역로를 열었다. 또한 팔미라를 동서남북 실크로드의 가장 중요한 무역거점으로 만들었고 아라비아, 이집트, 소아시아의 일부 지역을 공격하며 로마 제국 동부의 지배권을 확보하려고 했다.

로마 황제 아우렐리아누스는 독립된 제국을 만들려는 꿈을 가진 제노비아 여왕을 무너뜨리기 위해 군대를 진군하여 273년 팔미라를 함락했다. 로마인들은 팔미라를 400년 동안 통치했다. 팔미라는 기독교 도시가 되었고 모든 사원은 교회로 바뀌었다. 그 후 팔미라는 철저하게 파괴되어 사막에 잔해만을 남겨 놓았다. 634년 팔미라는 로마에서 이슬람 왕조로 지배권이 넘어갔다. 이슬람 우마이야 왕조시대에 팔미라는 번성했으나, 1089년에 이 지역을 강타한 지진으로 완전히 파괴되었고, 사막의 모래바람에 묻혔다. 1930년, 시리아와 외국의 고고학 탐사에 의해 팔미라는 다시 세상에 모습을 드러냈으며, 과거의 부와 번영을 보여주는 기록과 유물들이 발견되었다.

팔미라는 교역로로서 물건의 교류와 함께 여러 문명이 교차하는 지점이 되었다. 사방에서 들어오는 문화와 접촉하고 로마와 이슬람의 지배를 받으면서, 팔미라의 건축과 조각 같은 예술 작품들은 그리스-로마, 페르시아, 이집트 양식과 시리아 양식을 독특하게 융합하였다.

팔미라는 1세기와 2세기에 걸쳐 건설된 거대한 도시였다. 도시 입구에 들어서면 아치형 승리의 문과 양쪽에 늘어선 웅장한 열주가 보인다. 끊임없이 이어지는 거대한 기둥들이 도시의 축을 형성하고 있으며 좌우로 팔미라를 상징하는 신에게 헌정된 신전들이 있다. 또한 극장, 토론장, 시장 등으로 사용되었던 아고라 같은 주요 건물들이 서로 연결되어 있다. 남아 있는 유적들은 도시가 계획적으로 설계되었음을 보여주는데 오늘날의 도시를 연상시킨다. 팔미라인들이 만든 다양한 건축물에서 문명 교류의 흔적을 보다 보면, 나는 문명간 공존과 융합을 떠올리게 된다.

## 유적이 보여주는 문명의 공존

### 벨 신전: 시리아, 페르시아, 그리스-로마 문명의 공존

벨은 팔미라의 최고 신이자 우주의 질서를 주관하는 절대적인 신으로, 메소포타미아의 벨 마르둑과 동일시되며 바빌로니아-아카드의 신이었다. 그는 로마의 주피터와 그리스의 제우스와도 연결된다. 벨이라는 이름은 바빌로니아어로 발음된 셈족 단어 '바알(Baal)'에서 유래하며, 이는 '주인'을 의미한다. 가나안 지역에서는 바알샤민으로, 아람 전통에서는 하다드로 불렸다. 벨 신전은 팔미라의 주신인 셈족 신 벨에게 헌정된 거대한 신전으로 200미터 길이의 사각형태의 성벽으로 둘러싸여 있다. 정방형의 건물 내부에는 벨을 중심으로, 태양신 야르히볼과 달의 신 아글리볼이 모셔져 있다.

» 5 팔미라의 세 신

기원후 1세기에 세워진 벨 신전은 아르테미스 신전*을 모델로 삼았으나 시

---

* 아르테미스 신전은 현재 현대 튀르키예의 고대 도시인 매안더 강의 마그네시아에 위치해 있다. 특히 이곳은 튀르키예 서부 아이딘 주에 있는 현대 도시인 오르타클라 근처에 있다.

리아의 종교와 관습에 맞게 변형되었다. 메소포타미아 전통에 따라 긴 벽이 세워졌으며, 벽을 따라 내부 성소로 접근할 수 있는 독특한 이중 구조가 설계되었다. 이 신전이 현재의 형태를 갖춘 것은 서기 32년이었다.

벨 신전의 전경을 보면, 신전은 사각형의 외벽과 내부 성소로 나뉘며, 사방을 둘러싼 매우 높은 성벽으로 둘러싸여 있다. 넓은 마당 안에는 가장 신성한 장소인 신전이 있으며, 이곳에서 신들에게 바치는 제사가 거행되었다고 한다. 신전 앞에는 거대한 문이 있고, 주변에는 코린트 양식의 기둥들이 세워져 있었지만, 현재는 건물 뒤쪽에만 남아 있다.

» 6 벨 신전 전경

벨 신전은 열주로 이루어진 길의 동쪽 끝에 위치한 도시의 가장 중요한 기념물로, 동서양의 건축 양식을 결합한 모습을 보여준다. 벨 신전은 긴 벽과 내부 성소, 신성한 높은 장소로 사용할 수 있는 평평한 지붕, 돌출된 창문은 건축

---

이 유적지는 이 지역을 흐르는 Maeander 강(현재의 Büyük Menderes 강)을 따라 위치해 있으며 매안더 강의 마그네시아는 이오니아의 중요한 도시였다. 그곳의 아르테미스 신전은 인상적인 헬레니즘 건축물을 보여주는 가장 눈에 띄는 건축물 중 하나였다.

디자인과 세부적인 배치에서 그리스-로마 영향을 넘어 동양의 건축 양식을 드러낸다.

특히 벨 신전은 전체적인 외관과 세부 요소에서 아랍 및 시리아 건축 양식을 잘 보여준다. 일정한 간격으로 창문이 있는 벽, 삼중 문으로 이어지는 입구, 그리고 신전 천장에 새겨진 팔미라의 신과 별자리 장식은 이러한 특징을 명확히 드러낸다. 특히, 천장 돔의 형태는 단일 슬래브(일반적으로 돌이나 점토로 만들어진 두껍고 넓은 평평한 재료의 수평 면)로 제작된 것이 특징이다. 이렇듯 벨 신전 내부에는 헬레니즘과 시리아, 페르시아 양식이 공존하는 모습을 보여준다.

현재 남아 있는 신전은 로마 제국의 두 번째 황제 티베리우스 재위 시기인 서기 32년에 로마 신 주피터에게 바쳐졌다. 이 신전은 4세기 비잔틴 시대에 팔미라에 기독교가 확산되면서 교회로 개조되었다. 이후 1132년 이슬람 세력이 들어오면서 일부 개조되어 1920년대까지 모스크로 사용되었다. 여기에서는 정복자들이 자신들의 종교적 상징으로 문명을 훼손한 이기적인 행위를 엿볼 수 있다.

» 7 현재 남아있는 벨 신전의 코린트 양식의 기둥과 시리아 양식의 창문

» 8 위로부터 벨 신전의 천장과 단일 슬래브, 그리고 벽면에는 그리스-로마 양식과 페르시아 양식 등이 공존하는 모습을 볼 수 있다

» 9 벨 신전 내부에서 교회의 성화, 이슬람 모스크의 흔적을 볼 수 있다

## 바알샤민 신전: 시리아와 로마양식의 공존

바알샤민(Baalshamin)은 팔미라에서 '하늘의 주인'을 의미하며, 폭풍과 기름진 비의 신이다. "위대하고 자비로운 바알샤민", "선하게 듣는 자"라고 불렸다. 그는 최고의 신인 벨과 유사하지만 인간에 더 가까운 신으로 여겨진다.

벨 신전과 함께 바알샤민 신전도 동양의 건축 양식 특히 시리아와 로마의 건축 양식의 혼합을 보여준다. 바알샤민 신전에서 로마식 기둥과 시리아 건축

» **10** 바알샤민 신전의 로마의 건축 양식인 코린트식 기둥과 외벽의 시리아식 창문

양식의 창문과 돋움장식의 창틀을 확인할 수 있다.

제라르 드조르제는 책 '팔미라: 사막의 대도시'에서 신전 건축의 복합성과 이질성, 그리고 그리스-로마, 페르시아, 동양적 요소의 융합을 강조한다. 그는 직사각형 신전의 내부 공간이나 성소의 비율, 기둥 측면의 주랑, 장식 양식, 조각된 기둥머리가 로마 건축 전통과 매우 유사하다고 보았다. 한편, 발코니, 처마, 선반 등을 지지하기 위해 사용되는 장식적인 버팀대인 콘솔* 과 처마 및 측면 창문은 전통적인 동양 건축 양식을 반영하는 요소로 언급되며 동서양의 공존을 보여준다. 신전 건축의 특징 중 특히 주목할 만한 요소로는 돌출된 장식용 지지대의 흔적이 남아 있는 6개의 기둥으로 이루어진 입구, 필라스터로 장식된 세 개의 벽, 그리고 측면 창문 개구부(빛이나 공기를 들이기 위한 입구, 창문, 아치 등), 직사각형 벽감 안에 배치된 조각상들은 시리아 건축 양식의 대표적인 예로 꼽힌다.

바알샤민 신전은 기원전 2세기에 처음 건설되었으며, 제단은 서기 151년에 완성되었다. 5세기 팔미라의 몰락 이후, 이 신전은 비잔틴 시대 동안 동로마 제국 아래에서 교회로 개조되었으며, 12세기 이후 이슬람 시대에는 모스크

---

* 발코니, 처마 장식, 선반 등 구조물을 지지하는 데 사용되는 장식용 브래킷 또는 돌출부로 종종 정교하게 조각된다(Degeorge, 2011: 89).

로 사용되기도 했다.*

## 팔미라 기념문, 대열주, 테트라필론, 원형극장 : 시리아와 그리스-로마 문명의 공존

벨 신전을 나와서 아치형 문에 들어서면, 기둥들이 늘어선 커다란 거리가 보인다. 이곳은 팔미라의 중심지로, '대열주로'라고 불린다. 벨 신전에서부터 무덤 계곡까지 줄지어 늘어선 긴 기둥의 행렬이 눈 앞에 펼쳐진다. 2km에 이르는 대열주로에 서서 양쪽으로 늘어선 장대하고 아름다운 돌기둥을 바라보면, 팔미라인은 건축술의 대가라는 생각이 저절로 들며 그들의 예술성과 기술에 나도 모르게 경건해진다. 팔미라의 대열주로는 로마식 기둥으로, 세계에서 가장 큰 규모라고 한다. 동서로 관통하는 이 길을 따라 대상들이 도시를 지나갔으며, 낙타를 위해 일부러 도로를 포장하지 않았다. 근처에 있는 수많은 격식 있는 기념 건물들이 대열주로를 더욱 권위 있고 웅장하게 만들었다. 기둥들은 직사각형의 블록을 받치며 수직으로 설치되어 있고, 그 위에는 도시의 귀족들과 관리들의 조각상이 올려져 있었다.

벨 신전에서 도시로 들어오는 입구에는 거대한 기념 아치, '승리의 아치'라고 불리는 기념문이 자리하고 있다. 아치에 새겨진 조밀하고 풍부한 장식은 시리아 조각의 특징을 보여주며, 도토리와 참나무 잎, 진주와 대추야자 줄기, 아칸서스 잎과 포도 잎 무늬로 이루어져 있다. 이러한 조각들은 석양빛에 더욱 인상적인 효과를 자아낸다. 팔미라 예술의 정수를 승리의 아치 조각 장식에서 확인할 수 있다.

---

* 벨 신전과 바알샤민 신전은 2015년 ISIS의 팔미라 점령 당시 파괴되었다.

» 11 도시 팔미라의 주도로에 있는 대열주와 기념문 및 기념문에 있는 시리아 양식의 조각

주도로를 따라가다 보면 사거리가 나오는 곳에 팔미라의 독특한 건축 양식인 테트라필론(Tetrapylon)* 이라 불리는 4개의 탑문이 있다. 이 건축물은 도로 중앙에 위치하고 있으며 두 주요 도로의 교차점에 자리하고 있다. 테트라필론은 오늘날 사거리(교차로) 표시로 사각형 모양에 모서리 끝부분마다 4개의 기둥이 지지하며 그 위에 지붕이 얹혀진 형태이다. 내부 기둥은 이중 열로 배열되어 있으며, 외부는 코린트 양식의 기둥으로 둘러싸여 있다. 지붕 모양의 주랑은 그리스의 영향을 받은 것이다. 모든 기둥은 나일 계곡의 아스완에서 가져온 분홍색 화강암으로 만들어졌다. 테트라필론은 독립된 기념물이며, 네 기둥의 중앙에는 항아리나 조각상이 놓여 있었다. 테트라필론은 팔미라의 기념비적인 건축물을 대표하며 전성기의 도시 계획을 반영한다.

» 12 테트라필론

기념문의 왼쪽에는 극장과 아고라(포럼)와 같은 공공건물이 있다. 원형극장

* 이 용어는 4를 의미하는 그리스어 "tetra"와 문을 의미하는 "pylon"에서 유래되었다.

» 13 하늘에서 내려다 본 팔미라의 공공건물들: 위로부터 그리스 양식의 아고라와 원형극장, 벨 신전이 보이며, 열주대로와 테트라펠론도 확인할 수 있다

은 2세기에 지어진 것으로 현재는 원래의 3분의 1인 12열만 남아 있다. 극장에는 세 개의 입구가 있었는데, 두 개는 아치형 통로로 극장 쪽에 위치하고, 세 번째는 남쪽에 직사각형으로 동물들이 검투사와 싸우기 위해 들어갈 수 있었다. 북쪽 입구에는 음료와 음식을 판매하는 상점이 있었고, 상품은 그리스어로 표시되어 있었다. 아고라는 2세기에 직사각형 형태로 건설되었으며 공개 토론의 장소이자 동서양 상인들이 교역을 하던 대규모 시장이었다. 중정에는 코린트식 기둥머리와 조각상 선반이 있고, 팔미라 상인의 조각상이 있었다고 한다.

## 무덤의 계곡: 페르시아 문명과 헬레니즘의 공존

무덤의 계곡은 황량한 사막의 모래바람 속에 있다. 멀리서 바라보면 여기저기 직사각형의 건물이 보이며, 이는 이곳이 죽은 자들의 도시임을 나타낸다. 무덤 유적은 팔미라의 유적 중에서도 독특한 양식을 지니고 있으며, 근동지역에서 가장 아름다운 무덤 중 하나로 손꼽힌다. 무덤은 독특한 장식과 건축기법을 특징으로 하며, 페르시아와 헬레니즘과 로마문화가 결합하여 독특한 문화를 형성하고 있다. 팔미라 무덤의 장례 기념물은 '영원한 집'이라 불리며, 그 중요성을 보여준다. 주요 묘지 유형에는 탑 무덤, 지하무덤, 주택형 또는 궁전형이라고 불리는 집단형 묘가 있다. 개별무덤도 있지만 각 가문은 탑과 장례사원이 포함된 가족용 영묘를 소유하고 있다. 팔미라의 장례 관습은 1세기 초에 큰 변화를 겪었는데, 단일 무덤이 아닌 다층 탑형 무덤이 건설되기 시작했다.

» 14 팔미라 무덤군

기원전 1세기부터 존재해 온 지하 묘지는 초기에는 탑과 결합된 형태였으나 이후 독립적으로 건설되었다. 입구 문을 지나면 아치형의 지하 복도로 이어지며, 복도 양쪽 벽에는 정교하게 장식된 직사각형 벽감이 조각되어 있다. 이 벽감은 고인의 초상화가 부조로 장식되어 틈새를 막는 역할을 한다. 복도 끝에는 반원형 공간이 있으며, 양쪽에는 갤러리가 있고 끝부분은 헬레니즘 양식의 프레스코화로 장식되어 있다. 벽은 돌이나 석고로 덮여 있으며, 기하학적 또는 식물 모양의 문양, 일상생활 장면, 신화적 주제를 묘사하고 있다. 무덤에 들어

» 15 비스듬히 누운 인물과 주변의 인물이 돋을새김으로 나타나 있다

» 16 유명한 삼형제 무덤의 내부 프레스코화와 무덤 입구에는 시리아-헬레니즘 양식의 결합을 보여주는 안내문이 있다

서면 중앙에 석관을 넣은 아치 구조가 자리하고, 그 위에는 비스듬히 누운 조각상들이 올려져 있다. 통로와 내실은 고인을 세로 방향으로 안치할 수 있도록 칸이 구획되어 있으며 고인의 형상이 새겨지고 색칠된 석판으로 덮여 있다. 인물은 부조로 조각되어 돌출된 모습으로 전형적인 페르시아 양식이다. 고인과 가족들이 조각된 팔미라의 장례부조는 가족초상화 갤러리를 형성했다. 무덤 조각을 포함한 다양한 건축 장식은 그리스와 로마 예술 양식, 페르시아 양식이 팔미라 양식과 독특하게 융합하고 있다.

팔미라의 무덤군은 내부 석실이나 벽, 천정에서 다양한 예술 작품들을 보여준다. 특히 삼 형제 무덤에 있는 프레스코화로 장식된 천장에는 독수리에게 납치되는 가니메데를 묘사한 그림이 그려져 있다.* 가니메데는 인간 세계에서 가장 아름다운 소년으로 알려져 있다. 이러한 신화적 이야기는 시리아 예술 전통과 종종 얽혀 있으며, 이 그림은 그리스 신화를 시리아식으로 해석한 고전 예술의 한 예이다.

» 17 무덤 내부 석실과 천정에 그려진 프레스코화 '독수리에게 납치되는 가니메데'

---

* 독수리로 변신한 제우스에 의해 납치된 가니메데는 올림푸스로 데려가진다. 이후 그는 신들의 잔을 따르는 역할을 맡게 된다. 이 신화는 단순히 아름다움에 대한 갈망을 넘어 인간과 신, 하늘과 땅의 연결이라는 상징적인 의미를 담고 있다. 가니메데의 납치는 인간의 삶에 대한 신의 통제를 상징하며, 신의 개입을 통해 불멸을 향한 영혼의 상승을 상징한다.

팔미라 무덤의 벽과 천장에 그려진 프레스코화는 죽은 이의 영혼이 신과 만나 영원히 축복받는 삶을 누리길 기원하는 의미를 담고 있다. 또한 이러한 장면들을 천장과 벽에 배치함으로써 무덤 자체를 하늘과 연결된 신성한 공간으로 만들고자 하는 의도를 엿볼 수 있다. 이 프레스코화는 인물묘사에서 그리스-로마 예술 전통을 따르면서도, 팔미라 지역 특유의 색감과 장식 요소를 결합한 작품이다.

팔미라 대부분의 무덤 벽면에는 돋을새김 조각이 있으며, 돌기둥, 석관, 지하무덤을 통해서 팔미라의 예술이 로마뿐만 아니라 페르시아의 양식*의 영향을 받았음을 보여준다.

팔미라 예술의 특징은 도시를 둘러싼 산에서 나오는 부드럽고 단단한 석회암으로 만든 조각에서 찾아볼 수 있다. 사원과 무덤의 벽에 새겨진 부조에서 팔미라 조각의 특징이 드러나며, 이는 얕은 부조(그림자의 양을 최소화하여 섬세하고 얕은 효과를 주는 방식)와 높은 부조(그림자가 뚜렷하고 극적이며 생생한 모습을 연출하는 방식)로 나뉜다. 각각의 인물은 개별적으로 표현되며 매우 세밀하게 묘사되어 있다.** 그런데 팔미라 조각 연구자인 하랄드 잉홀트(Harald Ingholt)에 따르면, 조각 속 인물의 머리는 약간 측면을 향하고 있으며, 얼굴 특징이 뚜렷하게 표현되고, 많은 보석이 장식되어 있으며, 옷의 주름이 유연하게 표현된 점이 후기 로마 및 비잔틴 양식의 특징이라고 한다.

특히 벽면에서 돌출된 입체적인 효과를 가진 여성의 부조로 여성들은 큰 눈

---

* 페르시아 양식은 대칭과 균형 및 기하학적 디자인을 강조한다. 건축에서 한쪽이 열려있는 커다란 아치형공간은 모스크에서 사용한다. 그림의 경우 사실주의보다 장식적 아름다움에 중점을 두며 복잡한 조각품을 만든다. 페르시아 양식은 중동, 중앙아시아, 남아시아 전역의 이슬람 예술에 깊은 영향을 미쳤다.

** 이 부조들은 고유한 형태로 구별되며, 의복, 동작, 헤어 스타일, 장신구 등 비문과 세부 요소를 통해 팔미라 정체성을 이해하는 데 귀중한 증거를 제공한다.

과 작은 입을 가지고 있으며, 의상은 그리스-로마 스타일과 페르시아 스타일이 혼합되어 있다.[3*] 팔미라 여성 조각상은 화려한 장신구를 착용한 여성 인물을 특징으로 정면을 향한 자세, 세밀하게 묘사된 복장, 고인을 식별하는 비문 등 팔미라 고유의 양식과 함께 팔미라의 장례문화 전통을 보여 준다.

» 18 여신 알라트(Al-Lāt), 아라비아와 근동 지역, 특히 팔미라, 페트라, 메카에서 숭배되는 고대 이슬람 이전 여신으로 섬세한 옷주름과 장신구를 착용하고 있다. 정면을 향한 자세, 세밀하게 묘사된 복장은 팔미라 고유의 양식이다. 그 옆은 팔미라 여성조각상이다

겉보기에는 팔미라의 건축과 도시 계획이 그리스-로마 시대의 일부처럼 보일 수 있지만, 자세히 살펴보면 시리아와 페르시아의 전통적인 동양 양식을

* 부조는 조각된 요소가 단단한 배경에 부착되어 2차원 표면에 3차원 효과를 만들어 내는 조각 기술로 장면, 인물 또는 장식 디자인을 묘사하기 위해 건축, 기념물 및 장식 예술에 자주 사용된다.

지속적으로 유지하고 있음을 알 수 있다. 특히, 로마의 점령 기간 동안 서양과의 접촉이 있었음에도 동양 양식의 부조는 여전히 유지되었다. 따라서 팔미라 예술은 단순히 로마 예술의 지역적 스타일에 국한되지 않고, 동양적 양식과 결합된 종합적인 예술로 평가받고 있다. 도시의 건축이 그리스-로마 예술의 영향을 더 많이 받았다 하더라도, 팔미라 예술은 특히 벽 부조와 석관 같은 장례 조각에서 독창성을 드러냈다.

### 아랍성: 팔미라에서 만나는 이슬람

도시 팔미라에서 가장 높은 언덕 꼭대기에는 아랍 제국의 성(城)인 아랍성이 우뚝 서 있다. 16세기 레바논 왕자의 명으로 건설되었다고 한다. 634년에 유명한 아랍지도자 칼레드 벤 알왈리드는 군대와 함께 평화롭게 팔미라에 들어왔다.[4] 지진으로 인해 도시가 무너지면서 이 성도 세간의 이목에서 사라졌다.

나는 해가 질 무렵에 올라간 이 성에서 팔미라 유적을 내려다보았다. 팔미라의 주신 벨 신전을 비롯하여 바알샤민 신전, 열주대로, 원형극장, 그리고 무덤의 계곡 등 팔미라의 유적지에는 다양한 문명의 흔적들이 한곳에 함께 있었다. 팔미라는 벨 신전, 원형극장, 열주, 아랍성이 한 공간에 위치하고 있다. 찬란했던 팔미라 대도시의 유적은 많은 이야기를 전하고 있었다.* 지금까지 이기적인 문명이 주도한 이야기를 들어왔다면, 이제는 역사에서 배제되었던 이야기, 문명 간 공존에 대한 이야기에 귀를 기울일 때이다.

---

* 거대한 고대 도시 팔미라의 유적들 중 일부는 미래에나 볼 수 있을 것이다. 2015년 수니파 무장조직 '이슬람국가(IS)'가 팔미라 유적지를 점령하고 우상숭배라는 이유로 벨 신전, 바알샤민 신전 등 고대 신전을 파괴했다. 2021년 시리아 정부와 러시아 정부 간에 유적 복원을 위한 협정을 맺어 현재 러시아에서 복원도를 제작 중이고 시리아 내에서도 예술가들이 자발적으로 참여하여 황금기 시절 옛 팔미라 전체의 모습을 모형으로 만들어서 복원하는 중이다. 조만간 파괴된 신전들은 제자리로 돌아갈 것이다.

» 19 아랍성과 벨 신전, 대열주, 테트라필론이 한 공간에 있다

## 3. 남겨진 유적에서 본 것

### 실크로드 연장의 준거점이 된 팔미라

팔미라 무덤의 계곡에는 103년에 만들어진 '엘라벨의 탑' 묘지가 있다. 이 무덤은 지하무덤으로 5층으로 구성되어 있다. 이 탑이 중요한 이유는 실크로드를 재천명하는 계기를 만들어주었기 때문이다.

» 20 엘라벨의 탑과 그 내부

이 탑은 엘라벨이라는 사람의 무덤으로, 1910년 단번에 세계의 주목을 받게 되었다. 그 이유는 이 탑에서 중국 한나라 시대의 비단 유물이 대량으로 발견되었기 때문이다. 이를 통해 기존의 실크로드에 대한 재조명이 이루어졌다. 고고학자들은 당시 비단 무역 경로가 중앙아시아와 서인도를 거친 것으로 보았다. 그러나 지중해에 위치한 시리아의 팔미라에서 중국 비단 직물이 대량으로 발견됨에 따라, 실크로드는 중국에서 시리아까지 확장된 것으로 다시 정립되었다. 이는 실크로드가 단순한 무역로를 넘어, 다양한 지역 간 네트워크를 통해 형성된 장거리 교역로이자, 문명 교류와 협상의 통로로 기능해왔음을 보여주는 계기가 되었다.

## 건축술

팔미라도 로마를 만들었다. 팔미라 도시는 아고라, 원형극장, 사원 등 대형 공공 건축물을 포함한 고대 도시의 복합적인 모습을 완벽히 보여준다. 또한 주거 지역도 잘 보존되어 있으며, 성벽 바깥에는 거대한 무덤 단지가 자리하고 있다. 팔미라 예술은 그리스와 로마의 예술 양식에 페르시아의 영향을 결합하여 독특한 스타일을 이루고 있다. 이는 건축뿐만 아니라 조각에서도 독창적인 예술성을 보여준다.

팔미라의 건축 양식은 그리스와 로마 건축의 영향을 받은 것으로 알려져 있다. 하지만 동시에 팔미라의 건축 양식이 로마에 영향을 미쳤다는 주장도 있다. 2세기에 로마 건축을 설계하고 건축한 인물은 다마스쿠스의 아폴로도루스(Opolodorus of Damascus)였다. 그는 로마 황제 트라야누스(Trajanus) 아래 수장 건축가로, 로마의 제국 건축물 대부분을 설계한 인물이다. 특히 로마 중심부에 위치한 공공 복합 단지인 트라야누스 포룸(Trajan's Forum)을 설계한 것으로 유명하다.

한 이탈리아 시인은 "로마는 도시 계획을 창안하지 않았다. 그들은 이미 존재하던 것을 발견했고, 이후 로마가 그것을 채택했다."라고 말했다. 또한 로마시인 유베날리스(Juvenal)*는 시리아가 로마에 미친 영향을 은유적으로 노래했다.[5]

"오론테스 강(시리아의 강)의 물은 언어, 관습, 예술과 함께 티베르(로마의 강)에 이른다."

## 팔미라 제국과 여왕 제노비아

팔미라 대로 교차로에 있는 열주기둥 꼭대기에는 중요한 비문이 남아 있다. 이 비문은 팔미라의 장군들이 여왕 제노비아에게 제출한 청원서이다. 비문에는 이런 말이 새겨져 있다고 한다. "로마로부터 독립하겠습니다, 우리에게 명령만 내려주십시오. 우리가 로마를 물리치겠습니다."

'팔미라 장군의 청원서'는 서기 3세기 팔미라의 군사 지도자였던 자브다스

---

* 데키무스 유니우스 유베날리스는 1세기 후반에서 2세기 초반에 활동한 고대 로마의 시인으로 사회와 권력층을 통렬하게 풍자한 시로 유명하며, 후대의 풍자문학에 큰 영향을 끼쳤다.

(Zabdas)와 자바이(Javai) 장군이 쓴 역사 기록으로, 이들은 제노비아 여왕 통치 아래 팔미라 제국의 확장과 방어에 중요한 역할을 했다. 이 장군들의 활동과 그들이 남긴 비문은 제노비아 여왕의 지도력과 그녀에 대한 충성심, 그리고 당시 팔미라의 정치적, 군사적 상황을 보여준다.

» 21 기둥에 새겨진 팔미라 장수들의 청원서와 기둥 위의 가로재에 새겨진 제노비아 여왕 부조

제노비아 여왕은 272년 황제(아우구스투스)라는 칭호를 얻게 된다. 그렇다면 팔미라 제국의 제노비아 여왕은 누구인가. 오데나투스(252-267)는 팔미라의 정치적, 군사적 지도자로 페르시아와 전쟁 중 사망했다. 그 후 그의 아내 제노비아가 그 뒤를 이어 받았다.

팔미라 여왕 제노비아(240년경-274년경)는 로마 제국에서 반(半)독립적인 국가로 있었던 팔미라를 시리아, 팔레스타인, 이집트로 확장하고 팔미라 제국의 문화를 발전시킨 인물이다. 그럼에도 이집트 클레오파트라 여왕, 중국의 서태후, 영국의 빅토리아 여왕에 비해 거의 알려지지 않은 여왕이다.

팔미라 제국은 로마의 식민 도시 팔미라에서 일어나 3세기경 로마 제국의 위기 상황에서 제노비아 여제에 의해서 세워진 제국이다. 3세기 고대 도시 팔미라를 지배한 여왕 제노비아는 대단한 지성과 정치적, 군사적 재능을 겸비하여 로마를 위협할 만한 대국으로 키워냈다. 제노비아는 타트모르에서 '팔미라'라고 이름을 바꾸고 독자적인 군대를 가진 강력한 도시국가로 발전했다. 팔미라는 로마와 인도, 중국을 연결하는 무역이 활발해지면서 더욱 많은 상인이 몰려들었고 이들을 위한 숙소와 신전, 넓은 도로와 원형극장까지 만들어지면서 거대한 고대 도시가 되었다. 힘이 커지자 제노비아의 팔미라는 소아시아 동부의 카파도키아와 시리아, 팔레스타인, 그리고 이집트 속주와 소아시아의 많은 영토를 정복하는 등 막강한 고대 국가로 거듭났다.

제노비아 여왕은 페르시아가 만(걸프)을 경유하는 무역로를 막았기 때문에 홍해를 통한 무역로를 열었다. 그녀는 로마로 가는 모든 중요한 무역로와 동쪽의 모든 중요한 지점을 통제했으며 팔미라를 동쪽에서 서쪽까지 실크로드의 가장 중요한 지점으로 만들었다. 그 당시 팔미라의 거주민은 거의 30,000명이나 되었다.[6]

특히 제노비아는 로마의 땅인 이집트를 공격하고 로마가 임명한 이집트 총독을 죽인 후 스스로 그곳의 여왕이 되었다.

제노비아 시대에는 영토가 지금의 시리아, 팔레스타인 전역을 포함하고, 북쪽으로는 튀르키예의 중부까지, 남쪽으로는 이집트의 알렉산드리아에 이르기까지 로마 제국 영토의 거의 절반을 차지하며 지배했다는 의미다. 제노비아는 본인을 아우구스타 제노비아라고 부르고 270년에는 로마로부터 독립을 선언했다. 이에 로마의 황제 아우렐리아누스가 팔미라를 공격하였다.

아우렐리아누스는 제노비아에게 항복을 요구했으나 그녀는 어떤 형태의 항복도 거만하게 거부하는 편지를 황제에게 보냈다. 전쟁에서 승리 후 아우렐리아누스는 말했다. "아! 내가 어떤 여자와 싸웠는지 그들이 알았다면! 그리고 내가 제노비아에게 패배했다면 역사는 뭐라고 말할까?"[7]

제노비아는 항복을 거부하고 끝까지 싸웠다. 몇 차례 전투에서 승리를 거두지만 결국 강력한 로마군에게 패배하고 273년 팔미라 제국은 파괴되었다. 고대 도시 팔미라는 쇠약해지기 시작하였지만, 팔미라의 여왕 제노비아 이야기는 신화가 되어 계속 후대로 이어졌다. 그녀는 훌륭한 남녀가 갖추어야 할 덕의 화신으로 팔미라가 붕괴된 이후에도 오랫동안 사람들 입에 오르내렸다.

18세기 에드워드 기봉은 책 '로마 제국의 흥망사'에서 말했다.

"팔미라의 명성 높은 여왕 제노비아는 동방에서 가장 뛰어난 여성이자 위대한 인물로 사람들로부터 존경받았다. 제노비아는 잘 훈련된 언어로 라틴어, 아랍어, 그리스어, 아람어, 시리아어 등 다양한 언어를 유창하게 구사했다. 그녀는 담대하고 강인한 성격을 갖고 있으며 용감하고 영리하며 정의롭고 민주적이었다. 그녀는 군사들과 함께 엄숙하고 확고하며 인내심을 가지고 제국을 정의롭고 절제 있게 다스렸다."[8]

» 22 1978년에 발행된 시리아 화폐에는 제노비아 여왕 초상과 함께 배경에 기념문과 대열주가 그려져 있다. 고대 주화에도 제노비아 여왕의 모습이 새겨져 있다

제노비아 여왕은 언어적인 뛰어난 재능을 가진 만큼이나 유머 감각도 있었다. 다음과 같은 일화에서 그녀의 덕망과 유머를 엿보게 된다.

"한 상인이 물건을 사는 사람에게 바가지를 씌워서 처벌을 받게 되었다. 그는 죗값을 치르기 위해 여왕과 극장에 모인 청중들 앞에 나왔다. 경기장에 홀로 선 그는 맹수에게 공격받을 것을 예상하며 두려움에 몸을 떨었다. 드디어 맹수가 등장하자 청중들은 폭소를 터뜨렸다. 상인은 돌아서서 보니 그 앞에는 닭 한 마리가 있었다."[9]

제노비아는 역사에 관심이 많았으며 로마와 동방의 정치 상황에 대해 끊임없이 정보를 얻었다. 뛰어난 승마 실력을 가진 그녀는 보병과 함께 정기적으로 3~4마일을 말을 타고 행군하곤 했다. 황제이자 여왕으로서, 제노비아는 역사상 가장 위대한 지도자로 평가받아야 마땅하다. 그러나 나는 세계사에서 팔미라의 여왕 제노비아에 대해 배운 기억이 없다. 그녀의 행적에 대해는 세계사에서 거의 다루지 않고 있으며, 때로는 감히 로마 제국에 맞선 "하룻강아지 범 무서운 줄 모르는 여자"로 회자되기도 한다.

# 페트라와 팔미라에서 실크로드를 다시 보다

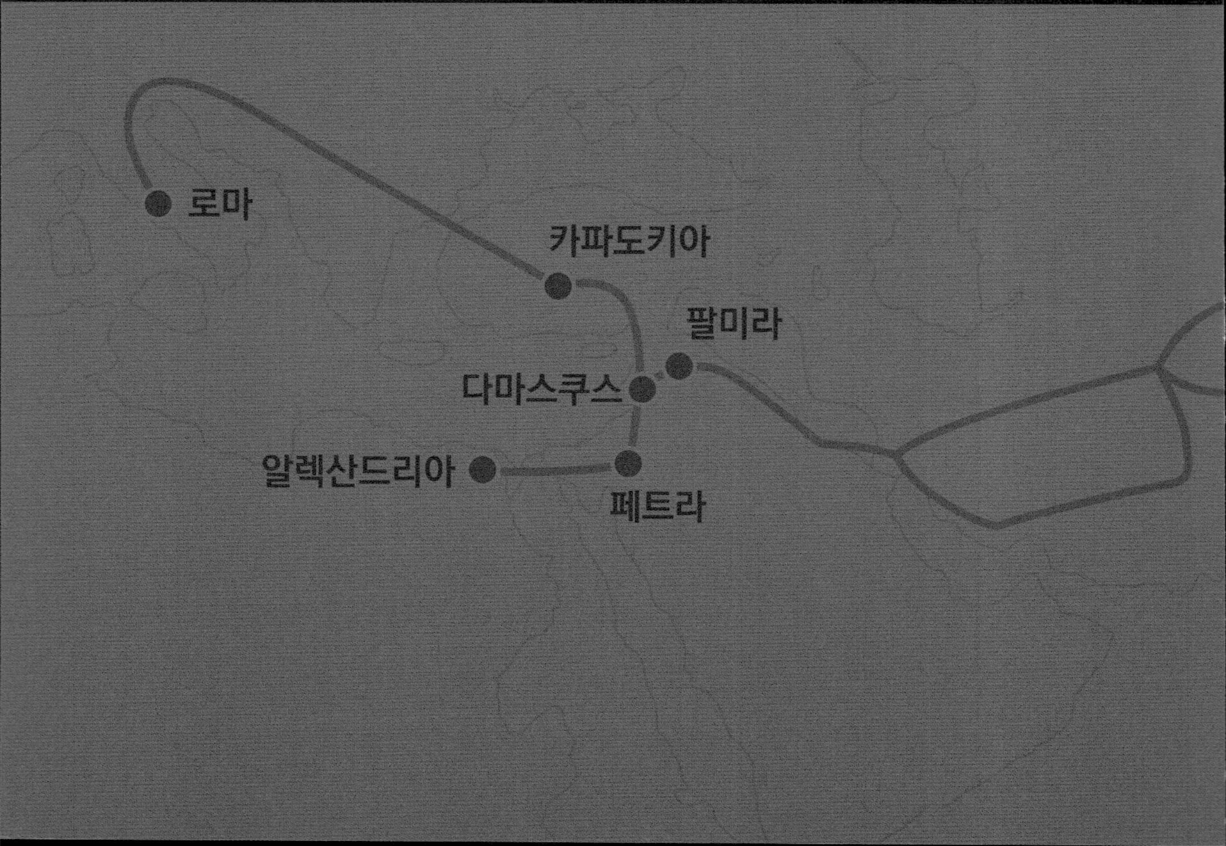

문명은 그 지역 사람들이 만들어 간다. 강자와 힘의 논리에 의해 과거의 위대한 문명은 하루아침에 무너지기도 하고 세상에 알려지지 않았거나 폄하되는 수모를 겪는다. 그러나 문명이 탄생되는 것이라면 재탄생도 가능한 것이다. 문명사에서 묻히거나 가려졌던 문명들은 다시 기억의 장소가 될 수 있다. 인류 문명에서 유럽을 이례적인 장소로 보는 데서 벗어나 다양한 문명에서 그 지혜를 배워야 한다. 문명은 혼자가 아닌 여러 문명이 함께 만들어지는 것이다.

요르단의 페트라와 시리아의 팔미라는 우리가 익히 들어왔던 "모든 길은 로마로 통한다"는 로마 중심의 실크로드에 대해 의문을 제기한다. 실크로드는 중국에서 로마로 이어지는 비단 무역 경로를 뜻하지만, 이 길은 동서 간의 진정한 문화 교류가 아니었다. 로마는 일방적인 종착지였고, 모든 물건이 도달하는 최종 목적지였다. 지금까지 실크로드와 관련된 기록은 로마를 중심으로 다뤄졌으며, 로마에서는 실크로드를 통한 문명 교류가 눈에 띄지 않았고, 주로 교역의 관점에서 기술되었다.

나는 중동*의 고대 도시 페트라와 팔미라에서 실크로드**를 다시 보았다.

중국의 역사가 사마천의 '사기(史記)' 중 "대원열전(大宛列傳)에는 문과 물이 함께 교류했음을 기록하고 있다.

"외국으로 가는 사절단은 많은 경우에는 수백 명이나 되고 적은 경우에는 100여 명이었다. 한나라에서 대체로 1년 동안 보내는 사신은 많을 때는 10여 차례이고 적을 때는 대여섯 차례였으며, 먼 곳으로 간 자는 8~9년이 걸리고 가까운 곳으로 간 자도 몇 해가 지나서야 돌아왔다. 서양 상인들 또한 계속해서 장안으로 몰려들었다."[1] 그리고 빛나는 보석, 향신료, 약재, 동물 등과 함께 유명한 말들이 장안성에 넘쳐났다. 서양 상인들은 비단, 옻칠 제품, 금과 같은 중국 특산물을 서양으로 가져갔다. 단순히 물자만 교류된 것이 아니었다. 다양

---

* 중동은 지중해 동쪽 레반트(Levant) 지역, 즉 팔레스타인(고대의 가나안)과 시리아, 요르단, 레바논 등이 있는 지역과 카타르처럼 아시아 서쪽 아라비아 반도에 있는 나라들과 이란 그리고 이집트처럼 북아프리카에 있는 일부 나라를 가리킨다. 중동은 그 지역 사람들이 일컫는 지역명이 아니라 유럽인의 시각에서 바라보고 지어진 것이다. 식민지 침략이 본격화되던 18세기와 19세기에 아시아에서 가장 강력한 힘을 발휘하던 나라는 영국이었다. 1차 세계대전 때 독일과 싸우던 영국이 아시아를 세 지역으로 구분하였다. 즉 오리엔트(동양)를 근동(近東), 중동(中東), 극동(極東)으로 나눈 데는 명확한 기준 없이 유럽에서의 거리로 보아 대충 나눈 것이다. 근동은 발칸반도를 포함해 터키 등을 일컫고 중동은 사우디아라비아 등 주로 이슬람 국가들을, 그리고 극동은 중국, 일본, 한국을 일컫는 것이다. 중동은 결국은 유럽인 특히 영국인의 잣대로 만들어진 명칭이다.

** 실크로드라는 용어는 근대에 와서 사용된 말이다. 중앙아시아를 관통하는 교역로를 통해 오고 간 수많은 물자 가운데 특히 비단의 이름을 딴 것이다. 이 길의 이름을 붙인 사람은 19세기 말 독일의 지리학자 프레디난트 파울 리히트호펜이다. 그는 19세기 후반 중국 각지를 탐사하고 동서교류와 관련하여 중국으로부터 중앙아시아의 시르다리야(시르강)와 아무다리야(아무강) 사이의 트란스옥시아나 지대를 경유해 서북인도로 수출되는 주요 품목이 비단이었던 사실에 근거하여 이 교역로를 독일어 자이덴슈/트라센(비단/길)이라고 명명하였다(정수일, 2001: 603). 그런데 실크로드라는 이름이 인류 문명사에 공식적으로 등장하기 이전부터 동양과 서양은 갖가지 형태로 교류해왔다.

한 학문과 지식, 이국적인 예술과 생활 양식, 심지어 다양한 동식물까지 활발히 교류되었다. 따라서 유사 이래 가장 다양한 문명과 물건이나 재료들이 광범위하게 뒤섞이기 시작했다.[2]

사마천은 동서양의 교류를 언급했지만, 중동의 고대 도시 페트라와 팔미라에서 바라본 실크로드 세계는 훨씬 더 복잡하고 서로 연결되어 있었다. 동서남북을 연결하는 긴 실크로드의 중계점이었던 중동의 페트라, 팔미라는 동서양과 중동 간의 물(物)과 함께 더 많은 문(文)이 함께 교류한 양방향의 길이었다.

페트라와 팔미라는 한때 고대 로마 제국과 중동 사이의 교역 중심지로, 사막 한가운데에서 번영했던 대도시였다. 이곳은 여러 나라를 연결하는 교역로로서 역사적으로 중요한 지점이다. 나바테아 문명과 팔미라 문명은 인류 문명의 교차로로, 과거를 새롭게 바라볼 수 있는 시각을 열어준 장소이기도 했다. 또한 동서남북이 서로 연결된 세계를 엿볼 수 있었다.

은유이자 기억인 실크로드는 비단만큼이나 아름다운 길이다. 중동의 고대 도시 페트라와 팔미라의 유적은 각 문명과 다양한 문화가 공존했던 흔적을 보여준다. 이곳은 오늘날 우리가 찾는 문명 간 공존의 선구적인 모습일지도 모른다. 다양한 사람과 문화가 이동하고 교류하는 현대 사회에서, 우리는 이곳에서 공존의 길에 대한 실마리를 찾을 수 있다.

인류 문명사에서 중국과 로마를 잇는 비단길 위에서 문물 교류의 중계점이 되었고, 그것을 문명에 남긴 중동의 고대 도시 페트라와 팔미라가 마땅한 평가를 받게 된다면, 그 길은 진정으로 다양성과 공존의 아름다움을 간직한 실크로드, 비단길이 될 것이다.

# 제 3 부 이기적 문명, 역사와 전통 만들기

# 1장

# 북마케도니아와 19세기 만들어진 전통

## 1. 북마케도니아* 스코페에서 본 역사 만들기의 현장

유럽은 현대 인류 문명을 형성한 진보의 요람으로 언급되며, 대부분의 인류 발전은 유럽에서 시작되었다고 여겨진다. 여기서 '유럽'은 일반적으로 영국, 독일, 프랑스, 스페인 및 스칸디나비아 반도와 같은 국가를 포함하는 서유럽을 의미한다. 그렇다면 동유럽은 어디인가?

동유럽은 크게 두 지역으로 나눌 수 있다. 체코, 폴란드, 헝가리를 중심으로 한 중부-동유럽과 슬로베니아, 크로아티아, 세르비아, 보스니아-헤르체고비나, 몬테네그로, 마케도니아 등 구 유고슬라비아 6개국과 알바니아, 루마니아, 불가리아를 포함하는 남동유럽이다. 남동유럽은 발칸반도라고 불린다.

발칸반도는 1,500년 이상의 역사를 자랑하며, 다문화, 다종교, 다민족적 역사를 가지고 있는 곳으로 동방정교, 가톨릭, 이슬람 세 문명이 교차하는 지역

---

* 마케도니아는 그리스와의 오랜 국명 분쟁 끝에 2019년에 국명을 '북마케도니아'로 변경하였다. 본 장에서는 2019년 이전 북마케도니아의 상황을 언급할 때 '마케도니아'라는 명칭을 사용한다.

이다. 그러나 이 지역은 풍부한 문명보다는 부정적인 이미지로 자주 연상된다. 서유럽과 달리, 동유럽은 서유럽에 비해 잘 살지 못하고, 민족과 종교 간 갈등과 전쟁이 빈번히 발생하는 지역으로 기억된다. 제1차 및 제2차 발칸 전쟁뿐만 아니라, 1990년대에 '인종 청소'라는 단어와 함께 참혹한 사진들로 주목받았던 보스니아 내전과 코소보 전쟁은 발칸반도를 '유럽의 화약고'로 굳히는 데 큰 영향을 미쳤다.

1999년, 세르비아는 발칸반도의 작은 지역인 코소보에서 인종청소의 일환으로 약 10,000명의 알바니아인의 목숨을 앗아갔다. 다수민족이 소수민족을 말살시킴으로써 적대적인 민족을 배제하고 그 지역에서 뿌리조차 내리지 못하게 한 것이었다. 그렇다면 루마니아는 어떠한가? 1965년에 집권한 차우셰스쿠는 1989년 처형될 때까지 강압적인 통치로 루마니아를 억압했다. 그는 루마니아를 심각한 경제침체로 몰아넣었고 친위대와 도청으로 감시하고 억압하는 철권독재를 했다. 서유럽의 찬란한 역사는 다양한 경로를 통해 널리 알려졌지만, 동유럽에 대한 소식은 주로 미디어에 의해 일방적으로 전달되었다. 발칸반도에 대한 나의 지식도 그 정도의 수준에 머물러 있었다.

2014년 봄, 서양사를 전공한 역사학자들이 발칸 역사 기행을 준비한다는 소식을 들었다. 가는 곳은 루마니아, 불가리아, 마케도니아, 세르비아, 코소보, 알바니아였다. 나에게는 대부분 낯선 곳이었다. 세르비아와 코소보는 민족 갈등의 지역으로 잘 알려져 있었고, 마케도니아와 알바니아는 이름만 들어본 나라들이었다. 발칸 지역을 전공한 전문학자가 이끄는 역사 여행은 "길 위에서 배우는 학교"이자, 동유럽의 역사를 직접 배우는 소중한 기회였다.

나는 2014년 6월 20일부터 7월 1일까지 발칸 역사 기행에 참여했다. 세르비아, 코소보, 루마니아에서는 근현대사에 대해 깊이 탐구할 수 있었고, 특히 민족주의의 대두와 함께 민족 및 종교 간의 갈등, 전쟁, 학살과 같은 인간이 보여줄 수 있는 잔혹한 흔적들을 직접 마주할 수 있었다.

이번 역사 여행 중 예상치 못한 흥미로운 현상을 접하게 되었다. 마케도니아에서 이루어지고 있던 '역사와 전통 만들기' 과정이었다. 이 현상은 이기적인 문명이 보여주는 대표적인 행위 중 하나로, '신화 또는 역사 만들기'라고 부를 수 있다. 한 국가가 과거의 문명을 소급해서 현재의 문명을 만들어내는 것이다. 보통 한 사회가 어떤 영토를 차지하고자 하는 목적으로 그 영토에 관한 이야기를 새로 만들어 낸다. 때로는 오래된 어떤 이야기가 이미 특정한 영토에 형성되어 있고 새로운 사회 혹은 국가가 그 땅을 장악하게 되면 서로 자신의 이야기라고 주장하며 갈등이 발생할 수 있다.[1] 마케도니아에서 진행된 역사 만들기는 그리스와의 갈등으로 치달았다. 그 갈등의 중심에는 알렉산더 대왕이 있었다.

6월 25일, 마케도니아의 수도 스코페에 도착했다. 마더 테레사의 어린 시절 집과 기념관을 방문한 후, 도심으로 들어서자 놀라운 광경을 마주하게 되었다. 거리 전체가 마치 조각상의 숲처럼 보였다. 알렉산더 대왕의 동상을 비롯해 마케도니아 독립운동가들, 로마 황제 유스티아누스 석상, 10세기 불가리아 제국의 사무엘 황제가 십자가 달린 지팡이를 잡고 있는 동상, 이름도 적혀 있지 않은 여러 동상 등 수많은 동상이 곳곳에 세워져 있었다. 도시의 크기에 비해 너무 많은 동상이 있어서 어지러울 정도였다. 마케도니아 정부는 마케도니아의 영광을 재현하며 마케도니아 정체성을 확립하기 위해 '스코페 2014'라는 프로젝트를 추진하며, 수도인 스코페 도심에 상징적인 건물과 동상들을 세웠다. 마치 역사적으로 기념할 만한 무언가를 동상으로 만들어 사람들에게 각인시키려는 것처럼 보였다.

» **1 스쿠페에 세워진 다양한 동상들. 로마 유스티니아누스 황제상도 보인다**(위 왼쪽)

» 2 현재 북마케도니아와 그리스의 마케도니아 주 위치

가이드는 이렇게 말했다. "지금 마케도니아는 역사와 전통을 만드는 중입니다. 알렉산더 대왕은 우리의 역사입니다. 그래서 그리스와 갈등이 생긴 것입니다."

마케도니아가 역사를 만드는 과정은 그리스와 마케도니아 간 민족 갈등의 전조가 되었다. 두 나라의 충돌 중심에는 2000년 전 고대 마케도니아 왕국의 알렉산더가 있었다. 마케도니아는 알렉산더 대왕을 자국의 역사적 인물로 삼아 찬란한 역사와 문명을 세계에 알리며, 오래된 역사와 전통을 가진 나라로 자리매김하려 했다. 반면, 그리스는 알렉산더 대왕을 당연히 그리스의 역사적 인물로 여겼기 때문에 마케도니아가 그를 자국의 역사로 편입하는 것을 용납할 수 없었다.

거대한 영토를 정복했던 알렉산더 대왕의 이야기는 2000년이 넘는 긴 시간을 뛰어넘어 오늘날 인접한 두 나라 민족들 간에 서로 차지하려 다투는 갈등의 중심이 되었다. 두 나라의 분쟁은 지역 전체를 갈등의 소용돌이로 몰아넣었다. 이 분쟁 이후 2019년에 마케도니아는 국명을 '북마케도니아'로 변경하였다.

## 2. 알렉산더를 둘러싼 분쟁: 마케도니아와 그리스

### 알렉산더는 어떻게 영웅이 되었는가?

알렉산더는 고대 마케도니아의 필립 왕의 아들로 태어났다. 기원전 359년, 필립 2세가 왕위에 오르면서 마케도니아는 그리스의 주요 세력으로 부상하기 시작했다. 필립은 마케도니아의 수도 펠라를 중심으로 여러 소국을 통합하며 왕권을 강화했다. 기원전 338년, 필립은 그리스를 장악하여 그리스 도시 국가들이 정치적 독립을 잃게 만들었다.

기원전 336년, 페르시아 원정을 준비하던 필립 2세가 갑작스럽게 사망하였고, 그의 아들 알렉산더가 20세의 나이로 왕위에 올랐다. 당시 마케도니아는 그리스의 주도적 위치를 차지하고 있었고, 알렉산더는 페르시아의 위협을 받고 있던 그리스를 구하기 위해 헬레스폰투스 해협을 건넜다. 그는 페르시아의 다리우스 3세가 이끄는 군대와 싸워 승리를 거두었으며, 페르시아 지배하에 있던 소아시아의 그리스 도시들을 차례로 해방시켰다. 이후 그는 이집트로 이동해 나일강 삼각주에 알렉산드리아라는 새로운 도시를 건설했다.

알렉산더는 동쪽으로 원정을 계속하여 페르시아, 파르티아, 박트리아를 정복했다. 이란과 아프가니스탄을 정복한 후 인도에 도달해 인도 왕 포로스와의 전투에서 승리했다. 원정은 계속되었지만, 알렉산더는 아라비아 원정을 떠나기 직전인 기원전 323년 6월 3일에 세상을 떠났다.

기원전 333년부터 323년까지 10년 동안 통치한 알렉산더는 고대 역사상 가장 넓은 영토를 정복한 왕으로 기록된다. 그의 사후, 후계자들은 궁정과 군대에서 예술가와 역사가들을 동원해 알렉산더의 신화를 만들어냈다. 알렉산더는 탁월한 인간성, 관대함, 그리고 전사의 자질을 갖춘 영웅으로 부각되었다.

알렉산더의 신화는 로마 군대의 정복 활동에 맞춰 재구성되면서 대중적으로 확산되었고, 그는 야만인과 미개인에게 진보와 문명을 가져다준 위대한 정복자의 상징이 되었다. 플루타르코스는 책 '알렉산더의 덕과 운명에 대하여'에서 알렉산더의 업적을 "아시아를 문명화한 것"이라고 칭찬하며 높이 평가했다. 플루타르코스는 알렉산더가 그리스 문화를 정복지에 전파하고 여러 지역에 그리스 법을 제정함으로써 '야만성을 제거'했다고 기술했다. 당시 아시아는 거의 야생동물에 가까운 미개한 생활방식을 가지고 있었지만, 알렉산더가 이를 타파했다는 것이다.*

만약 알렉산더가 이들을 무력으로 정복하지 않았다면, 정복된 민족들은 문명의 혜택을 누리지 못했을 것이라고 한다. 최악의 인간들이 최고로 평가되는 인간을 만나 그들의 영향을 받아 새롭게 태어났다는 것이다.[2]

알렉산더 신화 만들기는 그의 아시아 정복을 정당화하기 위해 그리스 신화인 '고르디우스의 매듭'과 연결된다. 고르디우스의 매듭**에는 매듭을 푸는

---

* 알렉산더가 아시아에 문명을 전하자 그곳에서는 호머가 널리 읽혔고, 페르시아인, 수시아나인, 게드로시아인의 자녀들은 소포클레스와 에우리피데스의 비극을 낭송하는 법을 배웠다. 그는 야만인들의 나라에 70개가 넘는 도시를 건설했으며 아시아에는 그리스의 법을 전했다(플루타르코스, 2018: 85-86).

** 고르디우스 매듭은 프리기아의 농부 고르디우스가 왕이 된 이야기에 바탕을 둔 그리스 신화의 유명한 전설이다. 전설에 따르면, 텔미수스(오늘날의 튀르키예)에서 한 신탁이 "다음 프리기아 왕은 마차를 타고 올 것"이라고 예언했다. 농부였던 고르디우스는 마차를 타고 도시로 들어가 왕위에 올랐다. 그는 자신의 마차를 신 제우스에게 바치며 마차의 멍에를 기둥에 복잡하고 촘촘한 매듭으로 묶었다. 이 매듭은 너무나 정교하고 복잡해서 아무도 그것이 어떻게 만들어졌는지, 또는 어떻게 풀어야 하는지 알지 못했다.

자가 아시아의 왕이 될 것이라는 신탁이 있었다. 수많은 영웅들이 풀려고 시도했지만 모두 실패했고, 수천 년 동안 매듭은 풀리지 않은 채 남아 있었다. 기원전 334~333년경, 마케도니아의 젊은 왕 알렉산더가 이곳에 들러 매듭을 풀려고 했으나 실패하자, 칼을 꺼내 한 번에 매듭을 끊었다고 전해진다. 이로써 알렉산더는 신탁에 따라 아시아 지역의 지배자가 되었고, 인도의 인더스강까지 진군했다.

'고르디우스의 매듭을 끊다'라는 표현은 알렉산더에서 유래한 것으로, 복잡한 문제를 파격적이며 혁신적인 방식으로 해결하는 것을 상징하는 말로, 동서고금을 통해 회자되고 있다. 그러나 이 이야기는 알렉산더가 아시아를 정복하는 과정에서 정당성을 부여하기 위해 퍼뜨린 일종의 선전으로 볼 수도 있다.

이 신화적 이야기는 알렉산더의 등장을 필연적인 것으로 보이게 만든다. 이후 알렉산더가 페르시아를 정복하고 아시아를 지배했을 때, 사람들은 매듭을 푸는 사람이 아시아의 왕이 될 것이라는 고대 신탁을 성취한 것으로 여겨 그가 신의 뜻을 따르는 존재라고 여겼다.

이와 관련하여 기원전 1세기 그리스 역사가 디오도로스는 책 '역사총서'에서 이렇게 말했다. "알렉산더는 탁월한 지성과 불굴의 용기를 바탕으로 역사상 그 어떤 왕보다도 더 위대한 업적을 이루어냈다. 그는 12년도 채 되지 않아 유럽의 많은 지역과 아시아의 거의 전역을 정복했으며, 이는 고대의 영웅과 반신반인들마저 능가하는 업적이었다."라고 하면서 그의 놀라운 업적을 널리 알리고, 그를 신화 속의 영웅 및 반신과 비교했다.

로마의 역사가 플루타르코스(기원전 46년-기원후 119년)도 책 '알렉산더의 삶'에서 그를 신격화하고 있다.

"알렉산더 원정의 주된 목표는 그의 철학자다운 면모를 명확히 보여준다. 그의 의도는 개인적인 부와 영광을 추구하는 것이 아니라, 모든 사람들의 마음에 화해, 평화, 그리고 공동의 이해를 심어주는 것이었다. 그는 약탈자처럼 아시아를 휩쓸고 다닌 것이 아니었다. 정복한 나라를 약탈하려는 욕망도 없었다. 오히려 알렉산더는 지상에 존재하는 모든 사람들이 하나의 정부 아래에 있기를 원했고, 모든 사람이 한나라의 국민임을 일깨워주려고 했다. 그리고 그는 이 계획을 실행에 옮겼다."[3]

그리스와 로마 역사가들이 만들어낸 알렉산더 신화는 다양한 이야기를 퍼뜨렸다. 알렉산더가 아시아를 '문명화'함으로써 야만성을 제거했다는 이야기는 그의 업적을 강조하는 데 특히 중요한 역할을 했으며, 그의 사후 아시아 지역이 다시 야만적으로 변했다는 점에서 그 성과가 더욱 부각되었다.

근대에 이르러 유럽 국가들은 식민지 개척과 쟁탈전을 알렉산더의 고대 마케도니아 정복의 연속으로 여겼다. 알렉산더의 유산은 히틀러의 독재를 개인 숭배로 전환하려는 시도뿐만 아니라, 유럽 지도자들이 자신들을 알렉산더의 비전을 계승한 자로 주장하며 과거 식민지에서 영향력을 행사하려는 데에도 이용되었다. 이는 알렉산더의 유산이 유럽 중심적 관점에서 어떻게 재해석되어 유럽의 팽창주의와 비서구 지역의 소위 '문명화 사명'을 정당화했는지 보여준다.

세계사 교과서는 언제나 알렉산더 대왕을 영웅으로 묘사한다. 그 내용은 고대 역사가와 작가들이 기록한 흔한 내용을 반복한 것이었다. 우리 또한 알렉산더가 아시아를 문명화했다는 신화를 포함한 세계사를 배우며 그를 영웅으로 인식했다. 그러나 그것은 단지 '알렉산더 신화'를 배운 것에 불과했다.

'알렉산더는 탐험가이자 뛰어난 위정자였다.' 사람들은 알렉산더의 식민지 정복을 '탐험 원정'이라고 불렀다. 그는 정복자가 아닌 탐험가로서 알렉산더의 행동에 과학적 가치를 높이 인정했다. 하지만 알렉산더가 철학자 디오게네스를 만났을 때, 그는 자신을 정복자로 선언했다.

"나는 정복자다. 왕국의 일부를 너에게 줄 수도 있다. 나는 천하를 정복한 알렉산더 대왕이며, 너의 정복자다. 네 소원이 무엇인지 말해 보아라."

이에 디오게네스는 이렇게 답했다.

"비키시오, 당신이 내 햇빛을 가리고 있으니."

## 마케도니아는 왜 알렉산더 이야기를 차지하려고 하는가?

발칸반도에 위치한 마케도니아 왕국은 기원전 336년 알렉산더가 태어난 곳으로, 그리스 반도의 최북단에 자리 잡은 고대 왕국이다. 알렉산더는 고대 그리스의 영토를 차지하고 새로운 제국을 건설했으며, 인도까지 그 세력을 확장했다. 알렉산더의 마케도니아는 고대 근동에서 헬라스 세계의 초강대국이었다.

» 3 알렉산더의 마케도니아

알렉산더는 그리스, 페르시아, 이집트, 메소포타미아 문명을 통합하여 문명 세계를 하나로 묶었으며, 마케도니아에서 유럽, 북동 아프리카, 북인도에 이르는 광대한 지역에 그리스 언어와 문화를 확산시켰다. 그리스인들은 소크라테스, 플라톤, 아리스토텔레스가 태어난 철학의 나라로, 철학의 민족이자 위대한 그리스 민족으로 자부심을 가지고 있다. 그리스인들은 고대부터 찬란한 문명을 창조해온 민족이라는 강한 자긍심을 지니고 있다.

그리스인은 그리스 국적을 가진 사람들 또는 전통적으로 그리스에 거주하며 주로 그리스어를 사용하는 사람들을 포괄적으로 지칭하는 용어이다. 그리스는 알렉산더가 세운 위대한 제국이자 헬레니즘이 탄생한 위대한 땅이며, 그리스 민족은 유럽의 핵심 민족이라고 믿는다. 따라서 알렉산더는 그리스 민족의 자부심을 상징한다.

오스만 제국 해체 과정에서 새로 형성된 그리스는 마케도니아 영토의 대부분을 국경 안에 포함시켰다. 그러나 1920년대에 이르러 그리스는 서부와 북부 및 대부분의 에게해 섬으로 국한될 수밖에 없었다. 그리스는 콘스탄티노플이 아닌 아테네를 수도로 삼음으로써 자연스럽게 고대 그리스 도시 국가들의 업적을 자신의 기반으로 삼았다. 그런데 마케도니아 공화국은 그리스의 상징인 알렉산더를 자신들의 이야기로 만들고 있다.

마케도니아 공화국은 2차 세계대전 이후 유고슬라비아 연방의 한 개 공화국으로 편입되어 마케도니아 사회주의 공화국으로 있다가, 이후 1991년에 독립한 신생 국가이다. 마케도니아가 독립할 당시, 알렉산더가 태어난 고대 마케도니아의 이름을 따서 '마케도니아 공화국'이라는 국명을 사용했다. 현재의 마케도니아 지역은 과거 '파이오니아'로 불렸으며, 고대 마케도니아 왕국 북부 지역에 해당했다.

마케도니아는 자국 영토 대부분이 고대 마케도니아 왕국에 포함되어 있었다고 주장했다. 또한 알렉산더의 이야기를 자신들의 땅과 결합시키며, 자신들

» 4 그리스 테살로니키의 알렉산더 대왕 동상

을 마케도니아인으로 간주하고 알렉산더를 위대한 조상으로 받아들였다. "우리가 마케도니아 사람이니 마케도니아의 역사는 우리의 역사이며 알렉산더도 우리의 인물"이라고 본 것이다. 알렉산더 대왕과 마케도니아 왕국의 역사까지 자신의 것이라고 주장하였다.

국명을 통해 그들은 자신들의 민족적 우월성을 드러내고, 나아가 과거 유고슬라비아의 슬라브 민족과는 다른 정체성을 강조하려 했다. 먼저 알렉산더 대왕의 이야기와 그가 사용했던 다양한 상징들을 자신들의 것으로 만들었다. 마케도니아가 독립할 당시, 알렉산더 대왕의 상징 중 하나인 '베르기나의 태양' 또는 '베르기나의 별' 문양을 차용하여 국기를 제작했다.

베르기나의 태양은 알렉산더의 아버지인 필립 2세의 황금 왕관에 새겨진 16개의 광선을 가진 태양 문양을 의미한다. 베르기나의 태양은 현재 마케도니아 지역과 관련된 정치적 상징으로 새롭게 사용되면서 다시 주목을 받게 되었다. 그리스인과 마케도니아인 모두 베르기나의 별을 자신들의 국가 상징으로 여겼으며, 이로 인해 갈등이 발생했다. 특히 북마케도니아는 1992년 독립 직후 빨간색 바탕에 노란색 '베르기나의 태양'을 국기로 채택하고, 이를 마케도니아의 민족의 문화유산으로 주장했다. 그리스인들은 베르기나의 태양을 '알렉산더의 별' 또는 '베르기나의 별'이라 부르며 고대 마케도니아와 현대 그리스 문화를 이어주는 상징으로 여겼다.

이에 그리스는 베르기나의 태양을 채택한 마케도니아의 국기에 제동을 걸었고, 그리스의 통상 금지 조치로 경제적 어려움을 겪은 마케도니아는 1995년 9월 국기를 변경했다. 그러나 초기 마케도니아 국기에는 베르기나의 태양이 포함되었지만, 현재 국기에도 여전히 '베르기나의 태양' 중앙 부분을 확대한 문양을 사용하고 있다.*

» 5 알렉산더 대왕의 문장과 1995년까지 사용한 마케도니아 국기, 현재 마케도니아 국기

이와 더불어 마케도니아는 '마케도니아 공화국'이라는 국호와 고대 마케도니아 도시 펠라**에서 태어난 알렉산더 대왕의 이야기를 자신들의 정체성을 드러내는 이야기로 삼았다. 이를 증명하듯 수도 스코페에는 알렉산더 대왕의 동상이 세워져 있다.

---

* 문장 '베르기나의 태양'은 '베르기나의 별' 또는 '아르게아다이의 별'로도 불리며, 16개의 꼬리가 방사형으로 뻗은 별 또는 태양 모양의 상징이다. 베르기나는 그리스 마케도니아 주에 위치한 도시로, 1977년 그리스의 고고학자 마놀리스 안드로니코스가 이곳에서 고대 마케도니아 왕국의 왕릉을 발굴했다. 그는 이 발굴에서 황금상자를 발견했고, 그 상자에 이 상징이 새겨져 있었다. 이 황금상자의 주인은 아직 명확히 밝혀지지는 않았지만 알렉산더 대왕의 아버지인 필립 2세의 것이라는 설이 더 유력하다. 한편, '베르기나의 태양'의 변형으로 12개의 꼬리가 달린 상징도 있는데, 이는 알렉산더 대왕의 어머니 올림피아스의 상자에서 발견되었다.

** 펠라는 그리스 소속임.

» 6 마케도니아의 수도 스코페 마케도니아 광장의 알렉산더 대왕 동상

또한, 스코페에는 중세 로마 제국의 가장 위대한 황제 중 한 명으로 평가받는 유스티니아누스 황제의 동상도 세워져 있다. 그는 교회에 대한 열정과 헌신으로 인해 '대제'라는 칭호와 함께 동방 정교회에서 성인의 칭호를 받은 황제이다.

한편, 2006년 마케도니아는 수도 스코페의 공항에 알렉산더 대왕의 이름을 따 '스코페 알렉산더 대왕 공항'이라고 명명했다. 그러나 그리스와의 갈등이 심화되자, 마케도니아는 2018년 공항 이름을 '스코페 국제공항'으로 변경하였다.

### 그리스인은 말한다: '알렉산더는 그리스인이며 그리스의 역사이다'

그리스에서 본 마케도니아는 옛 그리스의 영토이자 지역의 이름일 뿐이다. 알렉산더 대왕의 고향인 고대 마케도니아는 현재 불가리아, 그리스, 마케도니아 등 세 나라에 걸쳐 있다. 여기에 그리스와 마케도니아 간에 싸움의 불씨가 존재한다. 두 나라는 국명과 국기에서 날카로운 대립과 갈등이 시작되었다.

» 7 발칸반도의 그리스와 마케도니아 지도

그리스는 슬라브족이 세운 국가에 마케도니아라는 이름이 사용되는 것을 강력히 반대한다.* 그리스의 입장에서 알렉산더 대왕은 그리스 반도의 마케도니아에서부터 북동 아프리카와 북인도에 이르기까지 광대한 지역에 그리스어와 그리스 문화(헬레니즘)를 확산시킨 인물로 평가받고 있다. 따라서 그리스는 마케도니아 왕국의 역사를 비잔틴 제국, 스파르타, 아테네와 함께 그리스의 역사로 간주하며 이를 포기할 수 없다. 그리스는 현재의 마케도니아 공화국이 남슬라브계 국가로, 고대 마케도니아와 아무런 관계가 없다고 본다.

---

* 오늘날 마케도니아 공화국에 사는 민족은 그리스인들이 아닌 슬라브 민족이다. 마케도니아인은 오랜 세월이 흐르는 동안 북방에서 이주해와 이곳에 자리 잡은 민족이다. 슬라브계 이주민족, 일부는 그리스계와의 혼혈인, 알바니아인, 터키인, 기타 세르비아인, 그리스인 등 다양한 민족이 섞여 있다.

알렉산더 대왕의 역사가 그리스의 역사라고 주장하는 가장 큰 이유는 알렉산더를 포함한 고대 마케도니아 왕족이 그리스계 민족이라는 점이다. 현재 마케도니아 공화국의 주민들은 대부분 슬라브계로, 그리스계가 아니다. 따라서 그리스는 마케도니아인들이 '정통 마케도니아인'으로 인정받을 수 없다고 주장한다.

고대 로마 제국 시절 그리스에 거주하던 고대 마케도니아인들, 즉 오늘날 북부 그리스에 거주하는 그리스인들만이 마케도니아인으로 인정될 수 있으며, 현재의 마케도니아인들은 고대 그리스나 알렉산더 대왕과 아무런 관련이 없는 슬라브계 민족이라는 것이 그리스의 입장이다.

'마케도니아'라는 이름이 유래된 고대 마케도니아 왕국의 원래 위치는 현재의 그리스령 마케도니아 지역이다. 수도였던 펠라도 현재의 그리스령 마케도니아에 위치하고 있다. 이 지역에 거주하는 그리스 마케도니아인의 수는 약 250만 명으로, 마케도니아 공화국의 인구보다 많으며, 마케도니아 남부 지역은 현대 마케도니아 공화국의 영토보다 훨씬 크고 부유하다.

그리스 북부에는 알렉산더 대왕이 통치했던 고대 그리스 왕국의 이름을 따서 명명된 마케도니아라는 주가 있다.

그리스의 입장에서 마케도니아 공화국은 고대 왕국으로서 2,300년 이상의 역사를 빼앗고 있다고 본다. 그리스는 '마케도니아'라는 국명이 그리스의 오랜 역사와 유산을 침해한다고 주장해 왔다. 발칸반도의 그리스와 마케도니아를 보여주는 지도에서 초록색 지역 북쪽은 그리스의 마케도니아 주를 나타내며, 테살로니키의 알렉산더 동상은 이 마케도니아 주에 속해 있다.

## 3. 끝나지 않은 분쟁

2019년 1월 25일, 그리스 의회는 마케도니아의 국명을 '북마케도니아'로 변경하는 협정을 통과시켰다. 북마케도니아는 '고대 마케도니아 왕국의 계승국가'가 아닌 '마케도니아 지역 북부에 세워진 남슬라브 국가'로 굳어지게 되었다. 1991년부터 시작된 마케도니아와 그리스 간의 27년간 갈등은 일단 해결의 기미를 보였다. 2019년 그리스와 마케도니아 간의 협정 내용은 다음과 같다.

첫째, 마케도니아 공화국은 국명을 북마케도니아 공화국으로 변경하고 유엔은 '마케도니아어'와 '마케도니아인'이라는 용어가 각각 남슬라브어 계열의 언어와 마케도니아 공화국 국적의 남슬라브계 민족을 가리킴을 인정한다. '마케도니아어'와 '마케도니아인'은 그리스 북부에 위치한 고대 그리스계 문명, 즉 마케도니아 왕국과 관련이 없음을 명확히 한다.

둘째, 양국은 '마케도니아'와 '마케도니아인'이라는 용어가 각 국가에서 서로 다른 의미를 가진다는 점을 인정했다. 즉, 그리스에서는 '마케도니아'와 '마케도니아인'이 북그리스 지역, 그 지역의 주민, 언어, 역사, 문화, 그리고 그곳에 위치한 고대 그리스 문명을 의미한다. 반면, 북마케도니아에서는 '마케도니아'와 '마케도니아인'이 북마케도니아 공화국의 영토, 주민, 언어, 역사를 지칭한다.

마케도니아는 1991년 유고슬라비아 연방의 '마케도니아 사회주의 공화국'으로부터 독립하여 '마케도니아 공화국'이라는 국명을 채택했으며, 2019년에는 '북마케도니아 공화국'으로 변경했다. 그러나 그리스와 마케도니아 양국의 시민들은 국명 변경에 대해 반발하고 시위를 벌였다. 그리스인들과 마케도니아인들은 서로 마케도니아와 알렉산더 대왕이 자신들의 것이라 주장하며 갈등을 이어가고 있다. 신타그마 광장에서 그리스인들은 "마케도니아" 명칭 사용을 강하게 반대하면서 "'마케도니아'라는 이름이 이웃 국가에 존재해서는 안 된다"고 주장하고 있다. 반면 마케도니아인들은 의사당 앞에서 "우리의 이름은 '마케도니아'이다"라고 하면서 국가의 헌법상 명칭 변경에 반대하여 시위를 하고 있다.

그리스는 과거 그리스 문명을 지닌 국가로서의 정당성을 유지하기 위해 알렉산더의 이야기를 반드시 지켜야 했다. 한편, 신생 국가인 마케도니아는 자신들의 문화적 우월성과 역사적 전통을 드러내기 위해 알렉산더의 이야기를 자신들의 역사로 만들어야 했다. 알렉산더는 아시아를 문명화한 영웅인가, 아니면 단지 정복자일 뿐인가? 나에게는 새로운 세계사가 필요하다.

그러나 지금 마케도니아에서 진행되고 있는 역사와 전통 만들기는 이미 오래전부터 유럽 국가들 사이에서 이루어졌던 일이다. 단지 나는 그것을 알지 못했을 뿐이다.

## 4. 19세기 전통 만들기

1953년 엘리자베스 2세 여왕의 대관식은 그녀가 화려한 마차를 타고 웨스트민스터로 향하면서 시작되었다. 곧 웨스트민스터 사원에서 절차에 따라 대관식이 거행되었다. 대관식은 제국적 성격을 띠며, 여왕의 예복에 자치령의 문장들이 새겨져 있었고, 영연방의 연대와 식민지 군대들이 열을 맞추어 행진했다. 여왕은 버킹엄 궁전에서 웨스트민스터 사원까지 잘 정비된 대로를 따라 황금 마차를 타고 이동했으며, 사원에서 대관식을 거행했다. 대관식에서 여왕은 군주의 상징인 왕관을 쓰고 홀을 손에 들었다. 이번 대관식은 이전 대관식보다 훨씬 인상적이었다. 고대 로마의 개선식처럼 보석으로 장식된 예복을 입은 신민들의 복종을 보여주는 장면이 연출되었기 때문이다.[4] 대관식은 왕실과 제국을 결속시키는 주요 축제였으며, 변화의 시대에 안정을 강조하고, 영국이 강대국으로서의 연속성을 기리기 위한 주요 기념식이었다.

라디오, 영상, 영화 등 통신 수단의 급속한 발전은 이번 대관식을 대중들이 접근할 수 있는 행사로 만들었다. BBC를 비롯한 많은 매체가 대관식을 생중계했다. 이 웅장한 왕실 의식을 방송하던 아나운서와 기자들은 '천년의 전통에서 이어져 온 화려함과 장엄함', '수백 년 동안 지속된 장관', '수세기 동안의 전례에서 비롯된 정교함'과 같은 강렬한 표현으로 감탄을 전했다.

무엇보다도 대관식은 대규모 기념식을 통해 영국의 위대함, 권력, 부를 드러냈다. 이 행사는 제국의 통합과 그 결속력의 힘을 대중적으로 재현하는 계기가 되었다. 심리적 차원에서 대관식은 영국 제국의 안정성과 영속성, 그리고 안전에 대한 감정을 높이는 데 크게 기여했을 것이다.[5]

2022년 9월 19일, 엘리자베스 2세 여왕의 장례식은 여왕의 관이 해군의 장포 마차에 실려 웨스트민스터 사원으로 옮겨지면서 시작되었다. 해군 병사 142명이 의장포 마차를 끌고, 스코틀랜드 및 아일랜드 연대, 구르카 여단, 왕립 공군 군악대 등 200명의 병사가 백파이프와 드럼 연주로 행렬을 이끌며 통합을 상징했다. 이후 장례식은 웨스트민스터 사원에서 공식 절차에 따라 거행되었다.

여왕의 장례식은 영국뿐만 아니라 전 세계의 미디어를 통해 생중계되었으며, 세계 각국의 지도자와 고위 인사들이 대거 참석했다. 영국 언론은 이를 '세기의 장례식'이라고 칭하며 왕실의 역사적 중요성을 강조했다. 전 세계 언론도 같은 내용을 주요 헤드라인으로 다루며 주목했다. 여왕의 장례식은 영국 인구의 40% 이상이 시청했으며, 전 세계적으로 수십억 명이 이를 지켜본 것으로 추산된다.

여왕의 서거는 영국 국민뿐만 아니라 '세계의 슬픔'으로 표현되며 전 세계가 함께 애도했다. 이는 해가 지지 않는 나라로 불리던 영국의 명성을 다시금 상기시키는 듯했다. 현재까지도 영국은 지구상에 남아 있는 몇 안 되는 군주제 중 하나로, 왕실의 결혼, 이혼, 대관식, 장례식 등에서 벌어지는 모든 일이 세계적인 관심을 받고 있다.

영국 언론이 여왕의 서거부터 장례식에 이르는 전 과정을 매일 생중계하는 모습을 보며, 영국 국민들은 왕실에 대한 세계의 관심, 왕실의 위상, 그리고 영국의 역사적 연속성과 힘을 실감하는 듯했다.

그렇다면 엘리자베스 2세의 대관식과 장례식은 매우 오래된 전통일까? 영국 역사학자 에릭 홉스봄은 이에 대해 "아니다, 그것은 '창조된, 만들어진 전통'이다"라고 말한다. 이는 정말 놀라운 사실이었다. 지금까지 우리가 감탄해 온 유럽의 역사는 무엇이란 말인가? 웅장한 대관식과 장례식의 의례가 천년의 역사를 가진 전통이 아니라, 비교적 오래되지 않은 시기에 만들어진 전통이라는 것이다.

에릭 홉스봄은 책 '만들어진 전통'에서 유럽 국가들의 전통의 창조에 대해 말했다. "영국 군주정의 공적 기념행사를 둘러싼 화려한 의식만큼 오래되고 까마득한 과거에 잇닿아 있는 듯이 보이는 것도 없다. 그러나 그런 장관은 19세기 후반 및 20세기의 산물에 불과하다. 통상 낡은 것처럼 보이고, 낡은 것이라고 주장하는 이른바 '전통들'은 실제로 기원을 따져 보면 극히 최근의 것일 따름이며 종종 인위적으로 만들어진 것이다."

이 '만들어진 전통'은 우리가 일반적으로 알고 있던 유럽 국가들의 오래된 전통이 만들어진 것임을 보여준다. 홉스봄은 19세기 후반과 20세기 초 유럽에서 의례, 건축물, 동상과 같은 상징들, 그리고 국가, 국기, 기념일 등이 대규모로 만들어지는 '전통의 발명'이 집중적으로 이루어졌다고 말한다. 전통 만들기는 정치적 목적을 위해 이루어졌으며, 이는 유럽 국가들이 식민지 세계로 진

» 8 19세기 후반경 간행된 판화와 삽화로, 1837년 웨스트민스터 사원에서 거행된 빅토리아 여왕의 대관식 장면들과 1852년 군주에 의한 최초의 의회 개최로, 빅토리아 여왕이 영국 의회에서 이 전통을 시작한 모습을 담고 있다. 또한, 여왕이 결혼식 날 학생들의 환영을 받으며 버킹엄 궁전으로 돌아가는 모습도 보인다

출하는 과정에서 자국의 우월성을 보여주는 준거점이 되었다. 국가의 우월성에는 확립된 권위와 이를 뒷받침할 유용한 과거가 필요했다. 만들어진 전통은 권위의 상징이 되었고, 반복을 통해 과거에 대한 상상은 '공식적인 기억'으로 자리 잡았다.

이기적인 문명이 가장 먼저 약탈하는 것은 현지인의 역사이다. 그들이 그 지역에 대한 소유권을 확보하는 가장 좋은 방법은 그 지역의 역사를 다시 쓰는 것이다. 즉, 이기적인 문명 국가는 정복자가 아니라 무지하고 미개한 사람들을 해방시키는 구원자로 보이기 위해 해당 지역의 역사를 지우고 다시 쓴다.

그러나 근대에 들어서 이기적인 문명 국가들은 자국의 역사를 다시 쓰고 창조하기 시작했다. 그들은 자국의 역사적 연속성과 정당한 자부심을 드러내기 위해 문명과 문화를 상징하는 국가의 상징물을 만들어냈다. 제국의 영광을 드러내기 위해, 고대 역사를 재구성하고 신분제의 전형인 세습 군주제를 정복 국가로서 지배 상징으로 인식하도록 하는 것이었다.

나는 홉스봄이 '만들어진 전통'에 대해 이야기하기 전까지 영국이 보여주는 역사와 전통에 대한 의문은 없었다. 그러나 이처럼 거창한 왕실 의례 대부분이 천년의 역사를 가진 전통이 아니라, 실은 19세 후반에 만들어진 전통이라는 것이다. 결국 역사는 과거에 대한 상상이었을 뿐이다. 지금까지 연속성을 주장해 온 전통들은 실제로는 근대에 기원한 것이며, 일부는 새롭게 만들어진 것이다. 전통 만들기는 영국뿐만 아니라 프랑스, 독일, 이탈리아와 같은 다른 유럽 국가들과 미국에서도 적극적으로 이루어졌다. 예를 들어 프랑스에서는 1880년에 바스티유 습격의 날을 국경일로 제정하고, 혁명가인 '라 마르세예즈'를 국가로 지정했다. 영국의 왕실의례는 독일, 이태리, 미국과 같은 신생 국가들에게 전형적이고 모범적인 사례가 되었다.[6]

유럽에서 만들어진 전통은 현재의 필요에 따라 과거의 이미지를 만들어냈고, 이는 역사적 사실로 자리를 잡았다. 만들어진 전통은 국민국가의 권위와 정통성의 기반이 되었으며, 이를 바탕으로 한 집단적 기념행위는 지역과 계층으로 나뉜 국민의 정체성을 형성하는 전략으로 활용되었다. 신화와 의례는 반복을 통해 국민에게 '공식적인 기억'으로 만들어내기 위해 의도적으로 활용되었다.

19세기 유럽의 식민 제국 시대에, 각국이 경제적·군사적 우위를 과시하면서 정복을 통한 식민 지배는 유럽의 우월성을 증명하는 역할을 했다. 만들어진 전통은 이러한 우월성을 실현하는 데 기여했으며 정복에 정당성을 부여하는 일종의 공적 행위로 이루어졌다. 홉스봄 교수가 주장했듯이, 19세기 후반에 창조된 전통들이 아주 오래된 과거에 기원했다는 지속성은 대체로 환상에 불과한 것이다. 이렇듯 만들어진 전통은 당시의 사회적, 정치적, 경제적, 문화적 상황에 특정한 방식으로 얽혀 있었다.

이기적 문명국들의 전통 만들기는 의례 만들기, 기념행사 외에도 국가 및 국기 만들기, 동상 및 건축물 세우기 등 다양한 방식으로 이루어졌다. 제국의 시대에, 급속한 산업화와 식민지 쟁탈전을 포함한 국제경쟁이 심화되면서, 각 유럽의 국가들은 가장 눈에 띄는 과시적인 방식으로 자부심을 높이고자 했다. 웅장하고 광대한 거리, 광장, 기념비, 건물 대부분은 제국의 위대함을 보여주려는 의도로 19세기 중반에 지어졌다.

특히, 고대 그리스와 로마의 웅장한 고전 양식을 따른 거대한 새로운 건물들이 건설되어, 고대 세계의 영광이 해당 국가의 직계 조상들과 연결된 것처럼 보이게 했다. 19세기에 영국은 국회의사당을 재건할 때, 그리스와 로마 시대로부터의 연속성을 과시하기 위해 고딕 양식이 의도적으로 선택되었다.[7] 또한, 1753년에 지어진 대영박물관은 라틴어나 그리스어를 이해할 수 있는 교양 있는 사람들이 로마와 아테네가 영국과 직접적으로 관련되어 있다고 상상하게 만들었다. 고대 유물들을 통해 고대 그리스인이 영국의 신화적 조상으로 묘사되기도 했다.[8] 시간을 거슬러 올라가 보면, 19세기 유럽 국가에서의 전통 만들기는 제국주의와 맞닿아 있었으며, 복잡한 근대 사회의 변화 속에서 국가의 역사성을 국민들에게 알리는 방식이었다.

미국도 예외는 아니었다. 미국에서도 전통 만들기가 유사한 방식으로 이루어졌다. 신생 국가였던 미국은 오래된 과거를 필요로 했다. 토머스 제퍼슨은 국회의사당 건물을 설계할 책임자에게 "수천 년 동안 사람들에게 인정받아 온 가장 오래된 건물을 모델로 삼아야 한다"는 주문을 했다.

이러한 목적을 위해 미국은 건축물을 통해 전통을 만들기 시작했다. 워싱턴에 세워진 건물은 당시의 새로운 로마였다. 미국은 건물에 역사성을 부여하기 위해 고대 그리스와 로마를 불러와야 했다. 미국 초기 지도자들은 워싱턴의 국회의사당을 고전적 디자인과 장식으로 꾸며, 그곳을 방문하는 누구나 미국의 뿌리가 고대 그리스와 로마 제국에 있다고 느끼도록 만들었다.[9] 특히 제퍼슨은 국회의사당 설계에 깊이 관여했고, 고대 그리스와 로마 건축 양식을 모델로 삼을 것을 권장한 것으로 알려져 있다. 미국 국회의사당의 이름 카피톨(Capitol)은 로마 시대에 주피터 신전을 가리키던 용어에서 유래했다. 건물에 로마와 연관된 이름을 붙임으로써 새롭게 건설된 도시에 정당성과 권위를 부여하려 했다.

건물 외관은 고대 그리스와 로마의 건축 양식을 차용했다. 삼각형 박공에는 그리스-로마 양식의 조각이 있는데, 이 조각은 가운데 미국을 상징하는 여성이 있으며, 아메리카 원주민, 개척자, 농업과 산업의 상징을 나타내고 있는 역사적 서사를 보여준다.

» 9 국회의사당 건물의 외관은 그리스의 파르테논 신전과 유사하다

국회의사당 건물 입구의 큰 문에는 콜럼버스가 아메리카 대륙을 '발견'하고, 소유권을 선언하며, 마지막으로 죽음을 맞이하는 과정이 상세히 새겨져 있다. 국회의사당 내부의 천장을 이루는 거대한 홀은 기원전 27년에 지어진 로

마의 판테온 내부 공간을 모방하고 있다. 판테온은 로마의 모든 신들에게 헌정된 신전으로, 기원후 118년경 하드리아누스 황제 시기에 재건되었으며, 내부의 거대한 반구형 돔이 특징이다. 이 원형 홀은 마치 로마 신전에 있는 듯한 느낌을 주며, 미국 역사의 시작에 로마가 있는 듯한 기분에 사로잡히게 한다. 미국 국회의사당에서 외관은 그리스 건축 양식을, 내부는 로마 건축 양식을 특징으로 하여, 미국 역사가 고대 그리스 및 로마와 연결되어 있다는 인상을 준다.

» 10 로마 판테온 내부와 국회의사당 내부 둥근 홀

미국의 건국 신화는 콜럼버스의 도착에서 시작된다. 유럽인이 이 대륙에 발을 디디기 전 수만 년 동안의 역사와 사회는 완전히 무시된다. 그러나 건축물을 통해 이야기를 만들어내는 방식은 고대 그리스 및 로마와의 연결성을 보여준다. 공공건물에 고대 그리스와 로마 제국을 통합하는 것은 콜럼버스의 아메리카 도착을 훨씬 뛰어넘는 의미를 지닌다. 이는 많은 미국인들이 드나드는 건축물을 통해 수천 년 전부터 현재에 이르는 미국 역사의 새로운 연속성을 만들어내고자 하는 의도라고 할 수 있다.

프랑스 역사학자 피에르 노라는 책 '기억과 역사 사이'에서, 현대 사회가 자발적이고 살아 있는 '실제 기억'이 사라지고, 대신 집단적 정체성을 유지하기 위해 의도적으로 보존하고 선택된 '기록된 기억'으로 전환되었다고 말한다. 반면 역사는 더이상 존재하지 않는 것을 재구성하는 것이다. 현대 사회는 집단 기억을 정착시키고 과거를 공유하기 위해 기념물, 의식, 문화적 관행과 같은 상징적 장소를 만든다. 그러나 기억이 지속적으로 변형되어 왔다는 것을 깨닫지 못한다면, 각종 조작과 활용에 무기력하게 열려 있게 된다.

나에게 유럽 역사는 오랜 전통과 역사를 가진 것으로 기억된다. 그렇다면 왜, 그리고 어떻게 그들의 역사를 이렇게 기억하게 되었을까? 유럽은 다양한 방식으로 자신의 역사를 가르쳤고, 결국 나는 그들의 의식을 오래된 과거와의 연속성으로 받아들이게 된다. 역사는 일종의 공적 기억으로, 학문적 권위를 통해 과거를 재구성한다. 유럽에서 만들어낸 전통은 교육과 미디어를 통해 나에게도 유사한 공적 기억으로 자리 잡았다. 현대 사회는 이처럼 기억을 도구화하며, 종종 정치적 또는 문화적 목적를 위해 새로운 기억을 만들어낸다. 유럽에서 전통 만들기는 국가적 자부심을 고취하고 세계적 식민 정복에 정당성을 부여하는 일종의 공적 기념물과 같다. 이는 다른 나라를 문화적으로 정복하는 또 다른 방식이기도 하다.

# 2장
# 박물관에서 본 이기적 문명

## 1. 불편한 박물관

여행할 때 반드시 가봐야 할 곳이 있다면, 그것은 바로 박물관이었다. 박물관에서는 오래전 그 지역 사람들이 만든 유물들을 통해 과거 문명을 읽어낼 수 있고, 그들이 인류의 삶에 어떤 기여를 했는지, 그리고 다른 문명과 어떤 교류를 했는지 알 수 있기 때문이다.

유럽 및 미국의 박물관 전시실은 비서구 지역에서 가져온 유물들을 따로 모아놓을 정도로 가득 채워져 있다. 그러나 일부는 공간과 관심의 부재로 인해 전시되지 못하고 수장고에 잠들어 있기도 한다. 반면, 남아메리카, 아시아, 아프리카 지역의 박물관에는 유럽 유물은커녕 그들의 찬란한 문명을 보여줄 수 있는 주요한 유물이 없다. 그 지역의 문화적, 학술적 유물을 보려면 유럽과 미국의 박물관으로 가야 한다.

이기적인 문명은 박물관을 통해 과거의 영광을 이어간다. 박물관은 예술작품을 포함해 다양한 유물과 역사 자료를 다루는 곳이다. 19세기에 유럽 국가들은 식민지 쟁탈전에 돌입하면서 정복 지역에서 가져온 유물을 모아놓기 위해 앞다투어 박물관을 만들었다. 신생국가였던 미국 역시 유럽 국가들과 경쟁적으로 박물관을 건립했다.

그들은 식민지에서 약탈한 과거의 유물을 박물관에 전시하기 시작했다. 약탈된 유물은 박물관뿐만 아니라 공공건물과 광장에도 세워둠으로써, 정복을 찬양하고 우월성을 과시하는 식민지 전시장이 되었다.

오늘날 제국의 시대는 저물었지만, 한때 정복국이었던 나라들은 박물관을 통해 정복의 역사를 보여준다. 유럽의 박물관은 아시아, 아프리카, 아메리카에서 가져온 유물로 채워진 전시관을 통해 강대국으로서 발전과 영광 그리고 우월함의 연속성을 드러낸다. 때로는 정복 지역의 원시성을 강조한 유물을 통해 자신을 세상에 문명과 질서를 전해주는 존재로 만들었다.

제국들이 정복지에서 가져간 것은 유물만이 아니었다.* 영국은 19세기 말 현재 케냐 지역에서 '난디 봉기'를 이끌었던 코이탈렐 사모에이 족장과 1835년 남아프리카의 코사 왕국에서 살해된 힌스타카 카하울라 왕의 머리를 전리품으로 가져가 자국으로 옮겼다. 독일은 1898년 독일군에 저항하다 사망한 탄자니아의 술탄 음콰카의 두개골을 전리품으로 가져갔다.[1]

1815년에 사망한 남아프리카 호텐토트 여성 사르키 바트만은 박제로 만들어져 프랑스 파리 인류학 박물관에 187년 동안 전시되었다. 19세기 유럽에서 유행했던 '인종전시'는 원주민이나 유색인을 구경거리로 만드는 행위로 백인과 유색인종을 비교하여 우월성을 과시하려는 약탈 행위였다.**

사람들은 박물관에 전시되어 있는 약탈된 유물을 통해 그 지역의 과거를 보

---

* 고대 이집트 문명에서 만들어진 미라는 오늘날 유럽과 북미의 수많은 박물관에 전시되고 있다. 죽음 이후 몸을 떠난 영혼이 다시 돌아와 부활한다는 믿음과 영혼의 불멸을 담고 만들어진 미라는 낯선 곳에서 부활을 꿈꾸며 전시되고 있다.

** 유물로 전시되었던 사르키 바트만은 2002년 남아프리카공화국 정부와 인권 단체들의 노력으로 고향으로 돌아가 남아프리카 땅에 묻혔다.

고 현재를 평가한다. 정복당한 지역의 유물들은 미개하고, 원시적이며 열등하다는 인식을 준다. 때로는 약탈된 유물에서 놀라운 예술성을 발견하더라도, 그 영광은 유물을 소장한 박물관에 돌아간다.

영국의 대영박물관, 프랑스의 루브르 박물관, 미국의 메트로폴리탄 박물관, 로마의 바티칸 박물관 등은 수많은 책과 미디어에서 세계 최고의 박물관으로 소개되며, 최대 규모의 예술 컬렉션을 자랑하는 곳으로 알려져 있다. 미디어에서는 유럽과 북미를 여행하는 사람들에게 해당 도시의 유명 미술관이나 박물관 한두 곳을 방문하라고 권한다. 또한 박물관에 가려면 사전 준비가 필요하다고 한다. '아는 만큼 보인다'는 말처럼, 전시된 작품에 대해 잘 알지 못하면 피곤하고 곤혹스러운 장소가 될 수 있기 때문이다. 유럽과 북미의 여행 서적에서 박물관은 다양한 문명의 문화와 예술을 느끼고 이해하는 데 도움을 주는 곳으로 소개된다.

그런데 이런 박물관을 방문한 사람들은 세계 최고 예술의 보고를 채운 유물 중 상당수가 사실 15세기 신대륙 탐험이라는 이름으로 행해진 정복으로 한 문명을 무너뜨리고 약탈한 것임을 알고 있을까? 제국주의와 식민주의가 한창이던 19~20세기 초 식민지역에서 폭력적으로 빼앗아 온 일종의 전리품이라는 사실을 알고 있을까? 대영박물관이나 루브르 박물관의 그리스, 아프리카, 라틴아메리카 전시실은 그들이 저질렀던 약탈행위를 증언하는 외국문화재 포로수용소이다.[2]

이들 박물관은 "이곳에 있는 전시품은 현재를 있게 한 소중한 과거의 흔적이며, 과거와 현재를 잇는 다리"라고 말한다. 하지만 유물을 도둑맞은 나라는 그들의 과거를 어디에서 찾을 수 있을까? 여행가들은 "유럽과 미국의 풍경은 카메라에 담고 예술의 감동은 가슴에 새기라"고 한다. 그러나 그 '감동'은 위험하다. 상대방의 과거를 빼앗아 소유하는 것이 문명의 일부라면, 도대체 진보란 무엇이란 말인가. 이는 이기적 문명이 가진 식민지 문화의 야만성을 보여주는 것에 지나지 않기 때문이다.

### 만들어진 박물관

박물관은 과거와 현재가 공존하는 기억의 장소라고 한다. 유럽과 북미 박물관과 전시관들은 무엇을 기억하고 무엇을 말하는가? 아시아, 아프리카, 아메리카 지역의 예술과 문명을 전시하는 옛 식민지 열강의 박물관은 제국주의의 업적을 홍보하는 진열장이다.

그리스의 역사가 폴리비우스(기원전 203-120년)는 "다른 나라의 불행으로 당신의 나라를 치장하지 말라"고 말했다. 이 말이 오늘날 유럽과 북미 지역의 박물관에게 깊은 울림을 줄 수 있을까?

### 대영박물관

대영박물관은 1753년에 개관했다. 이 박물관의 건축 양식은 고대 그리스 제국과의 연결성을 분명히 보여주며, 당시 절정에 이른 문명을 상징하고 제국의 우월성을 과시하려는 의도가 담겨 있다. 대영박물관 외관을 보면, 건축 양식은 고대 그리스의 대표적인 건축물인 파르테논 신전을 모방한 것을 알 수 있다. 대영박물관의 정면은 페디먼트 양식의 경사진 지붕이 만든 삼각형 벽에 화려한 조각들이 새겨져 있으며, 이는 그리스 건축 양식을 따른 것이다. 기둥은 고대 그리스와 로마 시대를 대표하는 도리아, 이오니아, 코린트 양식 중 이오니아 양식으로 설계되었다. 이러한 건축 양식은 관람객들에게 영국과 고대 그리스 사이에 직접적인 연결이 있다는 인상을 준다.

» 1 대영박물관 전경

박물관은 3개 층에 걸쳐 100개 이상의 전시실로 나뉘어 있다. 1층에는 아메리카, 고대 이집트, 고대 그리스와 로마, 아시아, 중동 전시실이 있으며, 2층에는 고대 이집트, 고대 그리스와 로마, 아시아, 유럽, 중동 전시실이 있다. 지하층에는 아프리카 전시실이 있다.

고대 이집트 전시실에는 10만 점 이상의 유물이 소장되어 있으며, 이집트 카이로 박물관을 제외하고 세계에서 최대 규모의 중요한 이집트 유물들이 전시되어 있다. 이곳에는 7개의 이집트 전시실이 상설 운영되지만, 전시 공간 부족으로 전체 이집트 소장품의 4%만 공개되고 있다.[3] 이곳의 대표적인 전시품으로는 잘 알려진 '로제타 스톤'과 '미라'가 있다.

그리스와 로마 유물도 이 박물관에서 큰 비중을 차지한다. 특히 그리스 아테네의 파르테논 신전 조각의 절반이 이곳에 보관되어 있다. 기원전 3200년경의 그리스 청동기 시대 유물부터 기원후 313년 로마 제국이 기독교를 공식 종교로 인정한 콘스탄티누스 황제의 밀라노 칙령까지 10만 점 이상의 유물이 전시되어 있다.

중동 지역에서 온 유물은 약 33만 점에 달하며, 인류 문명의 발상지 중 하나인 메소포타미아에서 온 유물이 가장 많은 비중을 차지한다. 여기에는 인류 최초의 도시국가인 수메르, 거대한 제국을 건설한 페르시아, 그리고 현재의 튀르키예, 중앙아시아, 시리아에서 온 유물들이 포함되어 있다. 전시품 중에는 인류 최초의 도시 중 하나인 우르에서 발굴된 '전쟁과 평화'가 새겨진 목제 상자(기원전 약 2600년)가 있다. 이 전시실에는 또한 19세기 태평양의 이스터 섬에서 약탈한 모아이 석상인 '호아 하카 나나 이아'도 전시되어 있다.

아시아 유물관에는 한국, 일본, 중국, 중앙아시아에서 온 약 7만 500점의 유물이 소장되어 있다. 한국 전시실은 2000년부터 마련되었으며, 구석기 시대의 유물, 7~8세기 통일신라 시대의 불상, 13세기 고려 청자, 조선 후기 백자, 그리고 18세기 김홍도의 '풍속도첩' 등 약 250여 점의 유물이 전시되어 있다.[4] 또한 아프리카, 오세아니아, 아메리카 전시실에는 35만 점이 넘는 유물이 보관되어 있다. 영국 식민지였던 아프리카에서 가져온 유물이 너무 많아 별도의 전시가 가능할 정도이다. 대영박물관은 인류 역사를 보여준다는 명목으로 '세계적' 박물관으로서의 정체성을 확립하려 했다. 하지만 영국 및 유럽 선사시대 전시실은 1969년에야 설립되었다. 영국과 유럽의 유물 수집은 비교적 늦게 시작되었다.

대영박물관 입구로 들어서면 테니슨의 시에서 가져온 인용문이 바닥에 새겨져 있다. "그리고 수천 년 후에도 당신의 발을 지식의 중심에 서게 하라". 하지만 그 지식은 영국 것만은 아니다.

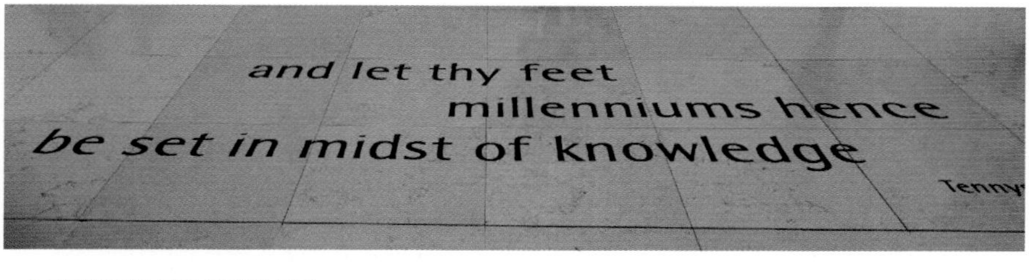


» 2 대영박물관 입구 바닥의 글귀

## 프랑스 루브르 박물관

루브르 박물관은 세계 최고의 박물관으로, '인류 문명의 보고'라고 불린다. 유네스코 세계문화유산으로 지정된 이 박물관은 1793년에 공식적으로 '중앙 박물관'으로 개관했으며, 이후 나폴레옹 박물관, 루브르 왕립박물관으로 불리었으며, 현재는 루브르 박물관으로 알려져 있다.

루브르 박물관은 오래된 요새를 르네상스 스타일의 궁전으로 개조한 것으로, 고전주의 양식을 따르고 있다. 루브르 박물관의 전시실 안내를 보면, 이곳에는 약 3만 5천 점의 작품이 전시되어 있으며, 고대부터 19세기까지 모든 분야를 아우른다. 1층의 조각 전시실에는 고대 오리엔트, 고대 이집트, 고대 그리스와 로마, 아프리카, 아시아, 오세아니아, 아메리카의 예술 작품이 포함되어 있다. 반지하층에는 고대 이집트와 루브르 박물관의 역사를 다룬 조각 전시실이 있다. 2층에는 고대 이집트, 고대 그리스와 로마의 유물, 3층에는 프랑스 회화, 드로잉, 독일 및 네덜란드 회화가 전시되어 있다.

» 3 프랑스 루브르 박물관 전경

프랑스는 19세기 영국과 함께 세계를 지배했던 두 거대 제국 중 하나였다. 프랑스의 식민지는 주로 아프리카와 아시아 대륙에 위치해 있었다. 루브르 박물관의 유물은 특정 시대와 지역에 집중되어 있으며, 주로 제국주의 시대에 다양한 지역에서 수집된 유물을 전시하는 데 초점을 맞추고 있다.[5] 대표적인 예로는 고대 오리엔트 유물 전시실, 고대 이집트 유물 전시실, 고대 그리스·로마·에트루리아 유물 전시실, 이슬람 미술 전시실 등이 있다.

고대 오리엔트 유물 전시실에는 기원전 7000년경부터 인도와 지중해 주변에서 시작된 고대 근동 문명의 유물이 전시되어 있다. 이 전시실은 문화적·지리적으로 메소포타미아, 이란, 레반트 지역으로 나뉘어 있다. 이러한 유물은 19~20세기에 프랑스 고고학자들이 근동 및 중동 지역에서 발굴하여 가져온 것이다.[6] 대표적인 유물로는 고대 바빌론의 '함무라비 법전'과 아시리아의 '날개 달린 황소상'이 있다.

고대 이집트 유물 전시실에는 다른 박물관보다 훨씬 더 많은 이집트 유물이 소장되어 있다. 1789년 나폴레옹의 이집트 원정 당시, 비방 드농은 이집트 유물을 프랑스로 가져오는 임무를 맡았다. 대표적인 유물로는 '대스핑크스'와 '앉아 있는 서기관'이 있다.

고대 그리스·로마·에트루리아 유물 전시실에는 기원전 4세기부터 서기 6세기까지 지중해 연안에서 발달한 문명의 작품이 전시되어 있다. 나폴레옹은 이탈리아에서 '라오쿤 군상'과 '벨베데레의 아폴론'을 약탈하여 박물관을 장식했으나, 이 유물은 1815년에 반환되었다. 고대 그리스를 대표하는 조각인 '사모트라케의 니케'와 '밀로의 비너스'도 이곳에 전시되어 있다. 이슬람 미술 전시실에는 7세기부터 19세기까지 스페인에서 인도에 이르는 이슬람 지역에서 제작된 약 1만 점의 작품이 전시되어 있다.[7]

## 독일 페르가몬 박물관

페르가몬 박물관은 1930년에 개관한 박물관으로, 페르가몬과 소아시아 지역의 그리스 유적 발굴에서 출토된 고대 유물을 전시하고 있다. 독일 고고학자들은 이라크에서 발굴된 바빌론 유적 전체를 독일로 가져왔다. 이 건물은 1910년부터 1930년까지 완공되었으며, 그리스 건축 양식을 모방하여 지어졌다. 박물관의 외관은 삼각형 페디먼트와 그 안의 조각상 및 기둥이 그리스 건축 양식을 따르고 있다. 박물관 내부에는 페르가몬 제단(제우스 대제단), 밀레투스 시장문, 이슈타르문과 행렬로, 요르단의 무샤타 궁전 등 기념비적인 건축물들이 실제 형태로 전시되어 있다.

» 4 독일 베를린 페르가몬 박물관 전경

페르가몬에 있는 바빌론의 '이슈타르문', '페르가몬 제단', '밀레투스 시장문'은 각 지역에서 통째로 뜯어 온 것이다. 이슈타르문은 기원전 575년 메소포타미아 네오바빌로니아 시대 네부카드네자르 2세에 의해 지어진 고대 도시

» 5 위로부터 바빌론의 '이슈타르 문', '페르가몬 제단', '밀레토스 시장문'이다

의 문이다. 밀레투스 시장문은 서기 120년 하드리아누스 황제 시대에 지어진 고대 밀레투스의 문으로, 이 지역은 현재 튀르키예에 속한다. 페르가몬 제단은 기원전 180년 오늘날 튀르키예의 베르가마 지역에 위치한 고대 왕국의 유적으로, 기원전 164년에 도시 국가의 수호신 제우스에게 바쳐졌다.

### 로마 바티칸 박물관

바티칸 박물관은 1506년에 설립되어 2006년에 500주년을 맞이했다. 이 박물관은 대영박물관, 루브르 박물관과 함께 세계 3대 박물관에 들기도 하는데, 유네스코 세계문화유산으로 지정되었다. 바티칸 박물관은 이탈리아 로마에 위치한 작은 국가 바티칸에 자리하고 있다.

전시물 대부분은 종교와 관련되어 있으며, 라파엘로와 미켈란젤로 같은 거장들의 '천지창조'와 '최후의 심판'과 같은 종교 회화를 감상할 수 있는 곳이다. 또한, 바티칸 박물관에는 이집트 및 아시리아 유물 전시실도 마련되어 있다. 1837년 교황 그레고리오 16세는 에트루리아 미술관을, 1839년에는 이집트 미술관을 개관했다. 식민지 정복 과정에서 식민지 국가의 기술, 군사력, 종교가 함께 정복의 역사를

» 6 바티칸 박물관 전경

» 7 부조 '생명의 나무를 숭배하는 날개 달린 수호신'

만들어냈으며, 이곳의 유물들 또한 정복 지역에서 이루어진 종교 이식, 약탈의 결과물이라고 여겨진다. 바티칸 박물관 건물의 상단부는 그리스 건축 양식을 따르고 있다. 바티칸 박물관에는 이집트-아시리아 문명 유물 전시관이 있다.

바티칸 박물관의 이집트관은 고대 문명의 발상지인 메소포타미아와 팔레스타인, 시리아에서 발굴된 유물을 전시하고 있다. 팔레스타인은 기독교, 히브리즘, 이슬람 문화가 시작된 지역이며, 메소포타미아는 점토판에 쐐기문자가 새겨진 도시, 문자 체계, 국가가 최초로 형성된 지역이다.

이곳에 전시된 유물로는 기원전 3000년에서 1000년 사이 메소포타미아의 고대 도시국가들이 남긴 공식 문서인 점토판, 청동기 시대의 도자기, 그리고 기원전 3150년에서 3050년 사이 요르단 지역의 유물들이 있다. 또한, 무덤에서 발굴된 청동기 시대의 도자기와 무기류도 전시되어 있다. 이곳에 있는 대표적인 부조상으로 '생명의 나무를 숭배하는 날개 달린 수호신'이 있다.

### 미국 메트로폴리탄 박물관

메트로폴리탄 박물관은 1870년에 문을 열었다. 이 박물관은 '세계 문화와 예술의 보고'라고 불린다. 19세기 유럽 제국주의 시대와 더불어 미국도 팽창과 경쟁의 시대로 접어들어, 미국의 박물관들은 국가의 우월성을 상징하는 장소로, 화려하고 과시적인 박물관으로 변화해 갔다.

메트로폴리탄 박물관은 이집트관, 아프리카관, 그리스 및 로마관 등 20개의 부문으로 나뉘어 있으며, 총 300만 점 이상의 작품을 소장하고 있다. 메트로폴리탄 박물관의 외관은 그리스 건축 양식을 모방하여 지어졌으며, 정면에 배치된 세 개의 아치와 거대한 코린트 고대 양식의 기둥이 있다.

» 8 뉴욕 메트로폴리탄 박물관

메트로폴리탄 박물관은 세계의 모든 지역 문화를 대표하는 고대부터 현대까지의 유물로 가득한 '살아있는 세계 예술 백과사전'이라고도 불린다. 이곳에는 약 36,000점의 이집트 유물을 포함해 고대 근동 예술(고대 메소포타미아, 이란, 시리아, 아나톨리아 등), 아프리카, 오세아니아, 아메리카 예술, 아시아 예술, 이집트 예술, 그리스와 로마 예술, 이슬람 예술 등이 별도로 전시되어 있다.[8]

메트로폴리탄 박물관 1층의 전시실에는 이집트 미술, 그리스·로마 미술, 아프리카, 오세아니아, 아메리카 미술, 현대 미술, 미국 문화를 다루는 전시실이 있다. 이집트관에는 기원전 10년에 지어진 고대 이집트 왕국의 마지막 작품인 덴두르 신전이 있다. 이 신전은 1970년대 나일강 댐 건설로 인해 범람할 위험이 커지자 해체되어 이곳으로 옮겨졌다. 이 신전은 약탈된 것이 아니라 1965년 이집트 정부로부터 선물로 받았다고 한다.

덴두르 신전은 고대 남부 이집트 누비아 지역에서 이집트의 주요 여신이자, 하늘의 신 호루스를 낳은 신성한 어머니로 알려진 이시스를 기리기 위해 건축되었다. 이 신전은 한때 신성한 여신의 안식처로, 신전 문을 통과한 소수의 이집트인들만 접근할 수 있었으나, 현재는 사막의 모래바람 속이 아닌 메트로폴리탄 박물관의 거대한 전시실에서 수많은 사람들이 마주하고 있다.

이 박물관에는 기원전 1470년경 신왕국 시대(기원전 1550-1069년)의 파라오였던 여왕 하트셉수트의 좌상도 있다. 이 여왕은 이집트 역사상 가장 강력했던 신왕국의 기틀을 마련한 위대한 지도자였다. 이 신전과 여왕의 좌상은 익명의 수많은 방문객들이 잠시 머무르는 낯선 장소에서 고대의 시간과 영화를 기억하며 자리를 지키고 있다. 박물관 뒤편에는 이집트에서 가져온 오벨리스크가 자리하고 있다.

2층에는 주로 유럽의 회화와 조각이 전시되어 있으며, 아랍, 중앙아시아, 남아시아, 아시아 미술 전시실도 포함되어 있다. 아프리카 전시실은 다른 전시실보다 어두운 조명 아래 전시되어 있어 음산한 기운이 감돈다.

» 9 덴두르 신전과 하트셉수트 여왕의 좌상

» 10 아프리카 전시실

## 과시하는 박물관

존 맥켄지는 책 '제국의 박물관'에서 이렇게 말했다.

"그들의 과거는 '상실'이고, 우리의 과거는 '성장과 팽창'이다."

박물관은 식민주의와 제국주의 시대에 정복하는 나라와 정복당한 나라의 모습을 선명하게 보여주는 거울과도 같다. 이들 박물관에는 아프리카, 이집트, 오세아니아, 아시아, 중동, 라틴아메리카, 그리고 태평양의 이스터 섬에 이르기까지 비서구 지역에서 가져온 방대한 유물들이 소장되어 있다. 고대 유물부터 시신까지 정복된 지역에서 약탈한 모든 것이 포함되어 있다.

약탈한 유물로 채워진 박물관과는 달리, 정복 지역 원주민들은 자신들의 문명이 파괴되는 과정을 기록할 기회조차 없었다. 사람들은 정복자들이 남긴 기록과 그들이 전시하는 유물을 통해 정복된 지역의 문명을 판단한다. 박물관은 식민지 세계가 원시적이고, 문명화되지 않았으며 열등하다는 것을 확인시켜준다.

박물관에 전시된 타 지역의 유물은 그 지역의 과거를 나타내는 데 그치지 않는다. 사람들은 전시된 유물을 통해 해당 지역의 현재 모습을 상상한다. 미국 메트로폴리탄 박물관의 아프리카 전시실에 전시된 유물은 야만적이고 미개한 원시적인 이미지를 보여준다. 이기적인 문명이 만들어내는 타자성과 열등함이며, 여기서 오늘날 아프리카의 발전을 상상하는 것은 매우 어렵다.

박물관은 자신들보다 훨씬 오래된 역사를 가진 고대 유물들을 전시한다. 따라서 박물관의 건축 양식도 전시된 유물의 역사와 조화를 이루는 것이 필요했다. 오늘날 유럽은 서양 문명의 기반으로 그리스와 로마 문화를 삼고 있지만, 중세에는 그리스 문화가 유럽과 단절된 상태였다. 로마 제국이 4세기에 기독교 국가가 되면서 고대 조각상은 이교도의 우상으로 비판받았고, 16세기까지도 그리스 조각은 이교도의 소유물로 여겨졌다.[9]

유럽이 그리스 문화를 본격적으로 수용하기 시작한 것은 19세기였다. 이는 식민지 시대에 정복 지역에서 유럽의 역사와 전통을 강조하려는 목적에서 비롯되었다.

박물관 건물 설계에는 고대 문명의 정점을 이루었던 고대 제국과의 연속성을 외관에서부터 보여주고자 했다. 대영박물관, 루브르 박물관, 페르가몬 박물관, 바티칸 박물관, 메트로폴리탄 박물관 등의 건축 양식은 대표적인 그리스 건축물인 파르테논 신전의 삼각형 박공, 내부 장식 조각, 그리고 그리스 건축의 주요 요소인 기둥 양식을 차용했다. 이러한 건축 양식은 박물관을 통해 유럽의 역사가 고대 문명과 연결되어 있음을 보여준다.

박물관은 국가의 과거와 현재의 위대함을 상징하는 공간으로, 제국주의와 식민주의 시대 서구의 권력과 지배를 드러내는 일종의 기념물 역할을 한다. 이처럼 박물관 건물의 내부와 외부 구조, 장식은 유기적으로 결합되어 식민주의를 상징한다. 이러한 이유로 19세기 유럽의 박물관들은 그리스와 로마의 건축 양식을 자주 채택했다. 오늘날에도 새로운 박물관 건립 계획에서 건축 양식과 구조는 주요 논쟁 중 하나로 등장한다.[10]

그렇다면, 과거를 약탈당한 아시아, 아프리카, 남아메리카의 박물관에는 무엇이 남아 있을까? 이곳에는 서구 문명을 보여주는 유물이 없다. 케이프타운의 남아프리카 박물관, 베이징의 중국국가박물관, 카이로의 이집트박물관, 페루 쿠스코의 역사박물관, 프놈펜의 캄보디아국립박물관, 다마스쿠스의 시리아국립박물관 및 팔미라박물관, 베이루트의 레바논국립박물관, 암만의 요르단고고학박물관, 뉴델리의 인도국립박물관, 비엔티안의 라오스국립박물관, 이스터 섬 박물관 등은 자국의 유물들을 전시하고 있다. 그러나 해당 지역의 과거를 보여주고 중요한 상징으로 여겨지는 유물들은 이미 유럽과 북미의 박물관 전시실에 있거나 유럽 여러 도시의 광장에 세워져 있다.

## 2. 박물관에서 본 이기적 문명

식민지화는 진보나 문명의 상징이 아니라, 오히려 식민지 문화의 야만성을 드러낸다. 유럽과 미국의 박물관들은 아시아, 아프리카, 아메리카 전시관에 있는 유물과 유적들을 어떻게 소장하고 전시하는지에 대한 상세한 과정을 알려주지 않는다. 그러나 리하르트 칸트는 1897년에 "일반적으로, 어느 정도의 폭력을 사용하지 않고는 유물을 손에 넣는 것은 어려운 일이다. 내 추측으로는 당신의 박물관에 있는 유물의 절반은 훔친 물건일 것이다"라고 말했다.[11]

실제로 이들 박물관 유물의 대부분은 1870년부터 1차 세계대전까지, 즉 식민지 정복이 진행되던 시기에 수집되었다. 1880년 유럽이 세계의 35%를 지배하고 있었으며, 1914년에는 그 비율이 84.4% 이상으로 증가했다. 더욱 중요한 사실은, 다수의 유물이 전쟁 중에 약탈되었다는 점이다. 따라서 유럽인들

은 타자의 문화나 인류 역사의 복잡한 내용에 대해 언급하지 않는다.[12]

댄 힉스는 책 '대약탈 박물관(Brutish Museum): 제국주의는 어떻게 식민지 문화를 말살시켰나'에서 대영박물관(British Museum)의 이름을 한 글자만 바꾼 'Brutish Museum' 즉 '대약탈 박물관'으로 표현하며 그 실상을 명확히 드러냈다.

그는 '국가를 구분하는 것이 국경이라면, 제국을 구분하는 것은 박물관이다'라는 표어를 통해 영국, 독일, 프랑스, 벨기에 등 식민지 열강들이 아프리카에서 손이 닿는 모든 유물을 어떻게 기만적이고 비열한 방식으로 약탈했는지 설명한다. 이러한 약탈은 과거의 어느 한 시점에서 끝난 것이 아니라, 문화침탈이라는 식민지 폭력은 오늘날 박물관을 통해 계속되고 있다는 것이다. 댄 힉스는 박물관을 통해 지속되는 문화침탈을 멈추기 위해서, 과거 식민지 국가들이 먼저 과거를 되돌아보고 자신들이 유물을 어떻게 유물을 약탈했는지를 알아야 한다고 말한다.

1897년, 영국은 나이지리아 베닌시티를 대상으로 한 '베닌 원정'을 통해 베닌 왕국의 유물을 약탈했다. 이 사건은 식민 통치 기간 동안 아프리카 원주민에 대한 집단학살부터 문화 약탈까지의 전 과정을 보여준다.

서아프리카 베닌 제국(1440-1897)은 15세기 중반부터 17세기 중반까지 나이지리아(현재의 에도 주) 지역에서 번영을 누렸다. 1440년부터 베닌시티는 베닌 제국의 수도로, 무역로에 위치한 덕분에 번영했다. 수세기 동안 베닌시티의 도예가, 직조가, 건축가, 청동 주조가, 상아 조각가 등 예술가들은 다른 곳에서는 찾아보기 어려운 뛰어난 상아 및 청동 작품을 제작했다. 그러나 1486년 포르투갈인 도착 이후 이곳은 노예와 유럽산 총기가 거래되는 장소가 되었고, 1897년 영국의 베닌 원정 전쟁으로 수백 년 동안 유지되었던 문명이 불과 10일 만에 모조리 파괴되었다.

» 11 붉은 부분이 아프리카 나이지리아 베닌시티(현 나이지리아 남부 에도 주 베닌시티)이다

영국의 베닌 원정은 1897년 1월에 발생했으며, 서아프리카 베닌 제국에 온 약 10명 규모의 영국 관료 및 상인들이 현지 당국의 경고를 무시하고 베닌 제국에 입국을 시도했고, 이에 베닌군대의 공격을 받아 다수가 사망한 '베닌학살' 사건에서 비롯되었다.*

이른바 문명국이라 자칭하는 이기적인 국가는 문명화되지 못한 나라와의 전쟁을 가장 빨리 끝내는 방법은 상대방이 가장 소중히 여기는 것을 찾아내어 신속히 빼앗거나 파괴하는 것이라고 주장한다. 먼저 원주민이 두려워하는 총과 칼로 공격하며, 다른 방법이 없는 상황에서는 마을을 파괴한다는 것이다.[13] 1897년 2월 18일부터 약 3주 동안 영국은 '베닌 원정'이라는 이름으로 응징작전을 감행해 베닌을 점령하고 왕궁을 포함한 도시 전체에 불을 질렀다. 또한

---

* 1892년 아프리카 서해안에 주둔한 영국 무역대표부는 베닌 제국과 통상협약을 체결했으나, 이 협약은 베닌의 독립을 박탈하는 교묘하게 숨겨진 조항이 포함되었다. 우호조약으로 알고 협약을 체결한 베닌 왕은 속았다는 사실을 알게 된 후 인준을 거부했다. 이에 영국 부영사는 베닌왕을 방문해 강하게 질책하겠다고 통보했다. 이에 베닌 군대가 이들을 기습하여 영국인을 살해하자, 영국정부는 1,200명의 해군을 베닌에 파견했다(김경임, 2009:172).

수천 명의 사람들을 학살하고, 마을과 역사적 유적을 파괴하며, 대규모 문화 약탈을 자행했다. 이 시기에 나이지리아는 영국의 보호령이자 식민지가 되었다.

영국군은 왕궁을 본부로 하고 이곳을 무자비하게 파괴하고, 청동 조각상과 상아를 포함한 약 5,000점의 문화재를 약탈했다. 영국군이 약탈한 왕실 예술품과 종교 유물은 전 세계의 박물관과 미술관에 흩어졌다. 16세기부터 18세기까지 베닌 왕궁을 장식했던 청동 유물(동판과 조각상 등)은 영국 미술시장을 통해 유럽의 여러 박물관에 팔렸다. 이 중 약 1,100점이 독일로 반입되었으며, 현재 독일에만 약 1,000점의 베닌 청동 유물이 있다.

베닌의 문화유산은 현재 대영박물관, 뉴욕 메트로폴리탄 미술관, 베를린, 모스크바, 토론토의 박물관 등 세계 여러 곳에서 전시되고 있다. 뉴욕 메트로폴리탄 미술관에는 16세기 초 베닌 제국을 다스린 오바 에시기의 어머니 이디아(Idia)를 상징하는 아름다운 상아 가면 '여왕 어머니 펜던트 마스크: 이요바'가 전시되어 있다. 이 유물은 1897년 베닌시티 정복 당시 영국군이 약탈한 문화재 중 하나로, 여러 차례 불법 거래를 거쳐 메트로폴리탄 미술관의 소장품이 되었다. 이는 현재 전 세계에 흩어진 베닌 유물, 즉 나이지리아의 문화유산의 현주소를 보여준다.

» 12 메트로폴리탄 박물관에 전시된 '여왕 어머니 펜던트 마스크': '이요바'로 불리는 이디아, 가장 아름답고 중요한 베닌 유물 중 하나이다

영국은 베닌 원정 동안 자행한 공격, 파괴, 학살, 약탈이 영국인 학살에 대한 보복이며, 미신적 우상숭배, 야만성, 식인풍습, 인신공양 등 악습을 근절하기 위한 조치라고 주장했다. 또한 베닌시티의

파괴는 의도적이지도 심각한 약탈도 아니었다고 말했다. 이처럼 정복지에서 자행된 폭력 행위는 자신들의 문명을 보편적 가치로 정당화하고 해당 지역의 야만성을 제거하기 위한 행위로 포장되었다.

그러나 식민지 정복과 전쟁을 통해 약탈된 유물이 현재처럼 박물관에 전시된다면, 박물관은 여전히 문명과 야만이라는 이름으로 서구 문명의 우월성을 홍보하는 폭력적인 장소로 남을 것이다. 유럽과 북미에 위치한 박물관들은 유물이 만들어진 지역의 후진성을 강조하는 장치로 기능하며, 여전히 다른 문명에 대해 암묵적이거나 노골적으로 경멸하는 태도를 유지하는 공간으로 존재하고 있다.

댄 힉스는 "유럽이 자기 대륙 밖의 문명들이 번영할 수 있도록 내버려 두었다면 더 좋았을 것이다. 유럽이 자랑스러워하는 박물관을 가득 채운 자기 만족적인 기쁨은 우리의 눈을 썩게 만든다"고 말하며, 박물관 곳곳에 드러난 또는 감춰진 인종주의를 언급했다. 그는 "세상의 박물관이 담고 있는 모든 지식을 합쳐도 한 조각의 연민이 지닌 무게를 이길 수 없다"며, 자신이 있어야 할 곳이 아닌 낯선 지역에서 멸시받고 있는 유물에 대한 안타까움을 표했다.[14]

## 3. '유물, 제자리로 돌아가기'인가, '인류 보편적 박물관'인가?

과거는 예상치 못한 방식으로 현실로 돌아오곤 한다. 2022년 9월 8일, 엘리자베스 2세 영국 여왕이 서거한 후, 여왕을 상징하던 왕관에 식민지 시대의 약탈품이 포함되어 있다는 사실이 밝혀졌다. 여왕이 생전에 사용했던 왕관과 홀은 영국 웨스트민스터 홀에 안치된 여왕의 관 위에 놓였다. 이 왕관과 홀은 여왕의 권위를 상징하며 사람들의 주목을 받았다. 왕관과 홀에 박힌 다이아몬드가 영국의 식민통치를 받던 남아프리카공화국에서 약탈된 것이었다.

이처럼 여왕의 타계와 함께 영국의 식민 통치 역사, 특히 서아프리카 국가들에서의 문화재 약탈과 남아프리카 및 인도에서의 금과 다이아몬드 약탈이 다시 조명되고 있다.

대표적인 예로는 1905년 남아프리카에서 채굴되어 현재 영국 왕실 대관식 의식에 사용되는 '아프리카의 별' 다이아몬드와, 150년 넘게 영국 왕관을 장식해온 105.6캐럿의 인도산 다이아몬드 '코이누르'가 있다. '아프리카의 별' 다이아몬드는 당시 남아프리카 트란스발 정부가 영국 왕실에 충성의 표시로 건넨 것으로 알려져 있지만, 식민지 상황에서는 사실상 약탈로 간주된다. 따라서 이 다이아몬드의 진정한 소유권은 남아프리카 국민에게 있다는 것이 일반적인 견해이며, 현재 남아프리카는 해당 유물의 반환을 요구하고 있다.

» 13 150년 넘게 영국 왕관을 장식해온 인도산 다이아몬드 '코이누르'

또 다른 식민지였던 인도에서도 영국 왕실이 소유한 보석의 반환을 요구하는 운동이 일어나고 있다. '코이누르' 다이아몬드는 1850년 당시 인도의 라호르(현재 파키스탄 펀자브 주의 수도)에서 영국 동인도회사를 통해 빅토리아 여왕에게 바쳐졌다. 이후 전통적으로 대관식에 왕비의 왕관에 사용되었으며, 현재 이 다이아몬드는 런던 타워에 보관되어 있다. 페르시아어로 '빛의 산'을 뜻하는 '코이누르'는 한때 식민지였던 인도에서 강탈된 것으로, 이제 원래 소유자에게 반환하라는 목소리가 커지고 있다. 그러나 영국은 해당 보석이 법적으로 영국 왕실에 속하며 공식적으로 기증된 것이라고 주장하며 반환을 거부하고 있다.

20세기 들어 식민지 지배에서 벗어난 국가들과 전쟁 중 약탈을 겪은 국가들에서 유물 반환 요구가 점차 확산되었다. 1960년 영국으로부터 독립한 나이지리아 정부는 유럽으로 유출된 나이지리아의 역사적 유물인 베닌 예술품 반환을 요구하고 있다. 또한 케냐의 코이탈렐 사모에이 족장의 머리와 남아프리카 코사 왕국의 힌스타카 카하울라 왕의 머리가 전리품으로 약탈되었기에 반환을 요구하고 있다.

이집트는 영국에 로제타석 반환을, 독일에는 네페르티티 여왕 흉상의 반환을 요구하고 있다. 그리스는 파르테논 신전의 유물을, 중국은 1860년 제2차 아편전쟁 당시 영국과 프랑스군의 약탈로 유출된 궁정 유물과 둔황 인근 고대 실크로드가 시작되는 막고굴에서 유출된 2만 4천여 점 이상의 희귀 두루마리 문서 반환을 요구하고 있다. 페루는 미국으로 유출된 잉카 문명의 마추픽추 유물 반환을, 멕시코는 1519년 에르난 코르테스 장군이 이끈 병사들에 의해 약탈된 아즈텍 왕 목테주마의 왕관을 오스트리아에서 돌려받기를 요구하고 있다. 한국 역시 1866년 프랑스군에 의해 약탈되어 현재 프랑스 국립도서관에 보관된 규장각 도서 297권의 반환을 요구하고 있다.

그러나 프랑스는 루브르 박물관이 과거, 현재, 미래가 공존하는 공간이며 전시된 작품을 통해 관람객이 과거를 만나고 동시에 미래를 전망할 수 있는 장소라는 점을 이유로 반환 요청을 회피하고 있다. 영국 역시 반환된 유물이 원래 장소에서 제대로 보존 및 전시될 능력이 부족해 손상되거나 도난당할 위험이 있다는 이유로 반환 요청을 거부하고 있다.

2017년에 자치권을 획득한 남태평양의 칠레령 이스터 섬은 2018년에 대영박물관에 전시된 유물을 반환받기 위한 운동을 시작했다. 이스터 섬의 원주민인 라파누이족은 "우리의 영혼이 담긴 석상 '호아 하카 나나 이아'를 돌려달라"며, "우리 후손들도 이를 만지고, 보고, 배우며 전통을 이어갈 기회를 가져야 한다"고 말했다. 그들은 "우리에게는 몸만 남아 있고, 영국인들은 우리의 영혼을 가지고 있다"고 호소하며 유물 반환을 촉구하고 있다.

호아 하카 나나 이아는 이스터 섬의 라파누이족이 서기 6세기에서 15세기 사이 현무암으로 조각한 거대한 모아이 석상으로, 1868년 이스터 섬에 상륙한 영국 군인들이 약탈하여 빅토리아 여왕에게 헌납했다. 이 석상은 현재 대영박물관 24번 전시실 입구에 전시되어 있으며, 박물관에서 꼭 봐야 할 10대 유물 중 하나로 꼽힌다.

영국은 여전히 유물을 적절히 보존할 수 없다는 이유로 이스터 섬 주민들의 반환 요청을 거부하고 있다. 이에 대해 이스터 섬 측은 현재 건설 중인 인류학 박물관에서 석상을 전시할 수 있다고 주장하고 있다. 영국이 유물 반환을 거부하는 또 다른 이유는 과거 세계 곳곳에서 약탈한 수많은 유물의 반환 요구가 많기 때문이다.

그리스는 영국에 파르테논 대리석 반환을 지속적으로 요구하고 있다. 그리스 문화재 반환 운동은 1981년 대영박물관에 전시 중인 파르테논 조각상 반환 요구로 시작되었다. 파르테논 신전의 건축 조각은 19세기 초 오스만 제국 당시 그리스 주재 영국 대사였던 토머스 엘긴에 의해 신전에서 뜯겨 나가 그의 이름을 따서 '엘긴 마블'이라 불린다. 약 2,500년 전 건축된 파르테논 신전의 외벽에는 163미터에 걸쳐 인간 형상을 조각한 부조들이 나열되어 있었다.

1801년부터 1812년까지 엘긴은 파르테논에서 부조 길이 절반에 해당하는 구간을 통째로 잘라 낸 것을 비롯해 파르테논 신전에 있는 에레크테이온 신전 여상주* 기둥 중 하나와 예술품 등 200여 점의 조각을 반출했다. 이 과정에서 영국 정부는 엘긴의 유물들을 런던으로 운반하기 위해 심지어 군함까지 동원

* 고대 그리스식 건축물에서 기둥 대신 사용된 여인 입상(立像)

했다. 아테네를 사랑했던 영국의 시인 바이런은 시집 '차일드 헤럴드의 순례'에서 엘긴의 문화재 약탈 행위를 강하게 비판하며, 영국 정부의 추악한 행위를 질타했다.

바이런은 폐허가 된 파르테논 신전을 방문하고, 신전의 황폐함과 엘긴의 조각 약탈을 목격한 후, "이것을 보고 울지 않는 자, 어리석어라… 이 유적을 보호해야 할 영국인들의 손에 다시는 회복될 수 없으리라. 너의 쓰러진 신들은 북쪽의 증오스러운 나라로 끌려갔도다…"라는 시를 남겼다. 하지만 영국 왕실은 이에 아랑곳하지 않고 엘긴이 약탈한 유물을 사들였다. 이 당시 영국인들은 엘긴의 행위를 인류를 위해 고대의 유물을 보호하기 위한 불가피한 조치로 여겼다.[15]

» 14 영국 박물관에 있는 파르테논 신전 조각

영국은 당시 그리스의 구 아크로폴리스 박물관의 전시 공간이 협소하다는 이유로 파르테논 조각 반환 요청을 거부했다. 이에 그리스 정부는 새로운 아크로폴리스 박물관을 개관하고, 파르테논에서 직접 가져온 건축 조각과 영국 박물관에 보관된 원본을 복제한 모조품을 전시하고 있다. 유럽과 미국의 박물관들이 관리 능력 부족을 이유로 유물 반환을 거부하자, 여러 국가가 이미 유물 보관을 위한 공간을 마련했거나 준비 중에 있다. 그리스, 이집트, 이스터 섬뿐만 아니라 나이지리아의 베닌시티도 청동 유물을 전시하기 위한 박물관 건립을 추진하고 있다.

국제적으로 문화재 반환에 관한 다양한 규정이 존재한다. 1907년 헤이그 협약 제28조는 "약탈, 심지어 습격에 의한 도시나 기타 지역의 약탈을 금지한다"고 명시하고 있다. 1954년 헤이그 협약에서는 무력 충돌 중 문화재 보호를 위한 협약이 제정되었으며, 1970년 유네스코 협약에서는 처음으로 문화재를 원 소유국에게 반환해야 한다는 규정을 마련했다.

'문화재의 불법 수입, 수출 및 소유권 이전 금지와 예방에 관한 협약'에서는 "고고학적 및 인종학적 문화재를 도난당한 국가는 해당 문화재가 발견된 다른 체약국에 반환을 요청할 수 있으며, 재발 방지를 위한 협력을 요청할 수 있다"고 명시하고, "다자간 협상을 촉구할 수 있다"고 규정하고 있다.

또한, 1987년 유엔 결의안 42-7의 전문은 "정신적·문화적으로 중요한 가치를 지닌 문화재를 원래 국가에 반환하는 것은 해당 민족의 문화유산을 대표하는 컬렉션을 구축하고자 하는 사람들에게 매우 중요한 일"이라고 강조한다. 식민지 시대에 유출된 문화재는 1973년 유엔 총회 결의안 3187과 '반환'의 영역에서 다루어지며, 이는 국제 규범에 따라 국제 인권 조약과도 연계되고 있다. 이처럼 18세기에서 20세기 초까지 문화재 약탈이 집중적으로 이루어졌지만, 문화재를 공공적 가치로 보호하거나 자결권 관점에서 바라보는 시각은 20

세기에 들어서야 확립되었다.

1980년대 후반, 약탈된 문화재 반환을 요구하는 아프리카 운동은 1993년 4월 아부자 선언으로 이어졌다. 아부자 선언은 "약탈된 문화재와 전통 유물의 반환을 요구하며, 아프리카인들이 겪은 손실은 과거의 일이 아니며 수많은 약탈, 절도, 강탈이 자행되었음을 확신한다"고 밝히며, "약탈된 유물을 합법적인 소유주에게 반환할 것을 촉구한다"고 호소했다.[16]

이러한 협약과 반환 요구에도 불구하고, 왜 유럽과 미국의 박물관들은 문화재 반환을 거부할까? 이들은 약탈이 오히려 구원이었다고 주장하며, 자신들의 박물관을 '인류 보편적 박물관'으로 정의한다. 서구 박물관들은 현지 유물을 약탈한 행위가 문화적 보호의 일환이었다고 주장하며, 문화재가 원래의 장소에 남아 있었다면 무지와 무관심으로 인해 더 큰 파괴를 겪었을 것이라고 말한다. 또한 자신들의 박물관이 비서구권 문화를 세계에 알리고 있으며, 문화재는 단순히 그것을 만든 나라들만의 것이 아니라 전 세계 인류가 공유해야 할 자산임을 강조하고 있다.

식민지 시대나 전쟁 중 약탈된 유물 반환 요구가 점차 커지자, 이는 각 박물관에 위기의식을 불러일으켰다. 이에 대응하여 2002년 12월, 대영박물관, 루브르 박물관, 메트로폴리탄 박술관, 프라도 박물관 등 전 세계 주요 19개 박물관 관장들은 "위대한 문화재는 특정 국가의 국민만을 위한 것이 아니라 전 인류의 공동 유산"이라며, "인류를 위한 보편적 박물관의 중요성과 가치를 선언"하는 공동 성명을 발표했다.

이 박물관들은 비서구권 지역의 귀중한 문화재를 포함한 주요 소장품을 보유하고 있으며, 이러한 유물이 다양한 문화적 전통과 인류의 뛰어난 문화적 성취를 결합하는 데 기여했다고 주장한다. 따라서 유물이 반환으로 인해 소장품이 감소하거나 사라진다면 세계문화유산에 큰 손실이 될 것이라고 강조한다.

특히, 고대 문명의 유물이 주요 박물관을 통해 세계에 소개되지 않았다면, 인류가 고대 문명에 대해 가지는 경외감은 지금만큼 깊지 않았을 것이라고 주장한다.

박물관들은 문화 발전의 주체로서, 박물관의 모든 전시물이 이 과정에 기여한다고 말한다. 따라서 소장품의 다양성과 다면성을 감소시키는 어떠한 행위도 방문객의 권리를 침해하는 것이라고 주장한다.[17] 이러한 이유로 박물관은 문화재를 안전하게 보관, 보존, 전시하며, 많은 사람들에게 공개함으로써 전 인류에게 혜택을 제공하는 '인류 보편적 박물관'이라고 말한다. 또한 박물관은 과소평가된 지역의 문화가 얼마나 지속적이고 생동감 넘치는지를 유럽인들에게 알리는 장소라고 강조하고 있다.

그러나 '박물관'이라는 공간에서도 이미 많은 문화재가 파괴되거나 역사의 뒤안길로 사라졌다. 일부 박물관은 문을 닫아서 유물들이 어디론가 팔려나갔고, 제2차 세계대전 중에는 박물관이 폭격을 받아 수천 점의 문화재가 잿더미로 변하기도 했다. 약탈된 유물은 박물관 안에서도 안전하지 않았다.

최근 서구에서는 '인류 보편적 박물관'이라는 개념에 대한 반성과 함께, 유물을 원래의 장소로 반환하는 움직임이 시작되었다. 2022년 7월, 독일은 19세기 말 영국군에 의해 약탈된 베닌 왕국의 청동 유물 약 1,000점을 나이지리아에 반환하기로 결정했다. 이 유물 중에는 베닌 왕국의 대표적인 문화재인 '왕의 머리', '무장한 베닌 무사' 등 2점이 포함되어 있다. 이로써 독일은 베닌 청동 유물을 실제로 반환한 첫 번째 국가가 되었다. 베닌 청동 유물의 반환은 이 유물들이 약탈되었음을 인정하고, 과거 식민주의에 대해 반성하는 의미로 볼 수 있다. 이 유물들은 조만간 현재 건립 중인 나이지리아 베닌시티 박물관으로 돌아갈 것이다.

» **15 제자리로 돌아가는 베닌시티 유물**('왕의 머리'와 '무장한 베닌 무사')

2022년 미국 메트로폴리탄 박물관은 소장품 중 27점이 약탈된 문화재임을 확인했으며, 그중 21점은 이탈리아로, 나머지 6점은 이집트로 반환한다고 발표했다. 2023년 3월 24일에는 바티칸 박물관이 소장하고 있던 파르테논 조각상 3점을 200년 만에 그리스에 반환했다. 반환된 조각상은 말의 머리, 소년의 두상, 그리고 수염 난 남성의 두상으로, 기원전 5세기에 지어진 파르테논 신전 외벽을 장식했던 유물들이다. 이번 반환은 교황 프란치스코의 결정으로 이루어졌으며, 약탈된 문화재를 포함한 과거의 상처를 치유하고 그리스 국민에게 자부심과 기쁨을 줄 것이라고 한다. 그러나 바티칸의 반환이 영국, 프랑스, 오스트리아 등 다른 서구 국가들의 문화재 반환에 영향을 미칠지는 아직 불확실하다.

과거 문명을 보여주는 유물은 그들만의 고유한 신앙, 관습, 생활 방식, 지혜를 알려준다. 그러나 유물을 약탈당한 지역의 사람들은 자신의 과거를 만나기 위해 유럽과 미국의 박물관을 방문해야 한다. 하지만 그곳에 전시된 유물은 그들의 삶과는 동떨어져 있으며, 때로는 미개하고 원시적인 사람들의 이야기로 남아 있기도 하다. 또한 박물관들은 소장한 유물의 예술적 가치를 강조하는 데 집중하며, 그 유물이 어떻게 이곳에 오게 되었는지에 대한 이야기를 축소하거나 생략한다. 이러한 선택적 기억은 약탈당한 민족의 고통을 지우고, 서구 중심의 세계관을 지속시킨다.

심지어 박물관 안에서도 이 유물들은 정복자들의 유물에 비해 가치나 중요성, 상징성 면에서 동일한 지위나 존엄성을 누리지 못한다. 오늘날 유물은 문명과 야만을 나누는 기준이자 인종주의의 상징이 되고 있다. 식민주의는 끝나지 않았다. 이기적인 문명은 박물관을 통해 과거의 영광을 계속해서 이어가고 있으며. 박물관은 이러한 우월성을 유지하는 또 다른 방식이다.

승자가 기록한 역사 속에서, 정복당하거나 파괴된 사회에 속한 사람들은 남겨진 유물과 유적을 통해서만 자신들의 이야기를 전할 수 있다. 베닌인, 산족, 줄루족, 소나족, 잉카인, 라파누이인, 그리고 크메르인 등 이들 지역의 사람들은 자신들이 만든 유물을 통해 과거의 성취를 생생하게 전달하고 있다. 역사가 글로만 기록되는 것은 아니다. 유물이 전달하는 시각적 서사도 역사이다. 이제 박물관들은 유물을 반환함으로써 이들에게 목소리를 돌려주어야 한다.

2022년 미국 메트로폴리탄 박물관 관장, 맥스 홀라인은 "약탈한 유물을 반환하는 것은 전 세계 사람들을 위해 오랜 역사를 지닌 박물관으로서 책임 있는 역할을 다하려는 시도"라고 말했다. 또한 이곳에서 경비원으로 일했던 전직 기자 패트릭 브링리는 책 '나는 메트로폴리탄 미술관의 경비원입니다'(2023)에서 유물 반환에 대해 "여기에서 확실히 말할 수 있는 것은, 반드시 돌려보내야 할 물건을 붙잡고 있는 감옥의 교도관이 되고 싶어 하는 사람은 아무도 없다는 것이다"라고 했다.

어떤 문명도 다른 문명과 비교되기 위해 만들어진 것이 아니다. 각 문명이 창조한 모든 것은 그 지역 사람들의 삶 그 자체이다. 이제 수많은 약탈 유물을 소장한 박물관들이 '책임 있는 역할'을 어떻게 이행할지 주목해야 할 때이다.

문화적 자부심은 다른 이들의 정복이나 불행 위에 세워져서는 안 된다. 한 문명을 존중하지 않는 것은 그 지역 사람들의 존엄성과 자존감을 위협하는 행위이다. 유럽과 북미의 박물관은 제국주의의 유산을 지속시키는 공간이 아니라, 인정과 화해를 촉진하는 공간으로 탈바꿈해야 한다. 진정으로 "인류를 위한 박물관의 중요성과 가치에 대한 선언"을 하는 날이 오기를 진심으로 기대한다.

# 제 4 부 한국 사회, 문명의 균형과 공존

# 1장

# 이기적 문명, 당신이 처음은 아니다

중국 둔황에서 시작해 캄보디아의 앙코르 문명, 이집트와 짐바브웨의 문명, 페루의 나스카, 잉카와 라파누이 문명, 스페인과 튀르키예의 기독교와 이슬람 문명, 발칸반도의 마케도니아와 그리스를 두루 돌아다녔다. 또한 서유럽과 북미를 여러 차례 방문했다. 비록 한 지역에 집중해 세부적으로 관찰하지는 못했지만, 각 문명을 연결하여 전반적인 파노라마를 그릴 수 있었다.

'이기적인 문명'이라는 행위로 문명화된 지역을 관통해본 결과, 강자의 논리에 의해 이루어진 파괴의 흔적이 곳곳에서 보였다. 마치 산 정상에서 내려다보는 것처럼, 펼쳐진 수많은 유적과 유물들은 저마다의 이야기를 들려주었다.

서구 문명에 감탄하면서 다른 문명에 대해 무지했던 나 자신을 돌아보게 되었다. 분명한 것은, 각각의 문명이 그 자체로 경이로웠다는 점이다. 문명에 대한 관찰을 기록하면서, 이집트 람세스 2세의 외침이 내 귀에 울리는 듯했다.

"너희 강자들아, 나의 업적을 보아라! 그리고 절망하라!"

## 1. 이곳은 어디일까?

하나, "**이곳**에서 숫자와 계산, 기하학과 천문학, 장기 및 주사위 놀이 그리고 문자가 처음 탄생한 곳이라고 하네… 문자를 소개할 때 이렇게 말했네. 왕이시여, 이 배움은 이곳 사람들을 더 지혜롭고 기억에 오래 남게 만들 것입니다. 이는 곧 기억과 지혜의 약이 발견되었음을 의미합니다."

"그리스인들이 과학(수학), 측량(기하학), 천문학 등 필수적인 기본 지식을 알지 못하는 것은 부끄러운 일입니다. 따라서 자유민들은 최소한 이곳 대부분의 어린이 수준만큼은 배워야 한다고 생각합니다."

"이곳은 수학의 요람으로 위대한 과학자이자 철학자인, 이곳 고대인들의 지혜를 존경하고 찬사를 보낸다."

이곳은 이집트를 말한다.

둘, "**이곳** 제국의 도시는 이곳 사람들이 건축한 것이 아니다. 건축 양식이 너무 발전했기 때문이다. 이 건축물을 페니키아인 혹은 유대인 식민지 개척자들의 작품이다."

"돌로 만든 '우아한 곡선의 석조물'로 묘사되는 이 유적은 천문학자, 건축가, 석공, 수학자, 건축업자들의 뛰어난 기술을 보여주는 역사적인 장소이다. 식민이데올로기는 모든 석조 건축은 백인의 이주로부터 비롯되었고 말한다. 그러나 이곳은 원주민의 조상들이 세운 것으로, 건축 양식은 전적으로 이곳 방식이었다."

이곳은 짐바브웨의 그레이트 짐바브웨를 말한다.

셋, "**이곳**을 처음 마주한 순간, 나는 아무것도 할 수 없었다. 제대로 숨조차 쉴 수 없었다. 이것들을 처음 본 순간, 왜 이곳에 와야 했는지를 깨달았다. 나는 여기 와서 기존 학자들의 이론을 반박하고, 미술사적 영향을 발견하려고 했다. 그러나 그저 석굴 사원의 한가운데 서서 손을 주머니에 넣은 채 생각을 정리하려 애썼을 뿐이다."

"이곳에서는 불교, 도교, 유교 기록, 문학, 정치, 경제, 천문학, 의학 등 다양한 자료가 발견되었다. 이 모든 것은 3세기에서 11세기 사이에 제작된 것이다. 또한 다양한 필사본, 불교 회화, 판화, 탁본, 자수, 염색 직물 등도 있으며, 그 총수는 약 50,000점에 이른다. 이곳 서고는 문명의 위대함과 교류의 중요성을 보여주는 예술적 보고이다."

이곳은 중국 둔황을 말한다.

넷, "**이곳** 사원은 고대 그리스와 로마가 남긴 어떤 유산보다도 더 장엄하다. 나무로 덮인 사원을 처음 보는 순간 압도감을 느낀다. 이렇게 거대한 토목공사를 만들어낸 강력하고 문명화된 나라가 지금 어떻게 되었는가 묻지 않을 수 없다. 이곳의 웅장함, 균형, 그리고 예술적 아름다움은 감탄과 기쁨을 자아낸다. 그에 못지않게 이 사원이 지닌 거대한 규모와 사용된 돌의 양에 놀라움을 금치 못했다. 동양에 이렇게 완벽한 예술적 감각을 지닌 유적이 존재한다는 사실을 빨리 알리고 싶다. 이곳 사람들이 세계 건축사에서 가장 독창적이고 역동적인 건축 양식을 만들어냈다는 점을 인정한다."

"돌을 쌓아 만든 구조는 공학적 균형을 이루며, 과학적 정밀성으로 세밀하게 조정되어 있었다. 이곳 고대 건축가들은 '경악할 만한 정확도'를 과시하고 있다. 건축물이 이루는 완전한 조화에 충격을 받았다. 이곳 예술은 예술가에 의해 세련되게 다듬어지고 승화되어 인간이 표현할 수 있는 가장 아름다운 형태로 만들어졌다."

"이곳 유적의 아름다움에 취해 일생 동안 이곳에 머물고 싶다."

이곳은 캄보디아 앙코르 사원을 말한다.

다섯, "**이곳** 건축물의 크기는 직접 보기 전에는 상상하기 어렵다. 이곳 사람들이 어떻게 산의 일부 같은 엄청난 돌덩이를 잘라내고, 조각하고, 들어 올리고, 운반하고, 끌어올린 후 천천히 내리는 작업을 할 수 있었을까? 돌로 만든 이곳 사원은 내가 본 석조물 중 최고의 작품으로, 대가의 손길이 느껴졌다. 위로 갈수록 점차 작아지는 돌은 이 건물에 우아함과 섬세함을 더했고, 부드럽게 흐르는 선과 균형 잡힌 배열은 경이로운 효과를 만들어냈다. 나는 이곳 사원이 세계에서 가장 뛰어난 석조물 중 하나라는 것을 깨닫기 시작했다. 정말 숨이 멎을 만큼 놀라운 광경이었다. 이곳은 대체 어떤 곳일까? 왜 이곳을 아무도 알려주지 않았던 걸까? 내가 발견한 것을 누가 믿어줄까?"

이곳은 남아메리카 페루 마추픽추를 말한다.

여섯, "**이것**들은 사물을 보는 관점을 바꾸어놓았다. 그들이 만든 선과 형태는 330m 이상의 높은 고도에서만 완전한 형태를 알아볼 수 있다. 이는 물체가 수평이 아닌 위에서 바라보는 관점으로 설계되었음을 보여준다. 아마도 이 그림은 사람보다 하늘의 신에게 보여주기 위한 그림일 수 있다."
"이것들은 고대 종족에 대한 우리들의 생각이 틀렸다는 것을 가르쳐준다. 이곳에는 수학과 천문학을 깊이 이해한 진보한 문명이 존재했으며, 그것은 다가올 세대가 이해하도록 인간의 정신을 표현한 독창적인 예술가들의 문명이었다는 것을 가르쳐 준다."

이곳은 페루 나스카 지상화를 말한다.

일곱, "**이것**을 처음 보았을 때, 망치로 머리를 맞은 것처럼 충격을 받았다. 기계를 만들 만한 튼튼한 목재나 밧줄도 없는데 높이 10m에 달하는 거석을 어떻게 만들었는지 도저히 이해할 수 없었다. 최근 항해자들의 기록을 읽었다면, 이곳 원주민들을 야만인이라 부를 사람은 아무도 없을 것이다."

"이렇게 완벽한 작업을 할 수 있는 사람은 초현대적인 도구를 사용했음이 분명하다… 이들은 엄청난 지식을 가진 사람들이었다. 우리가 알 수 없는 매우 발달한 무기와 석공 기술을 가지고 있었던 것이 틀림없다… 이들은 더 많은 거석상을 만들고, 그것들을 해안의 석조대에 세워 멀리서도 보이게 했다… 이곳은 숲도 없고 밧줄을 만들 만한 자원도 없으며, 인구도 약 5,000명에 불과하다. 그래서 신비가 풀리지 않았다. 이곳은 외계인과 같은 다른 지적 존재가 와서 만든 것일지도 모른다."

**이곳은 남태평양 이스터 섬 모아이를 말한다.**

여덟, "**이곳**은 동방과 서방을 잇는 문명의 교차로이다. 이곳에 서면 과거를 새로운 시각으로 바라보고 서로 연결된 세계를 볼 수 있다. 이곳은 실크로드에서 동서를 연결하는 무역중심지였으며, 동서 문물교류의 중요한 무역 도시로 발전했다. 당시 이곳은 수백, 수천 킬로미터 떨어진 곳에서도 상인들을 끌어들이는 접근성이 뛰어난 교차점이었다.

이곳 유적은 문명 간의 공존과 다양한 지역 문명을 수용한 혼합 건축 양식을 보여준다. 이는 기원전 4세기부터 기원후 1세기까지 존재했던 다양한 문명의 융합을 증언한다. 이곳은 이집트와 메소포타미아에서 그리스와 로마의 건축 양식으로 이어지는 복잡한 변화 과정을 보여준다. 특히 이곳의 건축 양식은 독창적이고 특이하다. 일반적인 건물처럼 기둥이나 벽을 세워 만든 것이 아니라 원래 바위를 조각하여 정교하게 만든 것으로, 건축과 조각 기술의 놀라운 발전을 보여준다.

또한 이곳 절벽에 조각된 2000년 된 수도 시설은 물을 운반하고 저장할 수 있는 수로와 댐 같은 관개시설이 발달했음을 보여준다. 이 기술 덕분에 로마와 비잔틴 시대에도 이 건조한 지역에 사람들이 대규모로 정착할 수 있었다. 오늘날에도 이 흔적을 확인할 수 있다."

이곳은 중동 요르단 페트라를 말한다.

아홉, "**이곳**은 고대 중요한 문화 중심지 중 하나였다. 페르시아, 인도, 중국을 로마 제국과 연결하는 교역로에 위치한 도시로서 중요성이 커졌고, 여러 문명이 교차하는 지점이 되었다.
이곳은 1세기부터 2세기에 이르는 다양한 문명이 교차한 중심지로, 건축과 조각과 같은 예술작품에는 고대 중동, 그리스-로마, 그리고 고대 페르시아의 영향을 혼합한 독특한 특징이 드러난다. 이곳은 건축, 기술, 예술, 그리고 독특한 문화 안에서 문명 간의 공존을 보여준다. 특히 페르시아, 그리스-로마, 이슬람 문명이 한 공간에서 조화를 이루고 있다. 또한, 이곳에서 다량의 중국 비단이 발견되면서 실크로드가 중국에서 이곳까지 확장되었음을 보여준다."

이곳은 중동 시리아 팔미라를 말한다.

## 2. 이기적 문명의 위계적 이분법

이기적 문명은 자신들이 침략한 문명을 가리켜 "**그곳**은 야만적이고, 열등하며 무질서한 곳이라 말했다. 그래서 우리는 문명과 질서를 가져다주기 위해 그곳으로 갔다."라고 주장했다.

여기서 **그곳**은 아시아, 아프리카, 남아메리카와 같은 비서구 문명 지역으로, 서구 문명이 등장 이전에 상상할 수 없을 정도로 개화된 문명을 보여주었던 곳들이다. 우월과 열등의 이분법적 논리는 그 땅과 그곳 사람들이 만들어낸 문명을 무시하고 모욕하며, 그 지역의 역사를 지우고 다시 쓰려 했던 강자의 힘과 논리였다. 이는 "나는, 백인이며 유럽인으로서 이 우주의 중심이다. 내가 타자라고 규정한 나머지 세계는 나와의 관계를 통해서만 의미를 갖는다."라고 주장하는 것과 다름없다.

인류학자인 레비-스트로스는 서구가 발전하고 나머지 세계는 미개하고 열등하다고 보는 사고방식을 비판하며, 서구의 사고가 모든 사회와 문명을 발전의 척도로 나누는 것을 지적했다. 그는 이러한 사고가 단지 유럽 중심적 가치를 강요하는 비교에 불과하다고 언급하며, 서구의 오만함이 진보-발전과 야만-낙후의 이분법적 구조에서 드러난다고 보았다.[1]

이기적인 문명은 위계적 이분법에 기반한 우월 논리로 과거 문명국가를 파괴하고 약탈했다. 화약과 총으로 문명화된 지역 대부분을 파괴하고 그곳의 유산을 자신들의 나라로 가져갔다. 지역의 이름을 바꾸고 종교를 강요했으며, 문명의 유산은 '신비롭고 이국적이며 풀수 없는 수수께끼'로 여겨졌다. 결국, 그들의 창의성은 의심받았고, 지역 주민들을 열등하고 미개한 야만인으로 전락시켰다.

이기적인 문명은 아시아, 아프리카, 아메리카와 같은 정복 지역을 자신들의 소유로 만들었다. 영국령 동아프리카, 독일령 남서아프리카, 포르투갈령 동아프리카, 벨기에령 콩고, 영국령 인도, 프랑스령 인도차이나, 독일령 동아시아, 프랑스령 폴리네시아, 독일령 사모아, 스페인령 필리핀, 스페인령 아메리카, 네덜란드령 브라질 등 정복 지역 이름 앞에 자신들의 이름을 붙여 소유권을 선언했다. 15세기 콜럼버스의 아메리카 도착을 시작으로, 이기적인 문명은 19세기 식민제국의 이름으로 다른 문명의 정복하고 흔적을 지우며 정복지에 자신들의 역사와 전통을 만들었다. 이러한 우열 구분은 20세기까지 이어졌으며, 21세기에도 여전히 지속되고 있다.

# 2장

# 다인종·다문화사회, 한국에서 보이는 이기적 문명

## 1. 이주자에 대한 '위계적 사다리' 만들기

"남들이 생각하고 있는 것과 비슷한데. 경제적 문제가 제일 큰 것 같아요. GNP, GDP나 이런 것, 그냥 학교에서 유명한 사람 많이 배웠는데… 베토벤이나… 유명한 학자들이 나온 곳도 그렇고 필리핀 같은 데는 대통령이나 독재자 이름 이런 것만 기억나고. 아프리카도 마찬가지고. 학교에서 배운 곳이 선진국 같고 잘 안 배운 곳이 후진국 같고요."(30세, 직장인)[1]

2025년 3월 현재, 한국 사회에 거주하는 이주자는 약 260만 명으로, 이는 전체 인구의 5%에 해당한다.[2] 이주자 수는 1990년대 후반 이주노동자와 결혼이주여성들이 본격적으로 한국 사회에 들어오기 시작한 이후 지난 30년 동안 급격히 증가했다. 현재 유엔에 가입한 193개국 중 110개국의 사람들이 한국에 거주하고 있다. 이주자들은 일자리, 결혼, 학업, 난민 등 다양한 이유로 한국에 온다.

우리가 이주자를 바라보는 기준과 시선에는 이기적인 문명이 투영되어 있다. 우리는 이주자를 출신국의 경제 수준, 피부색 등에 따라 분류하고, 인종과 민족의 위계적 사다리를 만든다. 사다리의 윗부분에 있는 이주자는 인정과 부러움을 받는 반면, 아랫부분에 있는 이주자는 무시와 배제를 경험하며, 문화적 평가절하, 낙인, 소외, 주변화, 그리고 신체적 폭력까지 이른다. 한국 사회가 이주자를 대하는 방식을 보면, 서구가 정복 지역에서 보였던 이기적 문명을 떠올리게 된다.

한국에서는 이주자에 대한 위계적인 사다리가 사회적 거리감을 통해 드러난다.* 2008년부터 2018년까지의 이주자에 대한 사회적 거리감 인식을 조사

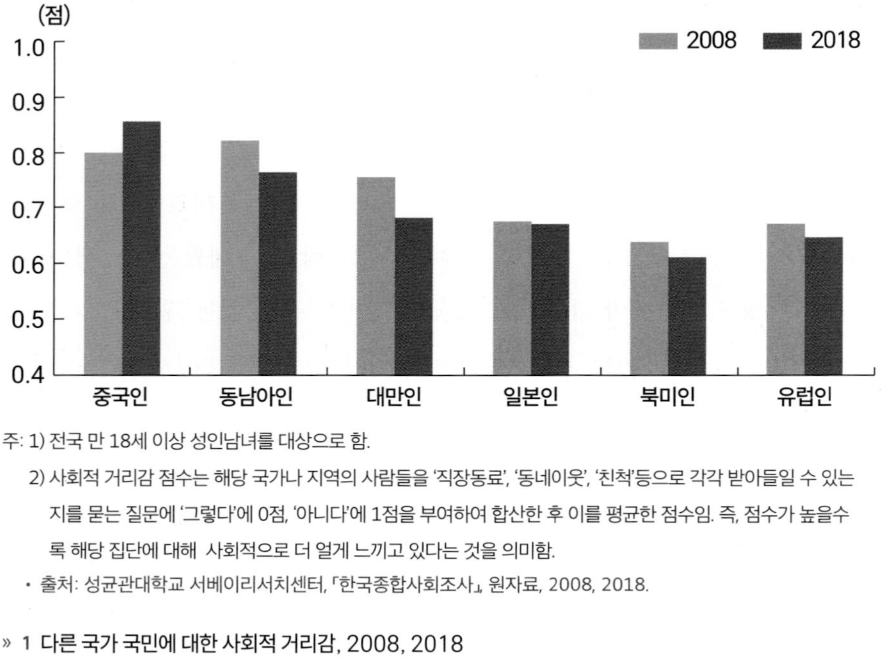


주: 1) 전국 만 18세 이상 성인남녀를 대상으로 함.

2) 사회적 거리감 점수는 해당 국가나 지역의 사람들을 '직장동료', '동네이웃', '친척'등으로 각각 받아들일 수 있는지를 묻는 질문에 '그렇다'에 0점, '아니다'에 1점을 부여하여 합산한 후 이를 평균한 점수임. 즉, 점수가 높을수록 해당 집단에 대해 사회적으로 더 멀게 느끼고 있다는 것을 의미함.

• 출처: 성균관대학교 서베이리서치센터, 『한국종합사회조사』, 원자료, 2008, 2018.

» 1 다른 국가 국민에 대한 사회적 거리감, 2008, 2018

---

* 사회적 거리감은 다인종·다민족 사회에서 집단 간 관계를 나타내는 대표적인 지표로, 서로에 대해 느끼는 이해와 감정의 정도, 개인과 집단 간 친밀감, 그리고 편견의 정도를 측정한다. 이를 통해 이민자 집단에 대한 한국인의 우호적-비우호적 태도와 부정적-긍정적 태도를 파악할 수 있다.

한 결과, 한국인은 중국, 동남아시아, 대만, 일본, 유럽, 북미 순으로 사회적 거리감을 보인다.[3] 지리적으로 가까운 중국과 동남아시아 출신 이주자에 대해서는 사회적 거리감이 멀게 나타난 반면, 유럽과 북미 출신 사람들에게는 사회적 거리감을 더 가깝게 나타났다.

2008년과 2018년 사이의 사회적 거리감 변화를 비교하면, 각국 이주자들에 대한 사회적 거리감은 크게 변화하지 않았으며, 주로 백인이 주류인 국가 시민에 대한 호감도가 여전히 높았다. 한국인은 미국과 유럽인에게 호의적이지만, 아시아인에 대한 호감도는 낮다. 북미, 유럽인들이 선진국의 백인으로 이미지화되었기 때문일 가능성이 크다. 유럽과 북미의 백인에게는 친절하고 우호적이지만, 유색인종은 무시하고 차별을 보인다. 특히 한국인은 중동(서남아시아) 출신 이주자에 대한 호감도는 가장 낮다. 한국 거주 외국인을 대상으로 한 조사에서 48.3%가 사우디아라비아, 이란, 이라크 등 중동 국가를 '한국에서 가장 차별받는 지역'으로 선택했다.[4]

중동을 떠올리면 테러리스트와 극단주의를 연상하며, 무슬림에 대한 부정적 인식의 본질은 두려움이다.* 일상에서 무슬림과의 교류가 많지 않음에도, 우리는 무슬림에 대한 부정적인 고정관념을 가지고 있으며, 이는 서구에서 시작되었다. 서구에서는 이슬람은 항상 위험한 존재로 간주해왔으며, 기독교에 대한 위협으로 보고, 때로는 증오나 두려움을 표현하기도 했다. 서구는 이슬람을 악하고 폭력적인 종교로, 무슬림을 테러리스트로 편견을 가지고 바라보며,

---

* 2021년 8월, 아프카니스탄인 391명이 텔레반을 피해 한국으로 입국했다. 정부는 이들에게 난민이 아니라 '특별기여자'라는 새로운 이름을 붙여 수용했다. 이는 우리나라에 이바지했으며 수용해야 한다는 당위를 강조해 무슬림에 대한 대중의 혐오를 희석하기 위한 것이다. 난민들의 난민성보다는 그들의 종교와 문화를 문제 삼는 반 무슬림 정서가 우리 사회에 만연함을 보여준다. 한국에는 2018년 기준 26만 명의 무슬림이 우리와 삶을 공유하고 있다.

이러한 서구의 편견은 한국인의 중동과 이슬람에 대한 한국인의 태도에도 반영된다.

아시아 이주자 중 동남아시아 출신은 위계적인 사다리의 아래에 위치한다. 한국인은 동남아시아인을 유색인종이자 가난한 사람들로 평가하며, 11개국으로 구성된 광대한 지역의 다양한 특징과 차이에 대해 관심을 갖지 않는다. 필리핀, 베트남, 태국, 인도네시아, 캄보디아, 말레이시아 등 각기 다른 문화와 언어를 가진 나라 출신임에도 불구하고, 그들은 단지 피부색이 더 어둡고 가난한 '동남아시아 외국인'으로만 인식된다.[5]

> "동남아 사람하고는 친구 못 될 것 같은데… 글쎄, 그 사람들 우리 별로 안 좋아하잖아요. 사실 별로 친구하고 싶은 생각은 안 들어요. 선진국 사람이면 생각해 보구요."(16세, 고교 1년)
>
> "서양 사람들을 제일 처음 접하게 되는 건 학교에서 원어민 교육을 받으면서 선생님으로서 서양인을 대하게 되잖아요. 그런데 동남아인들은 노동자로서 처음 저희가 접하게 되니까 지위의 차이가 그런 생각을 만드는 것 같아요."(25세, 대학생)

한국에서는 아프리카를 단일하게 바라보는 시각이 있으며, 이를 단지 흑인만이 사는 대륙으로 인식한다. 흔히 사용하는 표현인 '검은 대륙 아프리카'는 제국주의적 시각에서 비롯된 것이다. 아프리카에 사는 모든 사람이 흑인이라는 오해와 아프리카를 하나의 나라로 여기는 태도는 우리의 무관심과 무지를 드러낸다. 아프리카는 지구 육지 면적의 5분의 1을 차지하며, 54개의 독립 국가와 약 12억 명의 인구를 가진 대륙이다. 지역과 국가에 따라 다양한 특성과 복잡성을 지닌 아프리카가 하나의 나라로 취급되며, 빈곤과 기아의 상징이자 구호의 대상으로만 여겨진다.

한편 유럽인들은 아프리카를 탐험하며 수많은 도시와 거대한 구조물을 보고 그곳 주민들의 세련된 품격에 놀랐다.* 그러나 교육 자료, 만화, 영화, 텔레비전, 비디오, 시사 다큐멘터리에서는 이러한 사실을 무시한다. 이기적인 문명에 있어 아프리카는 여전히 열등하고 미개한 지역으로 남아 있다.

또한 아시아인과 아프리카인은 유색인종으로 분류되며, 경제적으로 우리보다 덜 발전한 국가 출신으로 여겨진다. 특히 서남아시아(인도, 파키스탄, 방글라데시, 네팔, 스리랑카, 부탄, 몰디브, 아프가니스탄 포함) 출신에 대한 사회적 거리감은 멀고, 정서적 호감도도 낮다. 이들의 찬란한 문명은 제대로 고려되지 않는다.

경제 발전과 인종을 결부시키는 사고방식은 서구에서 그대로 들여온 것이다. 선진국과 후진국 구분은 서구의 이분법적 사고의 결과로, 이는 선진국 백인에 대한 동경과 후진국 유색인종 및 외국인에 대한 차별로 이어진다.

한국 사회에서 이주자의 정체성은 사라지고 그들이 수행하는 역할에 따라 위계적인 사다리 중 한 곳에 놓인다. 사다리의 아래층에는 단순노동을 하는 이주노동자, 결혼 이주 여성, 난민이 위치한다.

이기적인 문명의 우열 논리는 정치적·경제적 이해관계뿐만 아니라 사회제도와 사람들의 사고방식과 행동에도 영향을 미친다. 문명, 우월, 백인 중심주의에 기반한 강자의 논리는 한국 사회에서 외국인과 이주자를 바라보는 방식에 그대로 적용된다.

그러나 한국의 인종차별은 이주자 유입으로 비롯된 것이 아니다. 오히려 조선 말기 개항기 동안 서구의 인종차별을 비판 없이 수용하며 인종에 대한 위계적 사다리가 형성되고 인종의 서열화를 낳았다.

---

* 독일 민속학자 프로베니우스는 콩고 왕국과 수단 지역을 포함한 여러 문명의 발전을 기록했다. 이 지역들에서 농업, 길드 시스템, 부르주아 계급 등이 존재하는 복잡한 사회구조를 발견했고, 이는 유럽보다 수천 년 앞서 있었다고 주장했다(Frobenius, 1936).

## 2. 위계적 문명의 시작점

정회옥은 책 '한 번은 불러보았다'에서 조선의 개항 이후 개화를 추구했던 젊은 지식인들이 서구를 숭상하고 찬양하면서 서구 중심적 태도를 수용하였다고 말한다. 1896년 4월에 창간된 조선 최초의 민간신문인 독립신문은 1896년 4월에 창간되었으며, 창간사에서 어느 한쪽으로 치우치지 않고 매우 공정한 신문을 만들겠다고 선언했지만, 서구에 대해서는 그렇지 않았다.

독립신문강독회의 책 '독립신문 다시읽기'에 따르면, 독립신문은 분명히 인종과 나라를 명확히 구분한다. 1899년 9월 11일자 독립신문은 다음과 같이 말한다. "오대주의 인종들은 다섯 종의 분별이 있으니 몽고종, 고가색(코카서스)종, 아프리카종, 말레이종(황적인종), 아메리카종이라… 이 다섯 인종을 보건대 어떤 인종은 학식이 고명하고 재덕을 겸비하여 온 세계의 어느 나라를 가든지 남에게 대접받고 어떤 인종은 문견이 고루하고 무재무능하여 가는 곳마다 남에게 천대를 받으니 이것이 어떤 까닭인지 깊이 생각할 일이라." 또한 독립신문은 나라를 야만, 미개화, 반개화, 참개화로 구분하고 이를 인종과 연관 짓는다. "흑인종과 적인종은 인류가 아니로되 족히 의존할 것이 없고 야만국과 미개화국은 나라가 아닌 것은 아니나 말할 것이 없다*고 말한다."[6]

1896년 8월 1일자 독립신문은 다음과 같이 보도한다.

> "구라파에 영국, 불국, 덕국과 아메리카에서 미국이 세계에 제일 상등개명한 나라가 되고 그 나머지 다른 나라들도 차차 따라 개화되고 동양의 일본은 30년 이래 개명지국으로 세계에 대접을 받고 대한, 청국, 섬라(태국) 등 각국은

---

* 이러한 기준은 소위 4단계 문명 이론에 기반을 두고 있다. 서양 제국주의자들은 일반적으로 야만, 미개, 문명의 3단계 이론을 제안했지만, 독립신문은 조선을 야만 범주에 포함시키지 않기 위해 야만, 미개, 반문명, 문명의 4단계 이론을 제안했다. 독립신문은 이른바 4단계 문명론에 기초하고 있다.

반(半)개화되고 그 외의 아프리카 등지는 지금도 야만을 면치 못한지라."[7]

독립신문은 서양의 우월성을 강조하며 동시에 동양인을 경멸하는 태도를 보인다. 또한, 영국의 인도 지배가 현대 교육 체계를 인도 사회에 도입해 문명 발전에 기여했으며, 아프리카의 문명은 영국과 독일의 식민주의 덕분에 발전하고 있다고 주장한다.[8]

독립신문은 기사에서 서구의 문명관과 백인을 중심으로 유색인종을 열등하게 여기는 서구의 위계적 인종주의를 여과 없이 따르고 있다.

유길준*은 '서유견문'에서 서구 학문의 역사를 설명하면서 약 2,700년 전부터 그리스에서 수많은 학자와 시인이 배출되었다고 소개한다. 이들 중에는 작가 호머, 시인 헤시도오스, 역사가 헤로도투스 그리고 생물학자 탈레스, 수학자 피타고라스, 철학자 소크라테스, 플라톤, 아리스토텔레스 등이 포함된다. 그리고 갈릴레오, 뉴턴, 베이컨 등도 언급된다. 그는 "서구 학문의 주된 의도가 만물의 원리를 연구하고 이를 실용적으로 발명하여 인간의 삶을 보다 편리하게 만드는 데 있다"고 설명한다. 한편 "비서구 지역도 수백 년 전 이미 문물이 찬란하며 학문이 번성하였으나, 국운이 쇠퇴하게 됨에 따라 학자들이 뜸하게 되었다"고 말한다.[9]

해방 이후, 서구이념이 한국 사회에 교육되기 시작했으며, 주로 유럽과 미국에서 교육받은 사람들이 교육의 중심에 섰다. 교육뿐만 아니라 사회 전반에서도 서구 문화를 우호적으로 받아들이는 환경이 형성되었다. 이후, 서구는 자연스럽게 경제적으로 부유하고 문화적으로 선진적인 국가라는 이미지와 연결

---

* 유길준(1856년-1914년)은 조선 말기의 대표적인 지식인, 작가, 정치가, 그리고 개화 사상가로 일본 유학을 했으며 1883년 조선 최초의 공식 미국사절단에 동행했으며, 미국에서 공부한 최초의 한국인으로 알려져 있다. 유길준은 서양견문록 중 하나인 '서유견문'을 저술했다.

되었다.

한국에 온 이주자들은 한국인이 이주자를 어떻게 바라보는지 알고 있다. 유럽과 북미 출신의 백인 이주자들은 한국을 안전하고 발전된 나라로 여기며, 다시 방문하거나 살고 싶은 곳으로 평가한다. 또한 한국인은 예의 바르고 친절하며 성실하고 끈기가 있는 사람들로 생각한다. 그러나 이들은 한국인의 인종적 편견, 즉 백인에게는 우호적이지만 특정 인종에게는 노골적으로 비호감을 표시하는 태도에 대해 우려를 표한다.

반면, 중국, 일본, 동남아시아 출신 사람들에게 한국은 살기 좋은 곳이 아니며, 돈을 벌 기회가 많지 않은 나라로 보인다. 또한, 한국인은 자신의 것만 최고라고 생각하는 사람들로 인식되는 경향이 있다.[10]

2020년 한 조사*에 따르면, 외국인들은 한국인의 친백인 성향을 인식하고 있는 것으로 나타났다. 응답자의 66.3%는 흑인이 한국 사회에서 가장 차별받는 집단이라고 답했으며, 75.8%는 출신국을 기준으로 필리핀, 베트남, 태국 등 동남아시아 출신 사람들이 가장 많은 차별을 받고 있다고 응답했다. 이처럼 한국인이 이주자를 바라보는 방식은 이주자들 스스로 이미 느끼고 있다.

러시아의 문학가 도스토옙스키는 책 '유럽여행기'에서 19세기 러시아의 유럽 문명에 대한 사고를 맹목적인 숭배로 보았다. 그는 "우리는 하나의 편견을 다른 편견으로 바꾸면서 더욱더 지독한 편견, 추한 행위를 저지르고 있을지도 모른다는 사실을 알려고도 하지 않고 거드름만 피우는 점이 있다. 우리 자신의 편견이나 치사한 행위를 전혀 눈치도 못 챈다. 그런 믿음이 대중에 대한 허세이거나 유럽의 문명에 대한 무조건적이며 맹목적인 숭배에서 비롯된 것이라면 그것이 더욱더 우습지 않은가?"[11]라고 했다.

---

* 세계일보가 2020년 3월 24일, 국내에 거주 외국인 207명을 대상으로 실시한 설문조사 결과임.

한국인의 이주자에 대한 태도도 서구의 우열 논리에 기반한 인종주의와 경제 발전만을 기준으로 국가를 구분하는 이기적인 문명관에 바탕을 둔 인종차별과 크게 다르지 않을 것이다.

# 3장
# 문명 공존의 가능성

## 1. 익숙한 것을 낯설게 보기

서구 문명은 곧 근대성과 진보를 의미한다. 서구 문명은 인류의 삶을 풍요롭게 한 문명으로 우리에게 받아들여졌다. 이러한 습관적인 사고방식은 유럽인들의 말을 통해 반복적으로 학습되었고, 결국 서구 문명을 당연하게 여기게 되었다.

철학자 드레이는 "동양은 인간 정신의 말 못하는 유년기를, 그리스는 시적인 청춘기를, 로마는 산문적인 청년기를 보여준다"고 말했다.[1] 만약 문명의 청춘기이자 청소년기인 그리스-로마 문명이 서구학자 토인비가 말한 것처럼 서양 문명의 기초라면, 그리스와 로마 문명 이전의 이집트, 아시아, 아프리카, 이슬람 문명은 말도 못 하는 유년기에 불과한가? 과거에는 이 글을 의심 없이 받아들였지만, 이제는 의심하고 질문한다.

선교사이자 탐험가 리빙스턴은 아시아-아프리카의 문명에 대해 이렇게 말했다.

"중국인은 여러 중요한 발견에서 우리를 수 세기 앞섰다. 그들은 자석의 성질을 알았고 화약, 인쇄술, 도자기를 창조하고 비단을 제조했을 뿐만 아니라 우리보다 앞선 문학과 역사를 가지고 있었다. 그러나 그들의 천재성은 거기서 멈췄고, 후손들은 선조들의 발명을 구체적인 결과로 이어가지 못했다. 다른 아시아인들 또한 우리에게 면화와 설탕, 물시계와 해시계를 전해주었다. 아랍인은 대수학과 체스 게임, 커피와 차, 알코올과 강철 등을 전수해주었다. 하지만 중국인, 일본인, 아랍인, 다른 아시아인들은 아프리카인들과 마찬가지로 진보하지 못하고 정체되었다. 이는 지적 활동과 발명을 몰아내고, 천박한 모방만이 그 자리를 차지했기 때문이다."[2]

나는 이 글에 의문을 갖지 않았다. 서양 문명이 곧 유럽이며, 근대적이라는 것을 자명하게 받아들여졌기 때문이다. 지금까지 이루어진 거의 모든 발전, 학문, 예술, 시민의식, 인류애의 발상지가 서양이라는 것을 교과서를 통해 반복적으로 배웠다. 서양 철학사, 서양 경제사, 서양 예술사, 서양 사상사… 서양은 모든 교과과정에서 중심이었다.

네루*는 '세계사 편력'에서 서구 중심적 시각을 다음과 같이 지적했다.

"고대 그리스는 분명히 위대했다. 사람들은 지금도 놀라운 눈길로 영광으로 가득 찬 역사를 읽는다. 우리는 그 대리석 조각을 보고 경탄하고 감동을 받으며, 지금도 전해져 내려오는 고대문학의 단편들을 읽어보면 탄복하지 않을 수 없다. 그러나 그 밑바탕에 깔린 문명의 힘은 무엇인가? 아프리카 문명과 이슬람 문명의 힘이 있다. 고대 문명은 메소포타미아, 중국, 인도, 그리스 지

---

* 자와할랄 네루(Jawaharlal Nehru, 1889-1964)는 인도의 저명한 정치가, 독립운동가, 그리고 초대 총리로서, 영국 식민 통치로부터 인도의 독립을 이끄는 데 중심적인 역할을 했다. 독립운동을 하는 과정에서 여러 차례 투옥되었다. 9년 이상의 감옥생활을 하면서 그의 딸 인디라 간디에게 보낸 편지 모음집이 '세계사편력'이다.

역에서 시작되었으며, 고대 그리스 문명은 이 문명들에 비하면 동생에 불과하다."[3]

이후 네루는 유럽인과 아시아인을 다시 바라볼 것을 주장했다.

"어느 날, 유럽이 부유하고 강력해지면서 자신들이 세계에서 가장 문화적이고 문명화된 인종이라고 생각하기 시작했다. 그들은 아시아와 그 사람들을 무시하며 아시아로부터 가능한 모든 것을 빼앗아 가고 있다… 역사를 읽어보면 아시아가 오랫동안 훨씬 우월했음을 알 수 있다. 아시아인은 거대한 파도처럼 여러 차례 유럽을 정복했다. 아시아인, 스키타이인, 훈족, 아랍인, 몽골족, 그리고 투르크족이 각각 아시아에서 나와 아시아와 유럽 전역으로 퍼져나갔다. 사실, 유럽은 오랜 시간 동안 아시아의 식민지와도 같았다. 그리고 현대 유럽의 많은 민족은 아시아에서 온 침입자들의 후손들이다."[4]

이 글은 나에게 익숙한 것을 낯설게 만드는 과정의 시작이었다.

## 2. 문명의 균형 맞추기

아시아, 아프리카, 남아메리카의 문명을 찾아가면서, 이기적인 문명이 이 지역들에 만들어 낸 기울어진 땅을 어떻게 메우고 평평하게 할 수 있을지를 생각하게 되었다. 우선, "서구 문명이 인류에게 준 풍요"라는 맹목적이고 위험한 이야기에 사로잡혀 과거의 역사를 반복해서는 안 된다. 다양한 문명들이 남긴 유적과 유물을 단순히 시간의 흔적, 오래된 이야기, 또는 '위대한 폐허'로 간주하기보다는 그들이 전하는 생생한 이야기를 들어야 한다.

둔황, 앙코르, 잉카, 나스카, 라파누이, 이집트, 짐바브웨의 사람들은 자신들이 만든 유물을 통해 과거의 업적을 전한다. 이들의 목소리는 오늘날의 모든 발전이 유럽 혼자 이룬 것이 아님을 보여준다. 인류와 문명의 발전 측면에서 우리가 얼마나 많은 것을 놓치고 소홀히 해왔는지를 깨달아야 하며, 유럽을 문명의 특별한 문명의 중심지로 여기는 사고에서 벗어나 모든 문명에서 지혜를 배워야 할 때다.

문명의 균형을 맞춘다는 것은 각 문명의 힘을 인정하는 것이다. 네루는 문명에 대한 인정에 대해 이렇게 말했다.

> "유럽 국가들은 발명과 발견을 통해 인간 문명을 이루 말할 수 없을 만큼 발전시켰으며, 위대한 과학자들을 배출했다. 또한, 훌륭한 작가, 사상가, 예술가, 음악가, 그리고 활동적인 인물들을 탄생시켰다. 따라서 유럽의 위대함을 부정하는 것은 어리석은 일이다. 그러나 아시아, 아프리카, 아메리카의 위대함을 인정하지 않는 것 또한 마찬가지로 어리석은 일이다."[5]

유발 하라리는 서구 문명이 유럽인들이 뛰어난 스토리텔링 기술 덕분에 오랜 정체성을 만들어낸 결과라고 말한다. '21세기를 위한 21가지 제언'에서 그는 다음과 같이 언급한다.

> "민주주의 사상은 수 세기 동안 유럽 문화의 일부였다. 하지만 그것이 전부는 아니다. 지난 25세기 동안 유럽 문명을 정의한 것이 민주주의와 인권이었다면, 스파르타와 카이사르, 십자군과 신대륙 정복자, 종교 재판과 노예 무역, 루이 14세와 나폴레옹, 히틀러와 스탈린은 다 뭐란 말인가? 그들 모두 외래 문명에서 온 침입자들인가?"[6]

지금까지 '인정'을 논할 때, 서구는 주체이고 비서구는 객체인 힘의 관계가 존재했다. 서구는 인정의 주체였고, 비서구는 인정의 객체였다. 그 인정 또한 편향된 것이었다. 이제 인정은 일방적 관계가 아니라 균형 잡힌 상호인정의 관계가 되어야 한다.

그간 주변부의 타자로 여겨졌던 아시아, 아프리카, 아메리카의 문명은 이제 자신의 문명과 위대함을 주체적으로 인정하고, 다른 문명과 마주할 때 대등한 관계로 상호인정을 해야 한다. 더 이상 서구의 인정을 받을 필요는 없다.

한국인들은 우리 삶 속으로 들어온 이주자들의 역사, 문명, 문화, 언어를 알려고 하지 않았다. 비서구 국가 출신 이주자들은 단지 피부색이 우리보다 더 짙은 가난한 나라의 낯선 사람으로 여겨졌다. 이제는 우리는 그들의 과거 문명의 힘을 인정하고, 위계적 피라미드를 허물며, 인정을 통해 문명 간 균형을 이루어야 한다. 우리는 그들의 문명과 삶을 무시하거나 낮게 볼 권리가 없다.

지구 전역에서 새로운 영역이 드러나고 있는 지금, 지식의 영역이 여전히 서구라는 오래되고 좁은 경계 안에 머무는 것은 어리석은 일이다. 인류 문명의 진보와 영감 그리고 감동은 모든 문명에 존재했다. 내가 새롭게 알게 된 아프리카, 아시아, 남아메리카의 문명들은 인류 문명의 근간이자 '문명의 전달자'였다.

# 나가며

보이저 1호가 1990년 2월 14일 약 37억 마일(6억 km) 떨어진 우주에서 촬영한 지구로 칼 세이건이 명명한 "창백한 푸른 점(Pale Blue Dot)" 사진이다. 지구는 픽셀 미만 크기의 작은 푸른 점으로 보인다.

사회학자로서 나는 좋든 싫든 사람들이 한쪽 편으로 기울어진 사고를 당연시하는, 상식의 토대를 허물어야 할 책임이 있다고 생각했다. '가면 벗기기', '신화의 파괴자'라는 이름 아래, 사회학은 사람들의 신념을 형성하고 지속시키는 수많은 고정관념과 편견을 드러내는 무기가 된다.

나는 서구 문명이 아시아, 아프리카, 남아메리카 지역 문명에 씌운 베일을 걷어내고자 했다. 이것이 한국 사회의 인종차별과 이주자에 대한 위계적인 사다리를 무너뜨리는 길이라고 생각했다. 중국 둔황, 캄보디아, 이집트, 짐바브웨, 남아프리카공화국, 페루 나스카와 잉카 문명, 이스터 섬, 스페인, 튀르키예, 발칸 국가들, 서유럽, 그리고 미국에서 만난 문명들은 다양한 문명의 일부였다. 그러나 이 중심은 여전히 서구에 있었다. 이제 나는 서구 중심적 관점에 대해 질문할 수 있는 힘을 가지게 되었다.

나는 과거에 경시되었던 문명들의 업적을 그들이 남긴 유물과 유적을 통해 이야기하려 했다. 무릇 혼자 이뤄진 문명은 없다. 전쟁, 침략, 정복, 무역로 등을 통해 만난 다양한 문명들은 상호 영향을 주었고, 이는 각 문명이 남긴 흔적

속에서 발견된다. 서구 문명으로 기울어진 추의 균형을 잡으려면 다양한 문명들에 동등한 가치를 부여해야 한다. 이것이 바로 '인정의 무게'다.

과거 유럽은 탐험과 식민지화라는 이름으로 지구의 먼 지역으로 이동했지만, 이제 이주의 방향이 여러 형태로 변화하고 있다. 오늘날에는 과거에 정복당했던 지역에서 유럽과 북미로, 그리고 아시아 내에서 이주가 이루어지고 있다. 그러나 이주자들은 여전히 출신국의 인종과 경제 수준에 따라 위계적인 사다리 구조에 놓여있으며, 결국 과거의 이기적인 문명이 이주자들 사이에서 반복되고 있다.

한국도 다인종·다문화사회로 변화하고 있으며, 한국인의 서구 중심적 세계관 역시 다양한 문화의 존재와 힘을 인정하는 방향으로 변화해야 한다. 만약 이주자들의 문명과 문화를 무시하고 현재처럼 그들을 위계적 구조 속에 놓는다면, 이는 필연적으로 사회적 갈등을 초래할 것이다. 앞으로 더 많은 이주자들이 한국에 올 것이며, 우리는 그들과 오랜 시간 함께 살아가야 한다. 이주자와 함께 오는 문명의 힘을 인정하고 균형 잡힌 관계를 형성하는 것이 문명 공존으로 가는 지름길이다. 이러한 공존의 모습은 요르단의 페트라, 시리아의 팔미라에서 볼 수 있다.

공자의 논어 '자로편 23장'에 이런 말이 있다.

君子和而不同(君子는 和하고 同하지 않으며)

小人同而不和(小人은 同하고 和하지 않는다)

화(和)는 거슬리고 비틀어진 마음이 없는 것이다. 군자는 사람들 간의 다름을 인정하고 포용하며, 소신 없이 그저 남을 따라가지 않는다. 동(同)은 겉으로는 비위를 맞추고 동조하는 것처럼 보이지만, 실제로는 사람들 간의 다름을 인정하지 못하고 포용하지도 못한다.[7] 화(和)는 관용과 공존의 논리인 반면, 동(同)

은 사람들의 다양성을 인정하지 못하고 공존할 수 없다.[8]

'더불어 함께 사는 사회'는 문명 간의 다양성을 존중하고 인정함으로써 만들어진다. 문명 공존의 첫걸음은 동(同)이 아닌 화(和)의 논리로 만들어가야 한다. 출발점은 그동안 경시되어 온 아시아, 아프리카, 남아메리카 지역의 다양한 문명들을 바로 보고, 그 힘을 인정하는 것이다.

오래된 건축물, 유적, 유물은 그 문명의 과거를 이야기한다. 온갖 풍상을 견디며 남은 유적과 유물은 단순히 폐허가 아니라 문명을 바로 볼 수 있는 실마리를 제공한다. 우리가 각 문명, 국가, 인종, 민족, 이주자에 대해 가져왔던 기울어진 사고방식과 문명관은 여기에서부터 균형을 잡을 수 있다.

최근 학자들은 서구 중심의 문명관에서 벗어나 '탈서구화'를 향한 움직임을 보이고 있다. 유럽 문명의 기원을 아프리카에서 찾고, 서구 고대 문명의 아프리카와 아시아적 뿌리를 발견하며, 유럽 문명에 미친 중동의 이슬람 세계의 영향을 밝히는 연구들이 진행되고 있다.*

나는 총과 칼로 인해 사라진 문명들의 아름다움들을 21세기로 불러와, 다인종·다문화사회로 나아가는 한국에서 문명 공존의 길을 찾아보고자 했다. 이제 다양한 사람들이 함께 살아가는 한국 사회에서, 출신 국가나 피부색에 따라 사람들을 구분하고 서열화하는 위계적인 사다리를 눕힘으로써, 다양한 문명을 잇는 다리가 되길 희망한다. 또한 문명들이 들려주는 이야기가 현재 문명들 사이에 균형과 공존을 이루는 데 도움이 되기를 고대한다.

칼 세이건은 '창백한 푸른 점'에서 이렇게 말했다.

---

* 새로운 관점으로 문명을 보는 책으로 〈유럽 문명의 아프리카 기원〉, 〈블랙 아테나〉, 〈칭기스칸, 잠든 유럽을 깨우다〉, 〈신의 용광로〉, 〈지혜의 집: 이슬람은 어떻게 유럽문명을 가꾸었는가〉, 〈과학의 반쪽사〉 등이 있다.

“우리의 기쁨과 슬픔, 숭상되는 수천의 종교, 이념, 사냥꾼과 약탈자, 문명의 창조자와 파괴자, 발명가와 개척자… 인류 역사의 모든 것을 지닌 지구는 광대한 우주 속 아주 작은 무대에 지나지 않는다. 이 조그마한 점의 한구석에서 일시적인 지배자들이 흘리게 한 유혈의 강을 생각해 보라. 그로 인해 벌어진 무수한 잔혹한 행위들, 서로를 얼마나 빈번하게 오해를 했는지, 서로를 죽이기 위해 난폭하게 달려들며, 얼마나 지독하게 서로를 미워했던가를 생각해 보라. 우리의 거만함, 스스로의 중요성에 대한 과신… 지구는 우주의 어둠 속에 둘러싸인 외로운 티끌 하나에 불과하다. 좋든 나쁘든, 현재로서는 지구만이 우리 삶의 터전인 것이다.”

그러니 낯선 이를 홀대하지 말고, 서로에게 친절해지는 것, 그것이야말로 우리가 살아갈 수 있는 유일한 보금자리를 지키는 길이다.

# 주

## 들어가며

1 슈미트 칼, 최제훈 옮김, 『대지의 노모스』, 민음사, 1995, 72쪽.

## 제1부

1 데이, 데이비드, 이경식 옮김, 『정복의 법칙: 남의 땅을 빼앗은 자들의 역사만들기』, 휴먼 앤 북스, 2003, 33쪽.
2 위공, 안, 한양환 옮김, 『아프리카 탐험: 나일강의 수원을 찾아서』, 시공사, 1995, 75쪽.
3 맥그리거, 닐, 강미경 옮김, 『100대 유물로 보는 세계사』, 다산호당, 2014, 628쪽.
4 류시화, 『나는 왜 너가 아니고 나인가』, 더숲, 2003, 901~912쪽.
5 세풀베다, 루이스, 임지영 옮김, 『자신의 이름을 지킨 개 이야기』, 열린책들, 2015, 60쪽.
6 솔닛, 리베카, 김정아 옮김, 『마음의 발걸음』, 반비, 2020, 93쪽.
7 데이, 데이비드, 앞의 책, 27~29쪽.
8 류시화, 앞의 책, 825쪽.
9 모리스, 이안, 최파일 옮김, 『왜 서양이 지배하는가』, 글항아리, 2013, 27쪽.
10 그뤼진스키, 세르주, 윤학로 옮김, 『아즈텍제국』, 시공사, 2005, 170쪽.
11 다치바나 다카시, 이규원 옮김, 『사색기행 -나는 이런 여행을 해 왔다-』, 청어람미디어, 2005, 224~225쪽.
12 그뤼진스키, 세르주, 앞의 책, 63쪽.
13 위공, 안, 앞의 책, 20~21쪽.
14 데이, 데이비드, 앞의 책, 163~174쪽.
15 포스켓, 제임스, 김아림 옮김, 『과학의 반쪽사』, 블랙피쉬, 2023, 51쪽.
16 신영복, 『더불어 숲: 신영복의 세계기행』, 돌베개, 2023, 233쪽.
17 오모툰드, 장-필리프, 김경랑 외 옮김, 『유럽문명의 아프리카 기원』, 지식을 만드는 지식, 2015, 79쪽.
18 레비-스토로스, 클로드, 박옥줄 옮김, 『슬픈 열대』, 한길 그레이트북스, 1955, 88쪽.
19 버낼, 마틴, 오흥식 옮김, 『블랙 아테나2』, 소나무, 2006, 805쪽.

20 포스켓, 제임스, 앞의 책, 26쪽.
21 색스, 올리버, 김승욱 옮김, 『올리버 색스의 오악사카 저널』, 알마, 2018, 198쪽.
22 네루다, 파블로, 고혜선 옮김, 『모두의 노래』, 문학과 지성사, 2016, 85~86쪽.
23 류시화, 앞의 책, 560쪽.
24 칼라일, 토머스, 박상익 옮김, 『영웅숭배론』, 한길사, 2003, 153쪽.
25 솔닛, 리베카, 앞의 책, 196쪽.
26 EBS 문명과 수학 제작팀, 『문명과 수학: 세상을 움직이는 비밀, 수와 기하』, 민음인, 2014, 33쪽.
27 파우저, 로버트, 『외국어 전파담: 외국어는 어디에서 어디로, 누구에게 어떻게 전해졌는가』, 혜화, 2018, 6쪽.
28 류시화, 앞의 책, 577~580쪽.

## • 1장

1 『敦煌』, 甘肅省人民政府 國家文物局, 2000, 180~185쪽.
2 지셴린 주편, 고려대 민족문화연구원·금강대 불교문화연구소 공역, 『돈황학 대사전』, 소명출판, 2016, 99쪽.
3 Hoprirk, Peter, *Foreign Devils on the Silk Road*,(John Murray, 1980), 222쪽.
4 敦煌, 앞의 책, 184쪽; 타가와 준조, 박도화 옮김, 『돈황석굴』, 개마고원, 1999, 148쪽.
5 Hopkirk, 앞의 책, 220쪽.
6 민병훈, "국립중앙박물관 소장 중앙아시아 유물의 소장경위 및 전시 조사 결과 현황", 『국립중앙박물관 소장 서역미술』, 국립중앙박물관, 2003, 250쪽.
7 Hopkirk, 앞의 책, 169쪽.
8 같은 책, 174쪽.
9 마쓰오카 유즈루, 박세욱·조경숙 옮김, 『돈황이야기』, 연암서가, 2003, 156~158쪽.
10 敦煌, 앞의 책, 180쪽.
11 같은 책, 181쪽.
12 Hopkirk, 앞의 책, 3쪽.

## • 2장

1 주달관, 동국대 전자불전 문화재콘텐츠연구소 편, 『진랍풍토기: 앙코르문명에 관한 최초의 기행문』, 백산자료원, 2007, 31~32쪽.
2 후지하라 사다오, 임경택 옮김, 『앙코르와트: 제국주의 오리엔탈리스트와 앙코르 유적의 역사 활극』, 동아시아, 2014, 32쪽.
3 말로, 앙드레, 김붕구 옮김, 『왕도로 가는 길』, 지식공작소, 2001, 45~46쪽, 106~107쪽.
4 다강, 브뤼노, 이종인 옮김, 『앙코르: 장엄한 성벽도시』, 시공사, 1997, 63쪽.

5 같은 책, 135~151쪽.
6 이우상, 『앙코르와트의 모든 것』, 푸른역사, 2006, 88쪽.
7 최영도, 『앙코르, 티베트, 돈황』, 창작과 비평사, 2003, 29쪽; 임헌갑, 『(천년의 신화) 앙코르 와트를 가다: 앙코르 문화유산 답사기』, 이가서, 2009, 154쪽.
8 쟝 쉰, 박지아 옮김, 『앙코르 인문기행』, 펄북스, 2018, 272쪽.
9 최영도, 앞의 책, 18쪽.
10 행콕, 그레이엄, 김정환 옮김, 『신의 지문: 사라진 문명을 찾아서』, 까치, 2000, 193쪽, 162쪽.
11 주달관, 앞의 책, 64~69쪽.
12 이우상, 앞의 책, 110쪽.
13 행콕, 그레이엄, 앞의 책, 168쪽.
14 아포, 김새봄 옮김, 『슬픈 경계선 - 사람이 존재하는 한 반드시 그어지는 슬픈 경계선』, 추수밭, 2020, 51쪽.

• **3장**

1 자크, 크리스티앙, 김병욱 옮김, 『크리스티앙 자크와 함께 하는 이집트 여행』, 문학세계사, 2006, 276쪽.
2 김경임, 『클레오파트라의 바늘』, 홍익출판사, 2009, 39쪽.
3 자크, 크리스티앙, 앞의 책, 274쪽.
4 릴케, 라이너, 마리아, 정현규 옮김, 『릴케의 이집트여행』, 문학판, 2005, 250쪽.
5 롤, 데이비드, 김석희 역, 『시간의 풍상』, 해냄, 2003, 22쪽.
6 오모툰드, 장-필리프, 앞의 책, 185쪽.
7 드뉘, 베르나데트, 변지현 옮김, 『람세스 2세』, 시공사, 1999, 139~140쪽.
8 헤로도토스, 박현태 옮김, 『헤로도토스 역사』, 동서문화사, 2005, 203~204쪽.
9 마샬, 팀, 김미선 옮김, 『지리의 힘』, 사이, 2015, 235쪽.
10 플라톤, 김주일 옮김, 『파이드로스』, 이제이북스, 2012, 135쪽.
11 플라톤, 천병희 옮김, 『법률: 또는 입법에 관하여』, 숲, 2016, 370~372쪽.
12 버낼, 마틴, 앞의 책, 805쪽.
13 EBS 문명과 수학, 앞의 책, 33쪽, 48쪽.
14 행콕, 그레이엄, 앞의 책, 110쪽.
15 드뉘, 베르나데트, 앞의 책, 81쪽.

• **4장**

1 오모툰드, 장-필리프, 앞의 책, 9쪽.
2 위공, 안, 앞의 책, 2~3쪽.

3 송동훈, 『세계사의 흐름을 바꾼 위대한 모험 대항해 시대의 탄생』, 시공사, 2019, 4쪽.
4 위공, 안, 앞의 책, 67쪽.
5 Garlake, Peter, *Great Zimbabwe*, (Zimbabwe Publishing House, 1994), 31쪽.
6 오모툰드, 장-필리프, 앞의 책, 67~68쪽.
7 Garlake, Peter, 앞의 책, 4쪽.
8 오모툰드, 장-필리프, 앞의 책, 64쪽.
9 Garlake, Peter, 앞의 책, 34쪽.
10 버낼, 마틴, 앞의 책, 580쪽.
11 Garlake, Peter, 앞의 책, 31쪽.
12 포스켓, 제임스, 앞의 책, 136쪽.

- **5장**

1 신영복, 앞의 책, 166쪽.
2 주경철, 『히스토리아』, 산처럼, 2012, 64쪽.
3 Kruger Nellie, *The VOORTREKKER TAPESTRY in The Voortrekker Monument Museum*, (National Cultural History Museum, 1996), 13쪽.
4 오모툰드, 앞의 책, 69쪽.
5 위공, 안, 앞의 책, 35쪽.
6 오모툰드, 같은 책, 79쪽.
7 박진배, '공간과 스타일', 조선일보, 2020년 12월 31일 자.
8 구르나, 압둘라자크, 강동혁 옮김, 『그후의 삶』, 문학동네, 2022, 103쪽.

- **6장**

1 마르크스, 칼, 김수행 옮김, 『자본론1』, 비봉출판사, 1989, 164쪽.
2 행콕, 그레이엄, 앞의 책, 346쪽.
3 베르낭, 카르망, 장동현 옮김, 『잉카: 태양신의 후예들』, 시공사, 1996, 81쪽.
4 행콕, 그레이엄, 앞의 책, 352쪽.
5 모리스, 이언, 앞의 책, 637쪽.
6 데이, 데이비드, 앞의 책, 253쪽.
7 행콕, 그레이엄, 앞의 책, 342쪽.
8 포스켓, 제임스, 앞의 책, 144쪽.
9 Prescott. W. H., *the Conquest of PERU*, (Jackson American Books, 2002), 252쪽.
10 신영복, 앞의 책, 180쪽.
11 레비-스토로스, 클로드, 박옥줄 옮김, 『슬픈 열대』, 한길 그레이트북스, 1998, 88쪽.
12 다치바나 다카시, 앞의 책, 225쪽.

13 Prescott. W. H., 앞의 책, 222~224쪽.
14 스팰딩, 줄리언, 김병화 옮김, 『미술, 세상을 홀리다』, 세미콜론, 2006, 192쪽.
15 포스켓, 제임스, 앞의 책, 144쪽.
16 스팰딩, 줄리언, 앞의 책, 192쪽.
17 색스, 올리버, 앞의 책, 145쪽.
18 빙엄, 히람, 곽종환 옮김, 『잉카의 땅: 페루고산지대 탐험』, 도서출판 아진, 1997, 173~175쪽.
19 색스, 올리버, 앞의 책, 164쪽.

- **7장**

1 오를리아크, 카트린, 장동현 옮김, 『이스터섬: 바위거인들의 비밀』, 시공사, 1997, 106~108쪽.
2 Eyraud, Eugenio, *Easter Island 1864*, (Imprenta Andina Ltda: Santiago-Chile, 2008), 5쪽.
3 행콕, 그레이엄, 앞의 책, 292쪽.
4 같은 책, 294쪽.
5 오를리아크, 카트린, 앞의 책, 99쪽.
6 포스켓, 제임스, 앞의 책, 161쪽.
7 Lee, Georgia, *Rock Art of Easter Island: Symbols of Power, Prayers to the Gods*, (Cotsen Inst of Archaeology, 1992), 24~43쪽.
8 Eyraud, Eugenio, 앞의 책, 21쪽.
9 행콕, 그레이엄, 앞의 책, 292쪽.
10 같은 책, 293쪽.

- **8장**

1 신영복, 앞의 책, 47~49쪽.
2 파우저, 로버트, 앞의 책, 76~77쪽.
3 로빈슨, 프랜시스 외, 손주영 외 옮김, 『사진과 그림으로 보는 케임브리지 이슬람사』, 시공사, 2002, 15쪽.
4 루이스, 데이비드 리버링, 이종인 옮김, 『신의 용광로: 유럽을 만든 이슬람 문명』, 책과 함께, 2010, 310~312쪽.
5 앞의 책, 213쪽.
6 로빈슨, 프랜시스 외, 앞의 책, 266~378쪽.
7 루이스, 데이비드 리버링, 앞의 책, 213쪽.

## 제2부

### • 1장

1 Taylor, J., *Petra*, (Al-'Uzza Books, 2004), 56쪽.

2 같은 책, 54쪽.

3 윤용수, "요르단의 문화유산: 페트라와 제라시를 중심으로", 한국이슬람학회논총, 25(3), 2015, 1~38쪽.

4 Taylor, J., 앞의 책, 63쪽.

5 같은 책, 25쪽.

### • 2장

1 Joudallh, Fatima, *Syria Source of Civilization*, (Dar al- Hassad: Damascus, Syria, 2004), 292쪽.

2 Dr. Adnan Bounni & Khaled Al-Asad, *PALMYRA: History, Mounnments & Museum*, (DAMASCUS, 2000), 13쪽.

3 Giannoni, Francesco(ed.), *PALMYRA*, (BONECHI, Syria, 2006), 25쪽.

4 Dr. Adnan Bounni & Khaled Al-Asad, 앞의 책, 25쪽.

5 Joudallh, Fatima, 앞의 책, 296쪽.

6 같은 책, 294쪽.

7 Michael H. Dodgeon and Samuel N. C. Lieu, *The Roman Eastern Frontier and The Persian Wars AD 226~363: A Documentary History*, (Routledge, London and New York, 2002), 107~108쪽.

8 Dr. Adnan Bounni & Khaled Al-Asad, 앞의 책, 19쪽; Joudallh, Fatima, 같은 책, 298쪽.

9 Joudallh, Fatima, 같은 책, 298쪽.

### • 3장

1 사마천, 김원중 옮김, 『사기열전』, 민음사, 2020, 661쪽.

2 프랭코판, 피터, 이재황 옮김, 『실크로드 세계사』, 책과 함께, 2019, 49쪽.

## 제3부

### • 1장

1 데이, 데이비드, 앞의 책, 244쪽.

2 브리앙, 피에르, 홍예리나 옮김, 『알렉산더 대왕』, 시공사, 2005, 136쪽.

3 같은 책, 136쪽.

4 캐너다인, 데이비드, 박지향, 장문석 옮김, "의례의 역사적 맥락과 그 의미: 영국 군주

정과 전통의 발명 1820-1977", 홉스봄, 에릭 외, 『만들어진 전통』, 휴머니스트, 2008, 228~230쪽.

5 앞의 책, 221쪽, 267쪽.

6 박지향, "역자서문", 같은 책, 10쪽.

7 홉스봄, "전통들을 발명해내기", 같은 책, 21쪽.

8 데이, 데이비드, 앞의 책, 266쪽.

9 같은 책, 260~261쪽.

## • 2장

1 르 몽드 디플로마티크, 베르나르 륄러 발행, "식민지시대의 전리품을 반환해야 하는가?", 2007년 9월 2일 자, 18쪽.

2 유시민, 『유럽도시기행』, 생각의길, 2019, 36쪽.

3 안병억, "과거의 영화에서 미래로, 영국적인, 하지만 세계적인", 통합유럽연구회, 『박물관 미술관에서 보는 유럽사』, 책과 함께, 2018, 229쪽.

4 안병억, 같은 책, 229쪽.

5 박단, "그들의 역사는 우리의 역사다", 『박물관 미술관에서 보는 유럽사』, 앞의 책, 321쪽.

6 김선형, "루브르의 잃어버린 시간을 찾아서", 『박물관 미술관에서 보는 유럽사』, 같은 책, 151쪽.

7 김선형, 같은 책, 152쪽.

8 Howard, Kathleen(ed.), *The Metropolitan Museum of Art Guide*, (Yale University Press, 1994).

9 김새미, "가톨릭과 서구문명의 보물창고", 『박물관 미술관에서 보는 유럽사』, 앞의 책, 264쪽.

10 박단, 앞의 책, 312~315쪽.

11 힉스, 댄, 정영은 옮김, 『대약탈 박물관(British Museum): 제국주의는 어떻게 식민지문화를 말살시켰나』, 책과 함께, 2022, 61쪽.

12 르 몽드 디플로마티크, 앞의 신문.

13 Callwell, C.E., *Small Wars: Their Principles and Practice*, (Lincoln: University of Nebraska Press, 1996).

14 힉스, 댄, 앞의 책, 8쪽.

15 김경임, 앞의 책, 144쪽.

16 르 몽드 디플로마티크, 앞의 신문, 18쪽.

17 힉스, 댄, 앞의 책, 258쪽.

## 제4부

### • 1장

1 레비-스트로스, 클로드, 앞의 책, 86쪽.

### • 2장

1 유승무, 이태정, "한국인의 사회적 인정 척도와 외국인에 대한 이중적 태도", 담론201, 9(2), 2006, 275~311쪽.
2 출입국·외국인정책본부, 『출입국·외국인정책 통계월보』, 2025년 3월호.
3 김석호, "한국인의 이주민에 대한 사회적 거리감", 『한국의 사회동향 2019』, 통계개발원, 2019, 347쪽.
4 정희옥, 『한번은 불러보았다』, 위즈덤하우스, 2022.
5 유승무, 이태정, 앞의 논문, 301쪽.
6 독립신문강독회, 김홍우 감수, 『독립신문, 다시 읽기』, 독립신문사설선집, 푸른역사, 2004, 369쪽.
7 앞의 책, 265쪽.
8 같은 책, 362쪽.
9 유길준, 채훈 옮김, 『서유견문』, 한국사상대전집 29, 양우당, 1988, 290~291쪽.
10 임도경, "외국인 이주민이 본 한국과 한국인의 이미지연구", 주관성연구, 20, 2010, 102~120쪽.
11 도스토예프스키, 표도르, 이길주 옮김, 『유럽인상기』, 푸른숲, 2000, 44쪽.

### • 3장

1 드레이, 윌리엄, 황문수 옮김, 『역사철학』, 문예문고, 1975, 145~146쪽.
2 위안, 안, 앞의 책, 155책.
3 네루, 자와할랄, 곽복희, 남궁원 옮김, 『세계사편력1-3』, 일빛, 2004, 38쪽.
4 앞의 책, 33쪽.
5 같은 책, 35쪽.
6 하라리, 유발, 전병근 옮김, 『21세기를 위한 21가지 제언 - 더 나은 오늘은 어떻게 가능한가』, 김영사, 2018, 150~151쪽.
7 공자, 성백효, 註解, 『論語集註』, 전통문화연구회, 1998, 270쪽.
8 신영복, 『강의』, 돌베개, 2004, 160~165쪽.

## 참고문헌


가필드, 사이몬, 김명남 옮김, 『지도 위의 인문학: 지도 위에 그려진 인류문명의 유쾌한 탐험』, 다산초당, 2015.

강재언, 『근대한국사상사연구』, 미래사, 1986.

공자, 성백효 옮김, 『論語集註』, 전통문화연구회, 1998.

구르나 압둘라자크, 김동혁 옮김, 『그후의 삶』, 문학동네, 2022.

그뤼진스키, 세르주, 윤학로 옮김, 『아즈텍제국』, 시공사, 2005.

김경임, 『클레오파트라의 바늘』, 홍익출판사, 2009.

김새미, "가톨릭과 서구문명의 보물창고", 『박물관 미술관에서 보는 유럽사』, 책과 함께, 2018.

김석호, "한국인의 이주민에 대한 사회적 거리감", 『한국의 사회동향 2019』, 통계개발원, 2019.

김선형, "루브르의 잃어버린 시간을 찾아서", 『박물관 미술관에서 보는 유럽사』, 책과 함께, 2018.

김원희, "마케도니아의 슬라브정체성과 그리스와의 국가간 갈등에 대한 연구", 외국학연구, 42(2017), 531~548쪽.

김지선, 『유럽 미술관 박물관 여행』, 낭만판다, 2013.

김혜진, "파르테론을 위한 봉헌", 통합유럽연구회, 『박물관 미술관에서 보는 유럽사』, 책과 함께, 2018.

남경태, 『종횡무진 역사』, 휴머니스트, 2014.

네덜란드 헤이그, 『무력충돌 시 문화재보호를 위한 협약』, 1954.

네루, 자와할랄, 곽복희, 남궁원 옮김, 『세계사편력1-3』, 일빛, 2004.

네루다, 파블로, 고혜선 역, 『모두의 노래』, 문학과 지성사, 2016.

노라, 피에르, 김정란·김한영 옮김, 『기억과 역사 사이』, 책과 함께, 2017.

다강, 브뤼노, 『앙코르: 장엄한 성벽도시』, 시공사, 1997.

다이아몬드, 제레드, 강주헌 옮김, 『어제까지의 세계』, 김영사, 2013.

__________, 강주헌 옮김, 『문명의 붕괴』, 김영사, 2006.
__________, 김진준 옮김, 『총, 균, 쇠』, 문학사상사, 1998.
다치바나 다카시, 이규원 옮김, 『사색기행 - 나는 이런 여행을 해 왔다』, 청어람미디어, 2005.
데이, 데이비드, 이경식 옮김, 『정복의 법칙: 남의 땅을 빼앗은 자들의 역사만들기』, 휴먼 앤 북스, 2006.
데이비드 M. 롤, 김석희 옮김, 『시간의 풍상』, 해냄, 2004.
도스토예프스키, 표도르, 이길주 옮김, 『유럽인상기』, 푸른숲, 2000.
독립신문강독회, 김홍우 감수, 『독립신문, 다시 읽기』, 독립신문사설선집, 푸른역사, 2004.
동국대학교 편, 『실크로드 학술기행 中國大陸의 文化 3: 河西回廊·敦煌』, 한국언론자료간행회, 1990.
드레이, 윌리엄, 황문수 옮김, 『역사철학』, 문예문고, 1975.
디오도로스 시켈루스, 김봉철 옮김, 『역사총서』, 아카넷, 2018.
디킨슨, 에드워드 로스, 정영은 옮김, 『21세기 최고의 세계사 수업: 인간은 어떻게 욕망하고 연결하고 부를 축적했는가?』, 아름다운 사람들, 2020.
라이언스, 조너선, 김한영 옮김, 『지혜의 집: 이슬람은 어떻게 유럽문명을 바꾸었는가』, 책과함께, 2009.
레비-스트로스, 클로드, 박옥줄 옮김, 『슬픈 열대』, 한길사, 2003.
로빈슨, 프랜시스 외, 손주영 외 옮김, 『사진과 그림으로 보는 케임브리지 이슬람사』, 시공사, 2002.
롤, 데이비드, 김석희 옮김, 『시간의 풍상』, 해냄, 2003.
루이스, 데이비드 리버링, 이종인 옮김, 『신의 용광로: 유럽을 만든 이슬람 문명』, 책과 함께, 2010.
루카 드 블로와 외, 윤진 옮김, 『지리의 힘』, 다락방, 2003.
류시화, 『나는 왜 너가 아니고 나인가』, 더숲, 2003.
르 몽드 디폴로마티크, 베르나르 뮐러 발행, “식민지시대의 전리품을 반환해야 하는가?”, 2007년 9월 2일 자.
리디아 류 주편, 차태근 옮김, 『세계질서와 문명등급』, 교유서가, 2016.
릴케, 라이너 마리아, 정현규 옮김, 『릴케의 이집트여행』, 문학판, 2015.
마르크스, 칼, 김수행 옮김, 『자본론1』, 비봉출판사, 1989.
마샬, 팀, 김미선 옮김, 『지리의 힘』, 사이, 2015.
마쓰오카 유즈루, 박세욱, 조경숙 옮김, 『돈황이야기』, 연암서가, 2003.
말로, 앙드레 말로, 김붕구 옮김, 『왕도로 가는 길』, 지식공작소, 2001.
맥그리거, 닐, 강미경 옮김, 『100대 유물로 보는 세계사』, 다산호당, 2014.
맥닐, 윌리엄 H, 허정 옮김, 『전염병과 인류의 역사』, 한울, 2019.

메이, 티모시, 권용철 옮김, 『칭기스의 교환: 몽골제국과 세계화의 시작』, 사계절, 2020.
모리스, 이언, 최파일 옮김, 『왜 서양이 지배하는가』, 글항아리, 2013.
몽테뉴, 미셸 드, 손우성 옮김, 『수상록』, 동서문화사, 2007.
므뉘, 베르나데트, 변지현 옮김, 『람세스 2세』, 민음사, 1999.
민병훈, "국립중앙박물관 소장 중앙아시아 유물의 소장경위 및 전시 조사 결과 현황", 『국립중앙박물관 소장 서역미술』, 국립중앙박물관, 2003, 249~272쪽.
민유기 외, 『네트워크 세계사: 인류는 어떻게 소통하고 교류하는가』, 자유의 길, 2020.
바이런, 조지 고든, 황동규 옮김, 『차일드 해럴드의 순례』, 민음사, 2022.
박단, "그들의 역사는 우리의 역사다", 통합유럽연구회, 『박물관 미술관에서 보는 유럽사』, 책과 함께, 2018.
박지향, "역자서문", 홉스봄 외, 『만들어진 전통』, 휴머니스트, 2008.
박진배, "공간과 스타일", 조선일보, 2020년 12월 31일 자.
박현도, 곽민수, 강인욱, 허준, 『역사를 보다』, 믹스커피, 2024.
버낼, 마틴, 오홍식 옮김, 『블랙 아테나1/2』, 소나무, 2012.
베르낭, 카르망 베르낭, 장동현 옮김, 『잉카: 태양신의 후예들』, 시공사, 1996.
베르베르, 베르나르, 이세옥· 임호경 옮김, 『상상력 사전』, 열린책들, 2011.
브리앙, 피에르, 홍예리나 옮김, 『알렉산더 대왕』, 시공사, 2005.
브링리, 패트릭, 김희정, 조현주 옮김, 『나는 메트로폴리탄 미술관의 경비원입니다』, 웅진지식하우스, 2023.
빙험, 히람, 곽종환 옮김, 『잉카의 땅: 페루고산지대 탐험』, 도서출판 아진, 2009.
사마천, 김원중 옮김, 『사기열전』, 민음사, 2020.
사세휘, 『세계사를 서양인의 눈으로 보지 말고 동양인의 눈으로 보자』, 한국경제신문사, 1990.
사이드, 에드워드, 박홍규 옮김, 『오리엔탈리즘』, 교보문고, 2003.
사카이 나오키 외, 차승기 외 옮김, 『세계사의 해체: 서양을 중심에 놓지 않고 세계를 말하는 방법』, 역사비평서, 2009.
색스, 올리버, 김승욱 옮김, 『올리버 색스의 오악사카 저널』, 알마, 2018.
서이자, 『문화충돌, 그리고 너그러움의 진화』, 채륜, 2012.
서헌재, 박찬호, 『도난, 불법반출 문화재에 대한 법제 연구』, 한국법제연구원, 2007.
세이건, 칼, 현정준 옮김, 『창백한 푸른 점』, 사이언스북스, 1994.
세풀베다, 루이스, 임지영 옮김, 『자신의 이름을 지킨 개 이야기』, 열린책들, 2017.
솔릿, 리베카, 김정아 옮김, 『마음의 발걸음』, 반비, 2020.
송동훈, 『세계사의 흐름을 바꾼 위대한 모험 대항해 시대의 탄생』, 시공사, 2019.
슈말레, 볼프강, 박용희 옮김, 『유럽의 재발견』, 을유문화사, 2006.
슈미트, 칼, 최제훈 옮김, 『대지의 노모스』, 민음사, 1995.

슈피넨, 부르크하르트, 김인순 옮김, 『책에 바침: 결코 소멸되지 않을 자명한 사물에 바치는 헌사』, 쌤앤파커스, 2020.
스턴스, 피터 N., 문명식 옮김, 『지도로 보는 문화사』, 궁리, 2007.
스팰딩, 줄리언, 김병화 옮김, 『미술, 세상을 흘리다』, 세미콜론, 2006.
시친, 제카리아 시친, 이근영 옮김, 『수메르, 혹은 신들의 고향』, 이른 아침, 2006.
신영복, 『강의』, 돌베개, 2004.
______, 『더불어 숲: 신영복의 세계기행』, 돌베개, 2003.
아포, 김새봄 옮김, 『슬픈 경계선 - 사람이 존재하는 한 반드시 그어지는 슬픈 경계선』, 추수밭, 2020.
안병억, "과거의 영화에서 미래로, 영국적인, 하지만 세계적인", 통합유럽연구회, 『박물관 미술관에서 보는 유럽사』, 책과 함께, 2018.
안희경, 『문명, 그 길을 묻다』, 이야기가 있는 집, 2020.
오를리아크, 카트린, 장동현 옮김, 『이스터섬: 바위거인들의 비밀』, 시공사, 1997.
오모툰드, 장 필리프, 이경래 옮김, 『유럽문명의 아프리카 기원』, 지만지, 2015.
우석균, 『잉카 in 안데스』, 랜덤하우스, 2007.
웨더포드, 잭, 정영목 옮김, 『징기스칸, 잠든 유럽을 깨우다』, 사계절, 2004.
위공, 안, 한양환 옮김, 『아프리카 탐험: 나일강의 수원을 찾아서』, 시공사, 1995.
유길준, 채훈 옮김, 『서유견문』, 한국사상대전집 29, 양우당, 1988.
유네스코 세계보고서, 유네스코한국위원회, 『문화다양성과 문화간 대화』, 집문당, 2010.
유승무, 이태정, "한국인의 사회적 인정 척도와 외국인에 대한 이중적 태도", 담론201, 9: 2(2006), 275~311쪽.
유시민, 『유럽도시기행』, 생각의길, 2019.
윤 진, "알렉산드로스에게 바치는 플루타르코스의 헌사: 알렉산드로스의 덕과 운명에 관하여", 인문학지, 57(2020), 45~64쪽.
윤서원, "플랫폼으로서의 박물관", 통합유럽연구회, 『박물관 미술관에서 보는 유럽사』, 책과 함께, 2018.
윤용수, "요르단의 문화유산: 페트라와 제라시를 중심으로", 한국이슬람학회논총, 25: 3(2015), 1~38쪽.
EBS 문명과 수학 제작팀, 『문명과 수학: 세상을 움직이는 비밀, 수와 기하』, 민음인, 2014.
이우상, 『앙코르와트의 모든 것』, 푸른역사, 2006.
이재호 역, 『낭만주의 영시』, 탐구당, 2003.
이희수, 『인류본사』, 휴머니스트, 2022.
임도경, "외국인 이주민이 본 한국과 한국인의 이미지연구", 주관성연구, 20(2010), 102~120쪽.
임헌갑, 『(천년의 신화) 앙코르 와트를 가다: 앙코르 문화유산 답사기』, 이가서, 2009.

자크, 크리스티앙, 김병욱 옮김, 『크리스티앙 자크와 함께 하는 이집트 여행』, 문학세계사, 2006.
장재준, 『대체불가 라틴아메리카』, 의미와 재미, 2021.
쟝 쉰, 박지아 옮김, 『앙코르 인문기행』, 펄북스, 2018.
정수일, 『고대문명교류사』, 사계절, 2001.
______, 『문명의 보고, 라틴 아메리카를 가다』, 창비, 2016.
정지은, 『라틴 문화기행』, 일빛, 2002.
정희옥, 『한 번은 불러보았다』, 위즈덤하우스, 2022.
주경철, 『모험과 교류의 문명사』, 산처럼, 2015.
______, 『히스토리아』, 산처럼, 2012.
주달관, 동국대 전자불전 문화재콘텐츠연구소 편, 『진랍풍토기: 앙코르문명에 관한 최초의 기행문』, 백산자료원, 2007.
지센린 주편, 고려대 민족문화연구원·금강대 불교문화연구소 공역, 『돈황학 대사전』, 소명출판, 2016.
최영도, 『앙코르, 티베트, 돈황』, 창작과 비평사, 2003.
출입국·외국인정책본부, 『출입국·외국인정책 통계월보』, 2025년 3월호.
카림, 이졸데, 이승희 옮김, 『나와 타자들』, 민음사, 2019.
칼라일, 토머스, 박상익 옮김, 『영웅숭배론』, 한길사, 2003.
캐너다인, 데이비드, "의례의 역사적 맥락과 그 의미: 영국 군주정과 전통의 발명 1820-1977", 박지향·장문석 옮김, 홉스봄 외, 『만들어진 전통』, 휴머니스트, 2008.
코헨, 다니엘, 김진식 옮김, 『유럽을 성찰하다』, 글항아리, 2018.
타가와 준조, 박도화 옮김, 『돈황석굴』, 개마고원, 1999.
토마스, 앤드류, 이길상 옮김, 『우리가 처음은 아니다』, 전파과학사, 1979.
토인비, 아놀드 토인비, 홍사중 옮김, 『역사의 연구』, 바른 북스, 2017.
파우저, 로버트, 『외국어 전파담: 외국어는 어디에서 어디로, 누구에게 어떻게 전해졌는가』, 혜화, 2018.
페이건, 브라이언, 남경태 옮김, 『뜨거운 지구, 역사를 뒤흔들다』, 예지, 2011.
포스켓, 제임스, 김아림 옮김, 『과학의 반쪽사』, 블랙피쉬, 2023.
폴라니, 칼, 홍기빈 옮김, 『칼 폴라니, 새로운 문명을 말하다』, 착한 책가게, 2013.
프랭코판, 피터, 이재황 옮김, 『실크로드 세계사』, 책과 함께, 2019.
플라톤, 김주일 옮김, 『파이드로스』, 이제이북스, 2012.
______, 천병희 옮김, 『법률: 또는 입법에 관하여』, 숲, 2016.
플루타르코스, 김진성 옮김, 『알렉산드로스의 행운과 덕에 관하여』, 아카넷, 2018.
하라리, 유발, 전병근 옮김, 『21세기를 위한 21가지 제언 - 더 나은 오늘은 어떻게 가능한가』,

김영사, 2018.
하퍼, 리처드, 김 후 옮김, 『세상이 버린 위대한 폐허 60』, 휴머니스트, 2019.
행콕, 그레이엄, 김정환 옮김, 『신의 지문: 사라진 문명을 찾아서』, 까치, 1996.
헌팅턴, 새뮤얼, 이희재 옮김, 『문명의 충돌』, 김영사, 1997.
헤로도토스, 박현태 옮김, 『헤로도토스 역사』, 동서문화사, 2008.
헤인 데 하스, 김희주 옮김, 『이주: 국가를 선택하는 사람들』, 세종, 2023.
호네트, 악셀, 문성훈, 이현재 옮김, 『인정투쟁』, 사월의 책, 2011.
홀, 에드워드, 최효선 옮김, 『문화를 넘어서』, 한길사, 1976.
홉스봄, 에릭 외, 박지향, 장문석 옮김, 『만들어진 전통』, 휴머니스트, 2004.
홉스봄, 에릭, 김동택 옮김, 『제국의 시대』, 한길사, 1998.
홉커크, 피터, 김영종 옮김, 『실크로드의 악마들: 중앙아시아 탐험의 역사』, 사계절, 1986.
후지하라 사다오, 임경택 옮김, 『앙코르와트: 제국주의 오리엔탈리스트와 앙코르 유적의 역사 활극』, 동아시아, 2014.
힉스, 댄, 정영은 옮김, 『대약탈 박물관(British Museum): 제국주의는 어떻게 식민지문화를 말살시켰나』, 책과 함께, 2022.

## 인터넷 자료 및 기타

온라인 중앙일보. 「이스터섬 몰락 원인…유럽인들의 이것 때문에」, 중앙일보, 2015년 1월 10일. (https://www.joongang.co.kr/article/16901542#home)
주경철. 「주경철의 히스토리아 노바(5) 이슬람사원에 성모마리아·두 文明이 공존하는 '세계의 보석'」, 조선일보, 2019년 12월 11일. (https://www.chosun.com/site/data/html_dir/2019/12/11/2019121 100024. html)[1]
Peck, Raoul(감독). 『야만의 역사』 [다큐멘터리]. HBO, 2021.
「바티칸은 그리스에 유물 반환하는데... 제일 많이 가져간 영국은?」, 한국일보, 2023년 3월 8일. (https://www.hankookilbo.com/News/Read/A2023030811080002676)
박혜인. 「세계문화유산 8편(2020.03.13.) 사막 고대도시 시리아 팔미라, 무장세력 IS가 파괴」, 한국일보, 2017년 9월 23일. (https://www.hankookilbo.com/News/Read/201709231162167810)
구경하. 「불법취득 작품 반환 앞장… 세계 3대 미술관 메트 관장, 뉴욕 메트 관장 맥스 홀라인」, *KBS*뉴스, 2024년 10월 2일. (https://news.kbs.co.kr/news/view.do?ncd=5401966)

甘肅省人民政府 國家文物局. 2006. 『敦煌』.
『世界美術大全集』 東洋編 第4卷 隨·唐. 1997. 小學館.

櫻井清彦 編著.『世界の大遺跡 12』. 1987. 講談社.

田川純三(寫眞 =大塚清吾). 1982.『敦煌石窟』. NHKブックス カラー版 C17.

呉健.『絲路勝跡-吴健摄影作品集-』. 1996. 新疆人民出版部.

Ando. Clifford, *Imperial Rome AD 193~284: The Critical Century* (Edinburgh University Press. U.K., 2012).

Aneta Dukszio and Jose Miguel Helfer Arguedas. 2002. *THe Essential Guide: secred Valley of the Incas and Cusco*, (2002).

______________________________, *THe Essential Guide: Macchupicchu*, The Lost City, (2000).

Aneta Dukszto and Jose Miguel Helfer Arguedas, *Mysteries and Secrets, The Nasca Lines*, (National Museum and Anthropology Museum, 2003).

Aneta Dukszto and Jose Miguel Helfer Arguedas. 2002. *Cusco*. National Museum and Anthropology Museum.

Aneta Dukszto and Jose Miguel Helfer Arguedas. 2000. *Machu Picchu*. National Museum and Anthropology Museum.

Atwood, Roger, *Stealing History*, (ST.Martin's Press, 2004).

Bingham, Hiram, *The Lost City of the Incas*, (Condor Books: Peru, 1997).

Blair Fowlkeres-Childs and Micheal Seymur, *The World Between Empires*, (The Metropolitan Museum of Art, New York, 2019).

Burckhardt, Johann Ludwig, *Travels in Syria and the Holy Land*, (Darf Publishers: London, 1922).

Burgon, John William, *Petra* (Oxford: MacPherson, 1845). https://archive.org/details/petraprizepoemre00burg

Callwell, C. E., *Small Wars: Their Principles and Practice*, (Lincoin: University of Nebraska Press, 1996).

Caroline Arnold, 2000. *Easter Island*, (Clarion Books: New York, 2000).

Däniken, Erich von, *The Return of the Stars: evidence for the impossible*, (Corgi: London, 1972).

Degeorge, Gérard, *Palmyra: Splendor of the Desert*, (Thames & Hudson, 2011).

Delaporte, Louis, *Voyage au Cambodge: l'architecture KHMER*, (Libraie Charles Delagrave: Paris, 1880). https://archive.org/details/voyageaucambodg00delagoog/page/n49/mode/2up

Dodgeon, Michael H; Lieu Samuel N. C., *The Roman Eastern Frontier and The Persian Wars AD 226~363: A Documentary History*. (Routledge, London and New York,

2002).

Dr. Adnan Bounni & Khaled Al-Asad, *PALMYRA: History, Mounments & Museum*, (DAMASCUS, 2000).

Duus, Peter, *The Abacus and the Sword: The Japanese Penetration of Korea, 1895~1910*, (Univ. of California Press, 1995).

Edwards Amelia Blandford, *A Thousand Miles up the Nile*, (A.L.BURT: N.Y., 1890). (http://www.archive.org/details/thousandmilesupnOOamel)

Eyraud, Eugenio, *Easter Island 1864*, (Imprenta Andina Ltda. Santiago-Chile, 2008).

Fatima Joudallh, *Syria Source of Civilization*, (Dar al - Hassad: Damascus, Syria, 2004).

Fishman, Joshua, "Going for the Old: Ancient DNA Draws a Crowd", *Science*, 29 Oct 1993, Vol 262, Issue 5134, 655~656.

Francesco Giannoni(ed), *PALMYRA*, (Syria: BONECHI, 2006).

Freeman Michael & Claude Jacques, *Ancient Angkor*, (River Bookms, 1999).

Friesen. John, *When Cultures Clash*, (Detselig Enterprise Ltd., 1993).

Frobenius, Leo, La Civilisation Africaine, (Payot: Paris, 1936). https://www.scribd.com/document/ 322736784/Frobenius-Histoire-Civilisation-Africaine

Garcilaso de la Vega, *Comentarios Reales de los Incas*, (Cordoba; Spain, 1609). https://archive.org/details/comentarios-reales-de-los-incas/mode/2up

Garlake, Peter, *Great Zimbabwe*, (Zimbabwe Publishing House, 1994).

George Leah(ed.), *Macchupicchu Magic City of the Inkas*, (Printing Press S.A.C, 2003).

Gibbon, Kate(ed), *Who Owns the Past?*, (Rutgers University Press, 2007).

Grimanesa R. Enriquez Lovaton(ed.), *Prehispanic Cultures of Peru*, (Justo Caceres Macedo, 2004).

Heinrich Heine, *Almansor*, (Hoffmann und Campe, 1820).

Henri, Mouhot, *Travels in the Central Parts of Indo-China (Siam), Cambodia and Laos During the Years 1858, 1859 and 1860*, (John Murray, London, 1864).(https://archive.org/details/b29352903_0001).

Hiram Bingham, *Lost City of the Incas*, (Condor Books, 1911).

Hoprirk, Peter, *Foreign Devils on the Silk Road*, (John Murray, 1980).

Ingholt, Harald, "Palmyrene and Gandharan Sculpture," *Artibus Asiae*, Vol. 13, No. 1 (1950), 1-19.

Irby, Charles, Leonard & James Mangles, *Travels in Egypt and Nubia, Syria, and Asia Minor; during the years 1817 & 1818*(Private circulation: London, 1823), 431.

Johan Reinhard, *The Nazca Lines*, (Grafica Pacific Press S.A., 1982).

Kathleen Howard(ed.), *The Metropolitan Museum of Art Guide*, (Yale University Press, 1994).

Kipling, Rudyard, *Collected verse of Rudyard Kipling*, (Garden City, N.Y.: Doubleday, page & Co., 1923).

Kruger Nellie, *The VOORTREKKER TAPESTRY in The Voortrekker Monument Museum*, (National Cultural History Museum, 1996).

Khouri. R., & F. Casule, *Art and History of Jordan*, (Bonechi, 2005).

Leah George, *Macchupicchu: Magic Cith Of the Inkas*, (S.A.C in Peru, 2003).

Lear, Edward, *Journals of a Landscape Painter Journals of a Landscape Painter in the Holy Land*, (Richard Bentley: London,1852). 322-323.

Lee, Georgia, R*ock Art of Easter Island: Symbols of Power, Prayers to the Gods*, (Cotsen Inst of Archaeology, 1992).

Loti, Pierre, *Pèlerin d'Angkor*, (Calmann-Lévy, Paris, 1912). https://archive.org/details/unplerin dangkor01loti_0/page/n5/mode/2up

Loti, Pierro, *L'île de Pâques*, (Calmann-Lévy, 1899). https://fr.wikisource.org/wiki/L%E2%80%99 %C3%AEle_de_P%C3%A2ques

MacKenzie, J. M., *Museums and Empire: Natural History, Human Cultures and Colonial Identities*, (Manchester: Manchester University Press, 2009).

Micheal Freeman & Claude Jacques, *Anciant Angkor*, (River Books, 1999).

Mouhot, Henri, *Travels in the Central Parts of Indo-China, Cambodia, and Laos during the Years 1858, 1859, and 1860*, (John Murray, 1864). https://archive.org/details/travelsinthecentralpartsofindochina_2501_librivox

National Geographic, "100 greatest mysteries revealed. special publication" 26(2013).

Neruda, Pablo, *The separater rose*, (Copper Canyon Press, 2005).

Oz, Amos, *How to Cure a Fanatic*, (Princeton University Press, 2006).

Pliny the Elder(Caius Plinius Secundus), Naturalis Historia, (Impressi Venetiis: Per Nicolaum Ienson Gallicum, 1472). https://archive.org/details/McGillLibrary-rbsc_incunabala_naturalis-historia_folioPA6611A21472-21990/page/n19/mode/2up

Polybius, *The Histories of Polybius*, translated from E. S. Shuckburgh, Vol.1 (Macmillan and Co., London, 1889). https://archive.org/details/polybius-shuckburgh-1889/mode/2up

Prescott. W. H., *the Conquest of PERU*, (Jackson American Books, 2002).

Reinhard. Johan, *THe Nazca Lines*, (Grafica Pacific Press S.A., 1983).

Rhodes, Cecil, '1877 Confession of Faith' https://pages.uoregon.edu/kimball/Rhodes-

Confession.htm.

Roberts, David, *The Holy Land, Syria, Idumea, Arabia, Egypt, and Nubia*, Vol. 2, 3, (Day & Son :London, 1849; 1855), 89, 22. https://archive.org/details/holylandsyr1218551860robe/page/2/mode/2up https://archive.org/details/holylandsyr3418551860robe/page/n21/mode/2up

Roger Atwood, *Stealing History*, (ST. MARTIN'S PRESS, 2004).

Roveda Vittorio, *Khmer Mythology*, (River Books, 2000).

Sir Clements Markham, *The Incas of Peru*, (LIBRERIAS ABC S.A., 2002).

Stein, Aurel, *The Ruins of Desert Cathay: Personal Narrative of Explorations in Central Asia and Westernmost China*, (Macmillan and Co., Limited: London, 1921). https://archive.org/details/McGillLibrary-rbsc_ruins-desert-cathay_DS793S62S851912_vol1-16972

Stein, Aurel, *SERINDIA*. Vol 1, 2, (Oxford Press, 1921). https://archive.org/details/steinaurelserindiavoli_343_c https://archive.org/details/steinaurelserindiavoliitext_180_O

Taylor, J., *Petra*. (Al-'Uzza Books, 2005).

Vittorio Roveda, Khmer Mythology: Secrets of Angkor Wat, (River Books, 2000).

Ware, William, Zenobia, *Queen of Palmyra; a tale of the Roman Empire in the days of the Emperor Aurelian*, (Boston, Estes and Lauriat. 1868). https://archive.org/details/32882019068801-zenobiaqueenofp

Warner, Langdon, The Long Old Road in China, (Garden City Publishing Company, Inc., 1926). https://archive.org/details/longoldroadinchi0000warn

Will, Ernest, *Palmyre*, (Presses Universitaires de France, 1962).

Winsbury, Rex, *Zenobia of Palmyra: history, myth and the neo-classical imagination*, (Duckworth: London, 2010). https://archive.org/details/zenobiaofpalmyra0000wins

# 사진 및 그림 출처

## 들어가며

1: 저자

- **1장**

1(오른쪽): 저자
2, 8: 동국대학교 편(1990), 140쪽, 170쪽, 168쪽
3: 정병삼 명예교수(숙명여대)
4, 5: 박아림 교수(숙명여대)
6: 呉健(1996), 60쪽
7: 田川純三, 사진 大塚清吾(1982), 142쪽
9: Aurel Stein(SERINDIA 2, 1921), 286쪽
https://archive.org/details/in.gov.ignca.13299
10: Nouette, Charles. "Paul Pelliot examining manuscripts in Cave 17 at Mogao Caves." 1908. Musée Guimet, Paris. Wikimedia Commons, https://commons.wikimedia.org/wiki/File:Library_cave.jpg. Public Domain (CC0).
11: Stein, Aurel. "Cave 16 and manuscripts piled up for Stein to examine near the entrance to Cave 17, the 'library cave'." 1908. Hungarian Academy of Sciences. Wikimedia Commons, https://commons.wikimedia.org/wiki/File:library cave.jpg. Public Domain (CC0).
12: 世界の大遺跡 12(1987) 최영도(2003), 251쪽

- **2장**

1, 4, 9, 10, 12, 13, 14, 15: 전자불전문화콘텐츠연구소
3, 5(왼쪽): Roger Atwood (2004), Photo by Werner Romero
2, 6, 7, 8: Delaporte(1880), 206쪽, 13쪽, 87쪽, 250쪽, 246쪽

- **3장**

2, 4(오른쪽), 5, 8(아래), 9, 10, 11, 12(위), 13: 저자
7: (아래 왼쪽) 최지연교수(숙명여대), (아래 오른쪽) 이현규(뉴욕 컬럼비아대)

- **4장**

1(왼쪽): 저자
2: Sambourne, Edward Linley. "The Rhodes Colossus: Caricature of Cecil John Rhodes, after he announced plans for a telegraph line and railroad from Cape Town to Cairo." Punch, 10 Dec. 1892. pp. 266-267. Wikimedia Commons, https://commons.wikimedia.org/wiki/File:Punch_Rhodes_Colossus.png.Public Domain (CC0).

- **5장**

1, 2, 5(오른쪽 아래): 저자
9: Rößler, Adalbert von. "Berlin Conference, 1884-1885." Illustrirte Zeitung, 1884. Wikimedia Commons, https://commons.wikimedia.org/wiki/File:Kongokonferenz.jpg. Public Domain (PD-Old).

- **6장**

사진 1, 2, 5, 11, 12, 16(위, 아래 왼쪽), 19, 20(오른쪽), 21(두번째줄 왼쪽), 22, 23, 24, 25, 26(오른쪽), 27, 28, 29, 30: 저자
3, 9, 10: Prescott의 책 표지, 속표지, 263쪽
8: Brooklyn Museum. "Viracocha, Eighth Inca, 1 of 14 Portraits of Inca Kings - overall." Wikimedia Commons, 1995. https://commons.wikimedia.org/wiki/File:Brooklyn_Museum_-_Viracocha,_Eighth_Inca,_1_of_14_Portraits_of_Inca_Kings_-_overall.jpg. (CC0).

- **7장**

3(왼쪽): Edmund1234. "Pacific Culture Areas." Wikimedia Commons, 2024. https://commons.wikimedia.org/wiki/File:Pacific_Culture_Areas.jpg. CC BY-SA 4.0.
4, 7, 8(위 오른쪽, 아래), 9, 13, 14, 15(가운데 오른쪽), 17: 저자
6: 부성자 선생님

- **8장**

2(위 왼쪽, 아래 왼쪽), 4: 저자

2(위 오른쪽): Kovalchek, Frank. "Mezquita interior, Cordoba, Spain." 2024. Wikimedia Commons, https://commons.wikimedia.org/wiki/File:Mezquita_interior_Cordoba_Spain.jpg. CC BY-SA 2.0.

6: Rabe! "Hagia Sophia - Muhammad, Allah, Abu Bakr." 2023. Wikimedia Commons, https://commons.wikimedia.org/wiki/File:Hagia_Sophia_-_Muhammad,_Allah,_Abu_Bakr.jpg. CC BY-SA 4.0.

## 제2부

- **1장**

1, 5, 6, 9, 16, 17, 19, 20, 21(오른쪽), 22, 23(위 왼쪽): 저자

10(오른쪽): Roberts, David 그림 22쪽
https://archive.org/details/holylandsyr3418551860robe/page/n21/mode/2up

12: Cook, Owen. "Idol of Atargates from Petra." 2010. Wikimedia Commons, https://commons.wikimedia.org/wiki/File:Atargatis_Petra_RGZM_3368.jpg. CC BY-SA 3.0.

- **2장**

4(오른쪽): ALCAMO, Michel & Carole. "Palmyra caravan." 2010. Wikimedia Commons, https://commons.wikimedia.org/wiki/File:Palmyra_caravan.jpg. CC BY-SA 2.0.

5: Fatima Joudallh(2004), 418쪽

9, 16(아래 오른쪽), 17: 저자

4(왼쪽), 6, 13, 16(아래 왼쪽), 18(왼쪽), 22(오른쪽): Adana Bounni & Khaled Al-As Ad(2000), 45쪽, 41쪽, 69쪽, 92쪽, 93쪽, 20쪽

21(왼쪽): Myolmec. "Palmyra Julius Julius Zenobius inscription." 2006. Wikimedia Commons,https://commons.wikimedia.org/wiki/File:Palmyra_Julius_Julius_Zenobius_inscript.jpg. CC BY-SA 3.0.

## 제3부

- **1장**

1: 저자

6: https://pixabay.com/ko/photos/스코페-마케도니아-북-4733556.

- **2장**

**1, 2, 14:** 부성자 선생님

**3:** Baranov, Alexander. "Louvre Museum, France." 2012. Wikimedia Commons, https://commons.wikimedia.org/wiki/File:Louvre_Museum,_France_-_Alexander_Baranov.jpg. CC BY-SA 2.0.

**5:** Norton, Rictor. "Ishtar Gate, Pergamon Berlin Museum." 2006. Wikimedia Commons, https://commons.wikimedia.org/wiki/File:Ishtar_Gate,_Pergamon_Berlin_Museum_(Rictor_Norton).jpg. CC BY-SA 4.0.

Lestat (Jan Mehlich). "Altar to Zeus, Pergamon Berlin Museum." 2007. Wikimedia Commons, https://commons.wikimedia.org/wiki/File:Berlin_-_Pergamonmuseum_-_Altar_1.jpg. CC BY-SA 4.0.

Hartmann, Thorsten. "The Market Gate of Miletus, Pergamon Berlin Museum." 2009: Wikimedia Commons, https://commons.wikimedia.org/wiki/File:Berlin_Markttor_von_Milet_2.jpg. CC BY-SA 4.0.

**6:** https://pixabay.com/ko/photos/바티칸-박물관-로마-이탈리아-182163/

**8, 9, 10, 12:** 이현규(뉴욕 컬럼비아대)

**15:** Daderot. "Oba, Benin City, Nigeria, No. 1901.07.0001." 2014. Etnografiska museet, Stockholm, Sweden. Wikimedia Commons, https://commons.wikimedia.org/wiki/File:Oba,_Benin_City,_Nigeria,_No._1901.07. 0001_-_Etnografiska_museet_-_Stockholm,_Sweden_-_DSC01013.JPG. Public Domain (CC0).

## 제4부

- **2장**

**1:** 김석호(2019), 348쪽

* 위 출처 외의 사진 및 그림은 게티이미지뱅크(https://www.gettyimagesbank.com/) 및 셔터스톡(https://www.shutterstock.com/ko/)사진을 사용하였음.

* 사진 출처는 밝혔으나 저작권자와 연락이 닿지 않는 경우, 이후 허가 절차를 밟을 예정임.

# 이기적 문명 관찰기


| | |
|---|---|
| **초판발행** | 2025년 9월 15일 |
| **지은이** | 김영란 |
| **펴낸이** | 노 현 |
| **편 집** | 김다혜 |
| **기획/마케팅** | 허승훈 |
| **표지디자인** | 권아린 |
| **제 작** | 고철민·김원표 |
| **펴낸곳** | (주) 피와이메이트<br>서울특별시 금천구 가산디지털2로 53, 210호(가산동, 한라시그마밸리)<br>등록 2014.2.12. 제2018-000080호 |
| **전 화** | 02) 733-6771 |
| **fax** | 02) 736-4818 |
| **e-mail** | pys@pybook.co.kr |
| **homepage** | www.pybook.co.kr |
| **ISBN** | 979-11-7279-092-9 03300 |





이 저서는 2020년 대한민국 교육부와 한국연구재단의 저술출판지원사업의 지원을 받아 수행된 연구임
(NRF-2020S1A6A4042811)

**정 가** 30,000원

박영스토리는 박영사와 함께하는 브랜드입니다.